21世纪普通高等院校系列规划教材

财务软件的比较与维护

CAIWU RUANJIAN DE BIJIAO YU WEIHU

（第二版）

主　编　文兴斌　张育强　王　雁
副主编　兰庆莲　贾林蓉

西南财经大学出版社
中国 · 成都

图书在版编目（CIP）数据

财务软件的比较与维护/文兴斌，张育强，王雁主编．—2 版．—成都：西南财经大学出版社，2019．12
ISBN 978-7-5504-4211-5

Ⅰ．①财…　Ⅱ．①文…②张…③王…　Ⅲ．①财务软件—基本知识
Ⅳ．①F232

中国版本图书馆 CIP 数据核字（2019）第 251888 号

财务软件的比较与维护（第二版）

主　编　文兴斌　张育强　王　雁
副主编　兰庆莲　贾林蓉

责任编辑：向小英
封面设计：杨红鹰　张姗姗
责任印制：朱曼丽

出版发行	西南财经大学出版社（四川省成都市光华村街 55 号）
网　　址	http://www.bookcj.com
电子邮件	bookcj@foxmail.com
邮政编码	610074
电　　话	028-87353785
照　　排	四川胜翔数码印务设计有限公司
印　　刷	郫县犀浦印刷厂
成品尺寸	185mm×260mm
印　　张	19.75
字　　数	490 千字
版　　次	2019 年 12 月第 2 版
印　　次	2019 年 12 月第 1 次印刷
印　　数	1—2000 册
书　　号	ISBN 978-7-5504-4211-5
定　　价	45.00 元

21 世纪普通高等院校系列规划教材
编　委　会

总序

为推进中国高等教育事业可持续发展，经国务院批准，教育部、财政部启动实施了“高等学校本科教学质量与教学改革工程”（下面简称“本科质量工程”），《国家中长期教育改革和发展规划纲要（2010—2020）》也强调全面实施“高等学校本科教学质量与教学改革工程”的重要性。这是落实“把高等教育的工作重点放在提高质量上”的战略部署，是在新时期实施的一项意义重大的本科教学改革举措。“本科质量工程”以提高高等学校本科教学质量为目标，以推进改革和实现优质资源共享为手段，按照“分类指导、鼓励特色、重在改革”的原则，对推进课程建设、优化专业结构、改革培养模式、提高培养质量发挥了重要的作用。为满足本科层次经济类、管理类教学改革与发展的需求，培养具有国际视野、批判精神、创新意识和精湛业务能力的高素质应用型和复合型人才，迫切需要普通本科院校经管类学院开展深度合作，加强信息交流。在此背景下，我们协调和组织部分高等院校特别是四川的高校，通过定期召开普通本科院校经济管理学院院长联席会议，就学术前沿、教育教学改革、人才培养、学科建设、师资建设和社会科学研究等方面的问题进行广泛交流、研讨和合作。

为了切实推进“本科质量工程”，2008 年的第一次联席会议将“精品课程、教材建设与资源共享”作为讨论、落实的重点。与会人员对普通本科的教材内容建设问题进行了深入探讨并认为，在高等教育进入大众化教育的新时期，各普通高校使用的教材与其分类人才培养模式脱节，除少数“985”高校定位于培养拔尖创新型和学术型人才外，大多数高校定位于培养复合型和应用型经管人才，而现有的经管类教材存在理论性较深、实践性不强、针对性不够等问题，需要编写一套满足复合型和应用型人才培养要求的高质量的普通本科教材，以促进人才培养和课程体系的合理构建，推动教学内容和教学方法的改革创新，形成指向明确、定位清晰和特色鲜明的课程体系，奋力推进经济管理类高等教育质量的稳步提高。与会人员一致认为，共同打造符合高教改革潮流、深刻把握普通本科教育内涵特征、满足教学需求的系列规划教材，非常必要。鉴于此，本编委会与西南财经大学出版社合作，组织了30余所普通本科院校的经济学类、管理学类的学院教师共同编写本系列规划教材。

本系列规划教材编写的指导思想是：在适度的基础知识与理论体系覆盖下，针对普通本科院校学生的特点，夯实基础，强化实训。编写时，一是注重教材的科学性和前沿性，二是注重教材的基础性，三是注重教材的实践性，力争使本系列教材做到“教师易教、学生乐学、方便实用”。

本系列规划教材以立体化、系列化和精品化为特色。一是除纸质教材外，还配备课件、视频、案例、习题等数字化教学资源；二是力争做到“基础课横向广覆盖，专业课纵向成系统”；三是力争把每种教材都打造成精品，让多数教材能成为省级精品课教材、部分教材成为国家级精品课教材。

为了编好本系列教材，我们在西南财经大学出版社的协调下，经过多次磋商和讨论，成立了首届编委会。首届编委会主任委员由西华大学管理学院院长章道云教授担任。2017年，由于相关学院院长职务变动，编委会的构成也做了相应调整。调整后的编委会由西南财经大学副校长张邦富教授任名誉主任，蒋远胜教授任主任，李成文教授、张华教授、周佩教授、赵鹏程教授、董洪清教授、傅江景教授任副主任，20余所院校经济管理及相关学院院长或教授任编委会委员。

在编委会的组织、协调下，该系列教材由各院校具有丰富教学经验并有教授或副教授职称的教师担任主编，由各书主编拟订大纲，经编委会审核后再编写。同时，每一种教材均吸收多所院校的教师参加编写，以集众家之长。自2008年启动以来，经过近十年的打造，该系列现已出版公共基础、工商管理、财务与会计、旅游管理、电子商务、国际商务、专业实训、金融经济、综合类九大系列近百种教材。该系列教材出版后，社会反响好，师生认可度高。截至2017年年底，已有30多种图书获评四川省“十二五”规划教材，多个品种成为省级精品课程教材，教材在西南地区甚至全国普通高校的影响力也在不断增强。

当前，中国特色社会主义进入了新时代，我们要建设教育强国，习近平总书记在党的十九大报告中对高等教育提出明确要求，加快一流大学和一流学科（简称“双一流”）建设，实现高等教育内涵式发展。“双一流”建设的核心是提升学校自身的办学水平，关键是提高人才培养质量和学科建设水平，同时办学声誉得到国际社会的认可。为此，高等学校要更新教育思想观念，遵循教育教学规律，坚持内涵式发展，进一步深化本科人才培养模式改革。而教材是体现高校教学内容和方法的知识载体，是高等院校教学中最基本的工具，也是高校人才培养的基础，因此，高校必须加强教材建设。

为适应“双一流”建设的需要，全面提升高校人才培养质量，构建学术型人才和应用型人才分类、通识教育和专业教育结合的培养制度，满足普通本科院校教师和学生需求，需要对已出版的教材进行升级换代。一是结合教学需要对现有教材进行精心打造。具体而言，贯彻厚基础、重双创的理念，突出创新性、应用性、操作性的特色，反映新知识、新技术和新成果的学科前沿；利用数字技术平台，加快数字化教材建设，打造立体化的优质教学资源库，嵌入可供学生自主学习和个性化学习的网络资源模块。二是根据学科发展的需要，不断补充新的教材，特别是规划旅游类、实训类、应用型教材。

我们希望，通过编委会、主编和编写人员及使用教材的师生的共同努力，将此系列教材打造成适应新时期普通本科院校需要的高质量教材。在此，我们对各经济管理学院领导的大力支持、各位作者的智力成果以及西南财经大学出版社员工的辛勤劳动表示衷心的感谢！

21世纪普通高等院校系列规划教材编委会

2018年5月

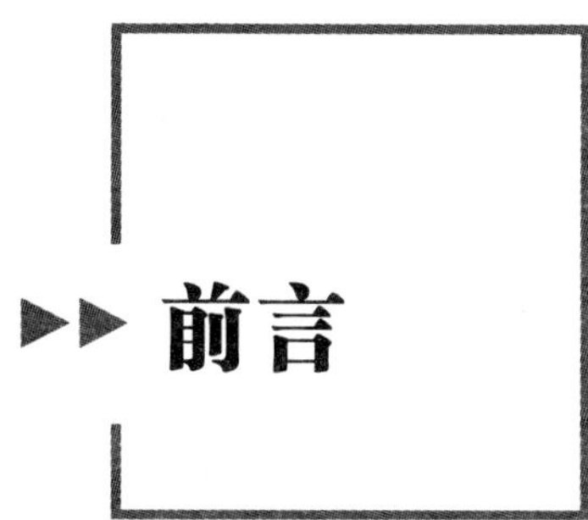

前言

随着计算机技术在经济管理应用中的不断深入，企业信息化已经从单一部门延伸到财务业务一体化。如今，广大的中小企业已经成为我国经济发展的重要组成部分，中小企业的信息化建设已成为当前最受关注的对象，而其建设中最为重要的就是财务会计信息化建设。本书在第一版的基础上，更深入地对中小企业信息化建设中应用较多的财务业务一体化软件进行研究和分析。此次修订，重新选择了金蝶 KIS、用友畅捷通 T6、浪潮、管家婆和金算盘等软件的最新版本，并通过众多实例介绍了中小企业运用相关软件开展财务业务一体化工作的相关知识与操作步骤。其中不仅介绍了面向中小企业的常用软件的特点、功能结构、操作流程和操作方法，还重点就相关软件的技术基础、安装和日常运行管理与维护等进行了较详细的讲解，而且还结合实例阐述了财务与供应链相结合的一体化操作等。在本书的各章中都附有相关软件操作的案例资料，以求读者在学习过程中学练结合，从而达到充分掌握相关应用软件的目的。

本书具体内容安排如下：

第 1 章金蝶 KIS 云专业版 V16.0 的应用。本章详细介绍了金蝶 KIS 云专业版 V16.0 的操作应用，内容主要包括金蝶 KIS 的安装与配置，账套的管理，系统的基础设置与初始化，账务处理，报表与分析等内容。本章内容以实务为中心，通过详细的操作指导与原理，介绍并讲解了金蝶 KIS 云专业版 V16.0 的使用方法。

第 2 章用友畅捷通 T6-企业管理软件 V6.5 的应用。本章详细介绍了用友畅捷通 T6-企业管理软件 V6.5 的操作应用，其中包括用友畅捷通 T6-企业管理软件 V6.5 系统的安装与启动，账套管理，基础设置及其初始化，总账，报表与分析。本章同时提供了用友畅捷通 T6-企业管理软件 V6.5 的一套完整的模拟练习，以期通过相关练习让读者深入掌握用友畅捷通 T6-企业管理软件 V6.5 的各项操作方法和步骤。

第 3 章浪潮 PS 管理软件 V11.0 的应用。本章详细介绍了浪潮 PS 管理软件 V11.0 的操作应用，包括浪潮 PS 管理软件 V11.0 的安装与配置、账套管理，并特别就浪潮的财务会计部分的账务系统、报表管理进行系统介绍。本章同时提供了浪潮 PS 管理软件 V11.0 的一套完整的模拟练习，以期通过相关练习让读者深入掌握浪潮 PS 管理软件 V11.0 的各项操作方法和步骤。

第 4 章管家婆财贸双全Ⅱ Top+V18.0 的应用。本章详细介绍了管家婆财贸双全Ⅱ Top+V18.0 的操作应用，其中主要包括管家婆财贸双全Ⅱ Top+V18.0 的安装与启动，基础资料和期初建账，财务管理，业务报表和财务报表。通过大量的操作实例，以财会业务为中心，重点介绍了软件的各项操作方法和步骤。

第 5 章金算盘 eERP-B V10.0 的应用。本章主要介绍了金算盘 eERP-B V10.0 的操作应用，其中主要包括金算盘 eERP-B V10.0 的安装与启动，账套管理和基础设置，财务管理的总账管理和分析查询等内容，并提供一模拟实例供练习使用。

第 6 章典型财务软件的比较与系统维护。本章针对金蝶 KIS 云专业版 V16.0、用友畅捷通 T6-企业管理软件 V6.5、浪潮 PS 管理软件 V11.0、管家婆财贸双全Ⅱ Top+V18.0 和金算盘 eERP-B V10.0 等几款典型财务软件就其功能、应用领域、用户及市场占有率等方面进行了综合的比较，对系统的日常维护、硬件维护、软件维护等进行了详细的描述，特别是对财务软件及其数据库支撑平台本身的维护进行了深入的探讨。

在本书的编写过程中，编者不仅注意相关软件的基本功能、应用特点、操作流程等的介绍，同时更着眼于实践技能的培养，通过丰富的操作实例详细介绍了相关软件的操作应用，在各章中都精心设计了操作案例资料，可以让读者融会贯通、学以致用。

本书根据中小企业财务会计信息和相关软件的特点，合理选择相关软件并安排各章节内容，通过规范的表述和详尽的操作方法和步骤，力求把相关软件的基本操作讲清楚，同时，在各章中都有案例资料供上机操作，以便读者在学习过程中学练结合，进而充分掌握每章的知识。本书既适合各高等院校及职业学校作为学习财务软件的理想用书，也可作为各类培训学校最佳的教学用书；本书对广大想学习财务软件的读者来说是难得的学习用书。

本书由文兴斌、张育强、王雁任主编，兰庆莲、贾林蓉任副主编，各章编写分工如下：第 1 章由成都师范学院文兴斌编写，第 2 章由西昌学院贾林蓉编写，第 3 章由成都信息工程大学张育强与四川航天职业技术学院王江霞编写，第 4 章由四川城市职业学院王雁编写，第 5 章由文兴斌与成都职业技术学院熊敏编写，第 6 章由成都信息工程大学兰庆莲编写。全书由文兴斌总撰并审稿。

在本书的编写过程中，得到了相关软件公司的大力支持，在此致以衷心的感谢！

由于时间仓促，加之编者的水平有限，书中难免会有错误，恳请读者不吝指正。

编者

2019 年 3 月

目录

1 金蝶KIS云专业版V16.0的应用

金蝶KIS是金蝶集团面向小微企业量身打造的管理软件。为响应国家推动企业"上云用云"要求，并结合企业管理实际需求，金蝶发布了金蝶KIS云系列产品。

1.1 系统的安装与启动

1.1.1 系统特点

金蝶KIS云专业版V16.0，为企业提供云模式管理软件方案，企业可以随时通过连接互联网使用KIS软件。

1. 面向小微企业量身打造的管理软件

以订单为主线，以财务为核心，通过移动终端实现对库存、生产、销售、采购、网店、门店等各经营环节的实时管控，帮助企业在做好内部管理的同时，创新商业模式，赢得更多商机。

2. 集成金蝶云之家，提升企业内部协作效率

通过金蝶KIS移动应用，实现KIS软件后台与移动客户端的数据对接与交换，企业管理人员可以通过移动设备查询数据、审批流程、管理业务订单等，随时随地处理工作。

3. 集成微信，加强外部沟通，创新商业模式

金蝶KIS轻应用无缝连接微信，通过微信进行移动业务处理。

4. 帮助企业连接客户和经销商

通过KIS微商城，不仅可以帮助企业做好内部管理，还可以帮助企业连接客户和经销商，通过移动互联网开拓全新的营销模式。

1.1.2 系统的安装

1. 系统配置要求

(1) 服务器端

CPU：最低要求1.6 GHz Pentium 4处理器，推荐3.0 GHz Pentium 4处理器及以上。

内存：最低 RAM 要求 2G，推荐 8G 内存。

硬盘：需要 20G 以上的可用空间。

（2）客户端

CPU：最低要求 1.6 GHz Pentium 4 处理器，推荐 3.0 GHz Pentium 4 处理器及以上。

内存：最低 RAM 要求 1G，推荐 4G 内存。

硬盘：需要 10G 以上的可用空间。

（3）操作系统要求

服务器和客户端：Windows XP 专业版（32 位）（SP3）简体中文版，Windows Server 2003 标准版/企业版 简体中文版（32 位）（SP2）（不支持 64 位），Windows Server 2003R2 标准版/企业版 简体中文版（32 位）（SP2）（不支持 64 位），Windows 7 旗舰版 简体中文版 （32/64 位均支持），Windows Server 2008 标准版 简体中文版（32/64 位均支持），Windows Server 2008R2 企业版 简体中文版 （64 位），Windows 8 企业版 简体中文版（32/64 位均支持），Windows 8.1 专业版 简体中文版（32/64 位均支持），Windows 10 专业版 简体中文版（32/64 位均支持），Windows 2012 企业版 简体中文版（64 位），Windows 2012R2 标准版 简体中文版（64 位），Windows Server 2016 DataCenter 简体中文版（64 位）。

不支持 Windows 98、Windows 2000、Windows XP 家庭版、Windows Server 2003 64 位、Windows Server 2003 R2 64 位。

（4）服务器端数据库环境

SQL Server 2000 SP4，SQL Server 2005 SP4，SQL Server 2008 SP2，SQL Server 2008 R2 SP2，SQL Server 2012 SP1，SQL Server 2014，SQL Server 2016。

2. 安装过程

（1）安装目录

默认安装目录为：[Program Files] \ Kingdee \ KIS \ Advance。

（2）安装组件

分为“客户端”“服务器端”“老板报表”。客户端和服务器端安装都需要对环境进行检测。

（3）安装步骤

KIS 云专业版有两种安装模式：单机模式安装和客户端-服务器模式。

第一步，通过金蝶官网下载安装程序。

第二步，执行安装程序中的“金蝶 KIS 云专业版 V16.0 安装程序. exe”。

第三步，选择需要安装的组件：客户端、服务器端、老板报表；同时阅读并同意“用户许可协议”，设置安装文件路径，单击“立即安装”，系统会自动根据用户的选择与设置进行软件安装，如图 1-1 所示。

图 1-1　KIS 云专业版安装

第四步，如果选择了安装服务器端系统默认检测是否安装了需要的数据库，如果没有，金蝶安装程序会根据操作系统版本，自动帮用户安装上 SQL 2008 Express 数据库。

第五步，如果安装过程中出现“正在配置 SQL，必须先重新启动系统”的提示，这是 SQL 2008 Express 本身的提示，单击“确定”按钮，重启电脑后，按上述步骤重新执行安装程序，系统将继续进行金蝶 KIS 云专业版的安装。

服务器端安装时，安装程序自动恢复金蝶 KIS 云专业版演示账套，这样用户在初次使用的时候马上可以登录系统，不需要新建账套即可感受系统的简洁性。该账套的预设用户名为 manager，密码默认为空。

1.1.3　系统启动

在客户端，单击“开始—所有程序—金蝶 KIS 云 · 专业版”，进入如图 1-2 所示的系统登录界面。

图 1-2　KIS 云专业版系统登录

用户选择或填入自己的用户名、密码，选择所需的账套进行登录后，即会进入到金蝶 KIS 云专业版的主界面，如图 1-3 所示。

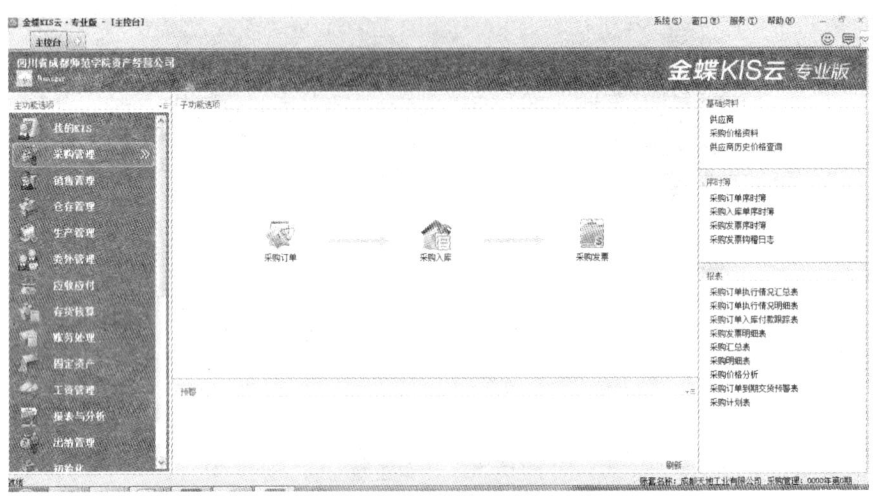

图 1-3　KIS 云专业版 16.0 主界面

整个界面分三个功能区：主功能选项—子功能选项—相关基础资料及账表管理，子功能区采用流程导航表现形式。

主界面不设置产品功能性菜单，主功能调用直接通过界面功能按钮调用，直观便捷；通过“服务”功能菜单直接连接金蝶社区。

按“F1”键可以调用帮助功能。

1.2　账套管理

账套在系统中是非常重要的，它是存放各种数据的载体，各种财务数据、业务数据都存放在账套中。账套本身其实就是一个数据库文件。

1.2.1　新建账套

1. 系统管理登录

第一次进入金蝶 KIS 云专业版，用户可以单击“开始—所有程序—金蝶 KIS 云 · 专业版—金蝶 KIS 云 · 专业版　系统管理”，出现如图 1-4 所示的界面。

图 1-4　系统管理登录

在“系统管理登录”界面中输入用户名和密码，就可以登录到系统管理界面，如图 1-5 所示。

图 1-5　系统管理

系统管理集合账套管理、应用服务（WEB 版和移动应用）、加密管理、用户管理（系统管理的管理员）等功能。

在系统管理界面的下方，会显示电脑名（系统管理所在的计算机名称）、IP 地址、版本号（系统管理版本号）、网络连接状态等信息。

2. 新建账套

在“系统管理”界面，单击“账套管理—新建账套”，进入如图 1-6 所示的新建账套向导界面。

图 1-6　新建账套—系统信息

（1）系统信息

账套号：账套在系统中的编号，用于标识账套具体属于哪个组织机构。

账套名称：账套的名称。

账套路径：账套保存的路径，该路径是指数据服务器上的路径，由选择的数据库服务器决定。

以上三项和公司名称属于必填项，而地址和电话可选择填写。

（2）参数设置

单击“参数设置”或“下一步”按钮，进入如图 1-7 所示的界面。

图 1-7　新建账套—参数设置

公司纳税性质：根据公司纳税性质选择，可以选择一般纳税人或小规模纳税人。

税率：根据公司纳税性质分别选择一般纳税人或小规模纳税人时，系统会自动默认税率，允许手工修改。

启用会计期间：可下拉选择，默认取当前系统时间，可以手工修改。

自定义会计期间：系统提供“自然年度会计期间”和“自定义会计期间”两种设置方式，自定义会计期间又分别可以选择 12 期和 13 期两种，勾选“自然年度会计期间”参数后，默认为 12 期的，且开始日期为 1 月 1 日至 12 月 31 日，不可修改。选择自定义会计期间方式，可以设置开始日期，如图 1-8 所示。

图 1-8　新建账套—参数设置—自定义会计期间—会计期间设置

本位币名称：提供常用币别选择，包括：人民币、美元、港币、欧元、英镑、日元；也可以手工录入；默认为人民币。

本位币代码：根据选择的本位币名称自动携带对应的币别代码，允许手工录入。

本位币小数位：默认为 2 位，可以修改，最大 4 位。

（3）基础资料

单击“基础资料”或“下一步”按钮，进入如图 1-9 所示的界面。

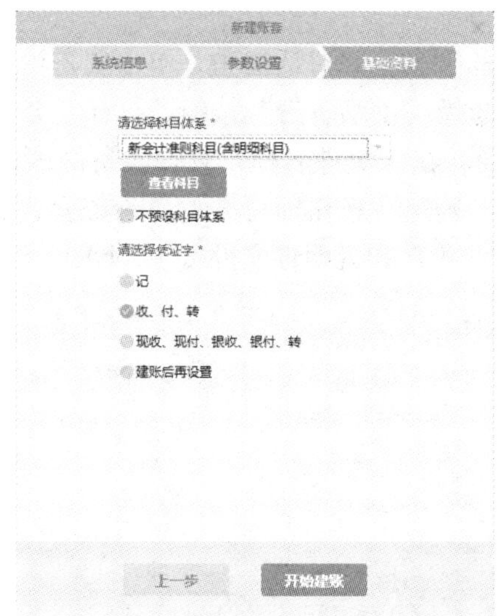

图 1-9　新建账套—基础资料

选择科目体系：单击下拉列表，选择预置的对应科目体系，在连网的情况下，可以直接调取金蝶 KIS 云 · 专业版公共云盘行业会计科目模板体系。默认提供 5 种科目体系，包括企业会计制度科目、小企业会计制度科目、新会计准则科目、2013 年小企业会计准则科目、新会计准则科目（含明细科目）和民间非营利组织。

查看科目：在选择了科目体系的基础上，单击此按钮，可以查看科目信息。

不预设科目体系：勾选后，选择科目体系和修改科目功能不可用。新建的账套没有会计科目和报表模板，需要单独在账套中手工处理。

选择凭证字：默认选择为“记”，提供 4 个单选项，包括“记”，“收、付、转”，“现收、现付、银收、银付、转”，“建账后设置”。

上述资料设置完成后，即可单击“开始建账”按钮，系统就会开始自动进行账套的创建过程了。新建完成的账套，会显示在账套列表中。

1.2.2　删除账套

在如图 1-5 所示的账套管理对话框中，单击要删除账套右边的“操作”下面的“更多”下拉列表框，选择“删除”按钮，系统会给出一个是否确定删除的提示，单击“是”，然后系统会给出是否要备份账套的提示，如果要备份，就选择“是”，否则就选择“否”，该账套就被删除了。

在账套真正删除前，系统会检测当前账套是否正在使用，如果检测到当前账套正在使用，则不会删除当前账套，并会给出相应的提示。

1.2.3　账套的备份与恢复

1. 备份账套

为了保证账套数据的安全性，需要定期对账套进行备份。一旦原有的账套毁坏，则可以通过账套恢复功能将以前的账套备份文件恢复成一个新账套进行使用。

金蝶 KIS 云专业版提供手动备份、自动备份和云盘备份三种不同的备份方式。

1）手动备份

（1）在如图 1-5 所示的账套管理对话框中，单击要备份账套右边的“操作”下面的“更多”下拉列表框，选择“手动备份”按钮，打开“备份账套”界面，如图1-10所示，选择需要备份的路径。在“文件名称”处输入备份账套的文件名称。

（2）设置好后，单击“确定”按钮即可开始备份账套，完成时系统提示生成了两个文件，即数据库文件（. bak）和说明性文件（. dbb）。

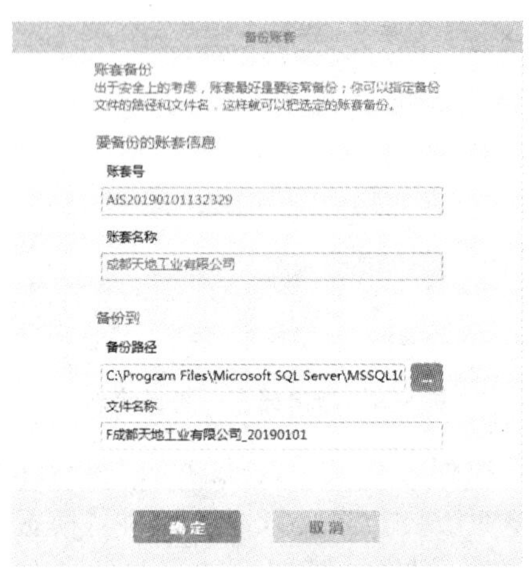

图 1-10　手动备份账套

2）自动备份设置

（1）在如图 1-5 所示的账套管理对话框中，单击要备份账套右边的“操作”下面的“更多”下拉列表框，选择“自动备份”按钮，打开“自动备份账套”界面，如图1-11 所示，选择需要备份的路径。

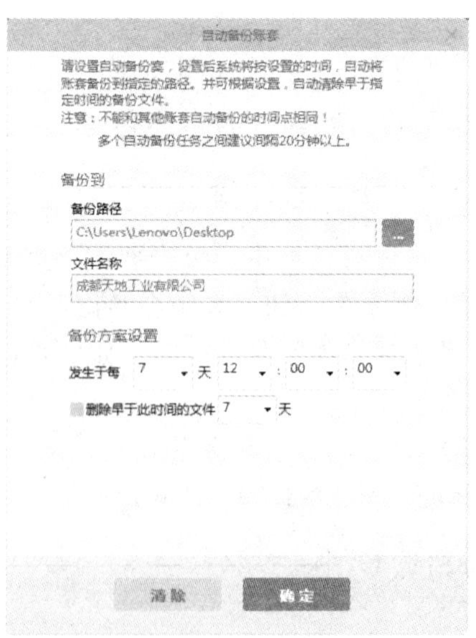

图 1-11　自动备份账套

（2）备份方案设置中的两个选项说明。

发生于每天：这是一个时间参数，说明自动备份发生在什么时间，采用 24 小时制。系统默认为凌晨 2 点，天数控制为 3 位。例如设置为 7 天，则从设置时刻算起，以后每过 7 天的凌晨 2 点就会自动备份一次。

删除早于此时间的文件：设定一个过期期限，如 7 天或 30 天，程序会自动帮助删除这些文件，天数最大数控制为 3 位。勾选才起效，不勾不起效。

（3）设置好后，单击“确定”按钮，即完成了自动备份账套方案设置。

如果要清除已有的自动备份方案，单击要清除自动备份方案账套右边的“操作”下面的“更多”下拉列表框，选择“自动备份”按钮，打开“自动备份账套”界面，单击下方的“清除”按钮，系统提示“清除成功”，单击“确定”按钮即可。清除以后，该账套不会再自动备份。

3）云盘备份

（1）在如图 1-5 所示的账套管理对话框中，单击要备份账套右边的“操作”下面的“更多”下拉列表框，选择“云盘备份”按钮，打开“云盘备份”界面，如图1-12 所示。

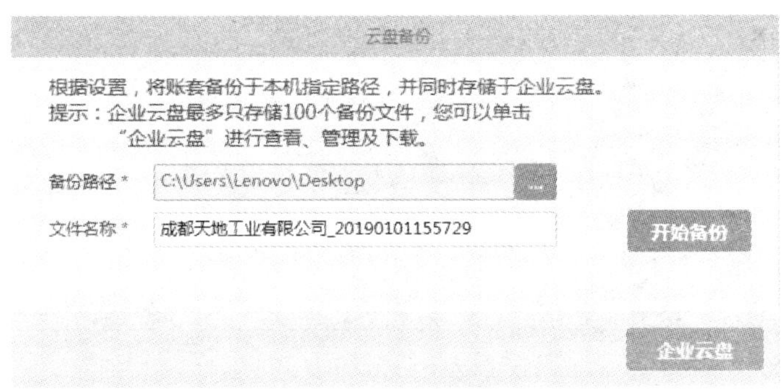

图 1-12　云盘备份

（2）选择备份路径和指定文件名称，单击“开始备份”按钮，系统即进行账套备份并上传至企业云盘账套备份文件夹，同时会显示备份进度条。如果需要暂停，可以单击“暂停”按钮；需要继续上传时，再单击“暂停”按钮即可恢复上传进度。如果需要取消未完成上传的备份操作，可以单击“取消备份”，提示：“是否取消本次云盘备份”，选择“是”，则取消当前备份，并在云盘不存储本次任何备份数据。

单击“企业云盘”可以查看企业云盘中已有的账套文件，可以下载和删除云盘中的账套备份文件。

使用此功能，要求系统管理必须为连网状态。备份账套数据存储于企业的金蝶云盘。

云盘账套管理目录里最多支持 100 个文件备份，超出 100 个，提示超过最大备份数，请到云盘备份管理里删除不用的备份文件。

2. 恢复账套

本功能可以将备份的账套文件恢复成一个新的金蝶 KIS 云专业版账套。

（1）在“账套管理”界面，单击“恢复账套”按钮，打开“恢复账套”界面，如图 1-13 所示。

（2）选择需要恢复的账套。

（3）在“账套号”和“账套名”处输入拟新建账套的账套编号和名称，编号和名称不允许同系统中已有账套的名称或者编号重复。

（4）设置好后，单击“确定”即可开始恢复账套。

支持恢复 ADF 格式的账套，直接选择恢复即可。如果是自动备份的账套，由于是压缩文件，在恢复时会有一个自解压过程。

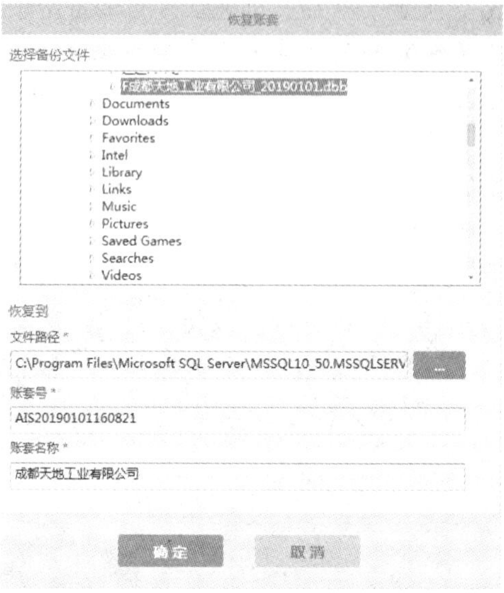

图 1-13　恢复账套

1.2.4　查看账套

本功能是控制不同用户所能看到的账套，即用户只能看到自己权限范围内的账套。

（1）在“账套管理”界面，单击“查看账套”，打开“查看账套”界面，如图1-14所示。

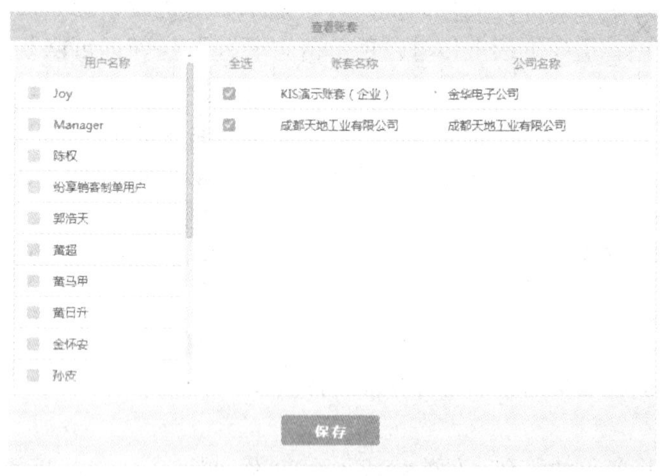

图 1-14　查看账套

（2）“查看账套”界面分为两部分，左侧为用户列表，列示了对应系统管理下所有账套的所有用户。可以单击单选，也可以利用 Ctrl 或 Shift 键一次选择多个用户授予相同账套查看权限。右侧的账套列表把所有账套列出来。选定用户后可以勾选需要其查看的账套赋予查看权限，选择账套界面提供全选、全清功能。

（3）选择完毕后单击“保存”并退出，系统提示保存成功。

用户重新登录客户端时，输入用户名，系统自动显示赋予了用户查看权限的账套名称。

新建、升级、恢复账套都保持所有操作员拥有所有账套的查看权限。

客户端新建用户也默认有权查看所有账套。

1.3 基础设置和初始化

1.3.1 基础设置

基础设置主要是对系统所需的各项基础资料进行维护管理，主要包括会计科目、币别、凭证字、凭证模板、计量单位、结算方式、核算项目、辅助资料、收支类别、采购价格资料、销售价格方案、商品标准价格资料、BOM、物料辅助属性、系统参数、单据设置、条形码规则、条形码关联、用户管理、上机日志、基础资料引入引出、单据引入引出等内容。

在金蝶 KIS 云专业版主界面上，单击“基础设置”，进入基础资料的维护管理界面，如图 1-15 所示。

图 1-15 基础设置界面

1. 科目维护

在主界面单击“基础设置—会计科目”，进入如图 1-16 所示的科目维护界面，可以进行科目组维护、新增、从模板中引入科目、修改、删除、浏览、科目禁用、管理科目禁用、引出、打印、预览等操作。

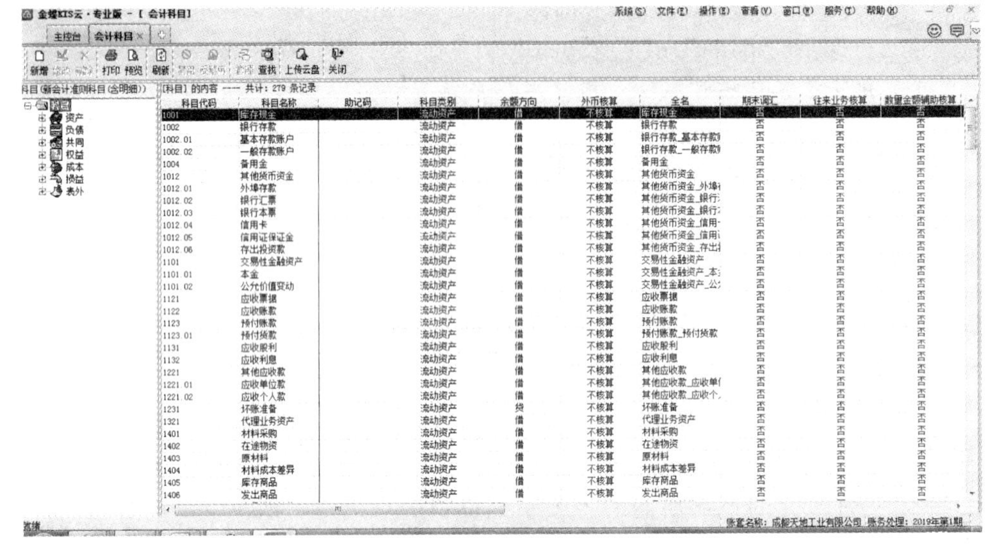

图 1-16　科目维护界面

（1）科目组管理

在金蝶 KIS 云专业版中，会计科目体系是树形结构的，可以进行分级管理。

系统将会计科目分为两级，第一级包括资产、负债、共同、权益、成本、损益、表外七大类，每类科目下面又进行了再次分类，便构成了第二级，如资产分为流动资产和长期资产，在科目设置中必须选择某一个具体的科目类别。

第一级七类科目无论是名称还是代码都是不可以修改的。而对第一级七类科目下设置的各个科目组，可以对系统预设置的类别进行修改，如可以对流动资产进行名称的修改，也可以进行增加下级的明细。

修改科目组的操作步骤如下：

①在“基础设置—会计科目”界面中，选中某一个需要进行修改的科目组，如“流动资产”。

②单击菜单“操作—修改科目”，或者在科目组上单击右键，在弹出的菜单上选择“修改科目”，进入“科目组编辑”界面。

③修改名称后，单击“确定”，完成科目组的修改。

（2）新增科目

新增科目组的操作步骤与修改科目组相似。

①在如图 1-16 科目维护界面，单击菜单“操作—新增科目”，进入如图 1-17“会计科目—新增”界面，输入科目信息。

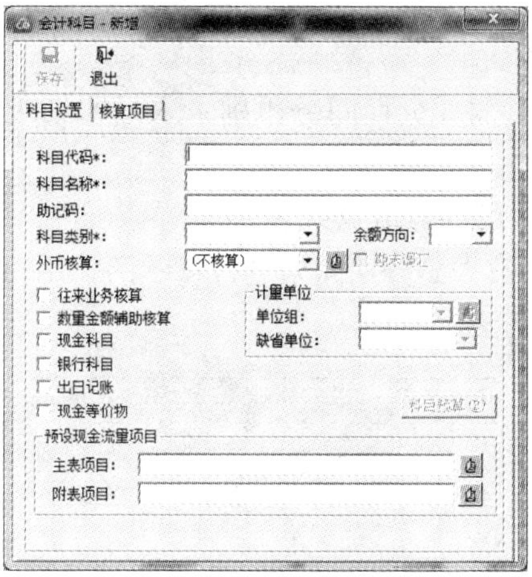

图 1-17　会计科目—新增

输入科目的各种信息后，如果还需要为科目增加需要进行核算的核算项目，则单击“核算项目”选项卡，单击“增加核算项目类别”按钮，在打开“核算项目类别”界面内选择需要的核算项目，单击“确定”。一个科目允许增加最多 4 个核算项目。

②单击“保存”按钮，保存新增科目的资料。增加完毕后，单击“退出”按钮，退出新增界面。

在已发生业务的科目下，再增加一个子科目，系统会自动地将父级科目的全部内容转移到新增的子科目上来，该项操作不可逆。

（3）从模板中引入科目

为了提高用户录入科目的速度，系统提供了引入标准科目的功能。

①在如图 1-16 科目维护界面，单击菜单“文件—从模板中引入科目”，打开“科目模板”界面。

②选择引入科目的所属行业类型，然后单击“引入”，打开“引入科目”界面，选择要引入的科目。如果要引入所有科目，则单击“全选”即可。

③单击“确定”，即可将用户选择的科目引入到系统中来。对引入的科目可以根据情况再进行修改。

（4）修改科目属性

在如图 1-16 科目维护界面，如果要修改某一科目，则先选中该科目，单击菜单“操作—修改科目”，或右击选择“修改科目”，或双击该科目，弹出“科目—修改”界面，输入科目的修改内容，单击“保存”。

修改科目名称时，判断该科目是否有发生过业务，如已有业务发生，则弹出提示信息，以便用户判断是否修改科目名称。

（5）科目预算管理

科目预算可以设置一些简单的预算数据，实现预算管理。通过设置科目预算值后，当在录入凭证时，设置的科目数据超过科目预算值或低于预算值时，系统将提供“不检查、警告、禁止使用”三种方式给用户进行处理，提供了一种事前监控的手段。具体的控制方式在“账务处理—凭证录入—操作—预算控制选项”中进行设置。

先选中需要进行科目预算的科目，单击菜单“操作—修改科目”，或右击选择“修改科目”，或双击该科目，打开“会计科目—修改”界面，单击界面上的“科目预算”，弹出“科目预算”界面。

在“科目预算”界面，需要分期间分币别录入最明细级科目的预算数据。具体操作有三种方式：

①没有核算项目的科目的预算数据录入

如图 1-18 所示，预算数据是分期间来进行显示的，用户在此处输入相应的数据保存即可。

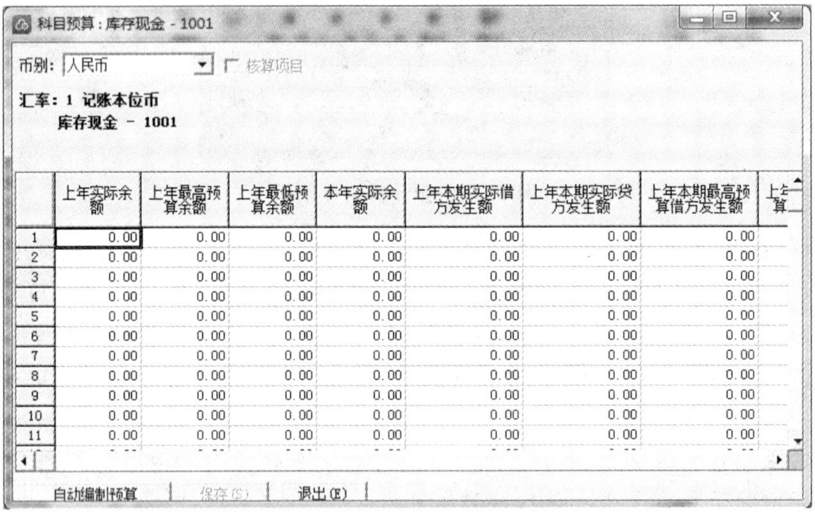

科目预算：库存现金 - 1001

币别：人民币　核算项目

汇率：1 记账本位币

库存现金 - 1001

	上年实际余额	上年最高预算余额	上年最低预算余额	本年实际余额	上年本期实际借方发生额	上年本期实际贷方发生额	上年本期最高预算借方发生额
1	0.00	0.00	0.00	0.00	0.00	0.00	0.00
2	0.00	0.00	0.00	0.00	0.00	0.00	0.00
3	0.00	0.00	0.00	0.00	0.00	0.00	0.00
4	0.00	0.00	0.00	0.00	0.00	0.00	0.00
5	0.00	0.00	0.00	0.00	0.00	0.00	0.00
6	0.00	0.00	0.00	0.00	0.00	0.00	0.00
7	0.00	0.00	0.00	0.00	0.00	0.00	0.00
8	0.00	0.00	0.00	0.00	0.00	0.00	0.00
9	0.00	0.00	0.00	0.00	0.00	0.00	0.00
10	0.00	0.00	0.00	0.00	0.00	0.00	0.00
11	0.00	0.00	0.00	0.00	0.00	0.00	0.00

自动编制预算　保存(S)　退出(E)

图 1-18　没有核算项目的科目预算

②带核算项目的会计科目的预算数据的录入

如果科目下设了核算项目，进行预算数据录入的界面如图 1-19 所示。

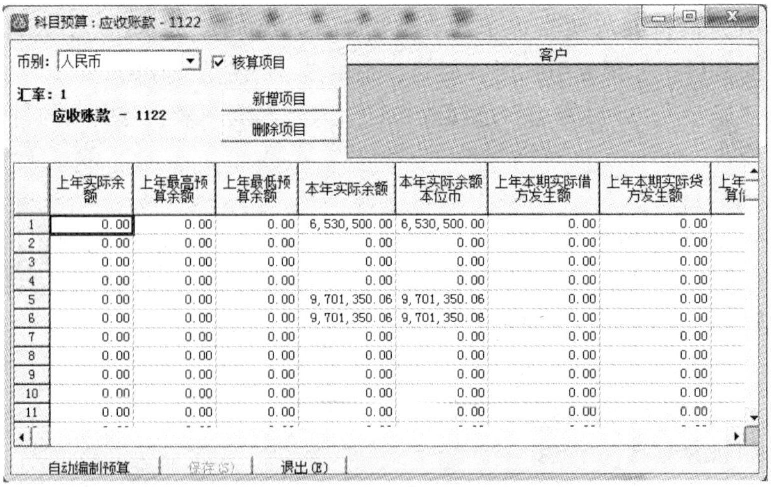

科目预算：应收账款 - 1122

币别：人民币　核算项目　客户

汇率：1

应收账款 - 1122

新增项目

删除项目

	上年实际余额	上年最高预算余额	上年最低预算余额	本年实际余额	本年实际余额本位币	上年本期实际借方发生额	上年本期实际贷方发生额
1	0.00	0.00	0.00	6,530,500.00	6,530,500.00	0.00	0.00
2	0.00	0.00	0.00	0.00	0.00	0.00	0.00
3	0.00	0.00	0.00	0.00	0.00	0.00	0.00
4	0.00	0.00	0.00	0.00	0.00	0.00	0.00
5	0.00	0.00	0.00	9,701,350.06	9,701,350.06	0.00	0.00
6	0.00	0.00	0.00	9,701,350.06	9,701,350.06	0.00	0.00
7	0.00	0.00	0.00	0.00	0.00	0.00	0.00
8	0.00	0.00	0.00	0.00	0.00	0.00	0.00
9	0.00	0.00	0.00	0.00	0.00	0.00	0.00
10	0.00	0.00	0.00	0.00	0.00	0.00	0.00
11	0.00	0.00	0.00	0.00	0.00	0.00	0.00

自动编制预算　保存(S)　退出(E)

图 1-19　带核算项目的科目预算

如果会计科目带了核算项目，“核算项目”复选框为可选状态，只有选中了这个复选框后，“本年最高预算”和“本年最低预算”这两列的数据才会变为可录入的状态，否则为黄色的不可修改的状态。

在进行带核算项目的会计科目的预算数据录入前，必须首先指定具体的核算项目，如果科目带有多个核算项目类别，则必须指定核算项目的组合。

单击“新增项目”按钮，在右边的核算项目列表框中将会增加一条空白记录（列头上会显示核算项目类别的信息，科目下设置了几个核算项目类别，则显示几列，每一列的列头上是核算项目类别的信息，如在应收账款科目下设了三个核算项目类别，分别是客户、部门、职员），双击这条空白的记录，会弹出核算项目指定的界面。

选定某一个核算项目类别，进入“分录项目信息”对话框，在“类别”列中将会显示出具体类别的名称，如类别为部门，则在部门代码的编辑框处，按 F7 键，调出具体核算项目的查询界面，可以选择某一个核算项目；多核算项目时需要分别指定各个核算项目的代码，确定核算项目组合。各个核算项目都已经设置好了以后，单击“保存”按钮，返回预算数据录入的界面，此时在核算项目的列表中会显示出所选定的核算项目的信息。

选定核算项目后，在下面的预算数据录入中录入具体的数据，表示的是该核算项目或是核算项目组合的预算数据。保存后在核算项目中新增另一个核算项目或是核算项目组合，则此时下面的预算数据又是可录入状态，录入该核算项目或组合的数据。

对不同的核算项目（包括核算项目组合），在“科目预算”中可以录入不同的预算数据，单击“保存”按钮，预算数据保存至账套中。

光标指向不同的核算项目（为黑色显示），预算数据则显示的是所指向的核算项目的预算数据，单击不同的核算项目，显示不同核算项目的预算数据。

③科目预算数据的自动编制

在“科目预算”界面，单击“自动编制预算”按钮，打开“自动编制预算”界面，数据来源中有两种选择，“上年实际数”和“上年预算数”，二者必选其一，如在数据来源中选择“上年实际数”，“比例数”中应手工录入计算的比例，如 10%，表示本年预算数=上年预算数×10%。

采用这种方法可以快速进行预算数据的编制，无需一个一个期间地录入预算数据。对于一些费用的预算，如需要以前年度的发生额为依据，本年进行控制，为上年的 90%来做预算，此时就可以采用这种方法来生成预算数据，当然这些数据还可以进行手工的修改，系统以最后一次修改后的数据为准。

（6）禁用科目

如果要禁用某一科目，则先选中该科目，单击菜单“操作—禁用”，或右击选择“禁用”。

禁用后该科目不能被修改、删除，其他系统也不能使用该科目。

禁用后该科目在浏览界面上看不到，如果要在浏览界面上看到已经禁用的科目，则可单击菜单“查看—选项”，打开选项界面，将“显示禁用基础资料”打上勾，如图 1-20 所示。

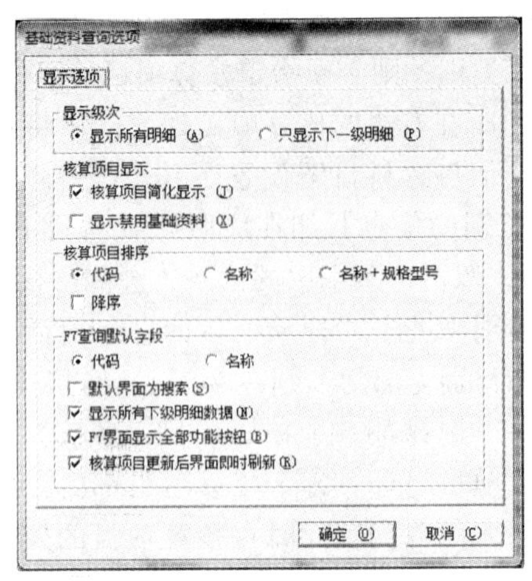

图 1-20　基础资料查询选项

如果要对一个已经禁用的科目恢复使用，则单击菜单上"操作—反禁用"，或右击选择"反禁用"，在弹出的"管理科目禁用"界面选中该科目，单击"取消禁用"即可。

（7）删除科目

如果要删除某一科目，则先选中该科目，单击菜单"操作—删除科目"，或右击选择"删除科目"。

2. 币别维护

在企业的经营活动中，都是以币别作为交易的媒介和度量单位的。对于涉外企业，其交易活动中不可避免地将涉及多种币别，为了方便用户对不同币种的业务数据进行记录和度量，系统提供了币别这个基础资料。

在主界面单击"基础设置—币别"，进入对币别的维护界面，然后就可以对币别进行新增、修改、删除、禁用、反禁用、引出、打印、预览。

（1）新增币别

在"币别"界面，单击菜单"操作—新增币别"，进入"币别—新增"对话框，如图 1-21 所示，输入币别信息，单击"确定"按钮即保存新增币别的资料。

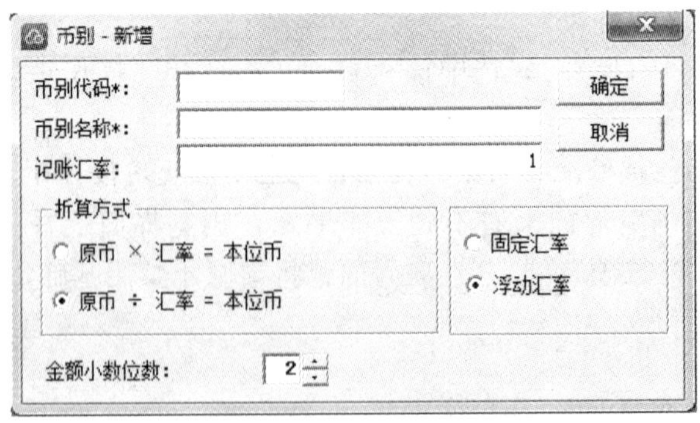

图 1-21　币别—新增

（2）修改币别

如果要修改某一币别，则先选中该币别，单击菜单"操作—修改币别"，或右击选择“修改币别”，或双击该币别，弹出“币别—修改”界面，输入币别的修改内容即可。

（3）禁用币别

如果要禁用某一币别，则先选中该币别，单击菜单“操作—禁用币别”，或右击选择“禁用币别”。

禁用后该币别在浏览界面看不到，其他系统也不能使用该科目。

如果要对一个已经禁用的币别恢复使用，单击菜单“操作—反禁用”，或右击选择“反禁用”。

（4）删除币别

如果要删除某一币别，则先选中该币别，单击菜单“操作—删除币别”，或右击选择“删除币别”。

3. 凭证字维护

凭证字就是凭证类别。

在主界面单击“基础设置—凭证字”，进入凭证字维护界面。在凭证字设置界面中可以对凭证字进行初始数据录入和日常维护操作，具体操作包括：新增、修改、删除、浏览、禁用、反禁用、设置默认凭证字、引出、打印、预览。

由于上述大部分操作与科目、币别等的操作方法相似，故不再详述。下面只介绍设置默认凭证字的操作。

选中一凭证字，单击菜单“操作—设为默认值”，或右击选择“设为默认值”，则可以将指定的凭证字设为默认凭证字，在新增凭证时，该凭证字将自动带入到凭证中。想更改默认凭证字，选中另一个凭证字重复上述操作即可，则默认凭证字变为当前的凭证字。

用户也可以不设置默认凭证字，在这种情况下，系统将根据拼音排序将排在首位的凭证字带到新增凭证中。

限制多借多贷凭证即在账务处理系统进行凭证录入时，如果选择了限制多借多贷的凭证字，则系统将对当前凭证进行判断，如是多借多贷凭证，则该凭证不允许保存。对于一借一贷、一借多贷、多借一贷的凭证系统不做上述限制。

4. 计量单位维护

存货的设置必定涉及计量单位。在金蝶 KIS 云专业版中，计量单位的设置先要设置计量单位组，再在组中设置计量单位。同时在一个计量单位组中，有且只能有一个默认计量单位。

在主界面单击“基础设置—计量单位”，就可以进入计量单位维护界面。在维护界面中，可以对计量单位组和计量单位进行维护管理。

（1）计量单位组

单击菜单“操作—新增计量单位组”，进入如图 1-22 所示“新增计量单位组”对话框，输入计量单位组的名称。输入完毕后，单击“确定”，保存新增计量单位组的资料。

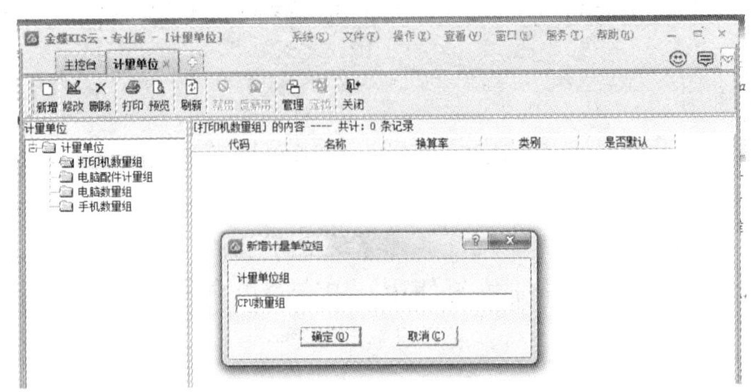

图 1-22　计量单位组-新增

如果要修改某一计量单位组，则先选中该计量单位组，单击菜单“操作—修改计量单位组”，或右击选择“修改计量单位组”，弹出“修改计量单位组”对话框，输入计量单位组的修改内容即可。

如果要删除某一计量单位组，则先选中该计量单位组，单击菜单“操作—删除计量单位组”，或右击选择“删除计量单位组”。

（2）计量单位

在计量单位维护界面，单击菜单“操作—新增计量单位”，进入“计量单位—新增”对话框，如图 1-23 所示。

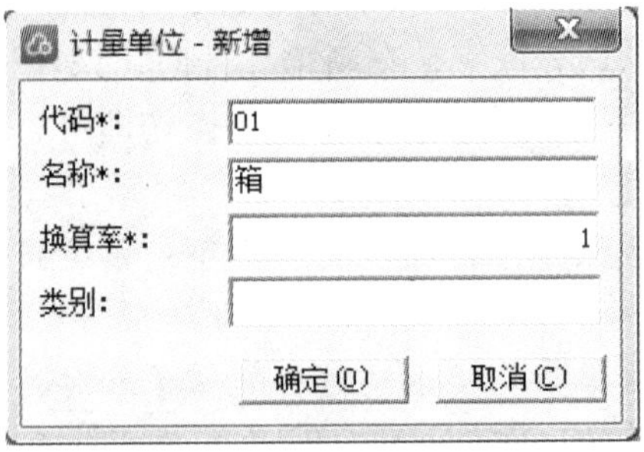

计量单位 - 新增
代码*: 01
名称*: 箱
换算率*: 1
类别:
确定(O)　取消(C)

图 1-23　计量单位-新增

输入计量单位的代码、名称和换算率（系统默认新增计量单位的换算率为 1）。单击“保存”按钮，即可保存新增计量单位的资料。

如果该计量单位是当前计量单位组的第一个计量单位，那么系统会自动将该计量单位设为默认计量单位，该默认计量单位的换算率系统会自动更改为 1（无论用户之前如何设置）。

默认计量单位是可以修改的。方法是：选择一个计量单位，单击菜单“操作—设为默认值”，这个计量单位就被改为了默认计量单位。如果这个计量单位的换算率不是 1，系统会自动将这个计量单位的换算率改为 1，同时其他计量单位的系数也会同比进行更改。

在一个计量单位组中，有且只能有一个默认计量单位。默认计量单位是计量单位组内其他计量单位进行换算的基础。所以设置默认计量单位时须谨慎。

5. 结算方式维护

在主界面单击“基础设置—结算方式”，就可以进入如图 1-24 所示的结算方式维护界面。在结算方式设置界面中可以对结算方式进行初始数据录入和日常维护操作。

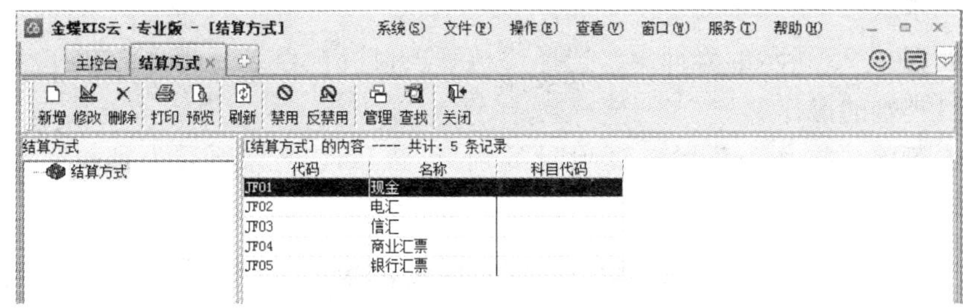

图 1-24　结算方式

结算方式的新增、修改、删除、浏览、禁用管理、引出、打印预览与科目、币别等的操作方法相似。

6. 核算项目维护

在金蝶 KIS 云专业版中，核算项目是指一些具有相同操作、作用相类似的一类基础数据的统称。核算项目的共同特点是：具有相同的操作，如可以增删改，可以禁用，可以进行条形码管理，可以在单据中通过“F7”进行调用等；构成单据的必要信息，如录入单据时需要录入客户、供应商、商品、部门、职员等信息；本身可以包含多个数据，并且这些数据需要以层级关系保存和显示。

在金蝶 KIS 云专业版中已经预设了多种核算项目类型，如客户、部门、职员、存货、仓库、供应商、现金流量项目等。用户也可以根据实际需要，自己定义所需要的核算项目类型。

在金蝶 KIS 云专业版主界面，单击“基础设置—核算项目”，进入核算项目统一维护界面，如图 1-25 所示，就可以对核算项目进行统一的维护和管理。

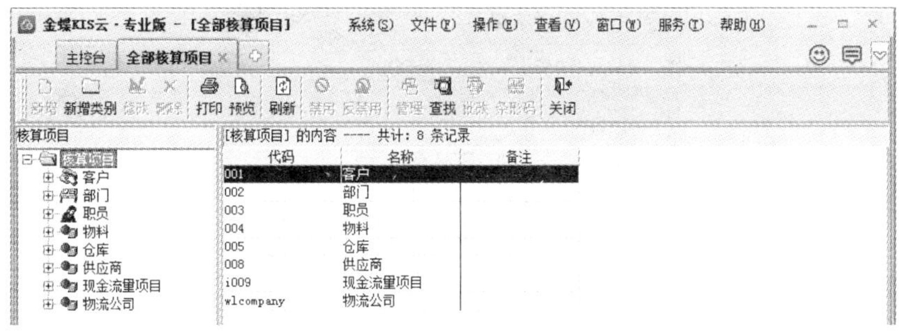

图 1-25　核算项目—全部核算项目

对核算项目的维护具体可分为核算项目类别管理和核算项目管理。

(1) 核算项目类别管理

核算项目类别管理提供了一个统一管理各种核算项目的方法。通过核算项目类别管理，可以很容易地自定义核算项目，修改现有核算项目的属性，删除不需使用的核算项目。

虽然金蝶 KIS 云专业版已经预设了多种核算项目，但由于企业自身情况千差万别，核算项目可能仍不能满足用户的实际需要。在这种情况下，用户可以根据自身需要，新增一些核算项目。

假定需要新增一个核算项目类别“银行”，包括的属性有银行的代码、名称、地址、区域。地址属性类型为文本类型，长度为10；区域属性为系统中已经存在的辅助资料。操作步骤如下：

①在如图1-25所示的界面内，选择“核算项目”根目录，此时菜单内容相应改为对核算项目类别的操作。

②单击菜单“操作—新增核算项目类别”，进入“核算项目类别—新增”界面，如图1-26所示。

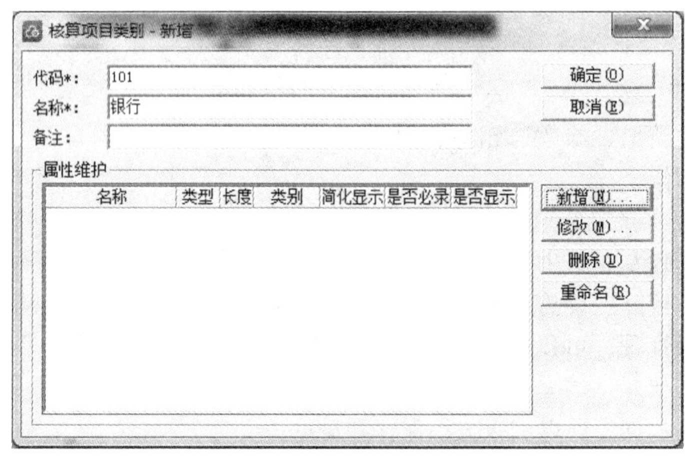

图1-26 核算项目类别—新增

③输入核算项目类别的代码和名称。代码、名称这两个属性不用新增，因为系统默认就有。

④单击“新增”按钮，打开“自定义属性—新增”界面，如图1-27所示。

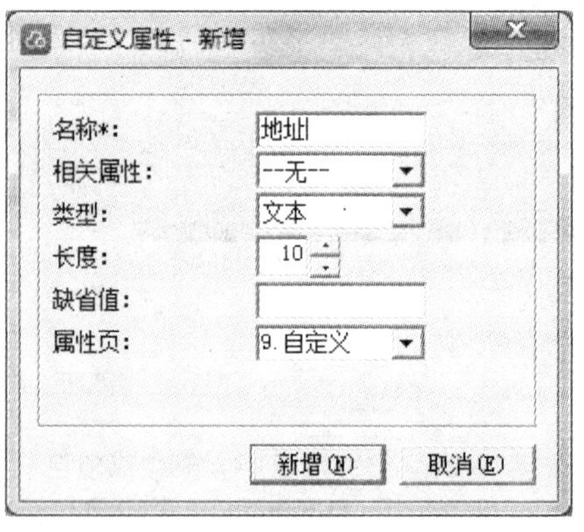

图1-27 自定义属性—新增

为该核算项目“银行”新增自定义属性“地址”。在“名称”处输入“地址”，“相关属性”保持为“无”，“类型”设置为“文本”，“长度”设为“10”，“缺省值”为空，“属性页”默认为“自定义”。

⑤输入完毕后，单击“新增”按钮，保存自定义属性的资料，返回到如图1-26所示的界面。此时“属性维护”处多了一条记录。

⑥再次单击如图1-26所示的“新增”按钮，打开如图1-27所示的界面，为该核算项目“银行”新增自定义属性“区域”。在“名称”处输入“区域”，“相关属性”

处选择辅助资料“区域”，“缺省值”和“属性页”保持系统默认状况，不做变化。

⑦输入完毕后，单击“新增”按钮，保存自定义属性的资料，返回到如图 1-26 所示的界面。此时“属性维护”处一共有了两条记录。

⑧在如图 1-26 所示的界面中单击“确定”按钮。核算项目类别“银行”就新增成功了。

（2）核算项目管理

系统中存在着各种核算项目，如客户、部门、职员等，用户也可以自定义增加核算项目，下面就以核算项目“客户”为例来进行说明。

对核算项目“客户”进行管理的方法有两种：

①在主界面中单击“基础设置—核算项目—管理”，就可以进入核算项目统一管理界面。在这里，可以对系统中的所有核算项目进行统一的维护和管理，不仅仅是客户，还有其他的核算项目。

②在主界面中单击“基础设置—核算项目—客户”，就可以进入客户管理界面。在这个界面里，可以专门对客户资料进行维护和管理。

而对于核算项目，用户可以进行新增、修改、删除、浏览、禁用、反禁用、条形码管理、引出、打印、预览。

如果要新增核算项目“客户”，具体的操作步骤是：

①在“基础资料—全部核算项目”界面内，单击“核算项目”目录树下的“客户”，进入“基础资料—客户”界面。

②单击菜单“操作—新增核算项目”，进入“客户—新增”界面，如图 1-28 所示。

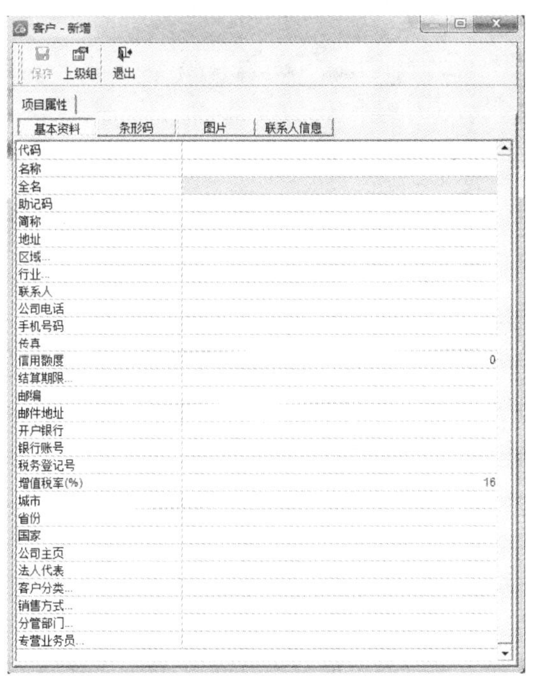

图 1-28　客户—新增

③在“基本资料”标签页中可以看到有些字段数据，如“区域”等后面有三点省

略号（“…”），表示引用了其他的基础资料或辅助资料，可以单击“F7”或者“F8”键进行选择，加快录入数据的速度。

④输入需要的信息后，单击“保存”，保存新增客户的资料，返回客户设置界面。

7. 收支类别

收支类别是针对应收应付模块的其他收款单和其他付款单而设计的，它分为收入类别和支出类别，分别对应其他收款单和其他付款单、相关报表引用，通过收支类别的定义，可以统计和核算非主营收支的资金分类，收支类别同时绑定会计科目，在生成凭证时引用。可以在基础资料中进行添加修改，也可以通过应收应付模块的基础资料区进行添加修改。

8. 系统参数

账套建好后，就可以登录金蝶 KIS 云专业版系统了，但还需要对系统初始参数（企业信息、会计期间和启用期间）和记账本位币以及其他一些基础参数进行设置，而这些设置关系到所有业务和流程的处理，用户在设置前要慎重考虑。

在主界面单击“基础设置—系统参数”，打开“系统参数”窗口，如图 1-29 所示。

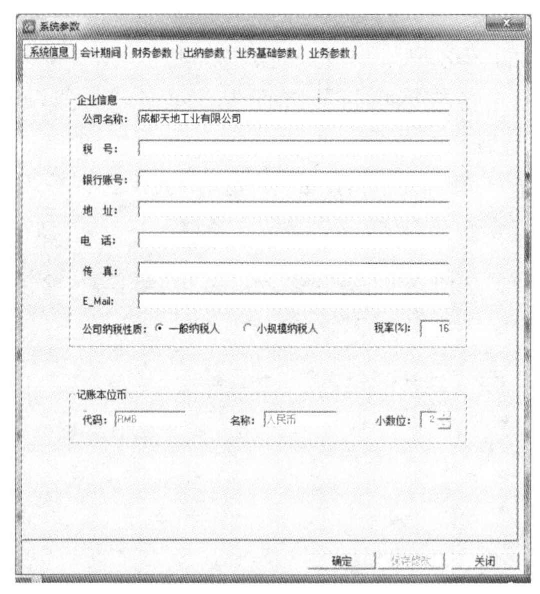

图 1-29　系统参数—系统信息

系统参数包括系统信息、会计期间、财务参数、出纳参数、业务基础参数和业务参数。这些参数的设置对系统的后续操作非常重要。

9. 用户及权限管理

用户管理是对账套使用者的管理，包括新增用户，删除用户，用户授权。一般情况下其是在账套管理部分进行的，如果给特定的用户授予了管理员的权限，以该用户登录后，也可以在客户端进行用户管理。

在金蝶 KIS 云专业版主界面中，单击“基础设置—用户管理”，即可进入如图1-30所示的用户管理界面。

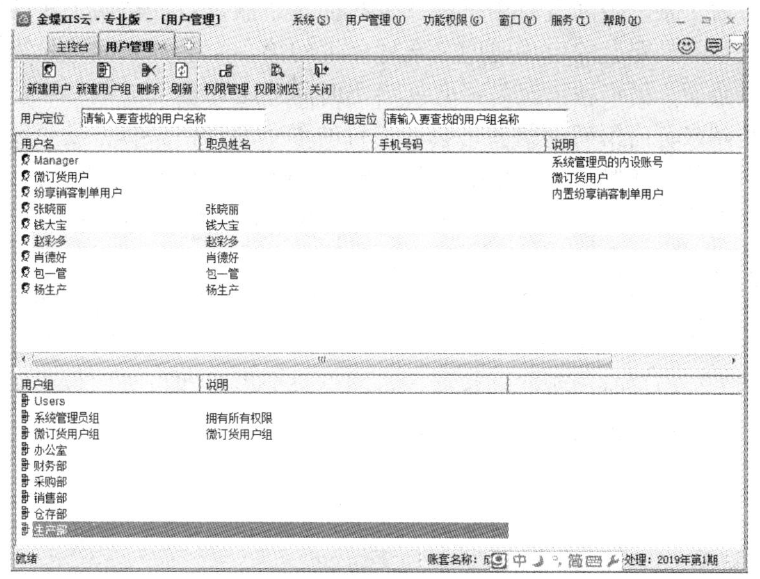

图 1-30 用户管理

在新建用户前，必须先完成“基础设置—核算项目—职员”信息的录入。

如果用户自己想修改自己的密码，可以右击自己的用户名，在用户属性中更改自己的密码；或者单击菜单“系统—密码设置”。

用户可以根据权限要求设定操作人员按不同分组进行单据功能授权，目前提供三种分组，包括所有用户、本组用户、当前用户，不同的分组针对单据操作中是否允许查看、修改等功能授权。

用户进行用户授权时，如果用户所在的组已经获得授权，那么该用户在授权时，对应该用户组的权限字体都必须显示为蓝色，表示用户所在的用户组已有的权限。离开用户组后则该权限字体正常变成黑色。但对于一个用户存在多个用户组的情况，如果用户组中有共同的权限，那么用户离开其中一个用户组后，权限需仍然按照其他用户组权限判断是否为蓝色。

用户可以对客户、仓库、供应商进行明细数据授权：在“用户管理”界面选中需要授权的某一用户，单击菜单“功能权限—功能权限管理”，进入“用户管理—权限管理”对话框，单击“数据授权”按钮，进入“数据授权”对话框，当勾选授权项目列表下面的某一明细项目后，上面的“启用”复选框会自动勾选表示用户具备此明细项目的查看权和使用权，再单击右面的“授权”按钮完成此项数据授权。取消“启用”勾选则表示取消该项数据授权。现对用户组暂不支持启用数据授权，可通过“引入其他用户授权”的功能变通实现。

1.3.2 初始化

初始化是设置启用账套会计期间的期初数据，包括业务初始化、财务初始化和出纳初始化。

1. 科目初始数据录入

当各项资料输入完毕后，接下来就可以开始初始数据的录入工作了。除非是无初始余额及累计发生额，否则所有用户都要进行初始余额设置。初始余额的录入分两种情况进行处理：一是账套的启用时间是会计年度的第一个会计期间，只需录入各个会计科目的初始余额；另一种情况是账套的启用时间非会计年度的第一个会计期间，此时需录入截止到账套启用期间的各个会计科目的本年累计借、贷方发生额、损益的实际发生额、各科目的初始余额。根据以上情况，在初始数据录入中要输入全部本位币、外币、数量金额账及辅助账、各核算项目的本年累计发生额及期初余额。

（1）数据录入

在主界面单击“初始化—科目初始数据”，进入如图 1-31 所示“科目初始数据”录入界面。在此窗口的“币别”下拉列表框中，可选择不同的货币币种进行录入。选择非本位币的其他币种时，所有的数据项目都会分为原币和折合本位币两项，在输入完原币数额后，系统会根据预设的汇率自动将原币折算为本位币，系统会将输入的各个币种的折合本位币汇总为综合本位币进行试算平衡。

图 1-31　科目初始数据录入

在数据的录入过程中，系统提供了自动识别的功能：如果科目是数量金额核算，当光标移到该科目时，系统自动弹出“数量”栏供用户录入；如果科目是损益类科目，当光标移到该科目时，系统会自动弹出“损益类本年实际发生额”供用户录入；余额可分为借贷方两栏显示。

如果科目设置了核算项目，系统在初始数据录入的时候，会在科目的核算项目栏中做一标记“√”，单击“√”，系统自动切换到核算的初始余额录入界面，每录完一笔，系统会自动新增一行，也可以单击鼠标右键增加新的一行来录入数据。

在“初始数据录入”界面中系统以不同的颜色来标识不同的数据。

白色区域：表示可以直接录入的账务数据资料，它们是最明细级普通科目的账务数据；

黄色区域：表示为非最明细科目的账务数据，这里的数据是系统根据最明细级科目的账务数据或核算项目数据自动汇总计算出来的；

绿色区域：系统预设或文本状态，此处的数据不能直接输入。

（2）试算平衡

上述数据输入无误后，单击工具栏“平衡”按钮或单击菜单“查看—试算平衡”，系统会弹出“试算借贷平衡”界面对数据进行试算平衡，如图 1-32 所示。

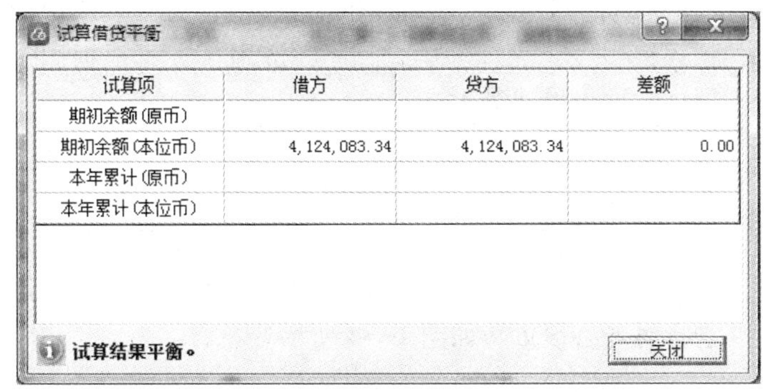

试算项	借方	贷方	差额
期初余额(原币)			
期初余额(本位币)	4,124,083.34	4,124,083.34	0.00
本年累计(原币)			
本年累计(本位币)			

图 1-32 试算借贷平衡

如果账套数据是平衡的，系统将在界面的左下方“试算结果平衡”前方显示绿色图标，借、贷方的差额为零；如果账套数据不平衡，系统会在界面的左下方“试算结果平衡”前方显示红色图标，并显示借方、贷方的差额数据，提示账务数据不正确，需要检查修改。

2. 固定资产初始数据录入

在企业启用金蝶 KIS 云专业版固定资产系统前，通常有很多固定资产已经使用了若干期，企业已经有了手工的固定资产台账，为了保证数据的完整性，在正式启用系统前，需要将这些固定资产的历史数据在初始化时录入系统中。

在主界面中，单击“初始化—固定资产初始数据”，进入如图 1-33 所示的“固定资产卡片及变动—新增”界面，根据企业已有的固定资产台账数据，开始固定资产卡片数据的录入和编辑。

固定资产的管理要记录固定资产的来源、规格型号、存放地点和使用部门，以便跟踪固定资产的使用，同时需要根据固定资产的价值信息和折旧方法，进行折旧计提和折旧费用的分摊。因此在需正常计提折旧的情况下，新增固定资产卡片时要录入基本信息、部门及其他、原值与折旧。

图 1-33 固定资产卡片及变动—新增

(1) 基本信息

基本信息主要记录固定资产静态的基础属性，反映固定资产从哪里来，何时入账，在哪里、作何用，使用状况等。其主要数据项包括资产类别、资产编码、资产名称、计量单位、数量、入账日期、存放地点、使用状况、变动方式、供应商和附属设备等信息；其他信息包括规格型号、产地、制造商、经济用途等可根据固定资产的实际情况和企业的管理需要，有选择性地录入。

(2) 部门及其他

部门及其他主要是为固定资产计提折旧和进行费用分摊提供依据的，因此需要设置使用部门、固定资产及累计折旧的核算科目、折旧费用的核算科目等。这些信息都可以按“F7”选择录入。由于这些信息将影响以后各期固定资产的折旧计提和折旧费用的分配，因此在选择时务必慎重，如图 1-34 所示。

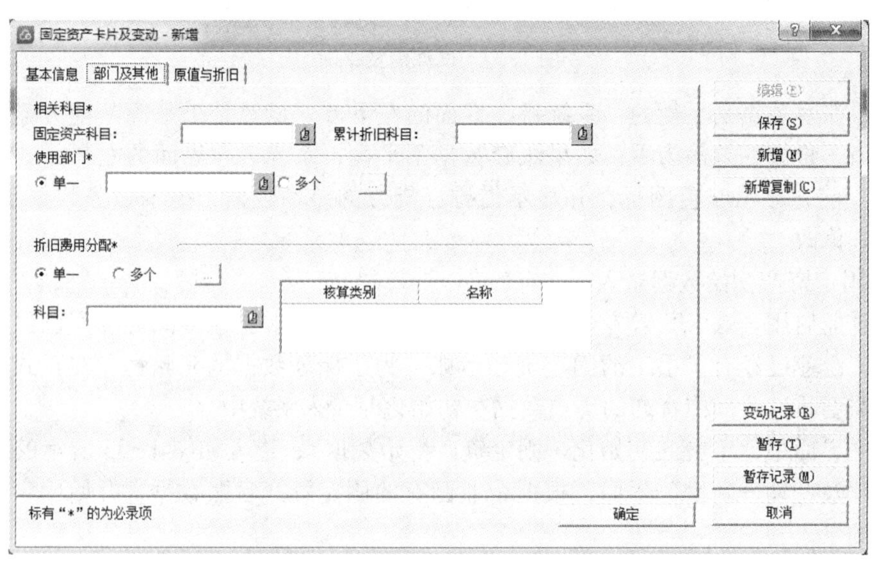

图 1-34 固定资产卡片及变动—新增—部门及其他

(3) 原值与折旧

原值与折旧主要包括固定资产原币金额、币别、汇率、净值、减值准备、净额及购进原值、购进累计折旧等价值信息。其中，购进原值、购进累计折旧为备注信息，反映资产在购入时的原始信息，例如评估后的资产，原购进原值与评估后的原值不一致，就可以反映在购进原值项目里，备注信息不参与计算，属非必录项，系统默认与原币金额和累计折旧一致。折旧信息除原值和净值信息外，还包括开始使用日期、预计使用期间、已使用期间、累计折旧、预计净残值、折旧方法等。与折旧要素相关的信息，输入时一定小心，要保证数据的正确，以免影响以后各期的折旧计提，如图 1-35所示。

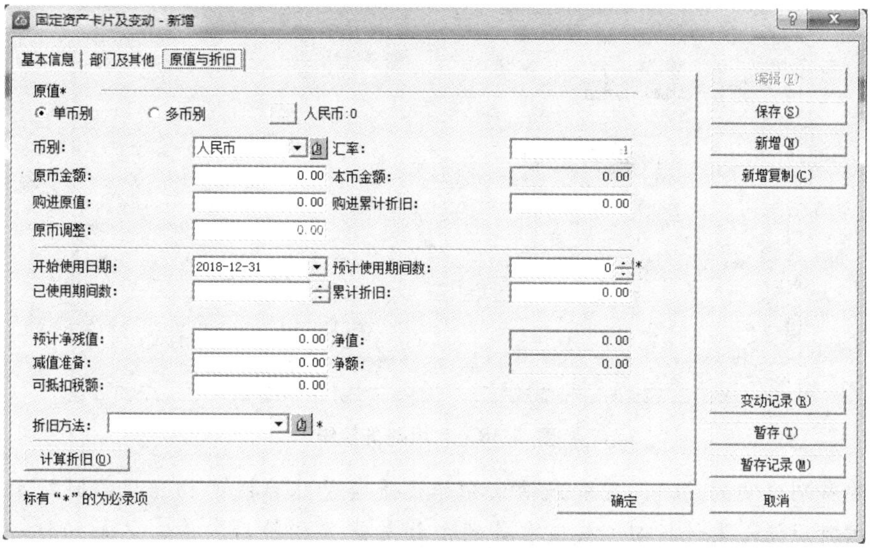

图 1-35　固定资产卡片及变动—新增—原值与折旧

上述项目的资料录入完毕后，单击“计提折旧”按钮，系统将按所选折旧方法计算出月折旧额供用户查看。

（4）将初始数据传送总账

在固定资产系统初始化时，选择固定资产对应的固定资产、累计折旧、减值准备科目，单击菜单“文件—将初始数据传送总账”。可以重复传递，数据以最后一次传递为准。

传递数据的对应关系：

①账套的启用时间是会计年度的第一个会计期间：进行固定资产初始化时，新增卡片“原值与折旧”中∑原值金额→总账固定资产科目，∑累计折旧→总账固定资产累计折旧科目，∑减值准备→总账固定资产减值准备科目（企业）。

②账套的启用时间不是会计年度的第一个会计期间：进行固定资产初始化时，新增卡片“初始化数据”中∑（年初原值+本年原值调增-本年原值调减）→总账固定资产科目，∑（年初累计折旧+本年已提折旧+本年累计折旧调增-本年累计折旧调减）→总账固定资产累计折旧科目，∑（年初减值准备+本年减值准备调增-本年减值准备调减）→总账固定资产减值准备科目。

以上两种情况都是将固定资产中的数据按本位币传递到总账的对应的本位币科目。

3. 启用财务系统

初始数据试算平衡和现金流量数据符合勾稽关系之后，就可以结束初始化工作。

在金蝶 KIS 云专业版主界面，单击“初始化—启用财务系统”，打开“启用财务系统”对话框，如图 1-36 所示，选择“结束初始化”单选框，单击“开始”按钮。

结束初始化后，将不允许再进入初始数据录入界面，此时，用户就可以开始一系列的财务工作了。

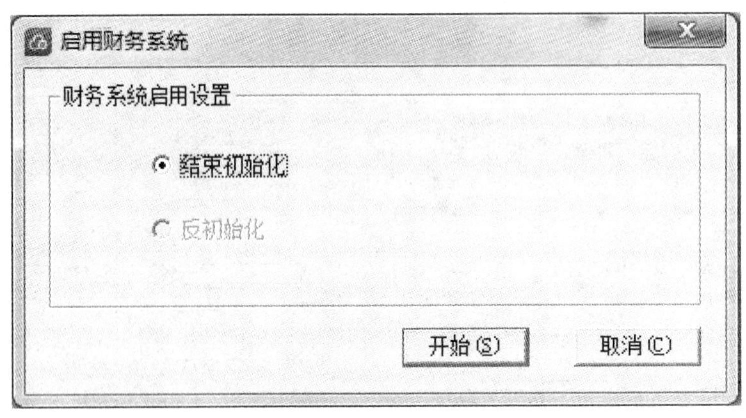

图 1-36　启用财务系统

需要特别说明的是，固定资产结束初始化是与总账系统的初始化同时结束和反结束的。核对原值、累计折旧、减值准备的余额与账务相符后，单击“初始化—启用财务系统”，可以结束初始化设置，进入正常固定资产管理的业务处理中。

如果需要进行反初始化，单击“初始化—启用财务系统”，选择“反初始化”即可。

4. 出纳初始数据录入

在金蝶 KIS 云专业版主界面中，单击“初始化—出纳初始数据”，进入“出纳初始数据”界面，其中包括单位的现金科目、银行存款科目的期初余额、累计发生额的引入和录入，银行未达账、企业未达账初始数据的录入，余额调节表的平衡检查、综合币的定义等内容。

在进行出纳初始化前首先需要到“系统参数”中设置出纳的启用年度和启用期间。

(1) 科目维护

由于出纳管理系统没有自己的一套科目，所以必须从账务处理系统中引入现金、银行科目。

单击菜单“操作—从总账引入科目”或单击工具栏的“引入”按钮，打开如图 1-37所示的对话框，设置引入期间和参数，系统将从总账系统中导入设置好的现金、银行科目，如图 1-38 所示。

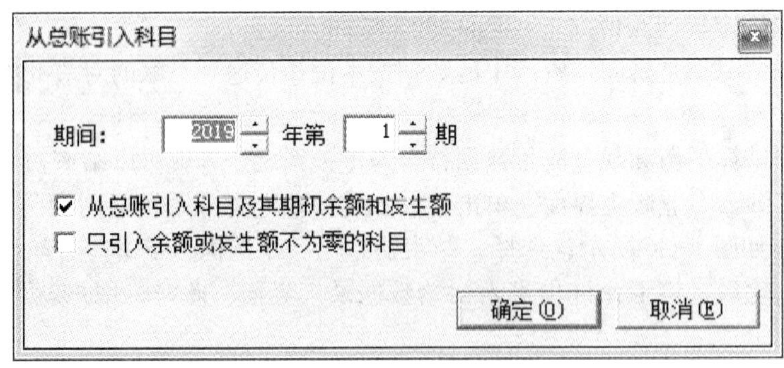

图 1-37　从总账引入科目

金蝶KIS云·专业版 - [出纳初始数据]

出纳初始数据　科目类别：银行存款

	科目代码	科目名称	币别	银行名称	银行账号	对账单期初余额	日记账期初借方累计金额	日记账期初贷方累计金额
1	1002.01.01	建设银行	人民币	建设银行	8678001001239	1,000,000.00		
2	1002.02.01	中国银行	港币	中国银行	7643220133785			
3	1002.02.02	工商银行	人民币	工商银行	5678904321676	105,000.00		
4	1002.02.03	招商银行	人民币	招商银行	6225880280089018			

图 1-38　出纳初始数据—银行存款

其中，“银行名称”可以自动取银行存款科目的名称，也可以由用户自定义。另外，在结束初始化前，还需要给引入的银行科目添上相应的“银行账号”；如果没有添加，系统将给予相应的提示。

设置币别的科目自动分币别引入多个账户。出纳管理系统中不能将总账系统中银行存款科目下挂的核算项目作为明细科目引入，只能将核算项目设为银行科目的下级明细科目，然后再引入。从总账引入的科目属性必须是“科目设置”中的现金科目或银行科目，否则科目将不被引入，并且，只引入总账中的明细科目。

引入科目后，单击“操作—从总账引入余额”或单击工具栏“余额”按钮，系统将从总账中导入有关科目余额。分别在银行存款日记账期初余额、银行对账单期初余额相应的位置中显示。

（2）未达账

所谓未达账项，就是结算凭证在企业与银行之间（包括收付双方的企业及双方的开户银行）流转时，一方已经收到结算凭证作了银行存款的收入或支出账务处理，而另一方尚未收到结算凭证尚未入账的账项。

归纳起来，未达账项有四种类型：第一种是银行已收，企业未收；第二种是银行已付，企业未付；第三种是企业已收，银行未收；第四种是企业已付，银行未付。

存在未达账的情况下，企业单位银行存款日记账的余额和银行对账单的余额往往是不相等的。这时需要分别站在企业和银行的立场，将未达账项分别与银行存款日记账的余额和银行对账单的余额进行调整。

在如图 1-38 所示界面中，单击工具栏上“企业未达”按钮，进入“企业未达账”界面，单击菜单“编辑—新增”或单击工具栏上“新增”按钮，出现如图 1-39 所示的“企业未达账—新增”录入界面，即可录入企业未达账。

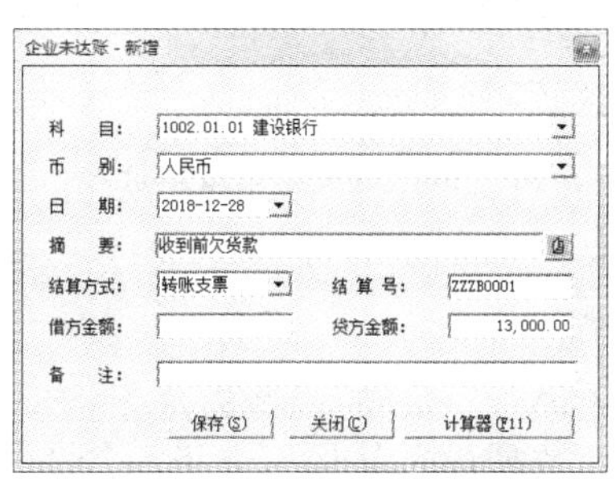

图 1-39　企业未达账—新增

在如图 1-38 所示界面中，单击工具栏上“银行未达”按钮，也可录入企业未达账；单击工具栏上“余额表”按钮，就可以查看银行存款余额调节表；单击工具栏“平衡检查”按钮，可以检查所有的银行存款科目的余额调节表是否都平衡，如果银行存款科目的余额已经平衡，系统会给予提示，否则也会给予另外的相应提示。

新增未达账时，单击“F7”键，系统自动调用总账的摘要库；结算号可以单独录入，录入结算方式时，必录结算号；借贷方金额只允许录入一方。

5. 启用出纳系统

(1) 结束初始化

科目维护完成，所有的银行存款科目的余额调节表都平衡后，在主界面，单击“初始化—启用出纳系统”，选择“启用出纳系统”单选框，即可结束出纳初始化。

初始化账套的启用时间和引入的总账科目及其余额的时间应一致。

(2) 反初始化

结束初始化后，若发现初始化数据错误，在启用当期时，在主界面，单击“初始化—启用出纳系统”，选择“反启用出纳系统”单选框，即可回到初始化状态，修改初始数据。

只有系统管理员组的成员才能进行反初始化操作。

(3) 结束新科目初始化

结束初始化后，可以后续引入新的科目，但新科目也需要结束初始化。

6. 业务系统初始化数据录入

金蝶 KIS 云专业版业务系统处于初始化阶段时，在系统的初始化界面下，有“存货初始数据”“暂估入库单”“未核销出库单”“应收应付初始数据”四个模块。

(1) 存货初始数据录入

在主界面中单击“初始化—存货初始数据”，进入“存货初始数据”界面，如图 1-40所示。操作界面左边是按现有仓库的分级列表显示，右边显示的是针对全部仓库、某一确定仓库的所有物料的初始数据信息，为方便用户录入，系统显示的是所有默认仓库为当前仓库的物料。在这个界面，就可以进行物料初始余额的录入了：在界面左边选中某个确定仓库，然后在界面右边录入物料或在已默认存在的物料上录入初始数据。

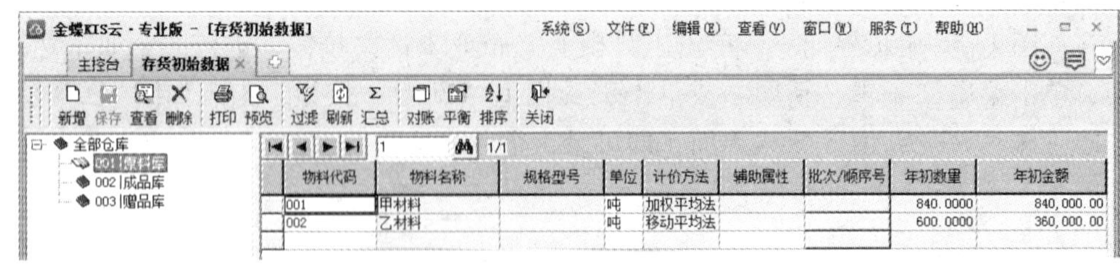

图 1-40 存货初始数据录入

在业务系统初始化设置阶段，系统可以将业务初始数据自动转为财务初始数据，同时可以自动传递到总账系统。

(2) 应收应付初始数据录入

期初建账时应收应付初始数据设置从属于业务系统，可以在业务系统启用前进入应收应付初始化界面完成应收应付初始化。

在主界面中单击“初始化—应收应付初始数据”，进入“应收应付初始数据”界面，如图 1-41 所示。

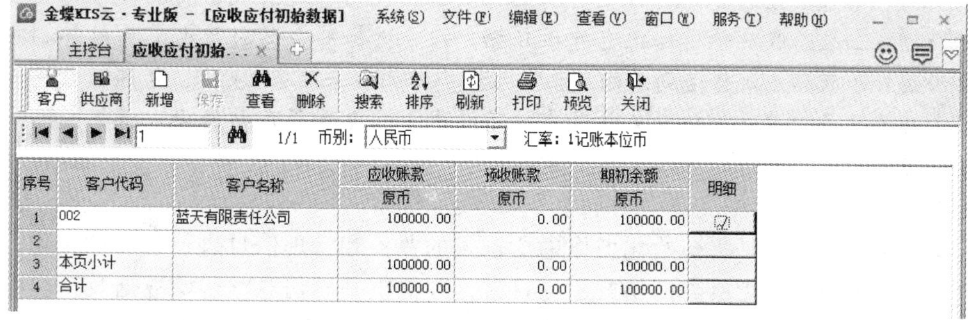

图 1-41 应收应付初始数据录入

单击工具栏“客户”按钮，选择客户代码，单击对应的“明细”栏，进入“应收应付初始余额录入—客户”对话框，如图 1-42 所示，录入保存即可。

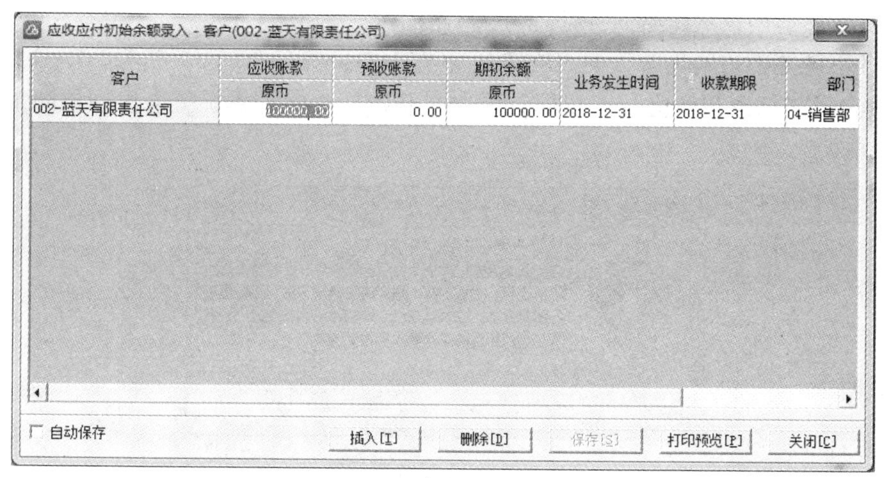

图 1-42 应收应付初始余额录入—客户

用同样的方法，可以录入供应商。

应收应付初始数据自动转为财务初始数据，同时可以自动传递到总账系统，但需要事先设置应收应付与会计科目的对应关系，如图 1-43 所示。

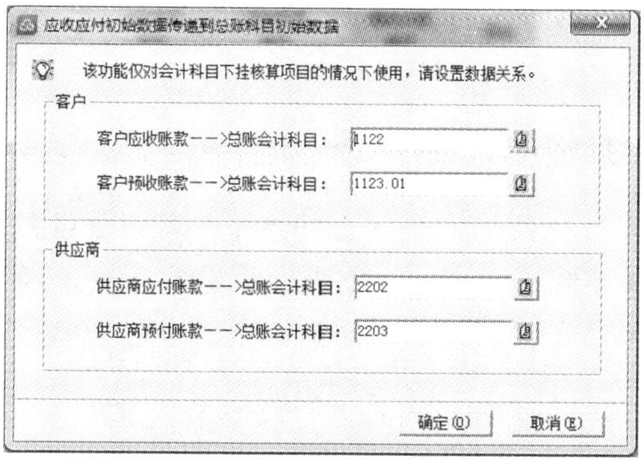

应收应付初始数据传递到总账科目初始数据

该功能仅对会计科目下挂核算项目的情况下使用，请设置数据关系。

客户

客户应收账款——>总账会计科目: 1122

客户预收账款——>总账会计科目: 1123.01

供应商

供应商应付账款——>总账会计科目: 2202

供应商预付账款——>总账会计科目: 2203

确定(O) 取消(C)

图 1-43 设置应收应付与会计科目的对应关系

“客户应收账款”和“客户预收账款”对应会计科目，必须下挂单一核算项目客户。“供应商应付账款”和“供应商预付账款”对应会计科目，必须下挂单一核算项目供应商。如果设置的会计科目已有初始化数据，使用传递功能，将会覆盖科目初始化的数据。如果应收应付初始化有外币数据，用户选择的会计科目也需要核算相同外币，否则外币数据无法传递到总账。如果系统“启用往来业务核销”，传递后系统将自动给予业务编号，用户如对业务编号有较高要求，需要到科目初始化中根据实际情况修改业务编号。

7. 启用业务系统

启用业务系统就是将初始化工作中所输入的业务和管理信息进行处理和转化，将其转变为业务日常处理所需的格式，为日常处理提供基础信息、初始数据及管理信息来源。这里必须注意的是，一旦启用账套，就意味着关闭初始化界面。启用业务系统后初始化设置的数据很多都不能再修改，因此在完成初始化工作之后，应该再仔细检查一下初始化数据，确保无误后再执行启用。

在启用业务系统之前，最好在“账套管理”中将该账套进行备份，以防由于种种原因造成贸然启用，从而给业务处理带来不便。

业务系统处于初始化阶段时，在系统主界面中，管理员单击“初始化—启用业务系统”，选择“结束初始化”单选框，单击“开始”按钮，系统就会出现如图 1-44 所示提示界面。

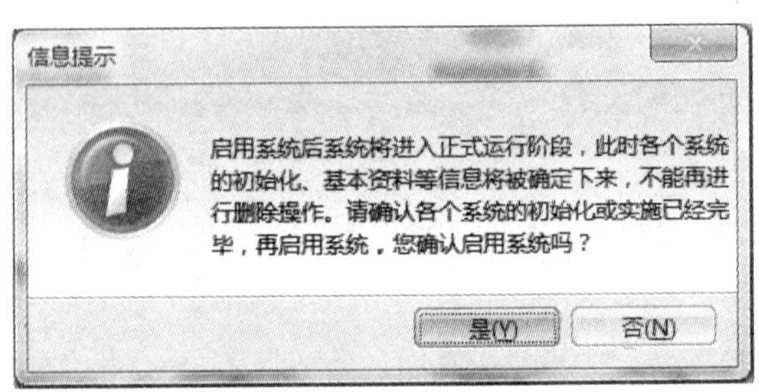

图 1-44　业务系统启用提示

如果有不符合要求的情形出现，系统会给予相关提示。如果可以成功启用，系统将显示系统登录界面，用户重新登录后，就会发现系统已转为日常操作状态了。

1.4　账务处理

1.4.1　账务处理系统概述

账务处理系统是财务会计系统中最核心的系统，其以凭证处理为中心，进行账簿报表的管理，可与各个业务系统无缝连接，实现数据共享。企业所有的核算最终在总账中体现。

1. 主要功能

(1) 多重辅助核算

在账务处理系统中，可最多设置 4 个核算项目进行多重辅助核算。总账系统也可提供丰富的核算项目账簿和报表，满足企业对多种辅助核算信息的项目管理。

（2）提供科目预算控制

账务处理系统可进行科目预算。科目预算可在会计科目中设置，从而在凭证录入时可根据需要进行各种控制。

（3）强大的账簿报表查询

在账务处理系统中查询账簿报表时，可追查至明细账直至凭证，同时也可查询到核算项目信息。账务处理系统中有跨期查询功能，可以在本期未结账的情况下查询以后期间的数据；提供多种核算项目报表的查询，可进行多核算项目类别的组合查询。其具体提供的账簿包括：总分类账、明细分类账、数量金额总账、数量金额明细账、多栏式明细账、核算项目分类总账、核算项目明细账等；具体提供的报表包括：科目余额表、试算平衡表、科目日报表、核算项目余额表、核算项目明细表、核算项目汇总表、核算项目组合表、调汇历史信息表等。

（4）多币别核算的处理

期末自动进行调汇的处理。通过历史调汇信息表可方便查询各种币别的变动过程。

（5）实现现金流量表的制作

在凭证录入时即可指定现金流量项目，也可通过 T 形账户，批量指定现金流量项目，生成现金流量表的主表与附表；同时，现金流量表可进行多级次多币别的查询。

（6）实现往来业务的核算处理，精确计算账龄

提供基于凭证的往来业务核销，可按数量与金额两种核销方式，准确计算数量金额的往来业务计算。分段准确计算账龄，利于资金控制以及账款催收，加强财务管理。

（7）与购销存系统无缝链接

购销存系统可直接自动生成凭证到总账中。在总账中可直接查询购销存系统生成的凭证。业务单据与凭证间可相互联查。

（8）对购销存系统生成的凭证提供明细管理功能

在系统参数中提供“不允许修改/删除业务系统凭证”的参数选项，当选择了该参数，则不允许修改或删除购销存系统机制凭证，反之则可以修改和删除。

（9）自动转账设置

系统提供自动转账设置模板，期末时可由系统自动生成转账凭证，无须人工录入。

（10）期末调汇的处理

本功能主要用于采取外币核算的账户在期末自动计算汇兑损益，生成汇兑损益转账凭证及期末汇率调整表。

（11）期末损益结转

期末损益自动结转，方便快捷核算经营成果。

2. 与其他子系统的联系

账务处理系统是整个金蝶 KIS 云专业版的核心，它与其他各个子系统都有紧密的数据传递关系。

（1）与固定资产系统的接口

固定资产初始余额可以传递到总账初始余额；固定资产新增、变动、清理，折旧计提与费用分摊均可生成凭证，并传递到总账系统。

（2）与出纳管理系统的接口

出纳管理系统的现金日记账和银行存款日记账可以从总账系统中引入。

（3）与工资系统的接口

工资管理系统与金蝶 KIS 云专业版账务处理系统联用时，其基本设置中的部门、职员与币别信息既可独立建立也可由基础资料中导入，从而减少相应的工作量；月末工资数据可以根据费用分配的设定，直接产生费用分配凭证传到总账系统。

（4）与报表系统的接口

报表系统可以通过 ACCT、ACCTCASH、ACCTEXT 等取数函数来实现从总账系统中取数。

（5）与业务系统的接口

业务系统生成的凭证传递到账务处理系统，可实现业务系统与总账系统的对账功能。

1.4.2 凭证处理

会计核算处理系统是以证—账—表为核心的有关企业财务信息加工系统。会计凭证是整个会计核算系统的主要数据来源，是整个核算系统的基础，会计凭证的正确性将直接影响整个会计信息系统的真实性、可靠性，因此系统必须能保证会计凭证录入数据的正确性。

1. 凭证录入

在金蝶 KIS 云专业版主界面，单击“账务处理—凭证录入”，进入如图 1-45 所示的“记账凭证—新增”界面。

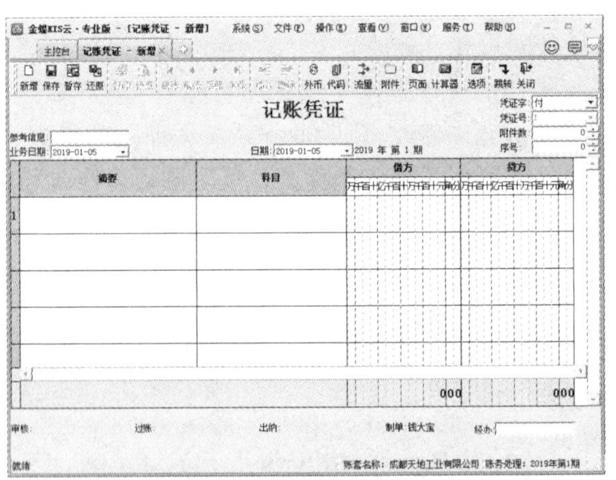

图 1-45　记账凭证—新增

1）凭证录入中各字段的填写方法

（1）凭证日期：凭证录入的日期若在当前的会计期间之前，则系统不允许输入；但允许输入本期以后的任意期间的记账凭证，在过账时系统只处理本期的记账凭证，以后期间的凭证不作处理。

（2）凭证字：此下拉列表显示所有在基础资料中设置的凭证字。用户可从下拉列表中选择用户需要的凭证字。

（3）凭证号：由系统自动生成。

（4）摘要：对凭证分录的文字解释，可以直接录入，也可以用“F7”到摘要库中读取。系统提供了摘要库的功能，在凭证录入界面，将光标移动到摘要栏，按“F7”，可以选择已录入摘要库中的摘要，单击“确定”后，摘要会自动添入当前的凭证中。摘要库可进行增加、修改、删除操作。

（5）科目：录入会计科目代码。会计科目代码可以直接录入，在录入过程中左下方的状态栏会随时动态提示代码所对应的科目名称，如果输入完代码后，状态栏中没有科目名称显示，则说明输入的代码有错误，如果在“科目设置”中定义了助记码，则可以在此处直接输入助记码，系统会根据助记码查到您需要的科目，也可以在将光标定位于会计科目栏时，按“F7”键（或双击鼠标左键），即可调出会计科目代码表，在科目代码表选择所要录入的科目，单击“确定”按钮，即可获取科目代码。

（6）金额：分为借方金额和贷方金额两栏，每条分录的金额只能在借方或贷方，不能在借贷双方同时存在。

（7）币别、汇率、原币金额：当会计科目有外币核算时，单击“外币”按钮转换到外币凭证格式。币别可以按“F7”查询，汇率在选择了币别后自动提供。原币金额是指外币的金额，录入后系统会根据外币汇率×原币金额得出本位币的金额。

（8）单位、单价和数量：当会计科目要进行数量金额核算时，系统会自动弹出数量格式让用户录入。单位信息系统会根据会计科目属性中提供的内容自动出现，用户只要录入单价和金额即可。系统会检验数量单价的乘积是否与原币金额相等，如不相等，系统会提示是否继续。

（9）往来业务：对选择了核算往来业务的会计科目，要录入往来业务的编码。可直接手工输入或按“F7”键调出往来信息供选择。

（10）结算方式、结算号：银行存款的结算方式和结算单据的号码，用户可以录入也可以不录入。

2）凭证录入的工具栏主要功能

（1）新增：用于新增凭证。

（2）保存：用于保存录入的凭证内容。

（3）暂存：在凭证未录入完整时，即借贷不相等时，用来暂存凭证。暂存凭证可以通过暂存记录调用出来。

（4）还原：发现凭证录入错误，要将凭证内容整个的删除，可以单击该按钮。

（5）首张：当前会计期间内，按日期+凭证录入顺序的第一张凭证。

（6）前张：当前凭证的前一张凭证，顺序为日期+凭证录入顺序。

（7）后张：当前凭证的后一张凭证，顺序为日期+凭证录入顺序。

（8）末张：当前会计期间内，按日期+凭证录入顺序的最后一张凭证。

（9）插入：插入凭证中的某一条分录。

（10）删除：删除凭证中的某一条分录。

（11）外币：用于切换记账凭证的输入格式。系统提供了两种记账凭证输入查看格式：一种是一般格式，一种是外币格式，系统默认为一般输入格式，在一般格式中不显示录入凭证的外币原币及汇率数据，如果要查看全部凭证中的外币汇率及原币数据，可用此功能转换成外币格式查看。

（12）代码：查询功能，按“F7”键也可。用于查询系统提供的各种资料和参数，在凭证录入时有“摘要”“会计科目”和各种“核算项目”可以查询。

（13）流量：针对科目属性中指定为现金类科目或现金等价物的会计科目，可以在此定义其现金流量内容，是生成现金流量表的一种方法。

3）凭证录入的相关技巧

（1）摘要的快速复制

在录入完第一条摘要以后，将光标移到凭证栏中的下一条摘要处，录入“..”，复制上一条摘要，录入“//”复制第一条摘要。

（2）部门和职员核算项目的选择

如果科目同时下挂部门、职员两个核算项目，在输入部门后，按“F7”键录入职员时能够自动显示该部门的职员，而不是所有职员。前提是必须在“基础资料—职员属性”中录入部门信息。如果需要修改部门或职员，则按“F8”键，系统将列出所有的部门或职员供用户选择。

（3）外币输入

如果会计科目中设定了“核算单一外币”选项，则在输入科目代码之后，系统会显示出外币输入格式，币别代码，汇率数据，并要求用户输入原币金额。如果选择了“核算所有外币”，在输入外币时还必须对币别进行选择。输入原币金额后，系统会自动根据汇率折算为折合本位币金额并显示在金额栏中，折合本位币金额可以修改，若原币乘以汇率不等于金额，系统会提示是否继续。

（4）金额栏快速录入

如果要将已录入的金额转换到另一方，只需将光标定位于要转换的金额栏上，然后按“空格”键进行切换；如果要输入负金额，在录入数字后再输入“-”号，系统即会以红字显示；如果需要计算器计算，则在金额栏按“F7”键或双击鼠标左键即可调出金蝶计算器进行简单计算，最后按“空格”键将数据回填到凭证上；如果需要清除金额栏中的数据，只需将光标移至金额处，按“Esc”键即可，用户可单击“Ctrl”键和“F7”键在有关界面进行数据平衡。

4）凭证录入选项

在凭证录入的过程中，系统提供了多种选项供用户选择，力求凭证录入方便、快捷、准确。

在“凭证录入”界面，单击菜单“查看—选项”或单击工具栏“选项”按钮，系统弹出“凭证录入选项”界面，如图1-46所示。

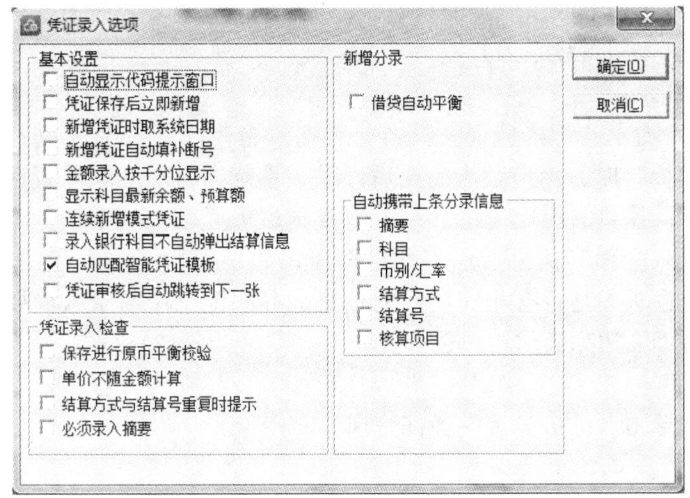

图 1-46　凭证录入选项

5）预算控制选项

在“凭证录入”界面，单击菜单“操作—预算控制选项”，系统弹出“预算控制选项”界面，如图 1-47 所示。

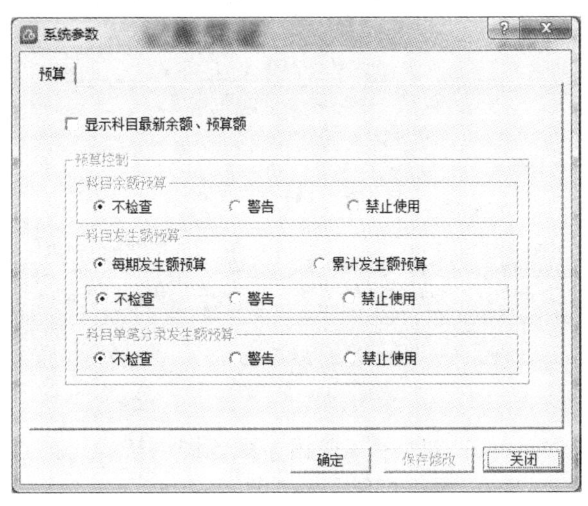

图 1-47　凭证录入—预算控制选项

（1）显示科目最新余额、预算额

选中此项，即在凭证录入的时候可即时显示该科目的最新余额，包括未过账凭证；预算额是在科目属性中所设置的预算数据的范围。

余额和预算额在“记账凭证—新增”界面中的“参考信息”上面的位置显示，只有当光标指向金额处时才会显示余额和预算额的数据。在显示余额时包括未过账凭证，如果需要显示录入了当前分录后的科目余额，应在录入完金额后将光标移开后，再指向金额处才会显示包括当前录入分录的金额后科目余额。录入以后期间的凭证，显示科目的最新余额时，将该凭证期间已录入的凭证包括在内计算余额。

（2）预算控制

系统对科目余额预算、科目发生额预算、科目单笔分录发生额预算不符合预算

（大于最高预算或小于最低预算）的科目录入提供三种选择：不检查、警告（可继续录入）、禁止使用（不可继续录入）。

6）智能凭证录入

在如图 1-45 所示“记账凭证—新增”界面，当凭证录入“选项”选中为“自动匹配智能凭证模板”时，用户录入摘要后回车，系统会自动匹配是否存在相关会计凭证信息，如有相同摘要的历史凭证，系统携带出历史凭证上的会计分录科目至凭证新增界面，用户录入金额等信息后保存凭证即可；如录入的摘要不存在历史凭证信息，系统将匹配凭证模板中是否有相同摘要的信息，并匹配三个与录入摘要相关的凭证模板在凭证录入界面右边列表供用户选择。

2. 凭证管理

在主界面，单击“账务处理—凭证管理”。

（1）过滤

进入“会计分录序时簿”界面后，使用“过滤”功能，弹出“过滤界面”对话框，如图 1-48 所示。在此对话框中，可设置查询窗口的条件、过滤条件、排序规则。

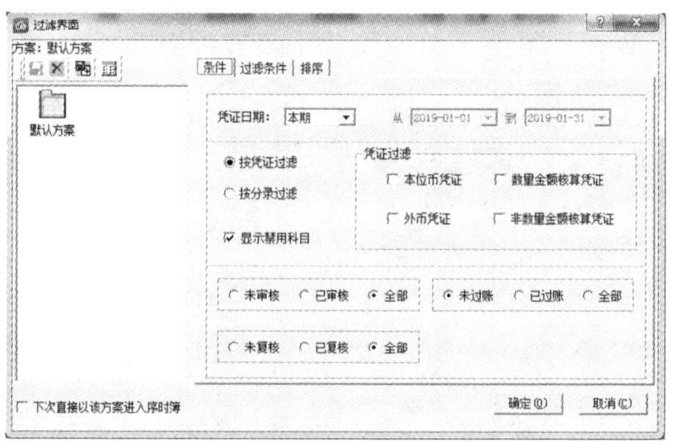

图 1-48　过滤界面

可单击窗口左边的工具栏“保存”按钮，将该过滤条件保存下来，以备以后进行相同条件的凭证查询。

设置好过滤条件后，单击“确定”按钮，系统即可按设定的过滤条件查询，并打开“会计分录序时簿”界面显示查询结果，如图 1-49 所示。

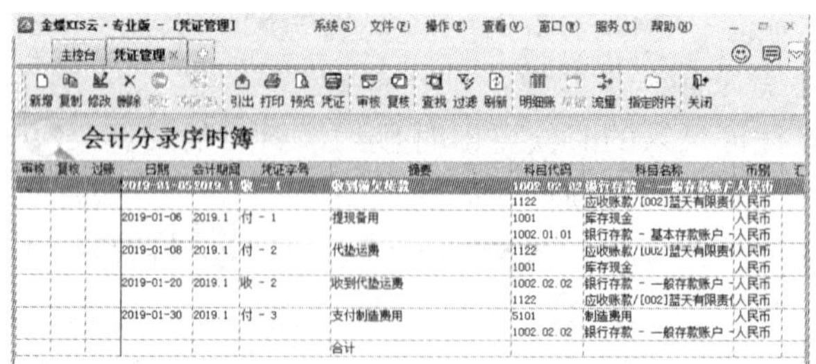

图 1-49　凭证管理—会计分录序时簿

（2）修改凭证

用户可以修改已录入的未过账且未审核和未复核的凭证。将光标定位在要修改的凭证上，单击菜单“操作—修改凭证”或单击工具栏“修改”按钮，系统会显示“记账凭证—修改”界面，其操作方法与凭证录入相似。

(3) 删除凭证

对于一些业务中作废的凭证，可以对其进行删除。删除凭证提供两种方式，一种是单张删除，另一种是批量多张删除。

单张删除凭证：光标定位在需要删除的凭证上，单击菜单“操作—删除单张凭证”或单击工具栏“删除”按钮，系统会提示是否确认删除该张凭证，确实要删除时单击“是”按钮，不删除时单击“否”按钮。如果选择了多张凭证，系统将删除第一张凭证。

成批删除凭证：用“Ctrl”键间隔多选、“Shift”键连续多选进行批量选择，单击菜单“操作—成批删除选中凭证”，对选中的凭证进行删除。

如果选中的凭证中有不能删除的，系统将自动过滤对其不作删除操作。只有未过账且未审核未复核的凭证才能删除。

3. 凭证审核

(1) 审核单张凭证

在“凭证管理”界面，将光标定位在需要审核的凭证上，单击菜单“操作—审核凭证”，或者单击工具栏“审核”按钮，系统即进入如图 1-50 所示的“记账凭证—审核”界面。

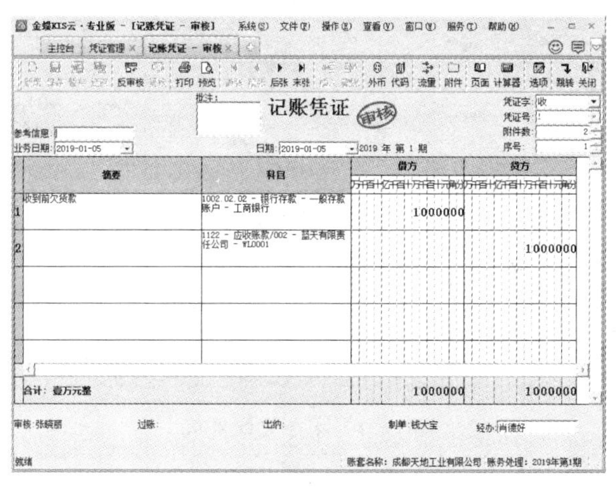

图 1-50　记账凭证审核

此界面中的凭证项目不能修改，只能查看。如果发现凭证有错，在凭证上提供了一个“批注”录入框，可以在“批注”录入框中注明凭证出错的地方，以便凭证制单人修改。录入批注后，表明凭证有错，此时不允许审核，除非清空批注或凭证完成修改并保存。凭证修改后，批注内容自动清空。查看完毕并确认无误后，单击“审核”按钮或按“F3”键，表示审核通过，在“审核”处签章显示该用户名。审核后的记账凭证，可以再单击“反审核”按钮进行反审核，消除原审核签章，该凭证变为未经审核状态。

要修改已审核过的记账凭证时，必须先销章，然后才能修改。审核与制单人不能为同一操作员，否则系统拒绝审核签章。反审核必须与审核人是同一操作员，否则不能进行销章。

（2）成批审核

在“凭证管理”界面，按“Ctrl”键或“Shift”键选择多张凭证，单击菜单“操作—成批审核”，弹出“成批审核凭证”对话框，有两个单选按钮，即“审核未审核的凭证”和“对已审核的凭证取消审核”。单击“确定”按钮，系统开始对选择的凭证进行审核签章操作，完成后提示：“审核完毕，共审核凭证×张”。

4. 出纳复核

如果在系统初始化时选择了“凭证过账前必须出纳复核”，则在凭证审核后，出纳要进行复核。

在“凭证管理”界面，选择需要复核的记账凭证，单击工具栏“复核”按钮或单击菜单“操作—复核凭证”，进入“记账凭证—复核”界面，如查看完毕并确认无误后，单击“复核”按钮或单击菜单“操作—出纳复核”，表示复核通过，在“出纳”处签章显示该用户名，如图 1-51 所示。

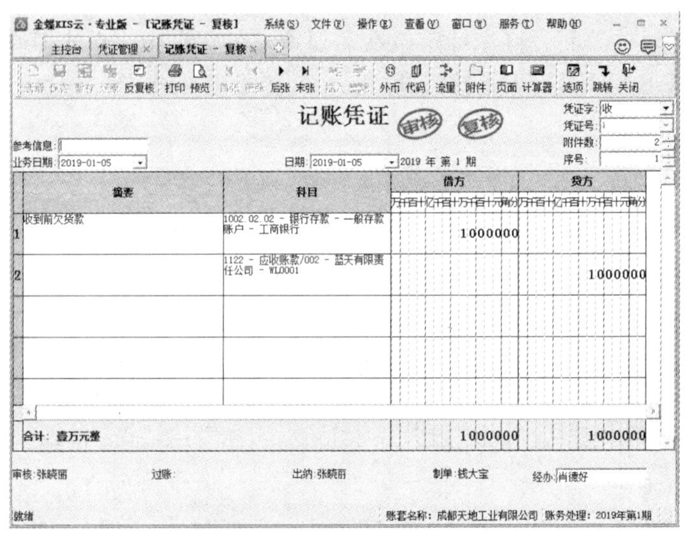

图 1-51　记账凭证复核

光标定位于银行存款科目，出纳复核允许修改结算方式、结算号，其他凭证字段不允许修改。凭证已复核状态下，再次进入凭证复核界面，结算方式与结算号不允许修改。如需修改，需取消复核标记。因用户实际应用情况的多样化，系统对出纳复核与凭证审核之间的顺序未做强制性规定。

5. 凭证过账

凭证过账就是系统将已录入的记账凭证根据其会计科目登记到相关的明细账簿中的过程。经过记账的凭证以后将不再允许修改，只能采取补充凭证或红字冲销凭证的方式进行更正。因此，在过账前应对记账凭证的内容仔细审核，系统只能检验记账凭证中的数据关系错误，而无法检查业务逻辑关系。

凭证过账采用向导式，操作十分简单。

第一步，选择过账参数。

在主界面上，单击“账务处理—凭证过账”，打开“凭证过账”向导界面，首先选择凭证过账参数，如图 1-52 所示。

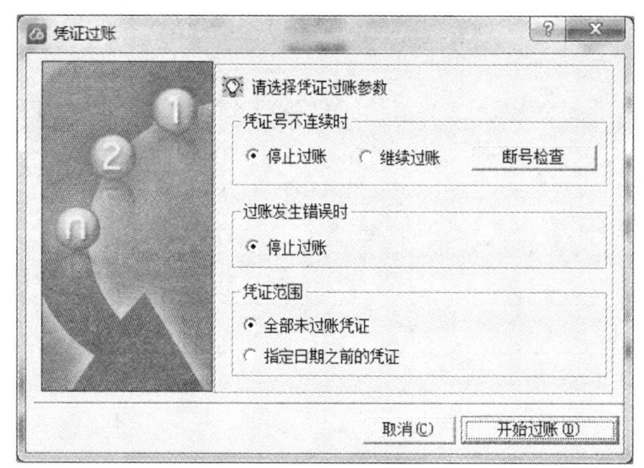

图 1-52　凭证过账参数

用户可以通过参数控制当“凭证号不连续时”和“过账发生错误时”是“停止过账”还是“继续过账”。如果需要查看凭证是否存在断号，可单击“断号检查”，系统将会提供一个凭证断号检查表列示系统断号情况。

用户可以确定凭证过账的范围，如果选择“全部未过账凭证”，则系统将对所有未过账的凭证进行过账操作。如果选择“指定日期之前的凭证”，则在右边出现一个日期列表框，用户可以选择一个日期，系统将对该日期之前的所有未过账凭证进行过账操作。

第二步，开始过账。

凭证过账参数设置完成后，单击“开始过账”，系统开始自动过账操作。在过账过程中，系统会对所有的记账凭证数据关系进行检查，有错误发生时，如在第一步选择过账参数时，“过账发生错误时”选择“停止过账”，则系统会给出错误提示信息，并中止过账，在修正完错误之后重新过账。否则，将在过账全部结束后才显示错误信息。

在凭证过账的过程中，用户也可以中止过账，单击“中止”按钮，系统提示是否中止过账，单击“确定”按钮后将中止凭证过账。

第三步，显示过账信息。

在这个步骤中，系统显示成功过账的凭证数及发生错误数信息。用户在看完过账信息之后，可以单击“关闭”按钮，结束本次过账操作，还可以将过账的信息打印保存下来。

6. 凭证冲销

对于已经过账的凭证，如果发现它不符合企业的财务规则，用户可以使用系统的“冲销”功能，生成一张红字冲销凭证。

（1）在“凭证管理”界面，将光标放在一张已过账且要冲销的凭证，单击工具栏“冲销”按钮或单击菜单“操作—冲销”。

（2）系统会自动在当前的会计期间生成一张与选定凭证一样的红字冲销凭证，如图 1-53 所示。

（3）单击“保存”按钮即可保存该红字冲销凭证。

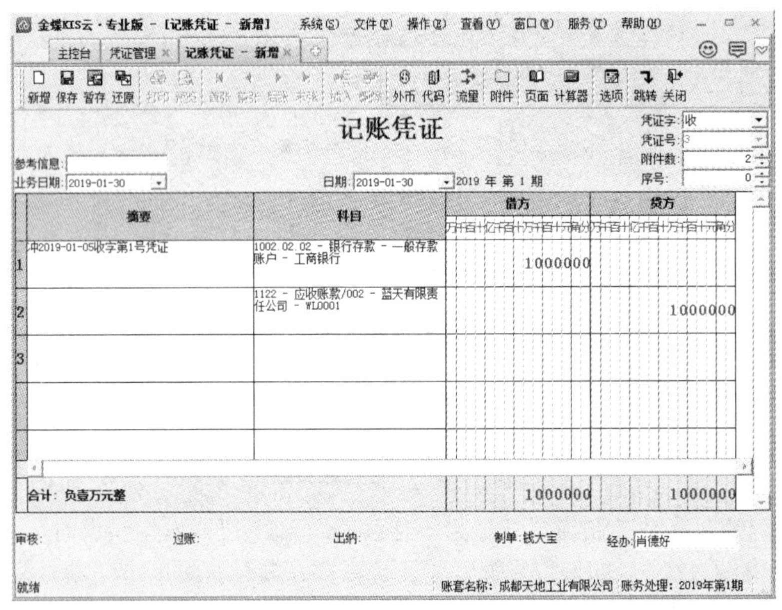

图 1-53 红字冲销

1.4.3 期末处理

当期凭证全部录入完毕后，就要进行期末的账务处理和结账了。期末处理主要包括：期末调汇、结转损益、自动转账、期末结账。

除了期末结账外，其他业务操作都不是每期必须做的，而是应该根据业务的需要进行相关操作。

1. 期末调汇

在主界面单击“账务处理—期末调汇”，进入如图 1-54 所示“期末调汇”向导界面，系统将需要进行期末调汇处理的外币全部列出，在“当前汇率”栏和“调整汇率”栏中可以录入修改汇率的值。

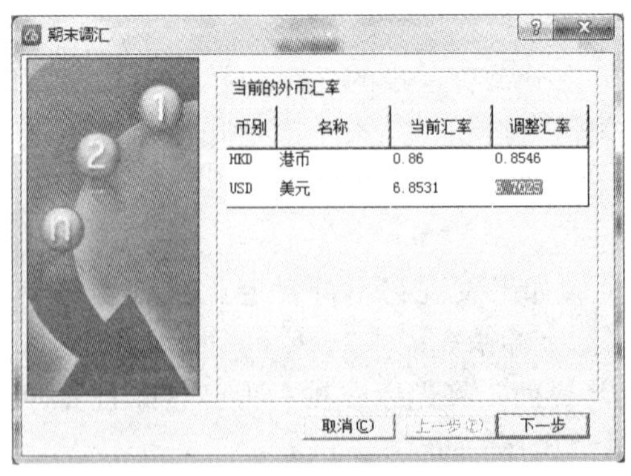

图 1-54 期末调汇向导

单击“下一步”按钮进入如图 1-55 所示的界面，设置好相关选项，单击“完成”按钮，系统自动完成结转汇总损益的过程，生成一张转账凭证，同时生成一张调汇表。

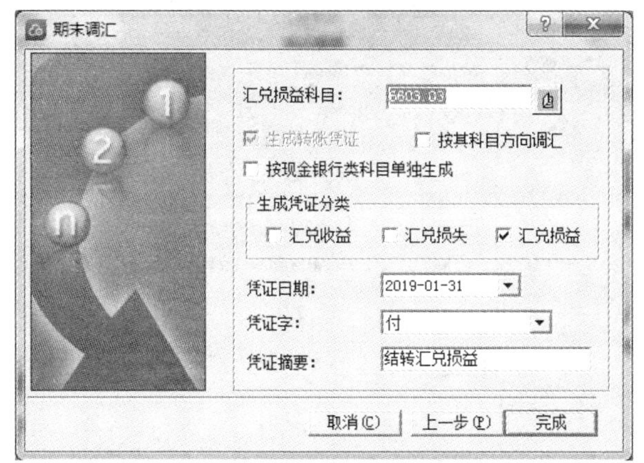

图 1-55　期末调汇选项设置

只有在“会计科目”中设定为“期末调汇”的科目才会进行期末调汇处理。所有涉及外币业务的凭证和要调汇的会计科目全部录入完毕并审核过账。

2. 结转损益

期末时，应将各损益类科目的余额转入“本年利润”科目，以反映企业在一个会计期间内实现的利润或亏损总额。本系统提供的结转损益功能就是将所有损益类科目的本期余额全部自动转入本年利润科目，并生成一张结转损益记账凭证。

（1）在主界面选择“账务处理—结转损益”，进入“结转损益”向导界面。

（2）单击“下一步”按钮，系统显示如图 1-56 所示的损益类对应本年利润科目列表。

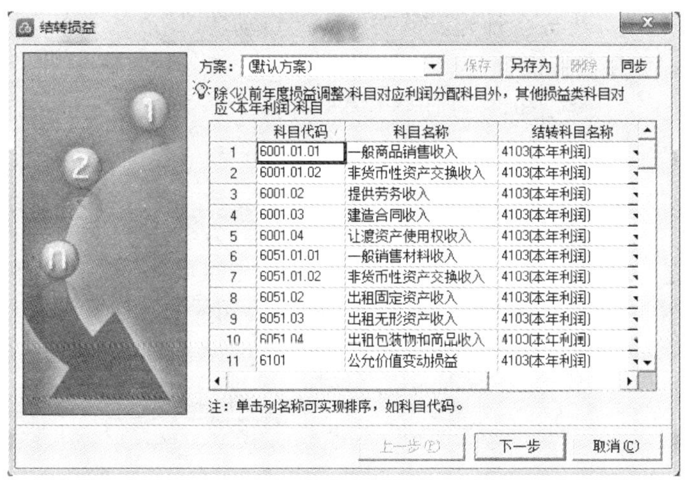

	科目代码	科目名称	结转科目名称
1	6001.01.01	一般商品销售收入	4103(本年利润)
2	6001.01.02	非货币性资产交换收入	4103(本年利润)
3	6001.02	提供劳务收入	4103(本年利润)
4	6001.03	建造合同收入	4103(本年利润)
5	6001.04	让渡资产使用权收入	4103(本年利润)
6	6051.01.01	一般销售材料收入	4103(本年利润)
7	6051.01.02	非货币性资产交换收入	4103(本年利润)
8	6051.02	出租固定资产收入	4103(本年利润)
9	6051.03	出租无形资产收入	4103(本年利润)
10	6051.04	出租包装物和商品收入	4103(本年利润)
11	6101	公允价值变动损益	4103(本年利润)

图 1-56　结转损益—损益类对应本年利润科目列表

（3）单击“下一步”按钮，进入如图 1-57 所示记账凭证选项设置界面，设置损益结转记账凭证参数。

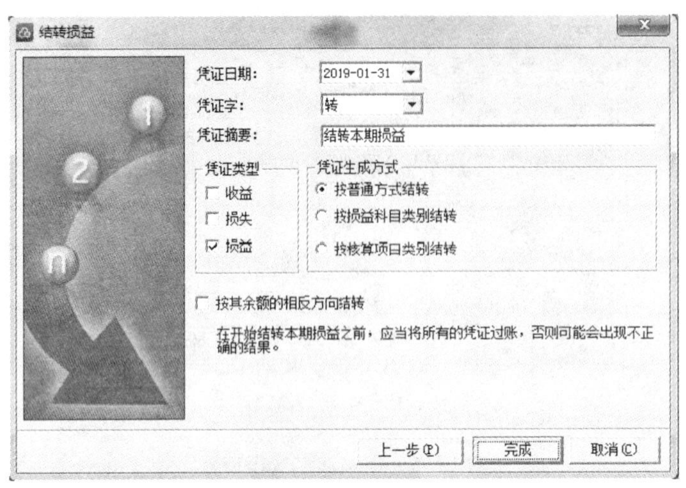

图 1-57　结转损益—记账凭证选项设置

(4) 单击“完成”按钮，系统自动完成结转损益的过程，并提示生成转账凭证的信息。损益结转完成之后，系统提示：结转完毕，并列示生成转账凭证的凭证号，用户可以在“凭证管理”模块中查询结转损益生成的凭证。

3. 自动转账

为了总结某一会计期间（如月度和年度）的经营活动情况，必须定期进行结账。结账之前，按企业财务管理和成本核算的要求，必须进行制造费用、产品生产成本的结转、期末调汇及损益结转等工作。若为年底结转，还必须结平本年利润和利润分配账户。系统提供了能够自动生成可按比例转出指定科目的发生额、余额、最新发生额和最新余额等项数值并生成会计凭证的功能—“自动转账”。

1) 自动转账凭证模板设置

在主界面单击“账务处理—自动转账”，打开“自动转账凭证—新增”界面，如图 1-58 所示。

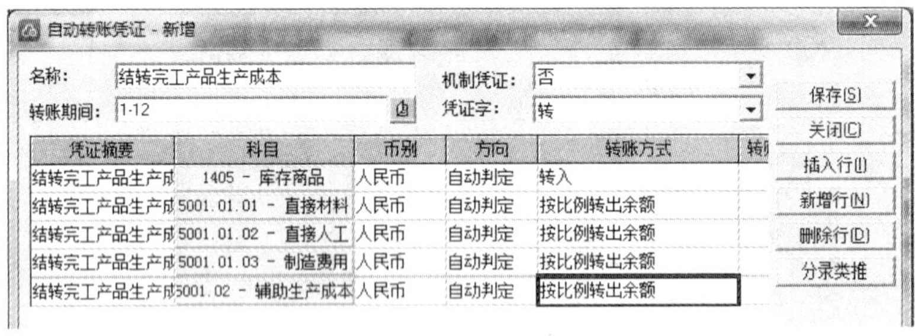

图 1-58　自动转账凭证—新增

(1) 科目。双击后会自动弹出“科目”对话框，用户可以选择需要的会计科目。选择科目时必须注意要选择科目的最明细一级，如是非明细科目则只能转出。

(2) 方向。会计分录的借贷方向，可以根据转账方式“自动判断”，除非确定，否则建议用户选择“自动判断”。

(3) 转账方式。科目的“余额”“借方发生额”“贷方发生额”等转出的金额和方式，共有六种：“转入”指该会计科目属于转入科目；“按比例转出余额”指按该科目余额的百分比例转出；“按比例转出贷方发生额”指按该科目的贷方发生额的比例转出；“按比例转出借方发生额”指按该科目的借方发生额的比例转出。“按公式转出”指根据后面的“公式定义”中的公式取数转出。“按公式转入”指根据后面的“公式定义”中的公式取数转入。

（4）转账比例。用于选择了比例转入（出）的转账方式，直接录入百分比例。

（5）公式定义。当“转出方式”选择“按公式转入或转出”，则在此定义公式，根据科目是否下设外币及数量，可以录入原币取数公式、本位币取数公式、数量取数公式。公式设置可以按“F7”键或按工具栏中“获取”按钮进入公式向导辅助输入，公式的语法与自定义报表完全相同，通过取数公式可取到账上任意的数据。另外，在公式中还可录入常数。

（6）核算项目。如果会计科目下挂核算项目，在此则选择相应的核算项目。

设置完成后，单击“保存”按钮，进入如图 1-59 所示的“自动转账凭证”界面。

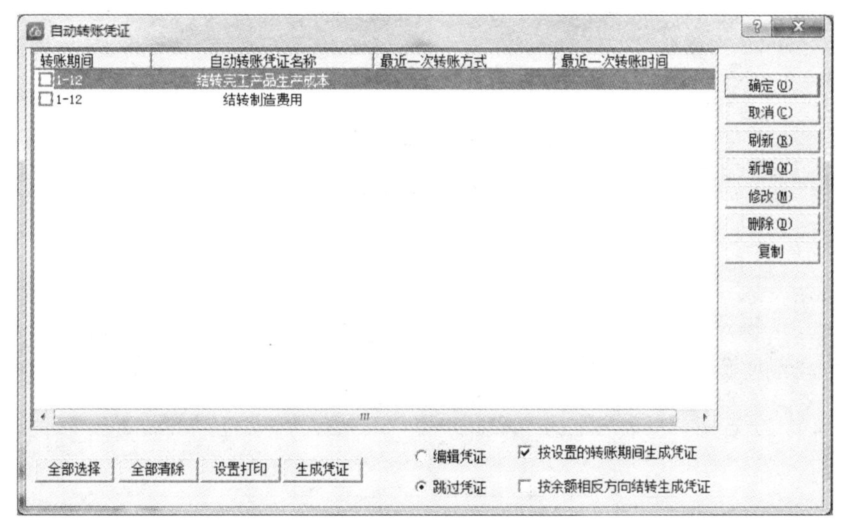

图 1-59　自动转账凭证

2）生成转账凭证

自动转账方案设置完毕之后，在需要生成相应的转账凭证时，在如图 1-59 所示的界面中，选中自动转账凭证名称，单击“生成凭证”按钮就可以了。

4. 期末智能转账

1）参数设置

如果用户是新建的账套并选择的是系统预设的会计科目，系统会根据科目自动匹配参数。当用户对引入的科目进行了修改，如涉及期末智能转账内的业务类型，需要手工在“参数设置”界面进行修改。

在主界面单击“账务处理—期末智能转账”，进入“期末智能转账”界面，如图 1-60所示。

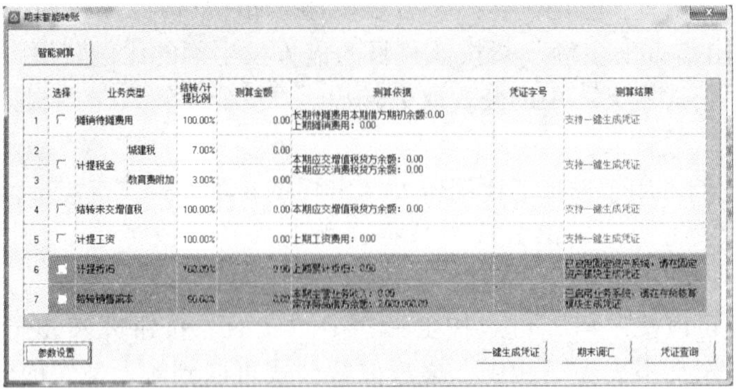

图 1-60　期末智能转账

单击“参数设置”按钮，进入如图 1-61 所示的界面。

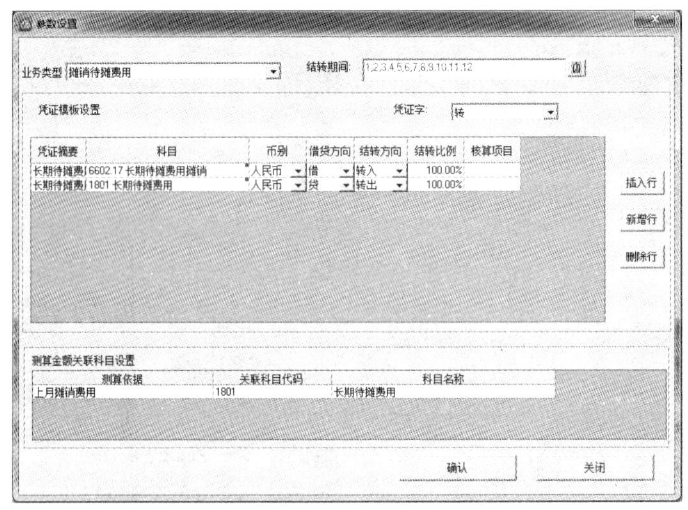

图 1-61　期末智能转账—参数设置

参数设置主要设置业务类型的结转期间、业务类型对应的会计模板和测算金额的关联科目。

（1）业务类型及结转期间设置。系统预设期末常见的需要处理的 9 种业务类型，如摊销待摊费用、计提税金、结转未交增值税、计提工资、计提折旧、结转销售成本、计提所得税、结转本年利润、利润分配。可以勾选业务类型对应的结转期间，其中计提所得税要么全选，要么只能选择 3、6、9、12 期；结转本年利润与利润分配默认只能选择 12 期；其余业务类型可以勾选1～12的任意期间。计提所得税、结转本年利润与利润分配三个业务类型根据结转期间在“期末智能转账”主界面显示，当前期间为以上三个业务类型的结转期间时，业务类型列表中不显示。

（2）凭证模板设置。①结转比例：允许手工录入。生成凭证时转入分录行金额=转出分录行金额合计＊转入分录行结转比例，转入分录行默认值 100%，可以修改，但转入分录行比例合计需为 100%；转出分录行金额取测算金额，如转出有多行分录，转出分录行金额=测算金额＊转出分录行科目余额百分占比，转出分录行默认值 100%，不允许修改。②核算项目：如选择科目有核算项目，单击“核算项目”后指定具体核算项目。如果会计科目的核算项目修改了，“参数设置”中设置了核算项目，则“参数设置”的核算项目将会被清空。

（3）测算金额关联科目设置。主要作用是为方便测算金额时取数，按“F7”键选择科目，系统取关联设置内科目的余额或发生额作为测算依据。

单击“确认”按钮保存参数设置的内容；单击“关闭”按钮，退出“参数设置”界面，并自动触发智能测算。

2）智能测算

用户在“参数设置”界面单击“关闭”按钮，或在“期末智能转账”界面单击“智能测算”按钮都会触发系统进行智能测算。系统在智能测算前，必须保证参数设置已经完成，否则可能存在测算不准确或测算报错。

（1）系统匹配是否已启用存货核算模块、工资管理模块以及固定资产模块，如已启用，系统将表体中该业务类型的相关信息灰显，并在“测算结果”显示“已启用××系统，请在××模块生成凭证”，在单击“一键凭证生成”按钮时不再调用凭证模板生成该业务类型会计凭证。

（2）系统对当前列表中的各业务类型的结转期间（即各业务类型在“参数设置”设定的“结转期间”）与当前会计期间进行匹配，如果当前会计期间非结转期间，在“测算结果”中显示“本期非结转期间，无须生成凭证”。

（3）系统对列表中各业务类型进行凭证检测，如果该业务类型已存在相关凭证，反写凭证号进行显示，同时系统在“测算结果”显示“已记账，点击查看凭证”，通过双击该业务类型“凭证字号”单元格或“测算结果”中的超链接，能快速查询到与该业务类型相关的会计凭证。

（4）系统根据“测算依据”与“结转/计提比例”自动计算测算金额供用户参考，对于结转期间为当前会计期间且没有检测到凭证号的业务类型，在“测算结果”显示“支持一键生成凭证”。

3）一键生成凭证

对于智能测算后“测算结果”显示为“支持一键生成凭证”且“选择”列已勾选该业务类型，当单击“一键生成凭证”按钮时，系统调用“参数设置”内该业务类型凭证模板自动生成会计凭证。如未满足凭证生成条件或测算金额为0，系统按照“期末智能转账”选择列已勾选的业务类型列表的顺序，将未正确生成凭证的业务类型引用凭证模板分录直接打开“记账凭证—新增”界面，供用户手工维护科目、金额等资料后保存该业务类型会计凭证。

4）期末调汇

在“期末智能转账”界面单击“期末调汇”按钮，调用系统原有期末调汇功能，打开期末调汇功能界面。如果有外币业务，用户可以进行调汇处理。

5）凭证查询

在“期末智能转账”界面单击“凭证查询”按钮，系统打开“会计分录序时簿”，显示期末智能转账各业务类型已生成会计凭证（含“智能测算”时检测到的凭证以及根据“一键生成凭证”生成的凭证）。

5. 期末结账

在本期所有的会计业务全部处理完毕之后，就可以进行期末结账了。系统的数据处理都是针对本期的，要进行下一期间的处理，必须将本期的账务全部进行结账处理，系统才能进入下一期间。

在主界面，单击“账务处理—财务期末结账”，打开“期末结账”向导界面，如图 1-62 所示。

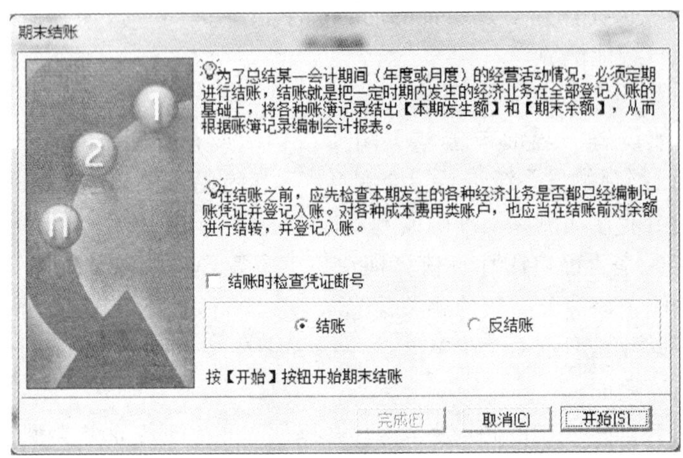

图 1-62　期末结账向导

如果系统发现本期内还有未过账的记账凭证，系统会发出警告，然后中断结账。选中“结账时检查凭证断号”选项，在结账时如果有当期存在凭证断号的情况，系统不予结账。账务处理的期末结账包括总账、固定资产和工资模块，即这 3 个模块是同时结账的。

在全部事项处理完毕后，选中“结账”单选框，单击“开始”按钮，系统开始结账。结账完成之后，系统进入下一个会计期间，并返回到主界面。

结账后如果需要对上一个会计期间的数据进行重新处理，此时，可以通过“反结账”功能将会计期间反结回上一个会计期间。

6. 查询与报表

本部分主要介绍总账系统的各种账簿和财务报表的查询方法。

1）账簿

会计账簿是以会计凭证为依据，对全部的经济业务进行全面、系统、连续、分类地记录和核算，并按照专门的格式以一定的形式连接在一起的账页所组成的簿籍。

在凭证过账处理中，系统已将记账凭证自动记入账簿。只要所录入的凭证已经过账，就可以在此进行账簿的查询，包括总分类账、明细分类账、数量金额总账、数量金额明细账、多栏式明细账、核算项目分类总账、核算项目明细账。

（1）总分类账

总分类账查询功能用于查询总分类账的账务数据，即查询总账科目的本期借方发生额、本期贷方发生额、本年借方累计、本年贷方累计、期初余额、期末余额等项目的总账数据。

在主界面，单击“账务处理—总分类账”，系统弹出如图 1-63 所示“过滤条件”对话框，设定查询条件。

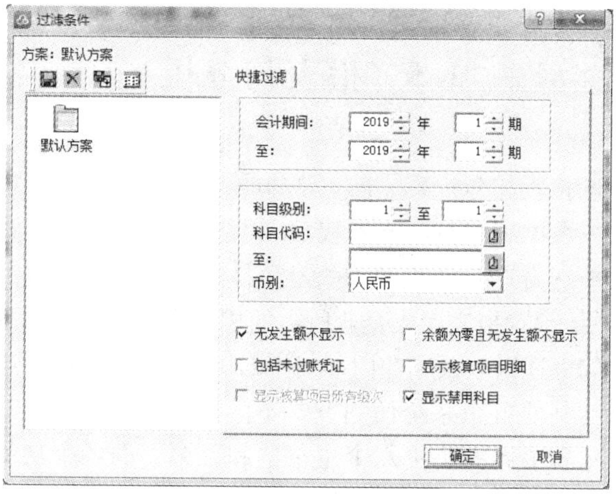

图 1-63　总分类账过滤条件

查询条件输入完毕后，单击“确定”，系统即按所设定的条件显示总分类账，并进入“总分类账”查询结果界面。

用户在此可进行总账、明细账和凭证的一体化查询，也可对总分类账进行引出，打印预览，过滤，页面设置等项操作。

（2）明细分类账

明细分类账查询功能用于查询各科目的明细分类账账务数据，在这里可以输出现金日记账、银行存款日记账和其他各科目的三栏式明细账的账务明细数据；还可以按照各种币别输出某一币别的明细账；同时还提供了按非明细科目输出明细分类账的功能。

在主界面单击“账务处理—明细分类账”，弹出“过滤条件”设置对话框，通过设置“条件”“高级”“过滤条件”“排序”四个查询条件标签后，单击“确认”按钮，系统即按所选条件生成明细分类账，并进入“明细分类账”查询结果界面。

用户可以单击工具栏的“最前”“向前”“向后”“最后”按钮或“查看”菜单相应功能来查看第一个科目、上一个科目、下一个科目和最末一个科目的明细分类账。

在明细分类账查询中，系统也提供了方便快捷的账证一体化查询功能。

其他账簿相关查询条件的设置及浏览、打印、预览等功能的操作与总分类账和明细分类账的相关操作相似，此处不再赘述。

2）财务报表

账务处理中不仅能提供财务会计规范性的科目报表，而且还能提供试算平衡表、核算项目明细表等一系列管理性会计报表，包括：科目余额表、试算平衡表、科目日报表、凭证汇总表、核算项目余额表、核算项目明细表、核算项目汇总表、核算项目组合表、科目利息计算表、调汇历史信息表。各种报表的查询，同账簿的查询方式类似，此处不再赘述。

1.5　报表与分析

金蝶 KIS 云专业版报表与分析系统，主要功能是对目前企业对外报送的资产负债表、利润表和现金流量表三大主表以及所有者权益（股东权益）变动表进行管理。在系统主界面单击“报表与分析—资产负债表/利润表/简易现金流量表/所有者权益（股东权益）变动表”，即可利用系统预置报表生成企业所需的相应报表。此外，还可以管理用户自定义的各种多语言版本的上述报表及企业内部使用的用户自定义的各类管理报表。

报表与分析系统与其他各个系统使用方式不同，在主界面上没有模块的划分，也没有明确的使用流程。报表主界面中由六个主菜单和菜单下的各个功能项组成。打开已存在的报表或是新建一张空表，显示为一个类似于 EXCEL 表格的界面供用户日常操作。

目前，报表系统能与账务处理系统、工资系统、固定资产系统及购销存之间实现数据联用。

1.5.1　自定义报表操作

在金蝶 KIS 云专业版主界面单击“报表与分析—自定义报表”，弹出“自定义报表”对话框，如图 1-64 所示。

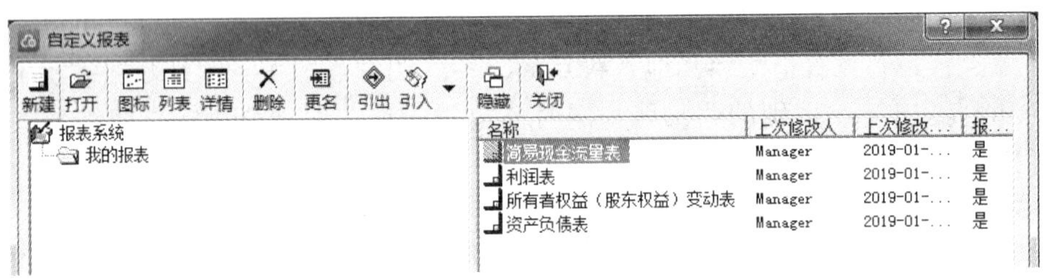

图 1-64　自定义报表

单击“新建”按钮，进入“报表系统”界面，如图 1-65 所示。

图 1-65　报表系统

在“工具”菜单下的各个功能选项，都是对自定义报表的一些相关的操作，包括公式取数参数、转换旧版本公式、批量填充、表页汇总、报表自动检查、舍位平衡、报表权限控制、报表审批和联查总分类账、明细分类账、数量金额账、数量金额明细账。

1. 设置公式取数参数

在报表系统单击菜单“工具—公式取数参数”，弹出“设置公式取数参数”对话框，如图 1-66 所示，可对整张表页的公共参数进行设置，主要包括取数期间、取数的范围、币别、报表计算的方式及其取数小数的舍取位数等。

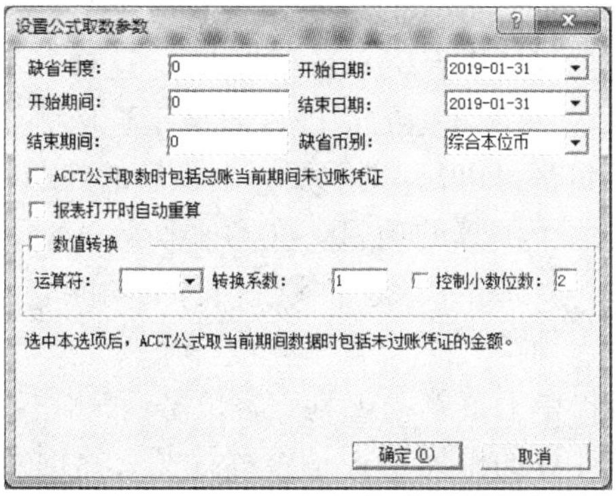

图 1-66　设置公式取数参数

2. 舍位平衡公式设置

在将报表进行外报时，根据统计的需要，报出金额的单位通常是万元，而在日常的业务处理中，金额一般都是元，所以需要有一个换算的处理过程。舍位平衡则是为用户解决这样需求。

（1）设置

单击菜单“工具—舍位平衡—舍位平衡公式”，进入“舍位平衡公式”设置对话框，如图 1-67 所示。

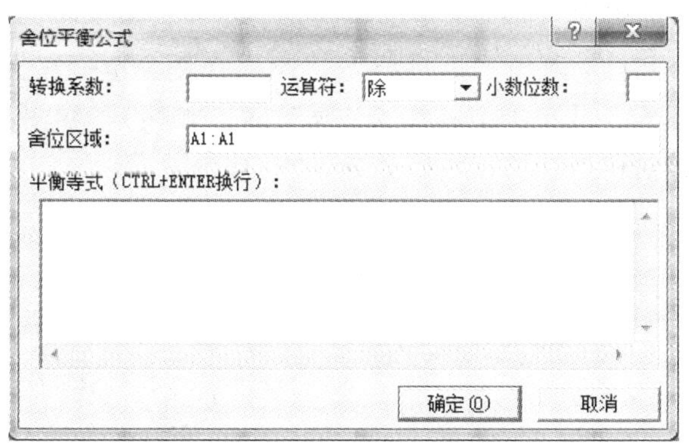

图 1-67　舍位平衡公式设置

第一步：录入具体的转换系数，如金额单位从元变为万元，转换系数中应录入 10 000，如果转换为千元，则转换系数为 1 000。

第二步：指定运算符，有乘和除的设置，如前面所说的是从元转换为万元，则运算符为除；如果是万元转换为元，则运算符为乘。

第三步：确定舍位计算后的数据保留的小数位数。

第四步：确定舍位区域，可以通过鼠标拖动选定一个区域，被选定的区域范围可以自动显示在“舍位区域”中；也可以手工录入一个区域的范围，如 A1：C5。

第五步：写入平衡等式。（对于只需要舍位平衡，不需要其他计算的单元格，可以不写平衡公式）

四舍五入，会导致舍位以后计算得出来的数据不等于总计舍位后的数据，例如计算关系是，B1+B2+B3+B4＝B5，则进行简单的舍位处理后，这个等式则可能不成立，在这种情况下，就需要进行平衡等式的设置，一般情况下是一个倒算的过程，如上例可以这样来设置舍位平衡公式，B1＝B5－B4－B3－B2，这样，不平衡的差值将会倒挤到 B1 这个项目中去，这样可以保证数据的正确性。至于选取哪个项目来作为这个倒算的项目（理论上任意一个项目都可以），则需要一个经验的判断，通常情况下应选取一个产生误差较小项目来作为这个倒算的项目。在写平衡等式时，如果一行无法完成这个公式，则可以通过“Ctrl” +“Enter”键来实现换行的功能。

（2）舍位平衡

舍位平衡公式设好后，单击菜单“工具—舍位平衡—舍位平衡”，系统提示“舍位平衡前，请锁定无须进行计算的单元格，是否继续?”，这时可锁定无须进行计算的单元格（如科目代码、科目名称等），单击“是”按钮，系统再提示“舍位平衡前，请先保存报表!”，单击“确定”按钮，系统将按照所设置的舍位平衡的条件和公式进行舍位平衡的处理，生成一张新的报表，这张按照舍位平衡处理所产生的报表可以通过单击“保存”按钮或菜单“文件—保存”进行报表文件的保存。

3. 批量填充

用户可以通过科目、核算项目等批量定义、批量函数设置等功能快速填充单元格的公式，减少用户单个公式定义的重复性工作，从而高效制作出例如部门分析表、采购日报表、资金明细表、项目分析表、个人销售业务报表、管理费用明细表等管理报表。

在金蝶 KIS 云专业版主界面，单击“报表与分析—自定义报表—新建”，系统自动打开报表新建界面，并自动跳出“批量填充”窗口（用户也可在报表系统界面单击菜单栏“工具—批量填充”或单击工具栏“快速建表”按钮），如图 1-68 所示，在“批量定义”标签页可以对科目、核算项目等进行各种设置。

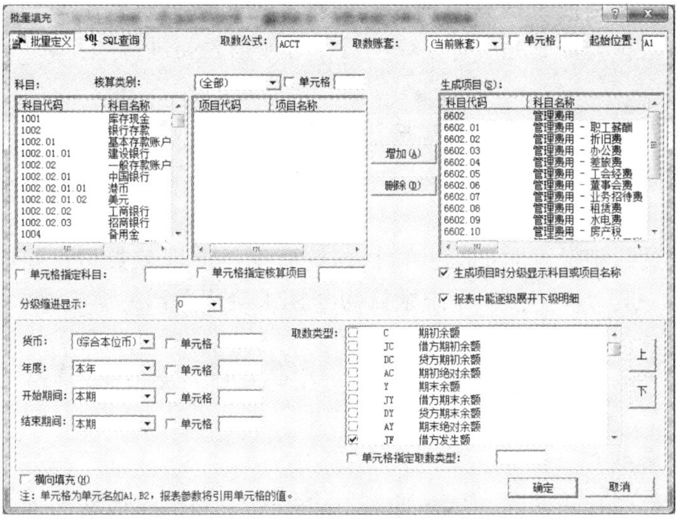

图 1-68　批量填充

系统提供了两个取数公式可以进行批量的填充，即 ACCT（总账科目取数函数）、ACCTCASH（现金流量取数函数）。在下拉列表中可以任意选取一个函数来进行设置报表，不同的函数，设置的界面又会有一些小的差别。下面以 ACCT 函数为例，说明如何进行批量填充的设置，快速生成一张报表。

（1）函数选择

在“取数公式”右边的下拉列表框中选择 ACCT 这个取数函数。

（2）取数账套设置

系统默认为“当前账套”。

（3）开始位置的指定

起始位置是指录入填充报表时第一个单元格，系统默认为在进入批量填充时鼠标所在的单元格，可根据需要自由设置。

（4）填充方向的设置

填充方向是指设置编制报表的项目值填充方式，系统提供了横向填充和纵向填充两种方法，系统默认为纵向填充。

（5）核算项目类别、会计科目和核算项目的设置

在会计科目、核算项目的选择时，提供了代码和名称的显示，分别单击“科目代码”“科目名称”，可以分别按照科目代码或科目名称进行排序；分别单击“项目代码”“项目名称”可以按项目代码或是项目名称进行排序。

核算类别设置编制报表的核算类别，核算类别列表为选中账套的核算项目类别列表。系统默认为“全部”，即按科目取数；如果要按核算类别编制报表（如客户销售情况表），则选择核算类别为客户。

会计科目设置编制报表涉及的会计科目。在选择了核算类别后，会计科目处会自动显示出设置了该核算项目类别的所有会计科目；若未选择核算类别，系统显示全部会计科目。编制部门报表时，可能显示的会计科目有工资费用、折旧费用、销售收入等涉及部门核算的会计科目，也可根据需要编制该报表需要涉及的会计科目。

核算项目设置编制报表核算类别涉及的核算项目。在设置了核算类别后，核算项目处自动显示该核算类别下的所有核算项目，可根据需要进行选择。

（6）货币

设置编制报表时的币别，在下拉按钮处显示出来的列表中，列示出了账套中所有的币别，系统默认为“综合本位币”。

（7）取数类型

取数类型设置编制报表时的会计科目，核算项目的取数类型，如资产负债表一般取余额，日报等一般取发生额。系统默认为“期末余额”。

（8）年度

年度是指设置编制报表取数的年度。系统默认为“本年”，是指当前账套期间的年度。

（9）期间

期间的设置包括开始期间和结束期，可以设置编制报表取数的期间值，系统默认为“本期”。

（10）单元格内容的指定

在“批量填充”界面中，有很多地方有“单元格”的复选项，选中时前面的内容将会变灰，单元格后面的编辑框为可编辑状态，其作用是：对于所有可变的项目，都可以通过单元格来进行指定，报表参数将可以直接引用指定单元格中的值，进行相应的公式的计算。

（11）分级缩进显示

科目有多级的情况下，对齐方式是左对齐或是右对齐时，无法很直观地看到科目的级次关系，此时在“分级缩进”显示的下拉框中选择不同的缩进值进行不同缩进，供下级科目对上级科目进行缩进处理，这样将会较容易看到科目之间的级次关系，使报表更加美观。

（12）生成项目时分级显示项目或科目名称

如果选中这个复选框，在生成报表时，则会将各个级次的科目名称或是项目名称都显示出来，否则只显示最明细级次的科目或是项目名称。

（13）报表中能逐级展开下级明细

在进行批量填充时，选择了上级会计科目，进行报表的批量填充时，选择“报表中能逐级展开下级明细科目”的选项，在生成的报表中，如果会计科目是非明细的会计科目，则当鼠标指向这个非明细科目的科目代码所在的单元格时，单击右键，在弹出的菜单中有一个“自动展开”的菜单项，执行这一个选项的功能，可以将非明细科目按下级明细进行展开。

所有的选项都设置好后，单击“确定”按钮，则系统自动生成公式。

4. 显示公式/显示数据

报表可以两种形式显示，即显示公式和显示数据。在显示公式状态，报表将显示用户设置的计算公式；显示数据状态，报表将显示这些公式计算后的数据。单击菜单“视图—显示公式”，报表将显示用户所定义的公式；单击菜单“视图—显示数据”，报表将显示公式计算后的数据；或使用工具栏“显示公式/数据”按钮进行公式与数据的显示切换。

5. 报表计算

系统提供两种计算方式：“自动计算”和“手动计算”。两种计算方式可通过工具条栏“自动/手动计算”按钮进行切换。如果用户选择的是自动计算方式，当报表中的数据或是公式发生变动时，系统将自动进行报表的重新计算；如果用户选择的为手工计算的方式，当报表中的数据或是公式发生变动时，单击菜单“数据—报表重算”，对报表进行重新计算，报表数据才会改变。对于正在计算中的报表，单击菜单“数据—终止计算”，可以强行终止正在计算的报表。

当报表中的数据或公式发生变动时，在手工计算的计算方式下，必须通过报表重算来实现报表数据的改变。而对于多张报表进行报表重算，则可以通过报表重算方案的设置来简化操作。

重算当前报表，对当前打开报表进行数据重算，按快捷键“F9”。

重算当前表页，对当前打开表页进行数据重算，按快捷键“F11”。

1.5.2 报表函数

1. 函数设置

在报表系统界面中，单击菜单“视图—编辑栏”，此刻会出现公式的编辑框，用户可以直接在界面中进行公式的编辑。双击需要编辑公式的单元格，单击编辑栏“公式向导”按钮（“=”），单击菜单“插入—函数”或按“F8”快捷键或单击工具栏“函数”按钮调出“报表函数”对话框进行函数操作，如图 1-69 所示。

系统列示出了所有的函数，用户可以根据需要选择不同的函数进行公式的设置。公式设置完成后，单击“确定”按钮，所设置的公式保存到报表中。

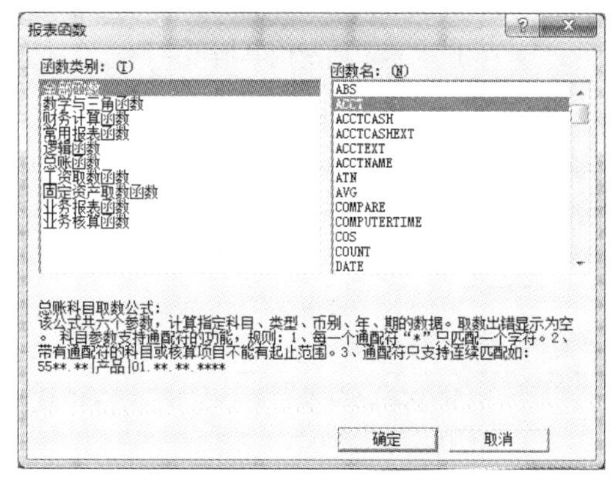

图 1-69　报表函数

2. 函数类别

系统主要提供了数学与三角函数、财务计算函数、常用报表函数、逻辑函数、总账函数、现金流量表函数、工资取数函数、固定资产取数函数、业务报表函数和业务核算函数等十类函数。主要函数及其功能如表 1-1 所示。

表 1-1 系统主要函数

类型	函数	功能
数学与三角函数	ABS	计算给定数据的绝对值
	ATN	计算数据的反正切值
	AVG	求平均数函数
	COS	返回给定数据余弦值
	COUNT	统计数量函数，计算所有非空格单元格的个数
	EXP	将定值以 e 的幂形式表现
	LOG	计算给定数值的自然对数值
	MAX	求最大值函数
	MIN	求最小值函数
	ROUND	根据指定数值四舍五入
	SIN	返回给定数据正弦值
	SQR	返回给定正数的平方根
	SUM	求和函数
	TAN	返回给定数值的正切值
	VAL	数据转换函数
财务函数	DDB	计算用双倍余额递减法求解某一固定资产的折旧值
	FV	基于固定利率及等额分期付款方式，返回某项投资的未来值
	IPMT	返回给定期次内某项投资回报或贷款偿还的给定利息
	NPER	基于固定利率和等额付款的方式，返回一项贷款或投资的期数
	PMT	返回在固定利率下，投资或贷款的等额分期偿还额
	PPMT	返回在给定期次内某项投资回报（或贷款偿还）的本金部分
	PV	返回某项投资的一系列等额分期偿还额之和（或一次性偿还额的现值）
	RATE	基于等额分期付款（或一次性付款）方式，返回投资或贷款的实际偿还率
	REF_ F	返回指定报表，指定页，指定单元的值
	SLN	返回指定固定资产的每期线性折旧额
	SYD	返回指定固定资产按年数总和法计算的每期折旧额

表1-1(续)

类型	函数	功能
常用报表函数	ACCT	总账科目取数公式
	COMPUTERTIME	返回计算机当前日期
	DATE	返回计算机当前日期
	DATEDIFF	求指定日期参数 2 与参数 1 之间的天数差
	ITEMINFO	返回指定核算项目的属性值
	KEYWORD	取表页的关键字的函数
	PAGENAME	取表页名称函数
	PAGENO	返回当前表页的值
	REF	返回指定表页、指定单元格的值
	RPRDATA	返回指定格式的当前报表日期
	RPTQUARTER	季度取数函数
	RPTSHEETDATE	获取当前报表指定表页的开始日期或结束日期，并以指定日期格式返回
	SYSINFO	返回指定关键字的系统信息

3. ACCT 函数

在如图 1-69 所示的界面中，选中“常用报表函数—ACCT”，双击鼠标左键，系统将弹出定义公式的界面，如图 1-70 所示。

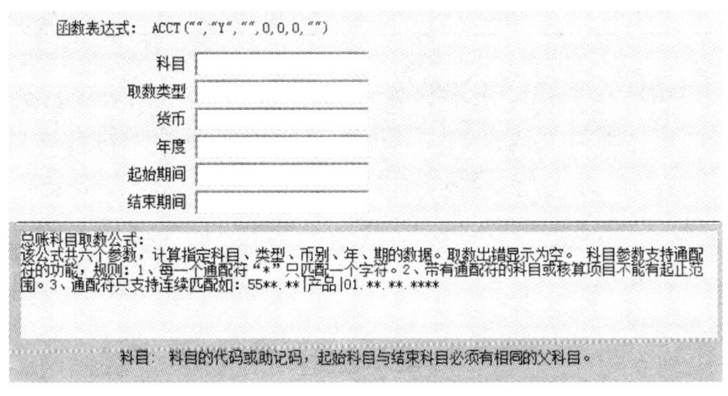

图 1-70 函数设置向导

(1) 科目

首次使用可采用向导自动生成科目与核算项目参数，在“科目”文本框内按“F7”键，弹出“取数科目向导”对话框，如图 1-71 所示。设置好科目代码和核算项目后，单击“填入公式”后，“科目参数”就会写入相应的值，单击“确定”按钮后返回。

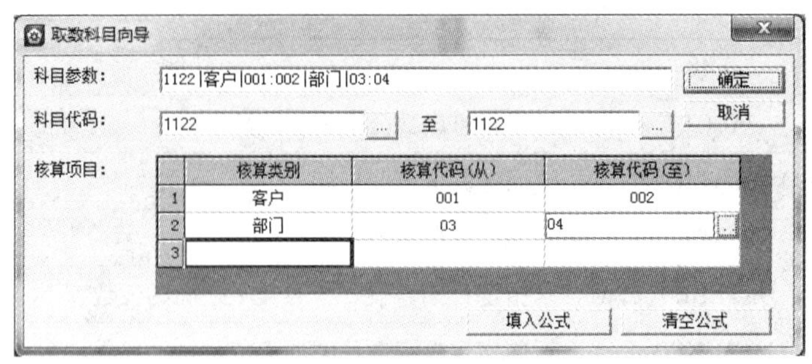

图 1-71　取数科目向导

生成的公式为：

科目公式="科目代码1：科目代码2| 项目类别| 项目代码1：项目代码2| 项目类别| 项目代码1：项目代码2"

公式中""内的内容用于存放用户所选择的科目和核算项目代码。公式中的科目代码、项目类别和项目代码，在字符"|"和"："的分隔下可以进行20种组合，如表1-2所示。

表 1-2　科目参数

A	A：	：A	A1：A2
A| B	A：| B	：A| B	A1：A2| B
A| B| C	A：| B| C	：A| B| C	A1：A2| B| C
A| B| C：	A：| B| ：C	：A| B| C：	A1：A2| B. C：
A| B| C1：C2	A：| B| C1：C2	：A| B| C1：C2	A1：A2| B| C1：C2

其中："A"，"A1"，"A2"表示科目代码；"B"表示核算项目类别名称；"C"，"C1"，"C2"表示核算项目代码；"A："表示代码大于或等于科目A的所有科目；"：A"表示代码小于或等于A的所有科目；"A1：A2"表示代码大于或等于A1并且小于或等于A2的所有科目；"C："表示代码大于或等于C的所有核算项目；"：C"表示代码小于或等于C的所有核算项目；"C1：C2"表示代码大于或等于C1并且小于或等于C2的核算项目。

当核算项目类别b和代码C，C1，C2都缺省时，表示指定科目下设所有的核算项目类别；当核算项目类别b不省略，而核算项目代码缺省时，表示指定核算项目类别b中所有核算项目。

（2）取数类型

由用户定义科目取值，包括科目的期初余额、本期发生额、累计发生额等，在"取数类型"文本框中按"F7"键，系统将弹出所有类型的下拉框供选择，如表1-3所示。

表 1-3　取数类型

取数类型	说明	取数类型	说明
C	期初余额	TY	折合本位币期末余额
JC	借方期初余额	TJY	折合本位币借方期末余额
DC	贷方期初余额	TDY	折合本位币贷方期末余额
AC	期初绝对余额	TAY	折合本位币期初绝对余额
Y	期末余额	TJF	折合本位币借方发生额
JY	借方期末余额	TDF	折合本位币贷方发生额
DY	贷方期末余额	TJL	折合本位币借方本年累计发生额
AY	期末绝对余额	TDL	折合本位币贷方本年累计发生额
JF	借方发生额	TSY	折合本位币利润表本期实际发生额
DF	贷方发生额	TSL	折合本位币利润表本年实际发生额
JL	借方本年累计发生额	QC	期初结存数量
DL	贷方本年累计发生额	QY	期末结存数量
SY	利润表本期实际发生额	QJF	当期收入数量
SL	利润表本年实际发生额	QDF	当期发出数量
BG	取科目本年最高预算余额	QJL	本年累计收入数量
BD	取科目本年最低预算余额	QDL	本年累计发出数量
BJG	本期最高预算借方发生额		
BDG	本期最高预算贷方发生额		
TC	折合本位币期初余额		
TJC	折合本位币借方期初余额		
TDC	折合本位币贷方期初余额		
TAC	折合本位币期初绝对余额		

（3）货币

若不选则系统默认为综合本位币。可直接录入币别代码或按“F7”键选择。

（4）会计期间

可直接指定期间数，分别录入“起始期间”和“结束期间”，若不选则系统默认为本期。若写入数值，表示的意义如下，0：本期，-1：上一期，-2：上两期，依此类推。

（5）会计年度

可直接指定年度，如 2019，若不选则系统默认为当前年。若写入数值，表示的意义如下，0：本年，-1：前一年，-2：前两年，依此类推。

设置完这些参数之后，ACCT 函数便定义完成。单击“确认”按钮，退出公式定义的操作。用户还可以在不退出公式的状态下，单击“ACCT”函数下拉框，系统将列出所有的函数，可以设置别的函数。

1.5.3 报表分析

报表分析是指对企业财务状况和经营状况进行分析。通过对会计报表的文字和数字部分的分析，帮助经营管理者与财会人员深入进行沟通；通过高效的报表分析，能及时发现问题，从而防范风险。系统能提供结构分析、比较分析、趋势分析三种分析方法。

1. 结构分析

系统提供了对三种报告期的分析，分别是按期、按季、按年分析。

在系统主界面单击“报表与分析—报表分析”，进入“报表分析系统”界面，双击需要进行分析的报表，进入“报表分析系统—报表分析”界面，如图 1-72 所示。

项目	2019年1期	
	金额	结构(%)
流动资产:		
货币资金	1,111,083.34	27.08
交易性金融资产	0.00	0.00
应收票据	0.00	0.00
应收账款	90,000.00	2.19
预付款项	0.00	0.00
应收利息	0.00	0.00
应收股利	0.00	0.00
其他应收款	1,000.00	0.02
存货	2,212,000.00	53.91
一年内到期的非流动资产		
其他流动资产	0.00	0.00
流动资产合计	3,414,083.34	83.21
非流动资产:		

图 1-72 报表分析系统—报表分析

单击左上角的“分析”按钮，弹出“报表分析方式”界面，如图 1-73 所示。

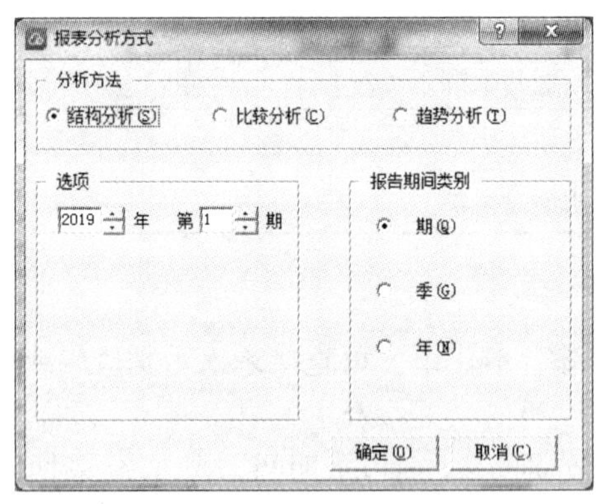

图 1-73 报表分析方式

选择分析方法，确定需要分析的报告期间和报告期间类别，单击“确定”按钮。

2. 比较分析

比较分析提供了对三种报告期的分析，分别是按期、按季、按年分析；比较类型分为与年初比较、与预算数比较、与指定基期比较。

在“报表分析方式”界面，选择分析方法为比较分析法，选择需要分析的报告期的期间及比较类型，单击“确定”按钮。

3. 趋势分析

趋势分析提供了对三种报告期的分析，分别是按期、按季、按年分析；比较类型分为绝对数分析、定基分析、环比分析。

在“报表分析方式”界面，选择分析方法为比较分析法，选择需要分析的报告期的期间及比较类型，单击“确定”按钮。

选择多个会计期间进行相应的分析时，有以下 3 种分析方式：

绝对数分析：将各个期间的数据进行计算列示，不做比较，只是显示其绝对数据；

定基分析：与指定的基期的数据进行比较，如 2019 年 1 期到 2019 年 5 期的数据进行分析，则第 2 期到第 5 期的数据分别同第 1 期数据进行比较（相减）得出的数据进行列示；

环比分析：即对各个期间的数据进行环比差额计算，如趋势期间为 2019 年 1 期—2019 年第 4 期，则进行的计算则是第 2 期减第 1 期，第 3 期减第 2 期，第 4 期减第 3 期，将得出的差额数据列示出来。

2 用友畅捷通 T6-企业管理软件 V6.5 的应用

用友畅捷通 T6-企业管理软件以“规范流程，提升效益”为核心理念，面向中小型企业，实现了主要业务过程的全面管理，突出了对关键流程的控制，体现了事前计划、事中控制、事后分析的系统管理思想，是普遍适应中国企业管理基础和业务特征以及企业快速增长需求的管理软件。

2.1 系统的安装与启动

2.1.1 系统的特点

用友畅捷通 T6-企业管理软件，以财务管理为企业的目标核心，以业务管理为企业的行为核心，突破了平行思考的串行的价值链结构，提出了基于立体价值链结构的产品体系部署原理，适应了中国企业在初期成长和发展壮大阶段对于企业管理需求的不同特点。

用友畅捷通 T6-企业管理软件，是中国首创的中小企业管理模型化解决方案，它突破了传统 ERP 软件实施成本高等应用的桎梏。通过“角色驱动、流程导航”的产品设计思想，面向核心业务流程的应用与集成，真正关注和解决了中国小企业信息化的难题，开创了中国管理软件的新思路。

1. 角色驱动、合理分配

根据不同行业和管理领域的需求，预置了关键角色。角色的合理分配与权限控制，使业务流程更加合理，为企业带来角色新体验的同时，更提高了企业的运作效率。

2. 核心业务、集成应用

用友畅捷通 T6-企业管理软件按不同的业务需求灵活组合应用方案，连接企业内部的核心业务流程，使之成为一个统一的整体。其在满足企业信息化整体规划、分步实施的大原则下，通过针对关键业务与关键管理问题的整体解决，使系统的应用效益最大化，并使管理水平得以迅速提升。

3. 成熟产品、快速交付

用友畅捷通 T6-企业管理软件是从成熟的、经过大量用户检验的中国小企业 ERP 第一品牌用友 ERP 管理软件提炼而出的一代 ERP 产品。

2.1.2 系统的安装

1. 系统配置要求

（1）服务器端

CPU：频率 1 GHz 以上处理器。

内存：RAM 要求 2GB 以上内存。

硬盘：40GB 以上。

（2）客户端

CPU：1 GHz 以上。

内存：512MB 以上。

硬盘：20GB 以上。

（3）操作系统

服务器端：Windows Server 2003（x86、x64）、Windows Server 2008（x86）、Windows Server 2008（x64）、Windows Server 2008 R2（x64）。

客户端：Win XP（SP2）、Win 2003（SP2）、windows 7 Ultimate、Windows8 企业版、Windows8 专业版、Windows8.1 企业版、Win10 专业版、Win10 企业版。

数据库：MS SQL 2000（SP4）、MSDE 2000（SP4）、MS SQL 2005（SP3）、MS SQL 2008（WorkGroup，R2）。

2. 安装过程

第一步，运行安装盘里的 setup.exe 程序，启动用友畅捷通 T6-企业管理软件安装向导，出现安装“欢迎”界面，如图 2-1 所示。

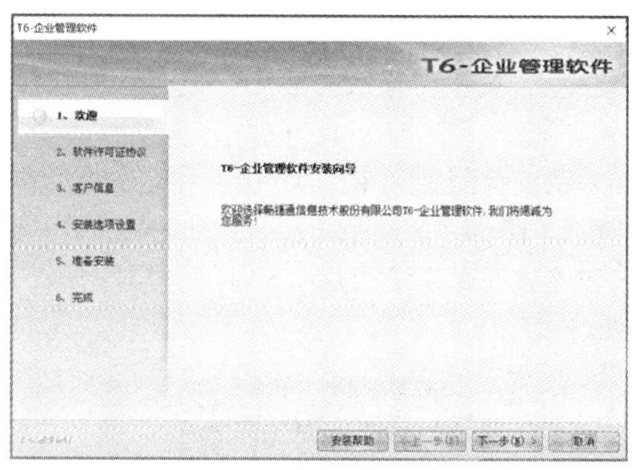

图 2-1 T6-企业管理软件安装向导—欢迎

第二步，单击“下一步”按钮，进入“软件许可证协议”界面，如果同意许可协议，选中“我接受许可协议中的条款”单选按钮。

第三步，单击“下一步”按钮，进入“客户信息”界面，输入用户名和公司名称。

第四步，单击“下一步”按钮，进入“安装选项设置”界面，如图 2-2 所示。选择所需的安装类型（安装全部产品、单机版安装、服务器安装、数据服务器安装、应用服务器安装、应用客户端），并可选择安装路径。

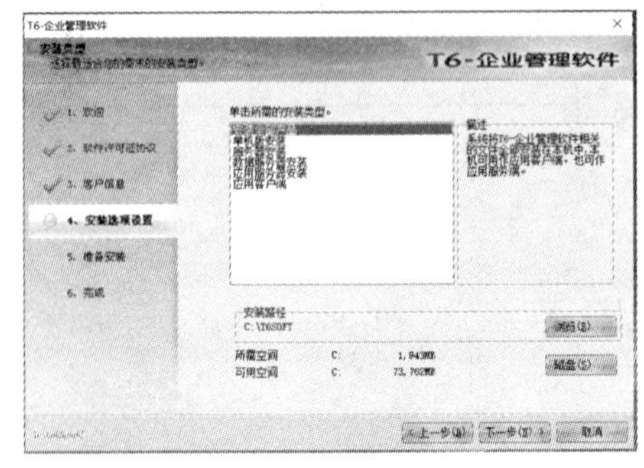

图 2-2　T6-企业管理软件安装向导—安装选项设置

第五步，单击“下一步”按钮，进入“T6 环境检测”界面，如图 2-3 所示。

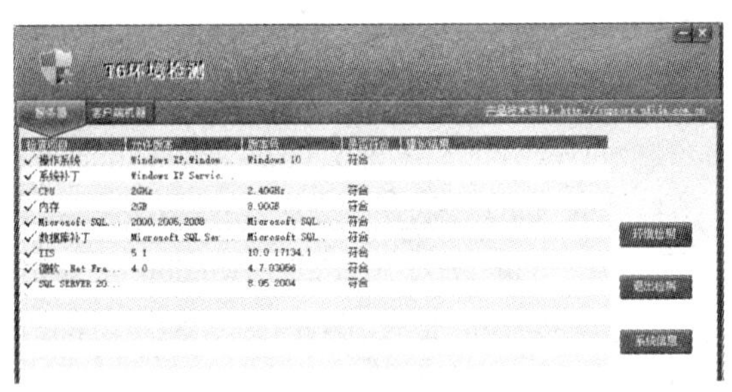

图 2-3　T6-企业管理软件安装向导—T6 环境检测

选择“服务器”或“客户端机器”标签页，单击“环境检测”按钮，系统自动对硬软件环境进行检测。系统配置符合要求才可单击“开始安装”按钮继续进行，进入“准备安装”界面，系统显示安装的当前设置情况，此时用户可以单击“上一步”按钮查看或更改设置。

第六步，单击“下一步”按钮，开始安装 T6-企业管理软件，直到安装完成，系统提示重启计算机。

重启计算机后，如果系统检测到尚未为 T6 服务指定关联数据库服务器名和数据库管理员密码，则弹出“配置 T6 服务”对话框，如图 2-4 所示。输入与当前 T6 服务相关联的数据库服务器名和该数据库超级用户（SA）的登录密码，单击“确认”按钮后即可使用 T6-企业管理软件了。

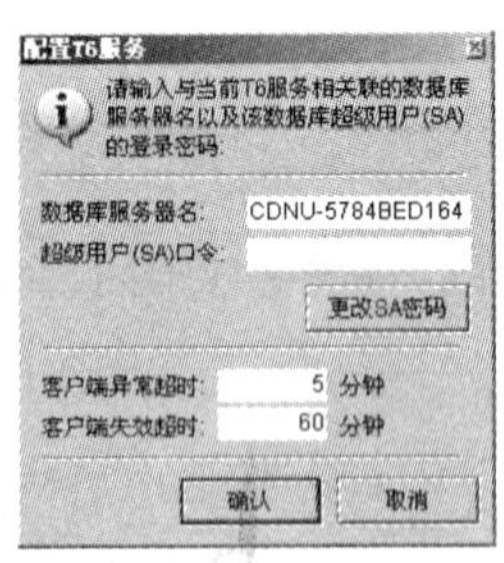

图 2-4　配置 T6 服务

2.1.3 系统的启动

在客户端，单击“开始—程序—T6 系列管理软件—企业门户”，进入系统登录界面，如图 2-5 所示。

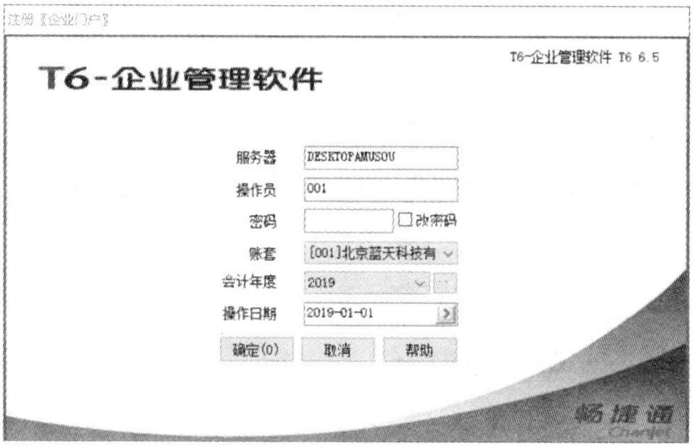

注册〖企业门户〗

T6-企业管理软件

T6-企业管理软件 T6 6.5

服务器 DESKTOPAMUSOU

操作员 001

密码 □改密码

账套 [001]北京蓝天科技有

会计年度 2019

操作日期 2019-01-01

确定(O) 取消 帮助

畅捷通 Chanjet

图 2-5 T6-企业管理软件系统登录

用户选择或填入用户名、密码，选择所需的账套进行登录，即会进入到 T6-企业管理软件主界面，如图 2-6 所示。

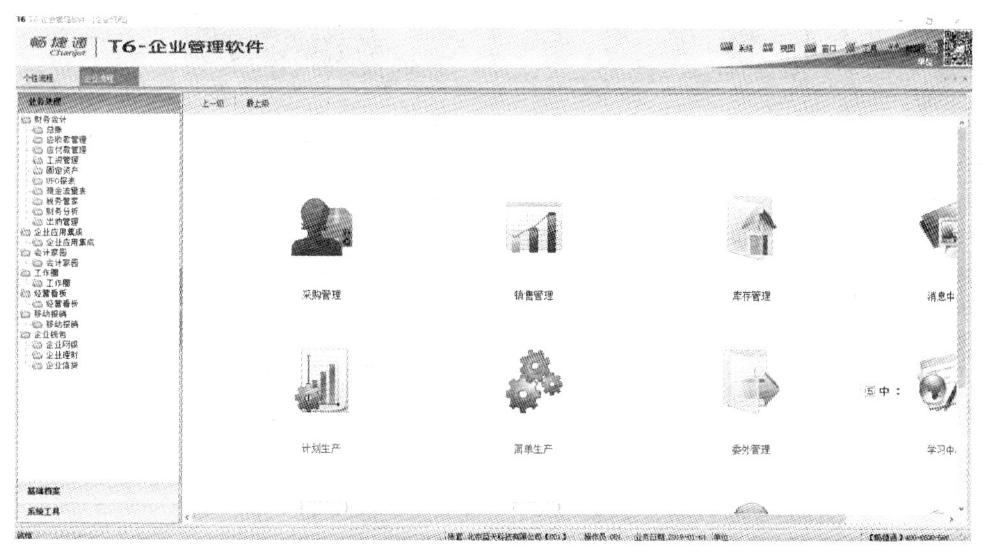

图 2-6 T6-企业管理软件主界面

通过企业门户，企业员工可以通过单一的访问入口访问企业的各种信息，定义自己的业务工作，并设计自己的工作流程。

企业门户的界面风格有三种：企业流程、个性流程、工作中心。“企业流程”包括业务流程图、控制台、消息中心三个部分。通过“个性流程”可根据日常处理的业务设计个性化的业务流程图。通过“工作中心”可根据日常处理的业务设计个性化的工作平台。

2.2 账套管理

在使用系统之前，首先要新建本单位的账套。T6-企业管理软件的账套管理是通过“系统管理”来实现的。

2.2.1 登录系统管理

单击“开始—程序—T6-系列管理软件—系统管理”，弹出“注册系统管理”界面，如图 2-7 所示。

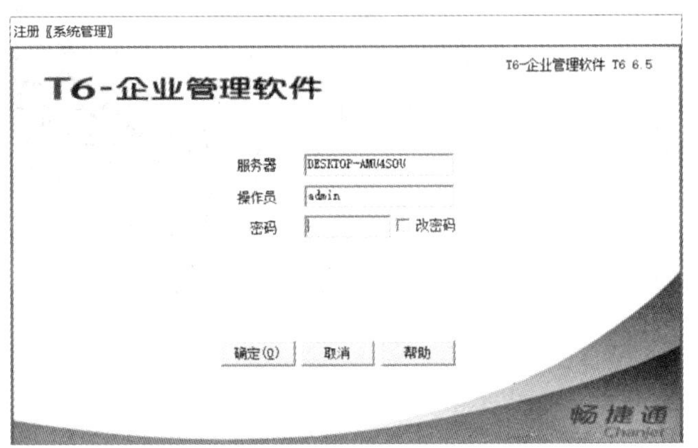

图 2-7 注册系统管理

输入操作员（默认 Admin）和密码（初始密码默认为空），单击“确定”按钮，就可以登录到“系统管理”界面，如图 2-8 所示。

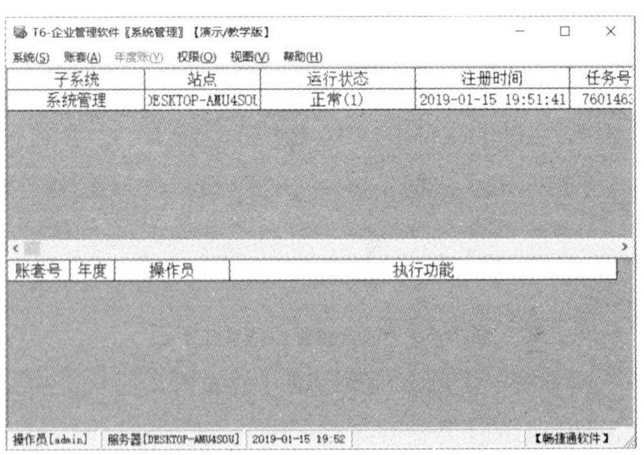

图 2-8 系统管理

系统管理的登录密码是可以修改的，修改的方法是：在系统管理登录注册时，选中“改密码”复选框，系统显示“设置操作员口令”对话框，输入并确认新的口令即可。

2.2.2 新建账套

在系统管理界面，单击菜单“账套—建立”，进入“创建账套”向导界面，如图 2-9所示。

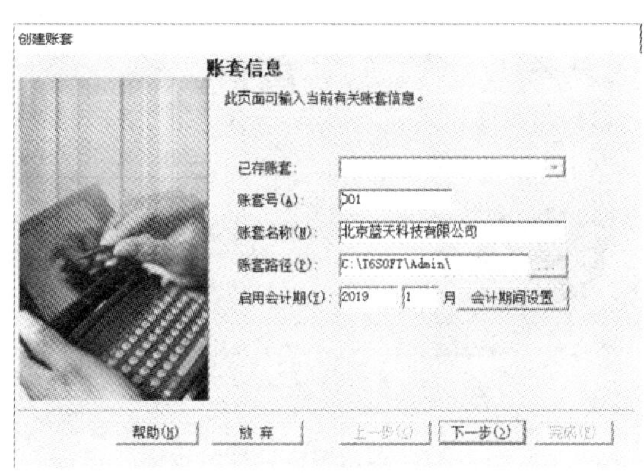

图 2-9 创建账套—账套信息

1. 账套信息

已存账套：系统将现有的账套以下拉框的形式在此栏目中表示出来，用户只能参照，而不能输入或修改。

账套号：账套在系统中的编号。

账套名称：账套的名称，一般可用单位名称表示。

账套路径：用来输入新建账套所要被保存的路径。

启用会计期：输入新建账套被启用的年月。

会计期间设置：因为企业的实际核算期间可能和正常的自然日期不一致，所以系统提供此功能进行设置。

2. 单位信息

单击“下一步”按钮，进入“单位信息”界面，如图 2-10 所示。单位信息用于记录本单位的基本信息，包括单位名称、单位简称、单位地址、法人代表、邮政编码、电话、传真、电子邮件、税号、备注等。其中单位名称必输，其他信息可输可不输。

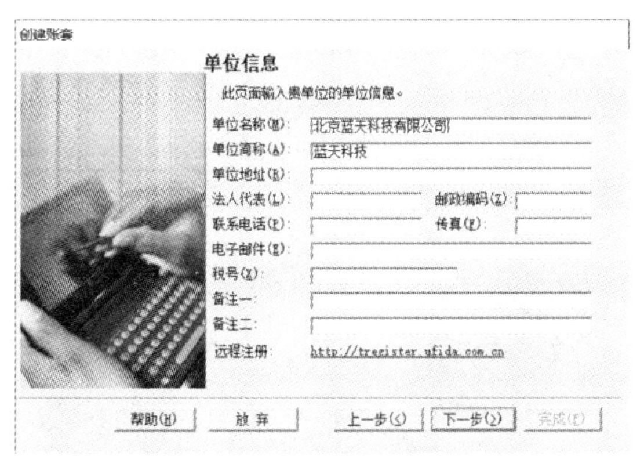

图 2-10 创建账套—单位信息

3. 核算类型

单击“下一步”按钮，进入“核算类型”界面，如图 2-11 所示。核算类型用于记录本单位的基本核算信息，包括本币代码、本币名称、账套主管、行业性质、企业类型、是否按行业预置科目等。

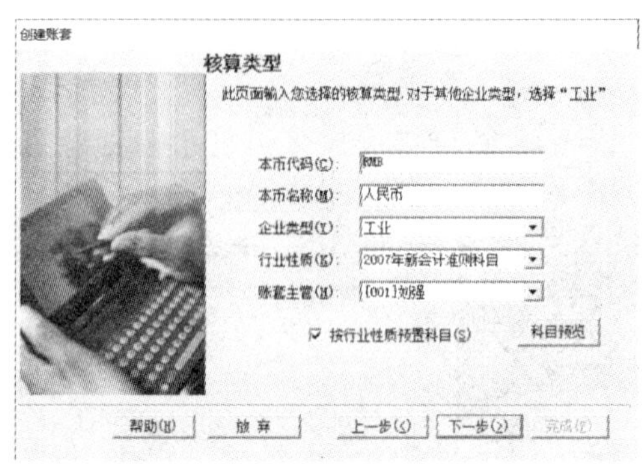

图 2-11　创建账套—核算类型

本币代码：用来输入新建账套所用的本位币代码，例如“人民币”的代码为 RMB。

本币名称：用来输入新建账套所用的本位币名称，必须输入。

企业类型：用户必须从下拉框中选择输入与自己企业类型相同或最相近的类型。系统提供工业和商业两种类型。对于其他行业，建议选用“工业”。

行业性质：用户必须从下拉框中选择输入本单位所处的行业性质。T6-企业管理软件提供小企业会计准则（2013 年）、2007 年新会计准则科目、新会计制度科目下工业企业、商品流通、旅游饮食、施工企业、外商投资、铁路运输、对外合作、房地产、交通运输、民航运输、金融企业、保险企业、邮电通信、农业企业、股份制、律师行业、中国铁路、医药等不同性质的行业。这为下一步“是否按行业预置科目”确定行业范围，且系统会根据选择，预制一些行业特定的报表。

账套主管：用来确认新建账套的账套主管，用户只能从下拉框中选择输入。

是否按行业预置科目：如果用户希望采用系统预置所属行业的标准一级科目，则在该选项前打钩，会计科目由系统自动设置；如果不选，则由用户自己设置会计科目。

4. 基础信息

单击“下一步”按钮，进入“基础信息”界面，如图 2-12 所示。

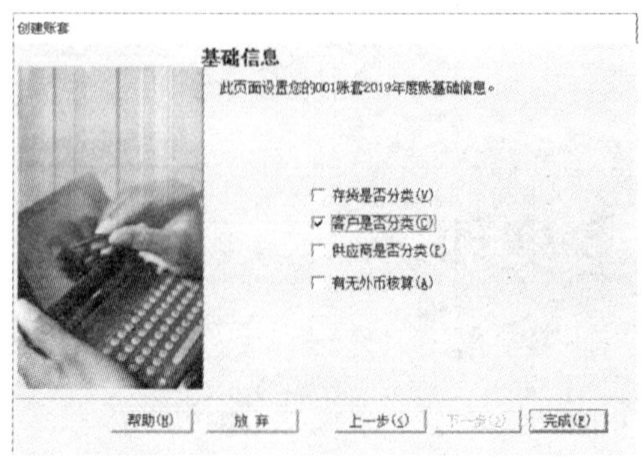

图 2-12　创建账套—基础信息

存货是否分类：如果单位的存货较多，且类别繁多，可以在存货是否分类选项前打钩，表明要对存货进行分类管理；如果单位的存货较少且类别单一，也可以选择不进行存货分类。

客户是否分类：如果单位的客户较多，且希望进行分类管理，可以在客户是否分类选项前打钩，表明要对客户进行分类管理；如果单位的客户较少，也可以选择不进行客户分类。

供应商是否分类：如果单位的供应商较多，且希望进行分类管理，可以在供应商是否分类选项前打钩，表明要对供应商进行分类管理；如果单位的供应商较少，也可以选择不进行供应商分类。

有无外币核算：如果单位有外币业务，可以在此选项前打钩；否则可以不进行设置。

单击“上一步”按钮可对账套相关信息进行查看或修改；单击“完成”按钮，系统开始创建账套。

2.2.3 修改账套

以“账套主管”的身份登录“系统管理”界面，单击菜单“账套—修改”，进入“修改账套”界面，其操作与新建账套相似。除账套号、账套路径、启用会计期不能修改外，用户可以修改账套名称、单位名称、地址、电话号码等信息。

2.2.4 账套的备份与恢复

1. 备份账套

为了保证账套数据的安全性，需要定期对账套进行备份。一旦原有的账套毁坏，则可以通过账套恢复功能将以前的账套备份文件恢复成一个新账套进行使用。

以系统管理员身份注册，进入“系统管理”界面，单击菜单“账套—输出”，弹出“账套输出”界面，如图 2-13 所示。

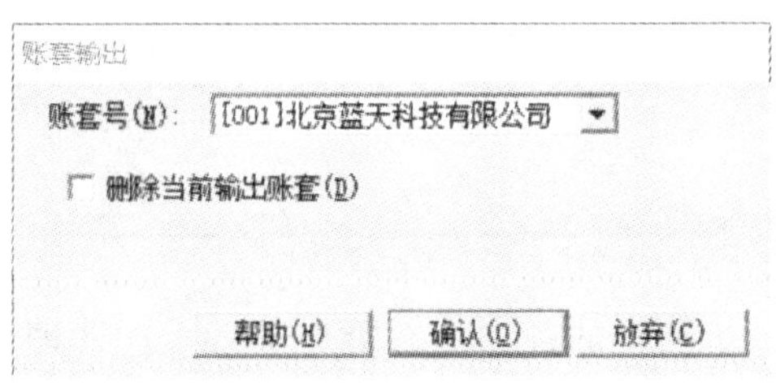

图 2-13　账套输出

选择需要输出的账套，单击“确认”按钮，此时系统会进行输出的工作，在系统进行输出过程中系统有一个进度条；任务完成后，系统会提示输出的路径（只允许选择本地的磁盘路径），选择输出路径；单击“确认”按钮完成输出。

账套数据备份文件是系统输出的文件，前缀名为“uferpact”。

2. 恢复账套

将备份的账套文件恢复成一个新的 T6 账套。

系统管理员用户在“系统管理”界面，单击菜单“账套—引入”，进入“引入账套数据”对话框，如图 2-14 所示。

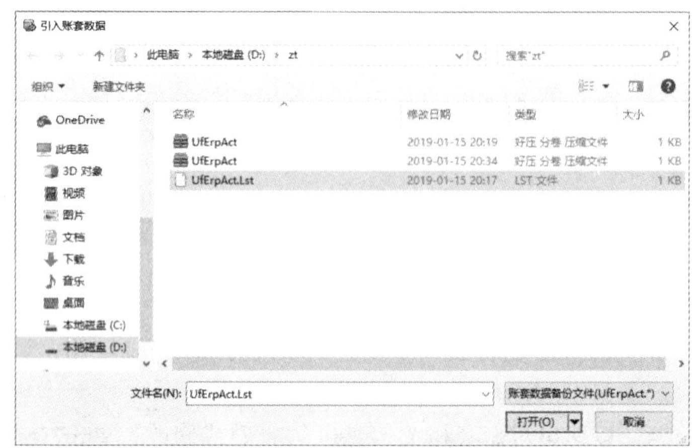

图 2-14 引入账套数据

系统管理员用户在界面上选择所要引入的账套数据备份文件，单击“打开”按钮表示确认，系统开始引入备份账套。

用户可修改需要引入的账套文件存放的路径和文件夹。

T6-企业管理软件的系统管理还提供年度账的引入和输出功能，其操作与账套的引入和输出操作基本一致，不同之处在于是年度数据备份文件，前缀名为“uferpyer”。

2.2.5 删除账套

账套输出时，在如图 2-13 所示对话框中，选中“删除当前输出账套”复选框，系统在备份完成后会给出一个是否确定删除的提示，单击“是”，就可以把已经备份的账套在系统中删除了。

2.3 基础设置和初始化

2.3.1 基础设置

基础设置主要是对系统所需的各项基础资料进行维护管理，主要包括部门、职员、地区分类、客户分类、供应商分类、付款条件、自定义项设置、自定义项档案、发运方式、客户、供应商、存货分类、计量单位组、计量单位编码、存货、仓库、货位、产品结构、成套件、收发类别、销售类型、采购类型、币种、汇率、科目、结算方式、开户银行、费用项目、原因码档案、常用摘要、项目。

在 T6-企业管理软件系统企业门户中，单击主功能选项的“基础档案”，进入基础档案资料的设置界面，如图 2-15 所示。

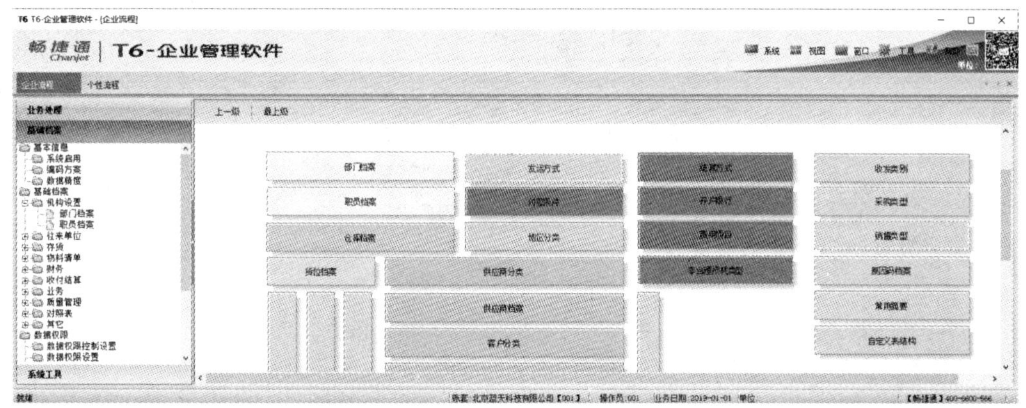

图 2-15　基础档案

1. 机构设置

（1）部门档案

单击“基础档案—机构设置—部门档案”，打开“部门档案”设置窗口，如图 2-16 所示。单击“增加”按钮，输入部门的编号、名称、负责人、属性、电话、地址等基础信息资料，单击“保存”按钮退出。

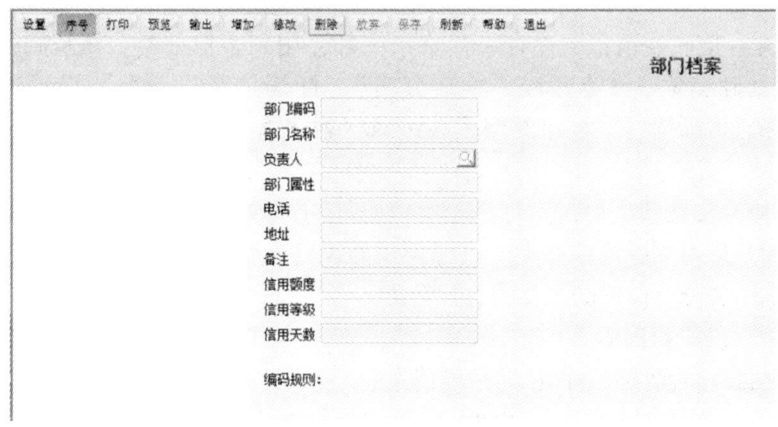

图 2-16　部门档案

其中部门编码和部门名称必须输入。部门编号必须符合部门编码级次原则。如果要在“销售管理系统—信用控制”中选择“部门信用控制”，建议在这里输入部门信用状况。

（2）职员档案

主要用于记录本单位使用系统的职员列表，包括职员编号、名称、所属部门及职员属性等。单击“基础档案—机构设置—职员档案”，打开“职员档案”设置窗口，在左边目录区选择要增加职员的部门，单击“增加”按钮，弹出“增加职员档案”对话框，如图 2-17 所示。

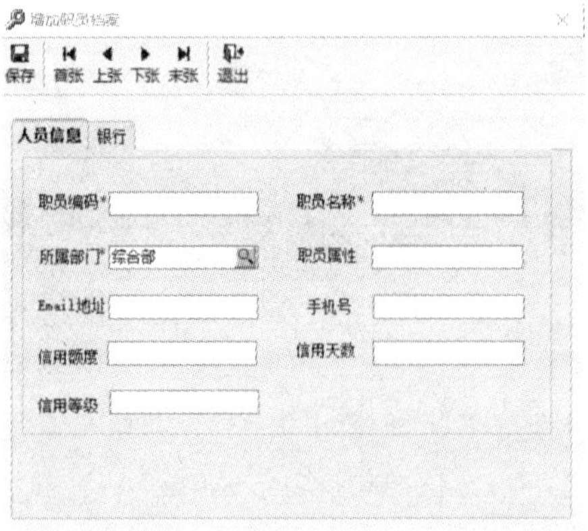

图 2-17 增加职员档案

在增加职员档案界面中输入职员的编号、姓名、所属部门、信用额度、信用天数、信用等级等相关信息资料。其中职员编号、职员名称和所属部门必须输入。如果要在“销售管理系统—信用控制”中选择“业务员信用控制”，建议在这里输入职员信用权限。

2. 往来单位

（1）客户/供应商分类

用户根据已设置好的分类编码方案对客户/供应商进行分类设置，在 T6-企业管理软件中，总账、应收、销售、库存、存货系统都会用到客户分类。在基础档案设置界面，单击“基础档案—往来单位—客户分类”，打开“客户分类”设置窗口，单击“增加”按钮，可新增一个客户类型，在编辑区输入客户分类编码、名称，单击“保存”按钮。

单击“修改”按钮，可对除客户分类编码外的其他客户分类信息进行修改；单击“删除”按钮，即可删除当前分类（已经使用的客户分类不能删除，非末级客户分类不能删除）。供应商分类设置的操作同客户分类。

（2）客户/供应商档案

在基础档案设置界面，单击“客户档案”，弹出“客户档案”列表界面，单击一个末级客户分类，单击“增加”按钮，显示“增加客户档案”界面，如图 2-18 所示。分别填写基本、信用、联系和其他页签内容，单击“保存”按钮增加客户信息。

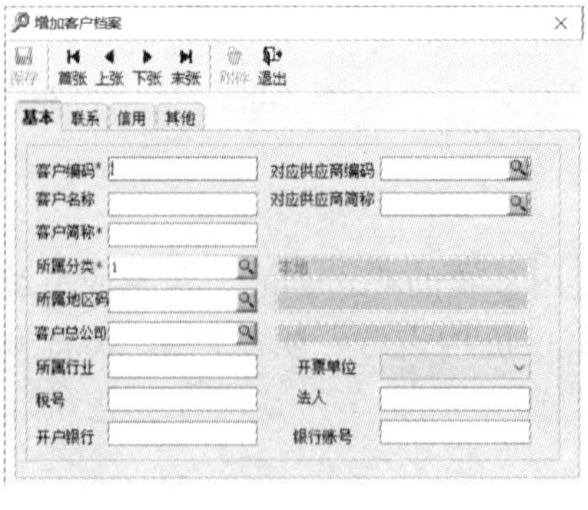

图 2-18 客户档案录入界面

供应商档案设置的操作同客户档案。

3. 存货

1）存货分类

存货分类用于设置存货分类编码、名称及所属经济分类。在基础档案设置界面，单击“存货—存货分类”，选择要增加存货分类的上级分类，单击“增加”按钮，在编辑区输入分类编码和名称等分类信息，单击“保存”按钮保存增加的存货分类；单击“放弃”按钮放弃新增存货分类；如果想继续增加，再单击“增加”按钮即可。

2）存货档案

存货档案用于对存货目录的设立和管理。随同发货单或发票一起开具的应税劳务或采购费用等也应设置在存货档案中。在基础档案设置界面，单击“存货—存货档案”，选中该存货所属末级分类，单击“增加”按钮，弹出“增加存货档案”界面，如图 2-19 所示，分为基本、成本、控制、其他和图片五个标签页，其中带“＊”为必输项。

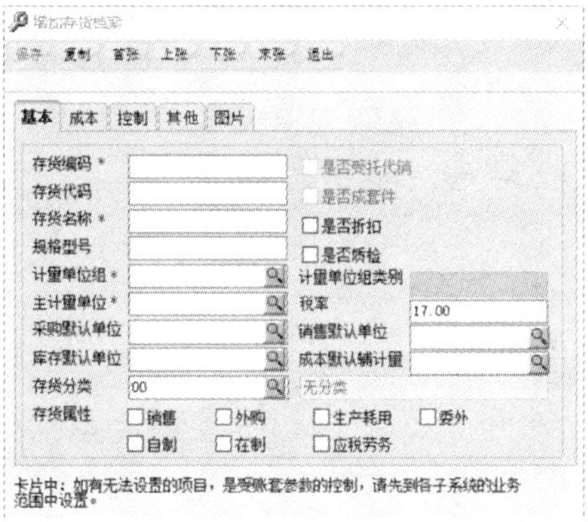

图 2-19　存货档案—基本

（1）基本，主要输入存货编号、存货名称、计量单位等相关的存货基本信息资料，存货名称和规格型号必须唯一。

存货编码：存货编码必须唯一且必须输入，最多 20 位数字或字符。

存货代码：存货代码必须唯一，最多 30 位数字或字符。

存货名称：存货名称必须输入，最多可写 30 个汉字或 60 个字符。

规格型号：最多可写 60 个数字或字符。

计量单位组：最多可输入 20 位数字或字符。

主计量单位：根据已选的计量单位组，显示或选择不同的计量单位。

计量单位组类别：根据已选的计量单位组带入。

库存（成本、销售、采购）系统默认单位：对应每个计量单位组均可以设置一个且最多设置一个库存（成本、销售、采购）系统缺省使用的辅助计量单位。

税率：指该存货的增值税税率。存货销售时，此税率为专用发票或普通发票上该存货默认的销项税税率；存货采购时，此税率为专用发票、运费发票等可抵扣的进项发票上默认的进项税税率。税率不能小于零。

是否折扣：即折让属性，若选择是，则在采购发票和销售发票中录入折扣额。该属性的存货在开发票时可以没有数量，只有金额。

存货属性：有七种属性，销售（具有该属性的存货可用于销售，发货单、发票、销售出库单等与销售有关的单据参照存货时，参照的都是具有销售属性的存货）；外购（具有该属性的存货可用于采购，到货单、采购发票、采购入库单等与采购有关的单据参照存货时，参照的都是具有外购属性的存货。开在采购专用发票、普通发票、运费发票等票据上的采购费用，也应设置为外购属性，否则开具采购发票时无法参照）；生产耗用（具有该属性的存货可用于生产耗用，如生产产品耗用的原材料、辅助材料等。具有该属性的存货可用于材料的领用，材料出库单参照存货时，参照的都是具有生产耗用属性的存货）；委外（指开具在委外发票上的委外加工商品）；自制（具有该属性的存货可由企业生产自制，如工业企业生产的产成品、半成品等存货。具有该属性的存货可用于产成品或半成品的入库，产成品入库单参照存货时，参照的都是具有自制属性的存货）；在制：暂时不用，在用的不选此属性；应税劳务（指开具在采购发票上的运费费用、包装费等采购费用或开具在销售发票或发货单上的应税劳务、非应税劳务等）。

（2）成本，如图 2-20 所示，主要用于输入有关存货成本的信息。

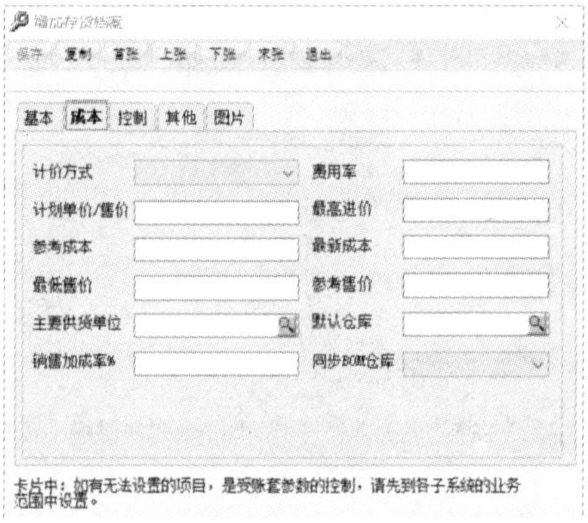

图 2-20　存货档案—成本

计价方式：每种存货只能选择一种计价方式，最多可输入 20 位数字或字符。行业类型为工业时，提供计划价、全月平均、移动平均、先进先出、后进先出和个别计价；行业类型为商业时，提供售价、全月平均、移动平均、先进先出、后进先出和个别计价。

计划单价/售价：工业企业使用计划价核算存货，商业企业使用售价核算存货，通过按照仓库、部门、存货设置计划价/售价核算。在单据录入时显示存货的计划价或售价。

参考成本：该成本指非计划价或售价核算的存货填制出入库成本时的参考成本。采购商品或材料暂估时，参考成本可作为暂估成本。存货负出库时，参考成本可作为出库成本。

最新成本：指存货的最新入库成本，用户可修改。

费用率：小数位数最大可为 6 位的正数，可以为空，可以随时修改。用于存货核算系统，计提存货跌价准备。

参考售价：指销售存货时用户参考的销售单价。

最低售价：指存货销售时的最低销售单价。如果用户在销售系统中选择要进行最低售价控制，则存货销售时，如果销售单价低于此最低售价，系统则要求用户输入口令，如果口令输入正确，方可低于最低售价销售，否则不能低于最低售价销售。

最高进价：指进货时用户参考的最高进价，为采购进行进价控制。如果用户在采购管理系统中选择要进行最高进价控制，则在填制采购单据时，如果最高进价高于此价，系统会要求用户输入口令，如果口令输入正确，方可高于最高进价采购，否则不行。

主要供货单位：指存货的主要供货单位。如商业企业商品的主要进货单位或工业企业材料的主要供应商等。

默认仓库：存货默认的存放地点仓库。

销售加成率："销售管理"设置取价方式为最新成本加成，则销售报价=存货最新成本×（1+销售加成率%）。报价根据"报价是否含税"带入到无税单价或含税单价。

（3）控制，如图 2-21 所示，主要设置关于存货核算的控制点参数，这是存货核算系统和采购管理系统中部分关键设置，须慎重。

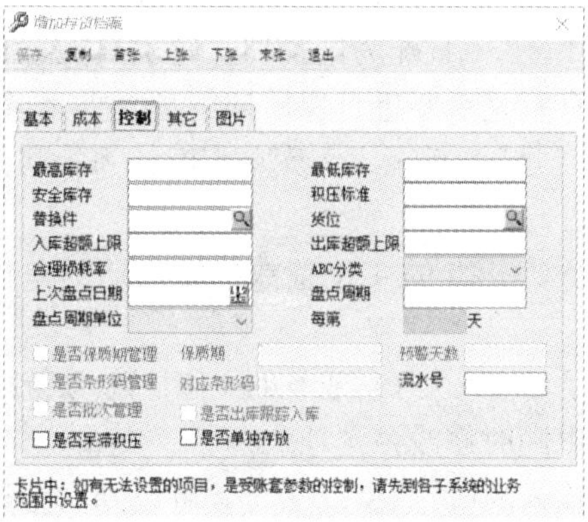

图 2-21　存货档案—控制

最高库存：存货在仓库中所能储存的最大数量，超过此数量就有可能形成存货的积压。最高库存不能小于最低库存。用户在填制出入库单时，如果某存货的目前结存量高于最高库存，系统将予以报警。

最低库存：存货在仓库中应保存的最小数量，低于此数量就有可能形成短缺，影响正常生产。用户在填制出入库单时，如果某存货的目前结存量低于最低库存，系统将予以报警。

安全库存：在库存中保存的货物数量，为了预防需求或供应方面不可预料的波动而设。

积压标准：库存管理系统将以此标准作为存货是否呆滞积压的判断标准。库存系统中呆滞积压标准是按存货的周转率计算的，因此此处应输入周转率。小于此呆滞积压标准的存货，即周转率小于此标准的存货，将被统计为呆滞积压存货。

替换件：指可作为某存货的替换品的存货，来源于存货档案。

货位：主要用于仓储管理系统中对仓库实际存放空间的描述，指存货的默认存放货位。在库存系统填制单据时，系统会自动将此货位作为存货的默认货位，但用户可修改。在企业中，仓库的存放货位一般用数字描述。

入库、出库超额上限：手工输入小数，在出入库时根据定额乘以该百分比计算得出的数量进行超额控制。比如，输入入库超额上限为 10%，则当入库超过计划或定额的 10%时，系统进行超额控制。

合理损耗率：小数位数最大可为 6 位的正数，可以为空，可以随时修改。合理损耗和非合理损耗会有不同的处理，并且记入不同的科目。

ABC 分类：在存货核算系统中用户可自定义 ABC 分类的方法，并且系统根据用户设置的 ABC 分类方法自动计算 A、B、C 三类都有哪些存货。

上次盘点日期：新增记录可以手工输入上次盘点日期，以后就由系统自动维护，每次对该存货盘点时自动回填盘点日期，不允许修改。当设置盘点周期为天时必须输入该项内容，如果不填系统默认为当前注册日期。

盘点周期：根据选择的盘点周期来确定实际输入的内容。设置盘点周期时必须输入该项内容，可以输入大于 0 的整数，缺省为 1。

盘点周期单位：可选择的内容有天、周、月，必须选择其中一种。

盘点日设置：当没有设置盘点周期或设置盘点周期为天时，无须输入；当设置盘点周期为周时，系统用 1-7 分别表示星期日到星期六，必须选择其中一项；当设置盘点周期为月时，可以设置 1 到 31 日作为选择项，每次只能且必须选择其中一项。

是否保质期管理：指存货是否要进行保质期管理。如果某存货要进行保质期管理，可用鼠标单击选择框选择"是"，且录入入库单据时，系统将要求用户输入该批存货的失效日期、生产日期。

保质期：只能手工输入大于 0 的 4 位整数，保质期的单位为天，可以为空，可以随时修改。

保质期预警天数：只能手工输入大于等于 0 的 4 位整数，系统缺省为 0，可以随时修改。

是否条形码管理：可以随时修改该选项。

对应条形码：最多可输入 30 位数字或字符，可以随时修改，可以为空。但不允许有重复的条形码存在。

是否批次管理：指存货是否需要批次管理。如果存货是批次管理，录入出、入库单据时，系统将要求用户输入出、入库批号。

是否出库跟踪入库：可以修改，但是若需要将该选项从不选择状态改成选择状态，则需要检查该存货有无期初数据或者出入库数据，有数据的情况下不允许修改。

是否呆滞积压：输入该存货是否呆滞积压存货。

是否单独存放：可以随时修改。

（4）其他，如图 2-22 所示。

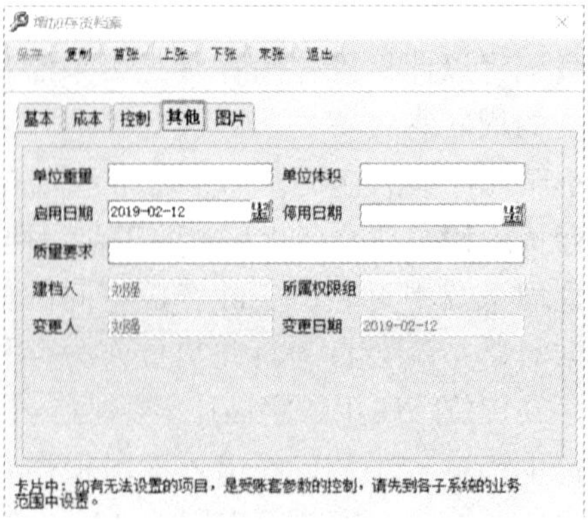

图 2-22　存货档案—其他

单位重量：指单个存货的重量。单位重量不能小于零。

单位体积：指单个存货的体积。单位体积不能小于零。

启用日期：系统将增加存货的日期作为该存货的启用日期。系统根据增加存货的当日日期自动填写，用户不能修改。

停用日期：输入因错误输入、设计变更等原因停止使用该存货的日期。到停用日期后，任何业务单据录入时都不能使用该存货，但可进行查询。

所属权限组：最多可输入 4 位数字或字符，该项目不允许编辑，只能查看；该项目在数据分配权限中进行定义。

建档人：最多可输入 20 个数字或字符，在增加存货记录时，系统自动将该操作员编码存入该记录中作为建档人，以后不管是谁修改这条记录均不能修改这一栏目，且系统也不能自动进行修改。

变更人：最多可输入 20 个字符或数字，新增存货记录时变更人栏目存放的操作员与建档人内容相同，以后修改该条记录时系统自动将该记录的变更人修改为当前操作员编码，不允许手工修改。

变更日期：新增存货记录时变更日期为存放当时的系统日期，以后修改该记录时系统自动用修改时的系统日期替换原来的信息，该栏目不允许手工修改。

（5）图片，上传存货档案的图片并可带入单据中。

3）计量单位

计量单位主要用于设置对存货的计量单位组和计量单位信息。首先在该档案中设置好计量单位组，再在组下增加具体的计量单位信息。

（1）计量单位组设置。计量单位组分无换算、浮动换算、固定换算三种类别，每个计量单位组中有一个主计量单位、多个辅助计量单位，可以设置主辅计量单位之间的换算率；还可以设置采购、销售、库存和成本系统所默认的计量单位。

选择“基础档案—存货—计量单位”，在“计量单位—计量单位组别”窗口中，如图 2-23 所示，单击“分组”按钮，显示“计量单位分组新增”界面，单击“增加”按钮，输入唯一的计量单位组编码和组名称。

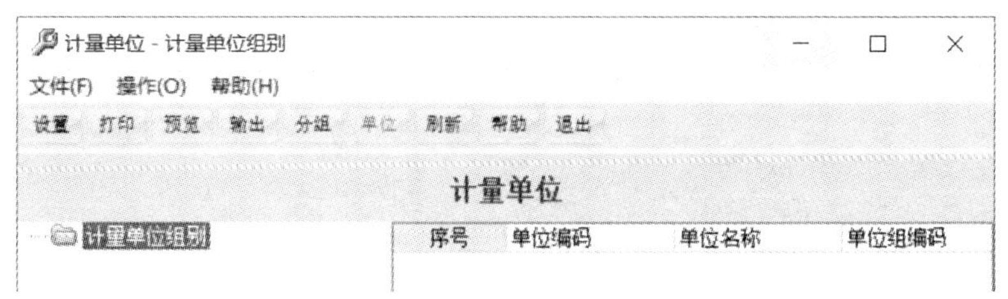

图 2-23 计量单位—计量单位组别

选择计量单位单位组类别：设置为固定换算率时，可以选择的计量单位组中必须含有两个以上的计量单位，且每一个辅计量单位对主计量单位的换算率不为空。此时需要将该计量单位组中的主计量单位显示在存货卡片界面上；设置为浮动换算率时，必须并且只能设置两个换算单位，这两个单位之间的换算率可能会在不同的业务交易中有不同的换算率。

（2）计量单位设置。在“计量单位”设置界面，选择要设置计量单位的计量单位组别，单击“单位”按钮，进行单位组下的计量单位设置。输入唯一的计量单位编码、计量单位名称、换算率（指辅计量单位和主计量单位之间的换算比）和对应条形码。

4. 财务

1）会计科目

会计科目设置的完整性影响着会计过程的顺利实施，会计科目设置的层次深度直接影响会计核算的详细、准确程度。

在基础档案设置界面，单击“财务—会计科目”，进入“会计科目”设置界面，如图 2-24 所示。

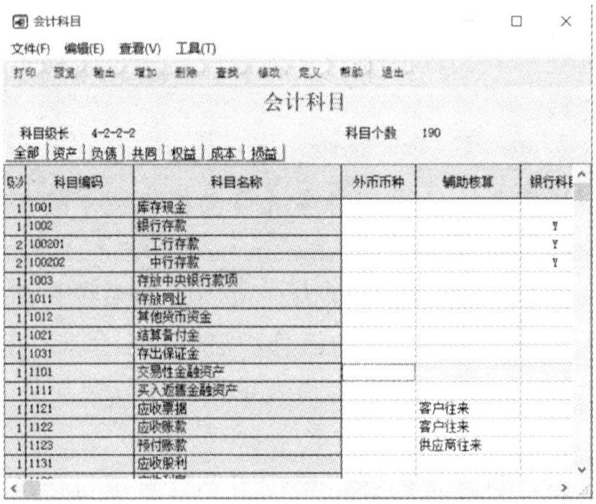

图 2-24　会计科目

（1）增加会计科目

单击“增加”按钮，弹出“会计科目—新增”对话框，如图 2-25 所示。

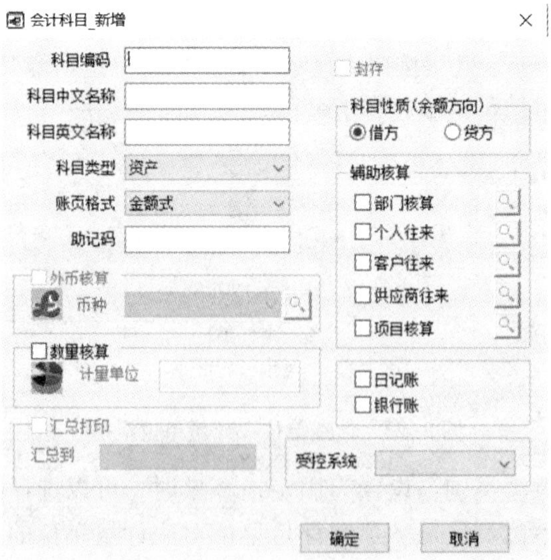

图 2-25　会计科目—新增

科目编码：科目编码必须唯一，必须按其级次的先后次序建立。

选择账页格式：用于定义该科目在账簿打印时的默认打印格式，有金额式、外币金额式、数量金额式、外币数量式四种账页格式供选择。

辅助核算：有部门核算、个人往来核算、客户往来核算、供应商往来核算和项目核算。

如果本科目已被制过单或已录入期初余额，则不能删除、修改该科目。如要修改该科目必须先删除有该科目的凭证，并将该科目及其下级科目余额清零，再行修改，修改完毕后要将余额及凭证补上。已使用末级的会计科目不能再增加下级科目。非末级科目及已使用的末级科目不能再修改科目编码。

（2）指定现金、银行和现金流量科目

单击菜单“编辑—指定科目”，弹出“指定科目”对话框，如图 2-26 所示。用户选择现金、银行存款总账科目和现金流量科目，单击“确认”按钮即可。

指定的现金、银行存款科目供出纳管理使用，所以在查询现金、银行存款日记账前，必须指定现金、银行存款总账科目。指定的现金流量科目供 UFO 出现金流量表时取数函数使用，所以在录入凭证时，对指定的现金流量科目系统自动弹出窗口要求您指定当前录入分录的现金流量项目。

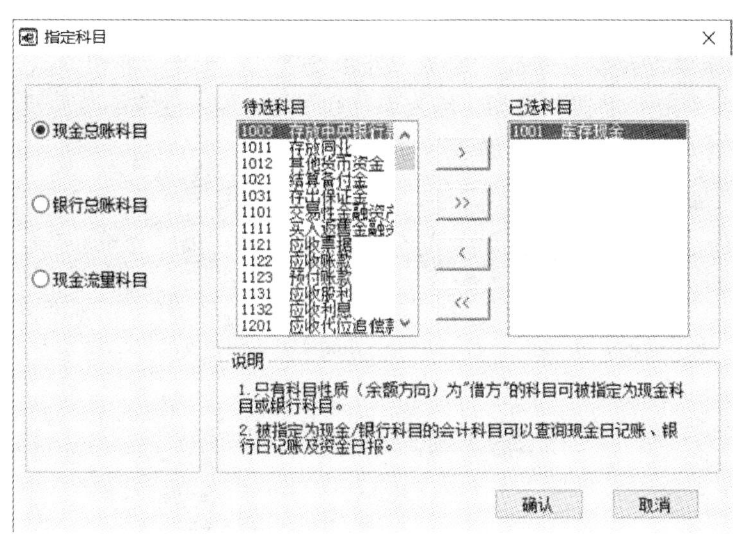

图 2-26　指定科目

2）凭证类别

如果是第一次进入凭证类别设置，系统提供了五种常用分类方式供用户选择，包括记账凭证；收款、付款、转账凭证；现金、银行、转账凭证；现金收款、现金付款、银行收款、银行付款、转账凭证；自定义凭证类别。

用户可按需要进行凭证类别选择，选择完后，仍可进行修改。选择好分类方式后，进入凭证类别设置，此时系统将按照所选的分类方式对凭证类别进行预置。对于启用调整期的业务，凭证字可设置为调整期凭证字，并且只能有一个。

新增凭证时，单击“增加”按钮，在表格中新增的空白行中填写凭证类别字，凭证类别名称等栏目即可。删除凭证时，单击要删除的凭证类别，单击“删除”按钮即可。修改凭证时，可直接在表格上修改即可。

系统提供七种限制类型供选择。某些类别的凭证在制单时对科目有一定限制：

①借方必有。制单时，此类凭证借方至少有一个限制科目有发生。

②贷方必有。制单时，此类凭证贷方至少有一个限制科目有发生。

③凭证必有。制单时，此类凭证无论借方还是贷方至少有一个限制科目有发生。

④凭证必无。制单时，此类凭证无论借方还是贷方不可有一个限制科目有发生。

⑤无限制。制单时，此类凭证可使用所有合法的科目，科目由用户输入，可以是任意级次的科目，科目之间用逗号分隔，数量不限，也可参照输入，但不能重复录入。

⑥借方必无。即金额发生在借方的科目不包含借方必无科目，可在凭证保存时检查。

⑦贷方必无。即金额发生在贷方的科目不包含贷方必无科目，可在凭证保存时检查。

3）外币设置

汇率管理是专为外币核算服务的。对于使用固定汇率（使用月初或年初汇率）作为记账汇率的用户，在填制每月的凭证前，应预先在此录入该月的记账汇率，否则在填制该月外币凭证时，将会出现汇率为零的错误；对于使用变动汇率（使用当日汇率）作为记账汇率的用户，在填制该天的凭证前，应预先在此录入该天的记账汇率。

在基础档案设置界面，单击“财务—外币设置”，弹出“外币设置”对话框，如图 2-27 所示。单击“增加”按钮，输入币种和币名，输入汇率小数位及折算方式，选择固定汇率或浮动汇率，单击“确认”即可。

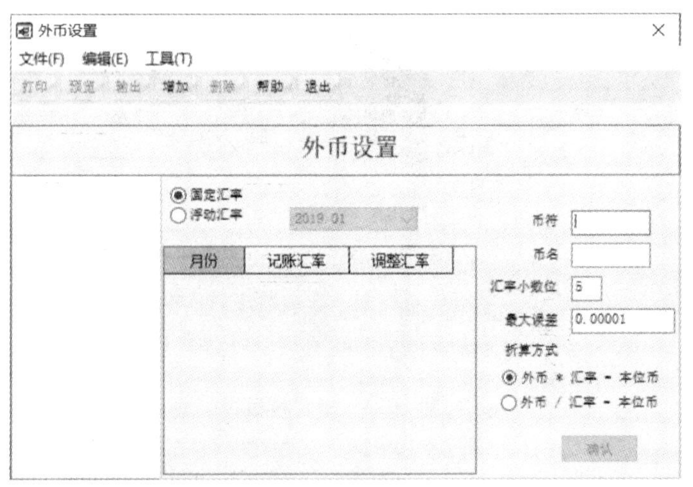

图 2-27 外币设置

折算方式：分为直接汇率与间接汇率两种。用户可以根据外币的使用情况选定汇率的折算方式。直接汇率即外币 * 汇率 = 本位币，间接汇率即外币/汇率 = 本位币。

最大折算误差：在记账时，如果外币 * （或/）汇率-本位币>最大折算误差，则系统给予提示。系统默认最大折算误差为 0.000 01，即不相等时就提示。如果用户希望在制单时不提供最大折算误差提示，可以将最大折算误差设为一个比较大的数值，如1 500 000即可。

固定汇率与浮动汇率：选“固定汇率”即可录入各月的月初汇率；选“浮动汇率”即可录入所选月份的各日汇率。

4）项目目录

企业在实际业务处理中会对多种类型的项目进行核算和管理，例如在建工程、对外投资、技术改造、项目成本管理、合同等。企业可以将具有相同特性的一类项目定义成一个项目大类。一个项目大类可以核算多个项目，为了便于管理，还可以对这些项目进行分类管理。

使用项目核算与管理的首要步骤是设置项目档案，项目档案设置包括增加或修改项目大类，定义项目核算科目、项目分类、项目栏目结构，并进行项目目录的维护。

在基础档案设置界面，单击“财务—项目目录”，弹出“项目档案”对话框，如图2-28所示。

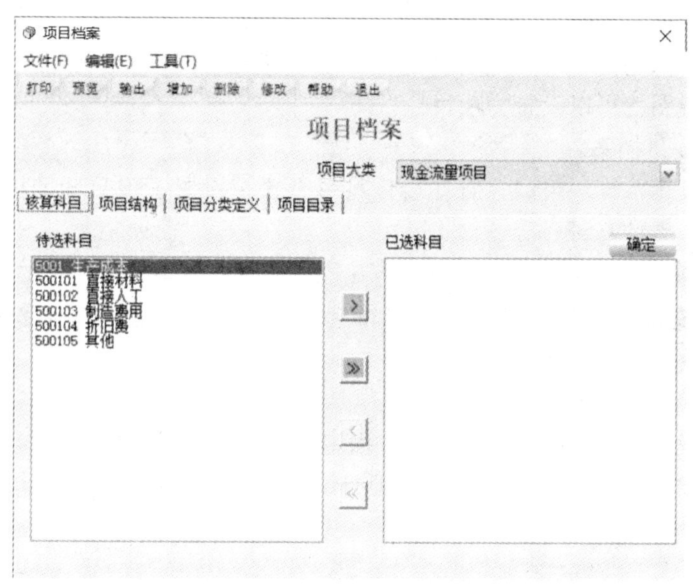

图2-28 项目档案

（1）新增项目大类

单击“增加”按钮，进入“项目大类定义—增加”对话框，如图2-39所示。

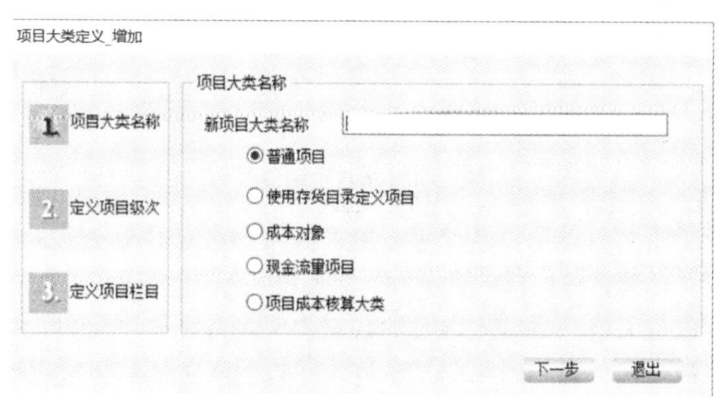

图2-29 项目大类定义—增加

①根据新增向导新增一个项目大类，选择项目大类的属性：普通项目、成本对象、项目管理、存货核算、现金流量项目，即可新增一个项目大类。

②定义“项目大类名称”，如果是针对单位所需的项目核算，可选择“普通项目”；如果用户使用了本公司的存货核算系统，则选择“使用存货目录定义项目”，将存货系统中已定义好的存货目录作为项目目录，系统可自动将存货分类设置为项目分类，并将存货目录设置为项目目录；如果需要进行成本核算，可将成本对象定义为项目。

③定义项目级次：项目分类可以分为一至八级，在每级中手工输入该级中编码的长度（或通过按钮向上、向下调整长度数字），每一级长度不能超过 9 位，总长度不能超过 22 位。项目分类定义中设置项目分类时，根据这里定义的编码原则和级次定义项目分类。

④定义项目栏目：一个项目除了项目名称外，有时还应加一些其他备注说明，比如课题核算除了课题名以外，还有如课题性质、课题承担单位、课题负责人等备注说明，这些备注说明均可以设置为项目栏目。

（2）建立项目档案

第一步，设置核算科目。只有在会计科目设置中设置了项目辅助核算属性的科目才能作为项目大类核算科目。

①选择核算项目：从“项目大类”下拉框中选择要设置核算科目的项目名称；

②单击“核算科目”标签页，从“待选科目”中选择该项目需要的核算科目至“已选科目”；

③单击“确定”按钮保存设置。

第二步，设置项目结构。在此可对上面定义的项目栏目进行修改。

单击“项目结构”标签页，显示“项目结构”列表，如图 2-30 所示。

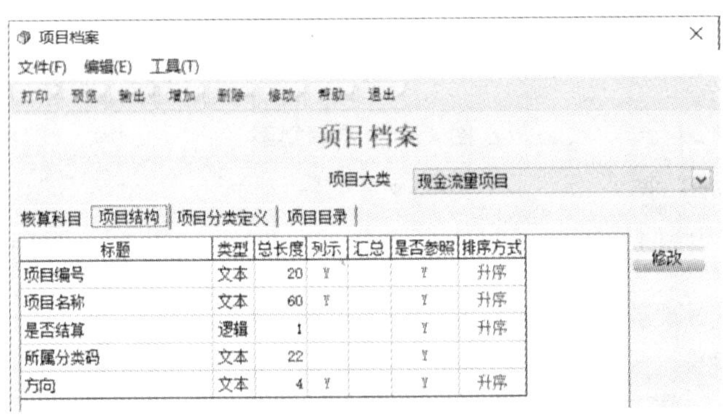

标题	类型	总长度	列示	汇总	是否参照	排序方式
项目编号	文本	20	Y		Y	升序
项目名称	文本	60	Y		Y	升序
是否结算	逻辑	1			Y	升序
所属分类码	文本	22			Y	
方向	文本	4	Y		Y	升序

图 2-30　项目结构设置

①标题：手工输入项目栏目名称，不能重复，不能为空，界面提示白色背景的标题名称可以修改，标题名称的第一个字符不能是数字。

②类型：用以定义该栏目输入内容的数据类型，系统提供整数、实数、文本、日期四种类型。整数型表示该数据只能是整数；实数型表示该数据可以输入小数；文本型表示可以输入汉字或字母；日期型表示该数据为日期型。

③长度：各数据类型的长度允许用户定义的范围为：整数为 1-9，实数为 1-16.9（实数长度为 1-16 位，小数保留 1-9 位），文本为 20 个字符，日期为 10 个字符。

④是否列示：表示在查询科目总账、项目总账、部门项目明细账时是否显示该字

段内容，选中界面显示“Y”，表示在查账时显示该字段。

⑤汇总：表示在查询科目总账、项目总账、部门项目明细账时，在汇总合计行可以查看对该字段进行合计的数据信息。选中界面显示“Y”，表示该字段要汇总。只有整数、实数型的栏目可以进行汇总。不列示的字段不能选为汇总。

⑥是否参照：表示在参照项目目录时是否显示该字段的内容。

第三步，项目分类定义。

单击“项目分类定义”标签页，如图 2-31 所示，根据项目级次和编码规则可以输入分类编码和分类名称。

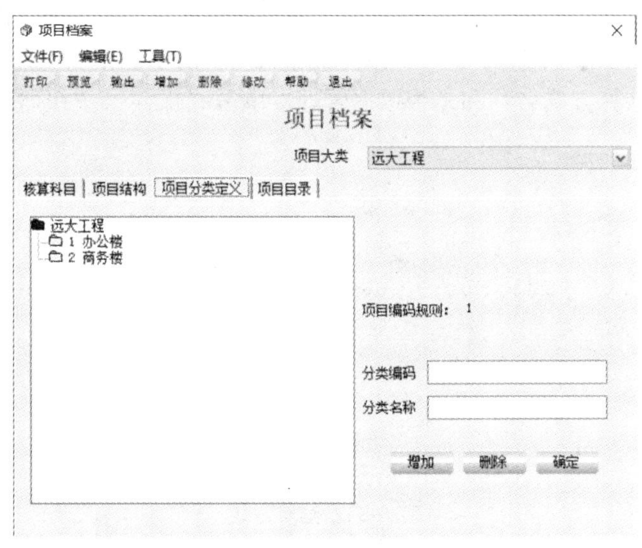

图 2-31　项目分类定义设置

分类编码必须唯一，注意不能隔级录入分类编码。项目编码规则是根据分类编码级长自动设置。界面上显示“已使用”标记，已使用的项目分类不能删除。若项目分类下已有项目目录，则判断为已使用。未使用的分类编码和分类名称，已使用的分类名称可以修改。非末级分类编码和已使用的分类编码不能修改。若某项目分类已定义项目则不能删除，也不能定义下级分类，必须先删除项目，再删除该项目分类或定义下级分类，即非末级分类编码不能修改删除。

第四步，项目目录维护。

在“项目目录”标签页，单击“维护”按钮进入“项目目录维护”界面，显示所有项目列表，如图 2-32 所示。可查看、增加、删除或修改项目目录，平时项目目录有变动应及时在此进行调整。

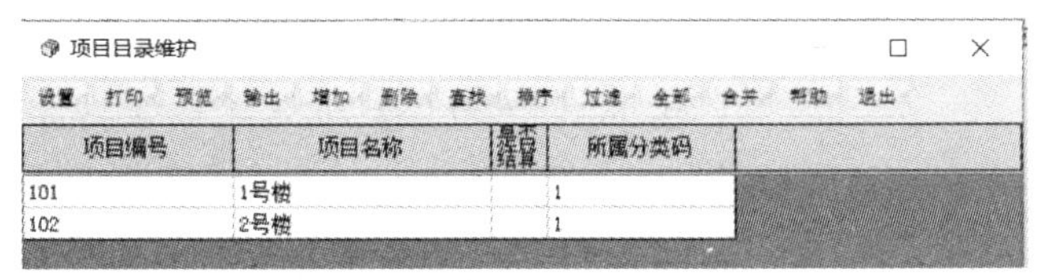

项目编号	项目名称	是否结算	所属分类码
101	1号楼		1
102	2号楼		1

图 2-32　项目目录维护

①项目编号：根据项目结构中设置的输入类型和长度录入合法的项目编号。由于

项目编号是以后录入和核算项目数据信息的依据，所以项目编号必须唯一，不能重复。

②项目名称：根据项目结构中设置的输入类型和长度录入项目名称，项目名称可以重复。

③若项目已经结算，可选中“是否结算”栏，设置已结算标志。系统提示：请用户在给项目打上结算标志后，注意检查项目是否还有未分配的公共成本。

④所属分类码：即该项目属于哪一个项目大类。不同的项目可使用相同的所属分类码。

5. 收付结算

(1) 结算方式

用来建立和管理用户在经营活动中所涉及的结算方式。在基础档案设置界面，单击“结算方式”，弹出“结算方式”界面，如图 2-33 所示。单击“增加”按钮，输入结算方式编码、结算方式名称和是否票据管理，单击“保存”按钮即可。

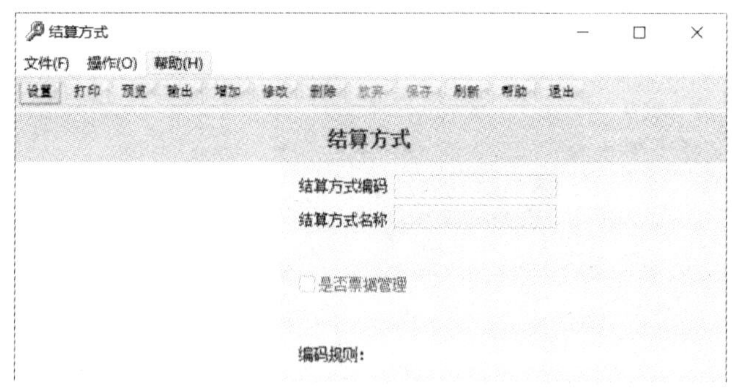

图 2-33 结算方式

(2) 付款条件

用于设置企业在生产经营过程中与往来单位协议规定的收、付款折扣优惠方法。付款条件将主要在采购订单、销售订单、采购结算、销售结算、客户目录、供应商目录中引用。系统最多同时支持 4 个时间段的折扣优待。

在基础档案设置界面，单击“付款条件”，进入“付款条件”对话框，如图 2-34 所示。单击“增加”按钮，在显示区增加一空行，输入唯一、最多 3 个字符的付款条件编码；输入付款条件表示、信用天数、优惠天数和优惠率；单击“保存”按钮即可。

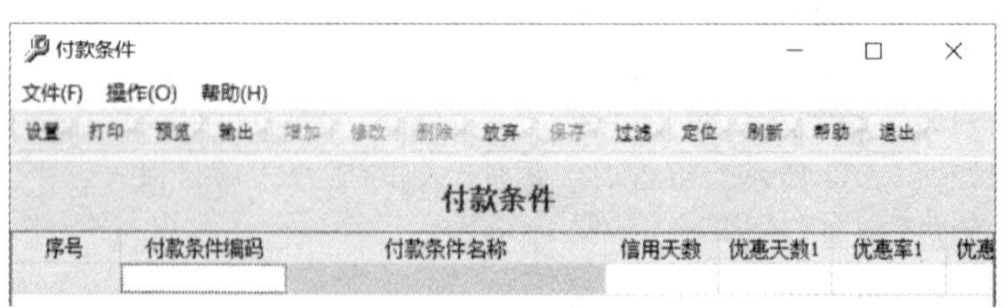

图 2-34 付款条件

(3) 账期管理

账期管理是企业与往来单位之间进行采购或销售业务时对收付款事项的约定。在企业中，由于往来单位不同，账期管理也不同，因此用户可根据实际需要进行设置。

（4）银行档案

银行档案主要是维护银行代码、清算行号、银行名称等信息。该档案可通过手工录入新增，也可以通过“全部下载”按钮从后台系统进行下载，其中下载的数据不允许编辑修改，只有手工新增的数据可以修改编辑。

（5）开户银行

支持多个开户行及账号的情况。此功能用于维护及查询使用单位的开户银行信息。

6. 数据权限

1）数据权限控制设置

本功能是数据权限设置的前提，选择进行权限设置的业务对象，设置在本账套中对哪些业务对象进行数据权限设置，哪些不需要进行数据权限设置。

在基础档案设置界面，单击“数据权限—数据权限控制设置”，出现如图 2-35 所示界面。

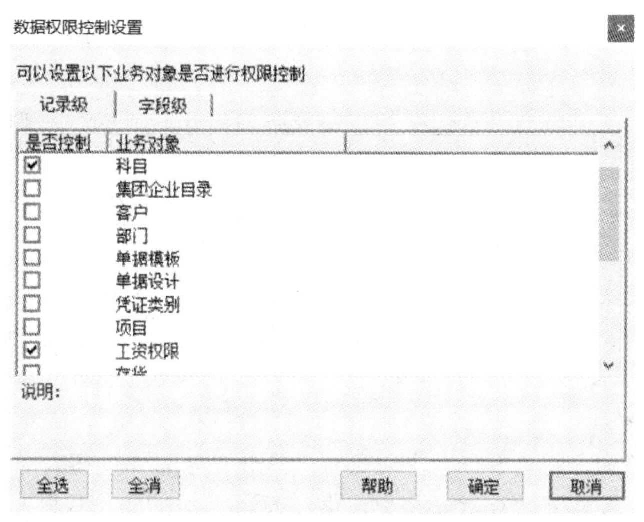

图 2-35　数据权限控制设置

数据权限的控制分为记录级和字段级两个层次，对应系统中的两个标签页“记录级”和“字段级”。对于要控制数据权限的业务对象，在“是否控制”字段，选择“是”，也就是该字段打钩“√”。这里设置选择的业务对象，将在“数据权限设置—业务对象”中显示。

2）数据权限设置

必须在系统管理中定义角色或用户，并分配完功能级权限后才能在这里进行“数据权限分配”。

在基础档案设置界面，单击“数据权限—数据权限设置”，进入“权限浏览”界面，如图 2-36 所示。

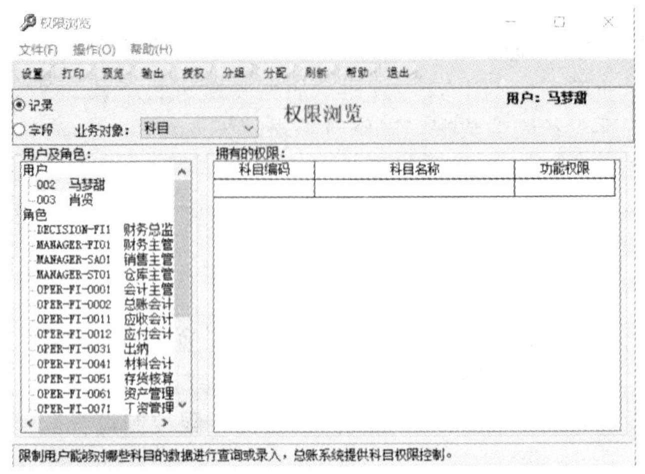

图 2-36　数据权限设置

（1）权限分组

对存货、客户、供应商设置记录级权限是通过分组设置对应权限来达到设置档案记录权限的目的。

单击“分组”按钮，在权限分组目录树中选择要增加下级权限组的上级权限组，单击“增加”按钮，在编辑区输入权限分组编码和分组名称。

如果在基础档案中已经设置存货、客户或供应商档案，可单击“复制”按钮将已有的档案分组引入，减少了重复录入，提高效率，并有效地避免了重复录入时可能产生的录入错误。

（2）档案分配

选择业务对象为存货、客户、供应商时，单击“分配”按钮，显示档案设置界面，如果要指定该用户拥有某一存货（客户、供应商）大类的操作权限，选择“分类”按钮，进行批量分配，将要分配的分类从“可分配分类”选至“已分配分类”；如果要指定该用户拥有不同分类中的存货（客户、供应商）档案的操作权限，选择“档案”按钮，将存货（客户、供应商）档案从“未分配档案”选至“已分配档案”。

（3）记录权限分配

其是指对具体业务对象进行权限分配，使用前提是在“数据权限控制设置”中选择控制至少一个记录级业务对象。

记录级业务对象权限包括科目、客户、部门、单据模板、单据设计、凭证类别、项目、工资权限、存货、业务员、货位、资金单位、用户、供应商、仓库和报账中心单位。

①在“权限浏览”界面选取“记录”级权限，选择要分配权限的用户或角色名称，选中的用户或角色名称显示在界面的右上角。

②单击“授权”按钮，显示“记录权限设置”界面，选择分配对象，根据当前所选的用户或角色+业务对象进行明细的数据权限分配工作。

③选择该用户对分配对象是否拥有“查询”“录入”“删除”“审核”“弃审”“关闭”等权限控制。

④“禁用”的内容通过“单项”（或“全部”）选入“可用区”，通过“单项”（或“全部”）转移回“禁用区”。

⑤单击“保存”按钮，保存当前所做的修改。

⑥返回“权限浏览”界面，选择要查询的业务对象名称后单击“刷新”按钮，系统根据权限设置重新从数据库中提取最新纪录，在“拥有的权限”区内显示该用户或角色拥有的权限内容。

（4）字段权限分配

对单据及基础档案中包含的字段进行权限分配。基础档案的字段权限分为录入和查询，可以分别设置。使用前提是在“数据权限控制设置”中选择控制至少一个字段级业务对象。

①在“权限浏览”界面选取“字段”级权限，选择要分配权限的用户或角色名称，选中的用户或角色名称显示在界面的右上角。

②单击“授权”按钮，显示“字段权限设置”界面，选择分配对象，根据当前所选的用户或角色+分配对象进行明细的数据权限分配工作。

③从“禁用”的字段名称中选择要使用的字段通过、选入“可用”。其中蓝色为必选项。

④单击“保存”按钮，保存当前所做的修改。

⑤返回“权限浏览”界面，选择要查询的业务对象名称后单击“刷新”按钮，系统根据权限设置重新从数据库中提取最新纪录，在“拥有的权限”区内显示该用户或角色拥有的权限内容。

（5）金额权限分配

用于设置用户可使用的金额级别。对业务对象提供金额级权限设置，包括采购订单的金额审核额度、科目的制单金额额度。在设置这两个金额权限之前必须先设定对应的金额级别。

①设置科目金额级别，用于控制操作员制单时使用科目的金额。

选择业务对象“科目级别”，单击“级别”按钮，显示“金额级别设置”界面，如图 2-37 所示。在“科目编码”，参照选择科目编码，系统自动显示相应的科目名称。手工输入级别 1-6 的金额。一个科目，只能选择设置一个级别，可以输入的级别只能是 1-6 级。

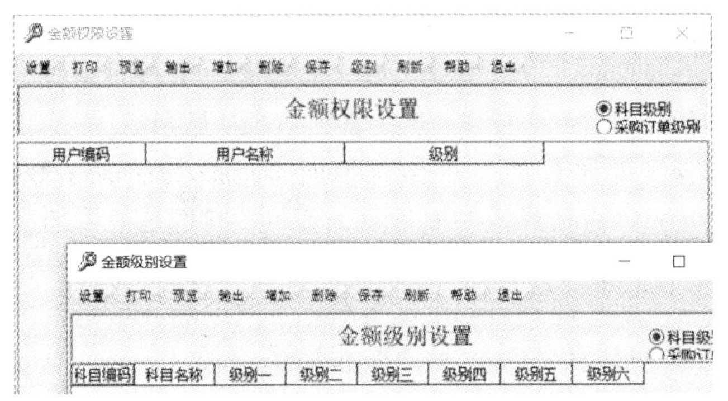

图 2-37　金额权限设置

②分配用户科目、采购订单金额权限。

在金额权限设置界面单击“增加”按钮，在列表最后增加一个用户金额级别权限记录；选中“用户编码”，参照选择，系统自动显示用户名，选择已设置好的金额级别，一个用户只能选择一个级别。

调用常用凭证生成的凭证、期末转账结转生成的凭证和在外部系统生成的凭证，如果超出金额权限，保存凭证时不受限制。

2.3.2 期初数据

其主要对科目、往来、存货和固资的期初数据进行处理。

1. 科目初始数据录入

登录 T6 企业门户，单击“业务处理—财务会计—总账—设置—期初余额”，打开“期初余额录入”界面，如图 2-38 所示。

期初余额录入

设置 打印 预览 输出 方向 刷新 试算 查找 对账 清零 帮助 退出

期初余额

期初：2019年01月 □末级科目□非末级科目 □辅助科目

科目	方向	币别/计量	期初余额
1001-库存现金	借		14,000.00
1002-银行存款	借		196,000.00
100201-工行存款	借		196,000.00
100202-中行存款	借		
1003-存放中央银行款项	借		
1011-存放同业	借		
1012-其他货币资金	借		
1021-结算备付金	借		
1031-存出保证金	借		
1101-交易性金融资产	借		
1111-买入返售金融资产	借		
1121-应收票据	借		
1122-应收账款	借		20,000.00
1123-预付账款	借		8,000.00
1131-应收股利	借		
1132-应收利息	借		
1201-应收代位追偿款	借		
1211-应收分保账款	借		
1212-应收分保合同准备金	借		

图 2-38 期初余额录入

（1）数据录入

初始余额的录入分两种情况进行处理：一是账套的启用时间是会计年度的第一个会计期间，此时只需录入各个会计科目的初始余额；另一种情况是账套的启用时间非会计年度的第一个会计期间，此时需录入截止到账套启用期间的各个会计科目的本年累计借、贷方发生额、损益的实际发生额、各科目的初始余额。

在“期初余额录入”界面中，系统以不同的颜色来标识不同的数据。

白色区域，表示可以直接录入的账务数据资料，它们是最明细级普通科目的账务数据。

灰色区域，表示为非最明细科目的账务数据，这里的数据是系统根据最明细级科目的账务数据或核算项目数据自动汇总计算出来的。

黄色区域，有辅助核算性质的科目所显示出来的颜色，其中的数据，用户不能直接填入。如选择“应收账款”行，系统弹出“客户往来期初”输入界面，如图 2-39

所示，按照辅助核算项目进行期初数据输入。

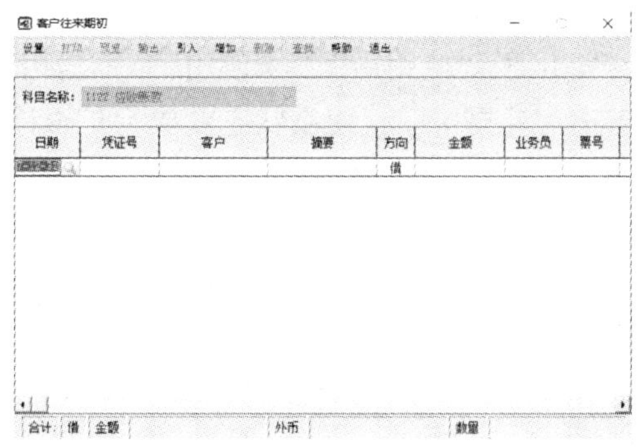

图 2-39　客户往来期初

（2）试算平衡

数据输入无误后，单击“试算”按钮，系统会弹出“期初试算平衡表”界面，对数据进行试算平衡，如图 2-40 所示。

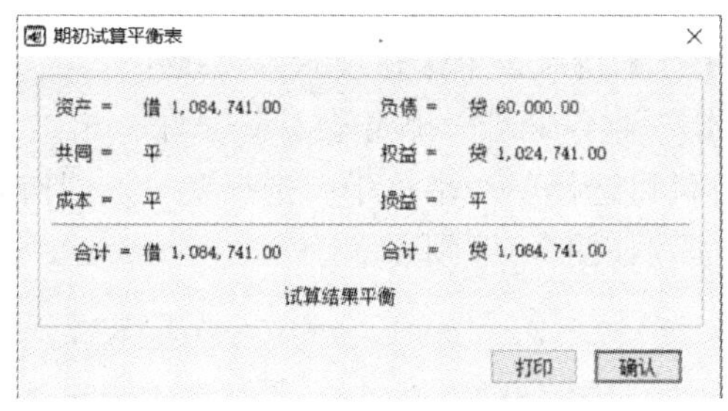

图 2-40　期初试算平衡表

2. 固定资产初始数据录入

登录 T6 企业门户，单击“业务处理—财务会计—固定资产—卡片—录入原始卡片”，弹出“资产类别参照”对话框，选择资产类别后单击“确认”按钮，进入“固定资产卡片—录入原始卡片”界面，如图 2-41 所示。根据企业已有的固定资产台账数据，开始固定资产卡片数据的录入和编辑，录入完毕单击“保存”按钮即可。

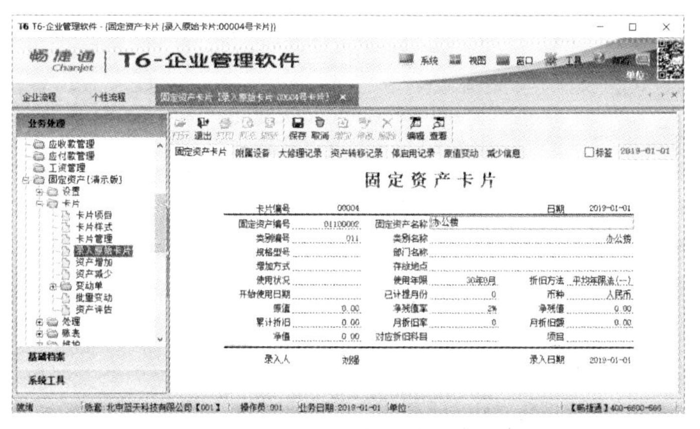

图 2-41　固定资产卡片—录入原始卡片

在“固定资产卡片”标签页中，用户可根据需要输入有关的数据，如卡片编号、固定资产编码、固定资产名称、规格型号、固定资产类别等。

（1）使用状态：系统提供了“使用中”“未使用”“不需用”三种使用状态。如果该固定资产折旧类型属于正常计提折旧，使用状态就成为是否计提折旧的依据。

（2）开始使用日期：固定资产开始使用的具体日期。该日期必须小于账套的启用日期。

（3）使用部门：固定资产的具体使用部门。可以指定单个部门，也可以指定为多个部门。

（4）对应折旧科目：指定折旧费用科目。设置多个科目的需要输入多个具体的科目并设置相关的分摊比例。

单击“固定资产—处理—对账”，系统自动对已经录入的固定资产数据（原值、累计折旧）与科目期初余额中的固定资产、累计折旧科目数据进行核对，检查双方是否平衡。

3. 银行对账期初数据录入

为了保证银行对账的正确性，在使用“银行对账”功能进行对账之前，必须在开始对账的月初先将日记账、银行对账单未达项录入系统中。

在系统主界面，单击“业务处理—账务会计—总账—出纳—银行对账—银行对账期初”，在弹出的“银行科目选择”对话框中，选择要录入期初数据的银行科目后，进入“银行对账期初”界面，如图 2-42 所示。

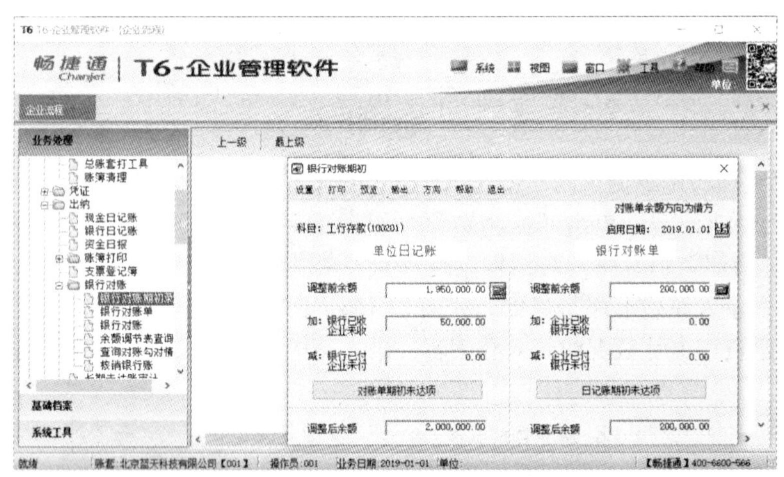

图 2-42　银行对账期初

在“启用日期”处录入该银行账户的启用日期；录入单位日记账及银行对账单的调整前余额；录入银行对账单及单位日记账期初未达项，系统将根据调整前余额及期初未达项自动计算出银行对账单与单位日记账的调整后余额。

4. 业务系统初始化数据录入

（1）应收款初始数据录入

系统主菜单中单击“应收款管理—设置—期初余额”，进入“期初余额明细表”界面，如图 2-43 所示。

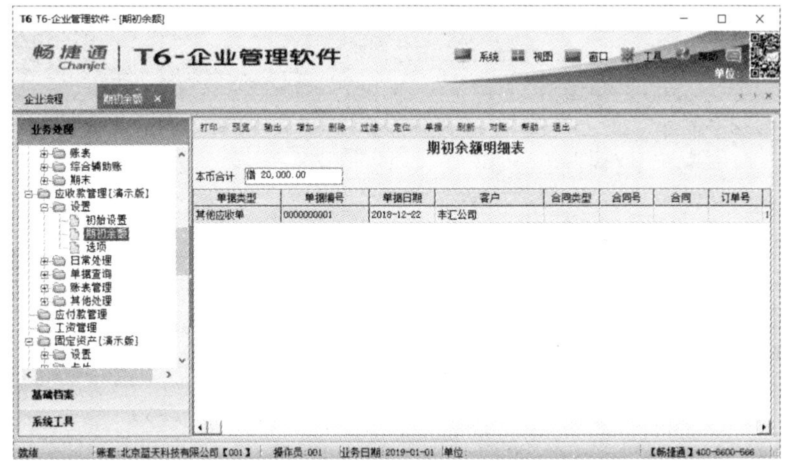

图 2-43　应收账款期初余额明细表

单击“增加”按钮，在打开的“单据类别”对话框中，选择单据名称（销售发票）、类型（销售专用发票）及方向（正向），单击“确认”按钮，进入“期初销售发票”界面，如图 2-44 所示，输入相关项目，输入完毕后单击“保存”按钮即可。

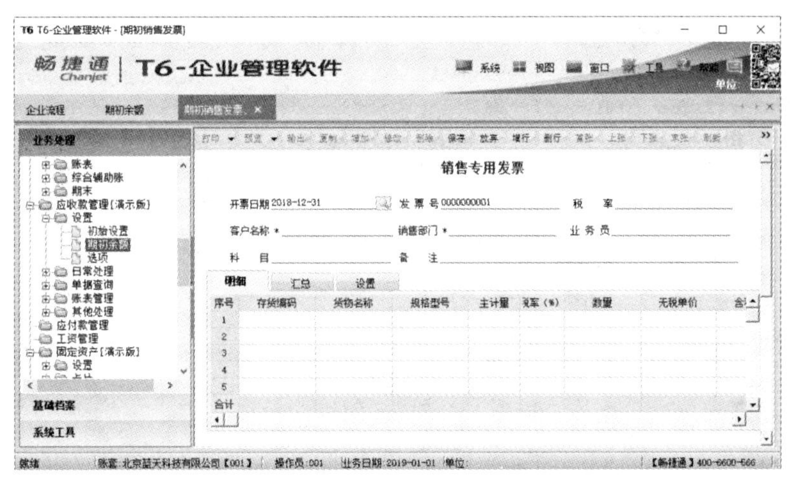

图 2-44　期初销售发票

期初的应收数据，包括未结算完的发票和应收单、预收款单据、未结算完的应收票据。这些期初数据必须是账套启用会计期间前的数据。期初的余额录入后，可与总账系统对账。

（2）应付款初始数据录入

在系统主菜单中单击“应付款管理—设置—期初余额”，进入“期初余额明细表”界面，如图 2-45 所示。

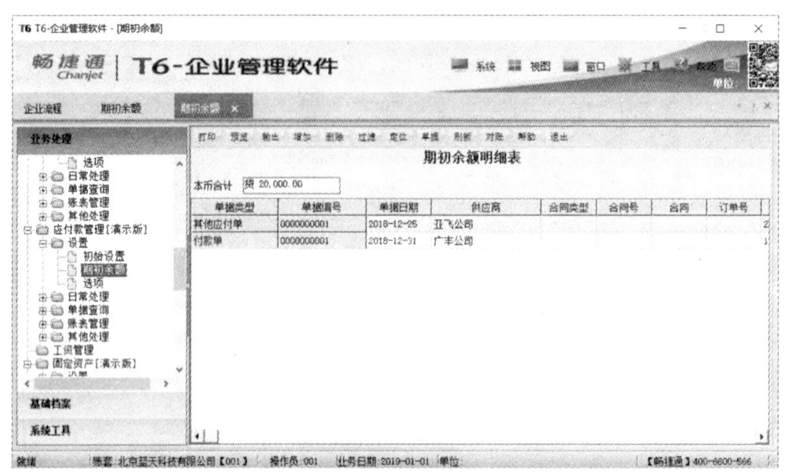

图 2-45　应付账款期初余额明细表

单击“增加”按钮，在打开的“单据类别”对话框中，选择单据名称（采购发票）、类型（采购专用发票）及方向（正向），单击“确认”按钮，进入“期初采购发票”界面，如图 2-46 所示，输入相关项目，输入完毕后单击“保存”按钮即可。

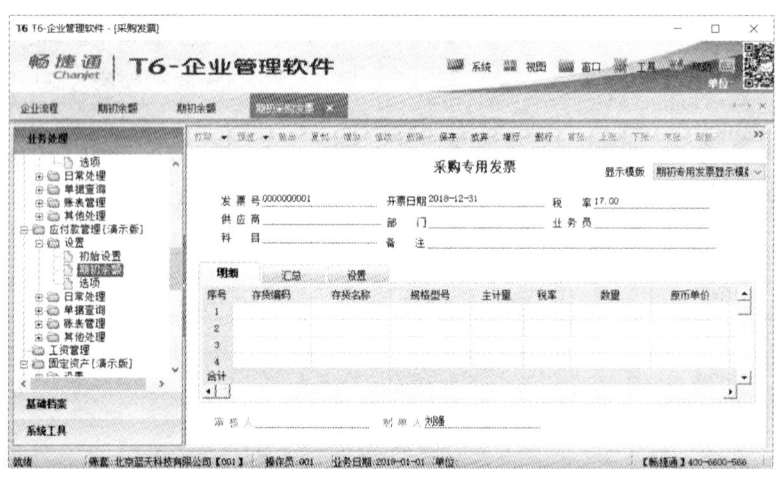

图 2-46　期初采购发票

期初的应付数据，包括未结算完的发票和应付单、预付款单据、未结算完的应付票据。

（3）存货初始数据录入

在系统主菜单中单击“存货核算—初始设置—期初余额”，进入存货“期初余额”界面，如图 2-47 所示，录入使用系统前各存货的期初结存情况。

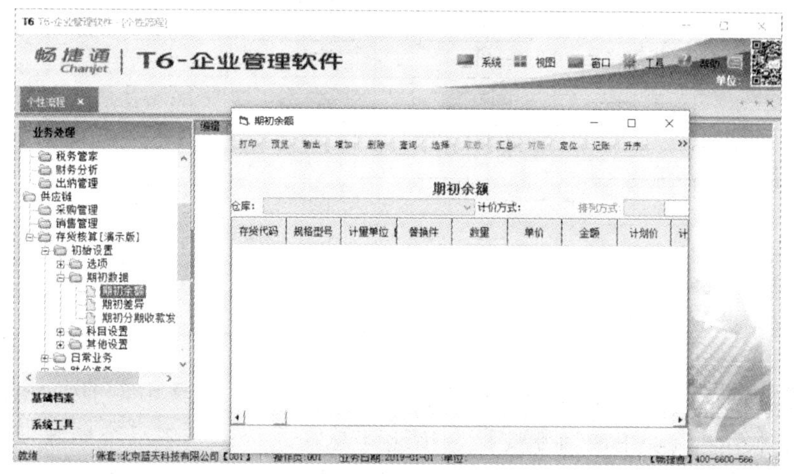

图 2-47　存货期初余额

2.4　总账系统

2.4.1　总账系统概述

总账系统主要适用于各类企事业单位进行凭证管理、账簿处理、个人往来款管理、部门管理、项目核算和出纳管理等。

1. 总账系统主要功能

（1）可根据需要增加、删除或修改会计科目或选用行业标准科目。

（2）通过严密的制单控制保证填制凭证的正确性。提供资金赤字控制、支票控制、预算控制、外币折算误差控制以及查看科目最新余额等功能，加强对发生业务的及时管理和控制。制单赤字控制可控制出纳科目、个人往来科目、客户往来科目、供应商往来科目。

（3）凭证填制权限可控制到科目，凭证审核权限可控制到操作员。

（4）为出纳人员提供一个集成办公环境，加强对现金及银行存款的管理。提供支票登记簿功能，用来登记支票的领用情况；可完成银行日记账、现金日记账，随时出最新资金日报表，余额调节表以及进行银行对账。

（5）自动完成月末分摊、计提、对应转账、销售成本、汇兑损益、期间损益结转等业务。

（6）进行试算平衡、对账、结账、生成月末工作报告。

2. 总账系统模块与其他模块的关系

总账系统是 T6-企业管理软件产品中最重要的产品，既可独立运行又可同其他产品协同运转，能与其他产品传递相关的数据和凭证。总账系统与其他系统的关系，如图 2-48所示。

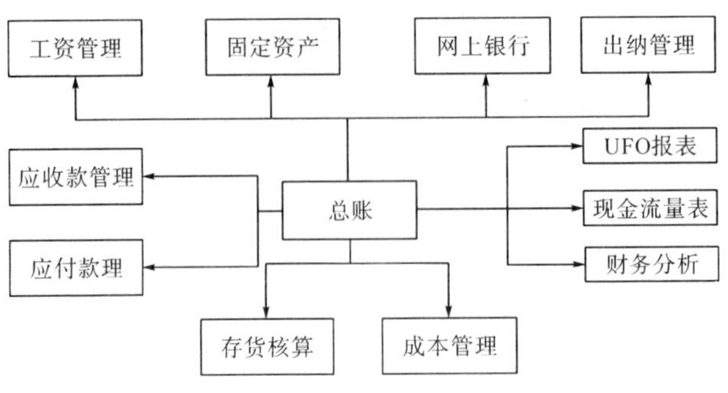

图 2-48　总账系统与其他系统的关系

应付款管理、应收款管理中的所有凭证都传递到总账系统中；工资管理系统将工资计提、分摊结果自动生成转账凭证，传递到总账系统；总账系统接收从固定资产、存货核算系统传递的凭证；网上银行系统根据各种单据等记账依据生成凭证并传输到总账系统，网上银行系统可以根据总账系统生成的凭证进行管理与查询；现金日记账和银行存款日记账生成凭证传递到总账系统，出纳管理系统可以引入总账系统的凭证；成本管理引入总账数据进行费用分配；总账系统为 UFO 报表、财务分析、现金流量表提供财务数据，生成财务报表及其他报表。

3. 总账系统的主要流程

（1）首次使用总账系统时，操作流程如图 2-49 所示。

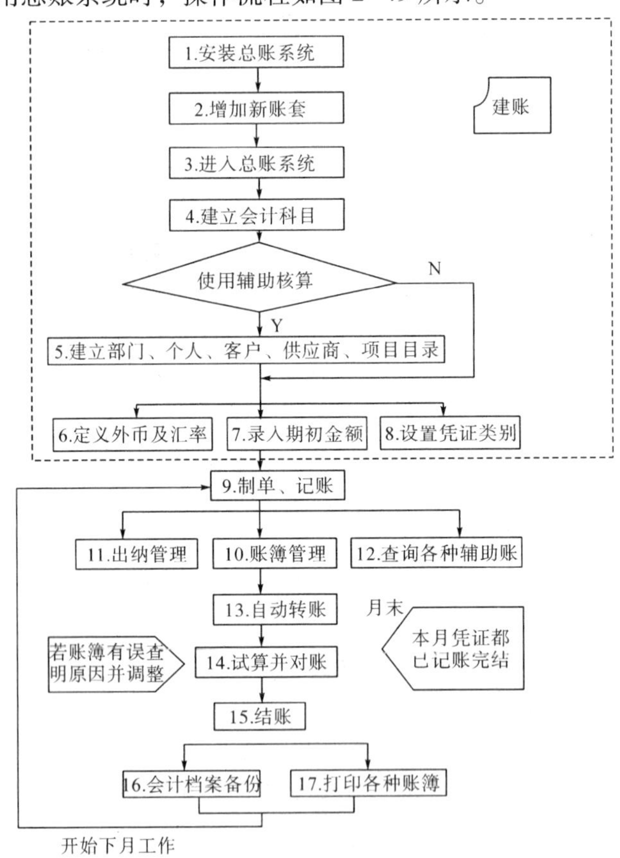

图 2-49　总账系统处理流程

（2）总账系统的日常业务流程，如图 2-50 所示。

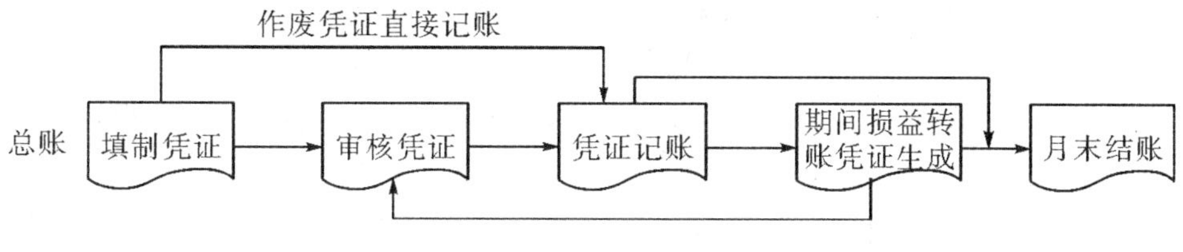

图 2-50 系统总账日常业务流程图

2.4.2 凭证处理

1. 凭证录入

在用友 T6-企业管理软件门户界面，单击“业务处理—财务会计—总账—凭证—填制凭证”，进入如图 2-51 所示的“填制凭证”界面，单击工具栏“新增”按钮，录入凭证“保存”即可。

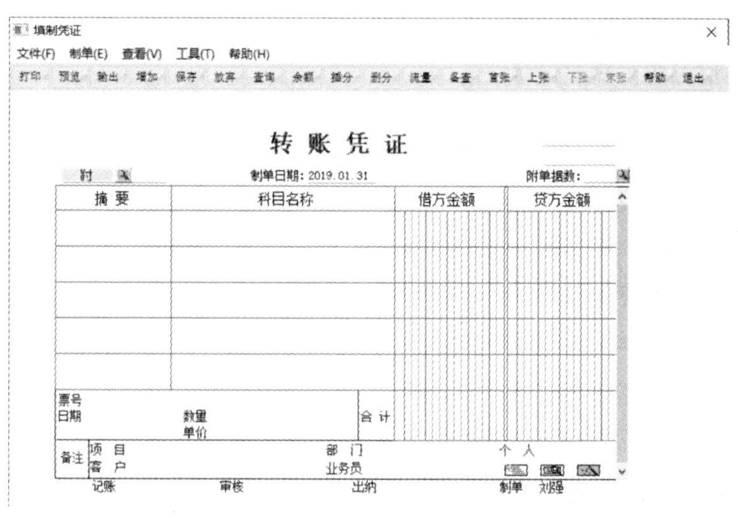

图 2-51 填制凭证

（1）凭证填制要素说明

凭证类别：用户可从下拉列表中选择用户需要的凭证类别。

凭证编号：一般情况下，由系统分类按月自动编制。

制单日期：即填制凭证的日期。系统自动取进入账务系统前输入的业务日期为记账凭证填制的日期。

摘要：对凭证分录的文字解释，可以直接录入，也可以用“F2”键到摘要库中读取。

会计科目：录入会计科目代码，可以直接录入，如果在“科目设置”中定义了助记码，则可以在此处直接输入助记码，系统会根据助记码查到您需要的科目，也可以将光标定位于会计科目栏时，按“F2”键（或单击“参照”按钮），即可调出会计科目代码表，在科目代码表选择所要录入的科目，单击“确定”按钮，即可获取科目代码。

金额：金额分为借方金额和贷方金额两栏，每条分录的金额只能在借方或贷方，不能在借贷双方同时存在。

币别、汇率、原币金额：当会计科目有外币核算时，单击“外币”按钮转换到外币凭证格式。币别可以按“F2”查询，汇率在选择了币别后自动提供。原币金额是指外币的金额，录入后系统会根据外币汇率×原币金额得出本位币的金额。

单位、单价和数量：当会计科目要进行数量金额核算时，系统会自动弹出数量格式让用户录入。单位，系统会根据会计科目属性中提供的内容自动出现，用户只要录入单价和金额即可。系统会检验数量单价的乘积是否与原币金额相等，如不相等，系统会提示是否继续。

往来业务：对选择了核算往来业务的会计科目，要录入往来业务的编码。可直接手工输入或按“F2”键调出往来信息供选择。

结算方式、结算号：银行存款的结算方式和结算单据的号码，用户可以录入也可以不录入。

（2）凭证填制常用按钮功能说明

打印、预览、输出：对一定范围凭证进行打印预览及输出。

增加：增加一张新的凭证。

保存：保存填制的凭证。

放弃：不保存当前填制的凭证。

查询：查询凭证。

余额：可查询当前科目的最新余额一览表，可设置功能权限。

插分：插入一条分录。快捷键 CTRL+I。

删分：删除光标所指当前行分录。快捷键 CTRL+D。

流量：查询当前科目的现金流量明细。

备查：查询当前科目的备查资料。

2. 凭证管理

（1）查询凭证

在系统主界面，单击“业务处理—财务会计—总账—凭证—查询凭证”，则出现如图 2-52 所示的“凭证查询”过滤对话框，可设置查询条件。

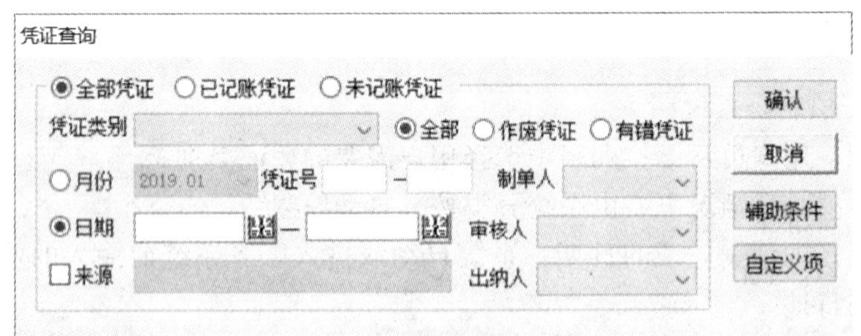

图 2-52　凭证查询

设置好过滤条件后，单击“确认”按钮，系统即可按设定的过滤条件查询，并打开“查询凭证”界面显示查询结果，如图 2-53 所示。

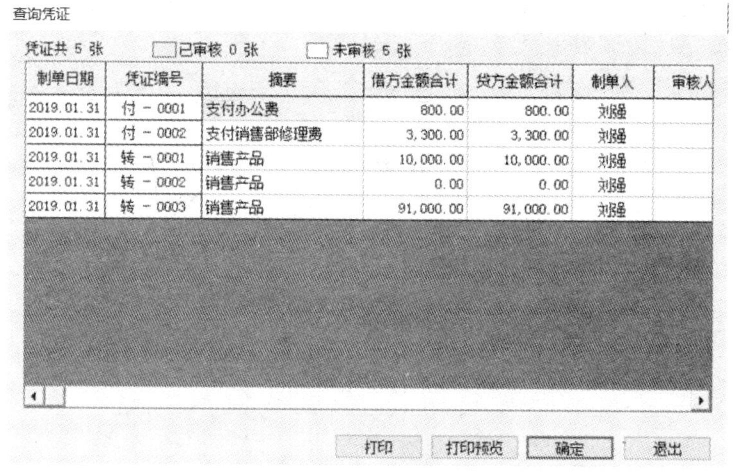

查询凭证

凭证共 5 张　　已审核 0 张　　未审核 5 张

制单日期	凭证编号	摘要	借方金额合计	贷方金额合计	制单人	审核人
2019.01.31	付 - 0001	支付办公费	800.00	800.00	刘强	
2019.01.31	付 - 0002	支付销售部修理费	3,300.00	3,300.00	刘强	
2019.01.31	转 - 0001	销售产品	10,000.00	10,000.00	刘强	
2019.01.31	转 - 0002	销售产品	0.00	0.00	刘强	
2019.01.31	转 - 0003	销售产品	91,000.00	91,000.00	刘强	

打印　打印预览　确定　退出

图 2-53　查询凭证

（2）修改凭证

在“填制凭证”的界面中通过“上张/下张”按钮（或“查询”按钮）找到要修改的凭证，将光标定位于要修改的凭证的相应栏目上即可进行修改。其操作方法与凭证录入相似。

如果要修改的记账凭证已经过审核，此凭证只能进行查看，不能修改，只有未审核未复核且未过账的凭证才允许修改。外部系统传过来的凭证不能在总账管理系统中进行修改，只能在生成该凭证的系统中进行修改。

（3）作废/恢复凭证

当某张凭证不想要或出现不便修改的错误时，可将其作废。在“填制凭证”界面，找到要作废的凭证，单击菜单“制单—作废/恢复”，凭证上显示“作废”字样，表示已将该凭证作废，作废凭证仍保留凭证内容及凭证编号。

若当前凭证已作废，单击菜单“制单—作废/恢复”，取消作废标志，并将当前凭证恢复为有效凭证。

（4）整理凭证

凭证整理就是删除所有作废凭证，并对未记账凭证重新编号。若本月已有凭证记账，那么本月最后一张已记账凭证之前的凭证将不能作凭证整理，只能对其后面的未记账凭证作凭证整理。若想作凭证整理，应先利用“恢复记账前状态”功能恢复到本月月初的记账前状态，再作凭证整理。

3. 凭证审核

审核凭证主要包括出纳签字、主管签字和审核凭证三方面的工作。

（1）出纳签字

出纳人员可通过出纳签字功能对制单员填制的带有现金银行科目的凭证进行检查核对，审查认为错误或有异议的凭证，应交与填制人员修改后再核对。

由有签字权限的出纳人员单击“总账—凭证—出纳签字”，在弹出的对话框中单出“确定”按钮，进入“出纳签字”界面，如图 2-54 所示，单击“签字”按钮（或菜单“出纳—出纳签字”）。签字成功后，在凭证的下方“出纳”处会显示出纳的签名。对于出纳凭证，可以单个签字，也可以成批签字（菜单“出纳—成批出纳签字”）。

图 2-54 出纳签字

（2）主管签字

以会计主管身份登录系统，单击“总账—凭证—主管签字”，操作与出纳签字相似。

（3）审核凭证

审核凭证是审核员按照财会制度，对制单员填制的记账凭证进行检查核对，主要审核记账凭证是否与原始凭证相符，会计分录是否正确等。审查认为错误或有异议的凭证，交与填制人员修改后再审核，只有具有审核权的人才能进行审核操作。

具有凭证审核权限的操作员登录系统，单击“总账—凭证—审核凭证”，打开“审核凭证”界面，如图 2-55 所示，单击“审核”按钮或菜单“审核—审核”。审核成功后，在凭证的下方“审核”处会显示审核人的签名。凭证也可成批审核。

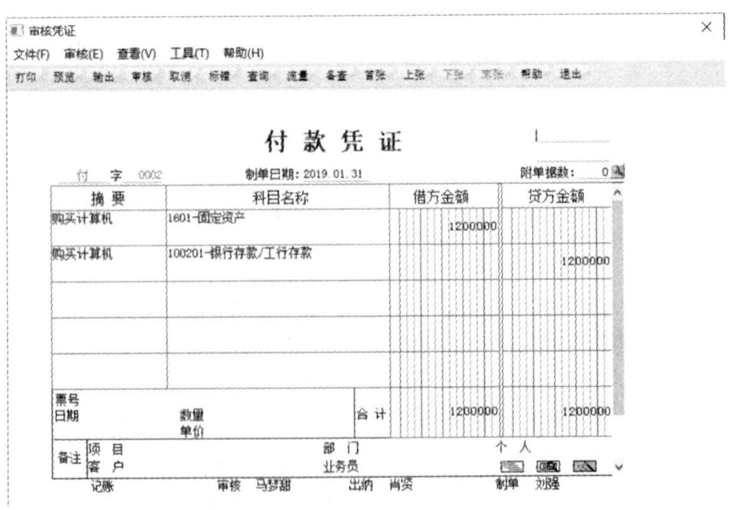

图 2-55 审核凭证

4. 凭证过账

记账凭证经审核签字后，即可用来登记总账、明细账、日记账、部门账、往来账、项目账以及备查账等。记账一般采用向导方式，由计算机自动进行数据处理，不用人工干预。

经过记账的凭证以后将不再允许修改，只能采取补充凭证或红字冲销凭证的方式进行更正。

第一步，在系统主界面上，单击“总账—凭证—记账”，打开凭证“记账”界面，如图 2-56 所示，选择记账范围。

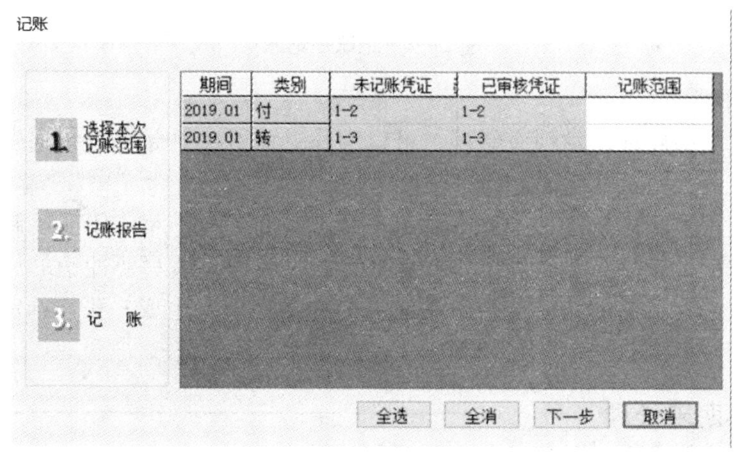

图 2-56　记账—选择本次记账范围

第二步，单击“下一步”按钮，进入“记账报告”界面，如图 2-57 所示。

图 2-57　记账—记账报告

第三步，单击“下一步”按钮，进入“记账”界面，如图 2-58 所示，单击“记账”按钮，系统开始自动过账操作，记账完毕，单击“确定”按钮退出。

在记账过程中，系统会对所有的记账凭证数据关系进行检查，有错误发生时，系统会给出错误提示信息，并中止记账，待修正完错误之后重新记账；否则，将在记账全部结束后才显示错误信息。

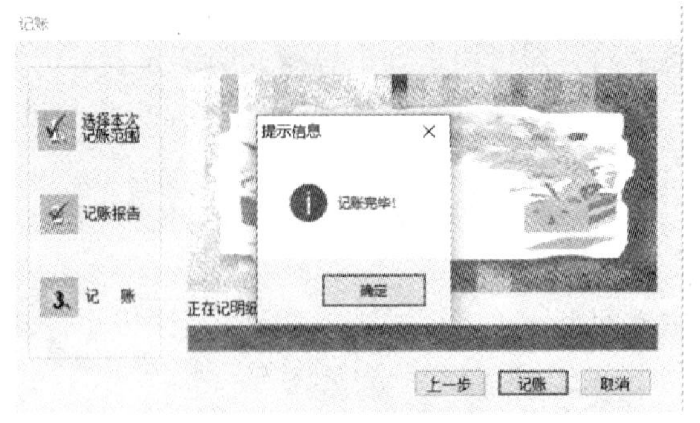

图 2-58 记账—记账

5. 凭证冲销

对于已记账的凭证，发现有错误，可以制作一张红字冲销凭证。通过红字冲销法增加的凭证，应视同正常凭证进行保存管理。

在业务流程界面，单击“总账—凭证—填制凭证”，进入“凭证填制”界面，单击菜单“制单—冲销凭证”，弹出“冲销凭证”对话框，填写要冲销的凭证类别及凭证号，单出“确定”按钮，系统会自动在当前的会计期间生成一张与选定凭证一样的红字冲销凭证，单击“保存”按钮即可保存该红字冲销凭证。

2.4.3 期末处理

期末处理主要包括自动转账、对账、期末结账、账表查询。

1. 自动转账

自动转账分为外部转账和内部转账。外部转账是指将其他专项核算子系统生成的凭证转入总账管理系统中。内部转账是指在总账系统内部，把某个或某几个会计科目中的余额或本期发生额结转到一个或多个会计科目中。自动转账包括转账定义和转账生成两部分。

1）转账定义

转账定义主要包括自定义转账、对应结转、销售成本结转、汇兑损益结转、期间损益结转。

（1）自定义转账

自定义转账功能可以完成的转账业务主要有：“费用分配”的结转，如工资分配等；“费用分摊”的结转，如制造费用等；“税金计算”的结转，如增值税等；“提取各项费用”的结转，如提取福利费等；各项辅助核算的结转。

如果使用应收款、应付款管理系统，则在总账管理系统中，不能按客户、供应商辅助项进行结转，只能按科目总数进行结转。

在 T6-企业管理软件中，单击“业务流程—财务会计—总账—期末—转账定义—自定义转账”，打开“自定义转账设置”界面；单出“增加”按钮，弹出转账目录“对话框”，输入“转账序号”“转账说明”，选择凭证类别；单击“确定”按钮，返回“自定义转账设置”界面，如图 2-59 所示。

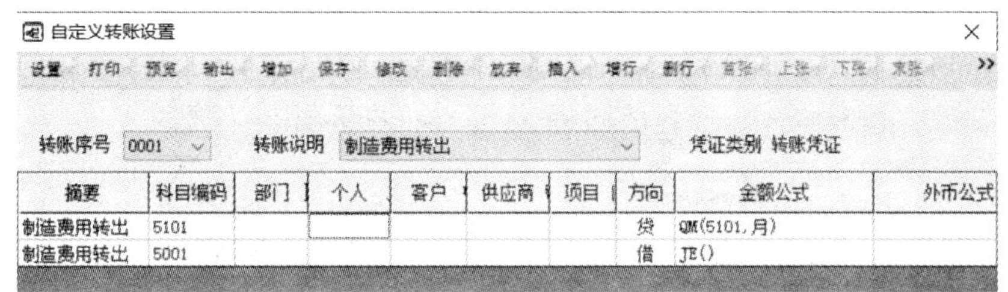

图 2-59 自动转账凭证

①科目编码：单击“参照”按钮，自动弹出“科目”对话框，用户可以选择需要的会计科目。选择科目时必须注意要选择科目的最明细一级，如是非明细科目则只能转出。

②方向：会计分录的借贷方向。

③科目设置了部门、个人、客户、供应商、项目核算辅助账的，要填写相关的辅助账资料。

④金额公式：按“F2”或按“参照”按钮进入公式向导辅助输入，公式的语法与自定义报表完全相同，通过取数公式可取到账上任意的数据。在公式中还可录入常数。

（2）对应结转设置

对应结转不仅可进行两个科目的一对一结转，还提供科目的一对多结转功能。对应结转的科目可为上级科目，但其下级科目的科目结构必须一致（相同明细科目），如有辅助核算，则两个科目的辅助账类也必须一一对应。本功能只结转期末余额，若结转发生额，需在自定义结转中设置。

（3）销售成本结转设置

其主要用来辅助没有启用供应链管理系统的企业完成销售成本的计算和结转。

（4）汇兑损益结转设置

其用于期末自动计算外币账户的汇兑损益，并在转账生成中自动生成汇兑损益转账凭证。汇兑损益只能处理外汇存款账户、外币现金账户、外币结算的各项债权和债务，不包括所有者权益类账户、成本类账户和损益类账户。

为了保证汇兑损益计算正确，填制某月的汇兑损益凭证时，账户必须先将本月的所有未记账凭证先记账。

汇兑损益入账科目不能是辅助账科目或有数量外币核算的科目。

若启用了应收款、应付款管理系统，则计算汇兑损益的外币科目不能是带客户或供应商往来核算的科目。

（5）期间损益结转设置

其用于在一个会计期间终止时，将损益类科目的余额结转到本年利润科目中，从而及时反映企业利润的盈亏情况。期间损益结转主要是对管理费用、销售费用、财务费用、销售收入、营业外收支等科目的结转。

在T6-企业管理软件中，单击“业务流程—财务会计—总账—期末—转账定义—期间损益”，打开“期间损益结转设置”界面，如图2-60所示，设置好“本年利润”科目，单击“确定”按钮即可。

图 2-60　期间损益结转设置

损益科目结转中将列出所有的损益科目。如果希望某损益科目参与期间损益的结转，则应在该科目所在行的本年利润科目栏填写本年利润科目代码；若为空，则将不结转此损益科目的余额。损益科目的期末余额将结转到该行的本年利润科目中去。若损益科目与本年利润科目都有辅助核算，则辅助账类必须相同。

损益科目结转表中的本年利润科目必须为末级科目，且为本年利润入账科目的下级科目。

2）生成转账凭证

定义完转账凭证后，每月月末只需执行本功能即可由计算机快速生成转账凭证，在此生成的转账凭证将自动追加到未记账凭证中去，通过审核、记账后才能真正完成结转工作。

由于转账凭证中定义的公式基本上取自账簿，因此，在进行月末转账之前，必须将所有未记账凭证全部记账；否则，生成的转账凭证中的数据可能不准确。特别是对于一组相关转账分录，必须按顺序依次进行转账生成、审核、记账。

如果启用了应收款、应付款管理系统，则在总账管理系统中不能按客户、供应商进行结转。

根据需要，选择生成结转方式、结转月份及需要结转的转账凭证，系统在进行结转计算后显示将要生成的凭证，确认无误后，将生成的凭证追加到未记账凭证中。

结转月份为当前会计月，且每月只结转一次。在生成结转凭证时，要注意操作日期，一般在月末进行。

若转账科目有辅助核算，但未定义具体的转账辅助项，则可以选择“按所有辅助项结转”还是“按有发生的辅助项结转”。

按所有辅助项结转：转账科目的每一个辅助项生成一笔分录。

按有发生的辅助项结转：按转账科目下每一个有发生的辅助项生成一笔分录。

下面以期间损益的结转操作为例进行说明。在 T6-企业管理软件中，单击“业务流程—财务会计—总账—期末—转账生成”，打开“转账生成”界面，如图 2-61所示，选中“期间损益结转”，单击“全选”按钮，再单击“确定”按钮，系统自动弹出期间损益结转的转账凭证，确认无误后“保存”即可。

图 2-61　转账生成—期间损益结转

2. 对账

对账是对账簿数据进行核对，以检查记账是否正确、账簿是否平衡。它主要是通过核对总账与明细账、总账与辅助账数据来完成账账核对。

试算平衡就是将系统中设置的所有科目的期末余额按会计平衡公式“借方余额=贷方余额”进行平衡检验，并输出科目余额表及是否平衡的信息。

一般来说，只要记账凭证录入正确，计算机自动记账后各种账簿都应是正确、平衡的。但由于非法操作或计算机病毒或其他原因有时可能会造成某些数据被破坏，因而引起账账不符。为了保证账证相符、账账相符，应经常使用本功能进行对账，至少一个月一次，一般可在月末结账前进行。

如果使用了应收款、应付款管理系统，则在总账管理系统中不能对往来客户账、供应商往来账进行对账。

当对账出现错误或记账有误时，系统允许“恢复记账前状态”，进行检查、修改，直到对账正确。

3. 期末结账

每月月底都要进行结账处理，结账实际上就是计算和结转各账簿的本期发生额和期末余额，并终止本期的账务处理工作。

在结账之前要进行下列检查：

（1）检查本月业务是否全部记账，有未记账凭证不能结账。

（2）月末结转必须全部生成并记账，否则本月不能结账。

（3）检查上月是否已结账，上月未结账，则本月不能结账。

（4）核对总账与明细账、主体账与辅助账、总账管理系统与其他子系统数据是否一致，不一致不能结账。

（5）损益类账户是否全部结转完毕，否则本月不能结账。

（6）若与其他子系统联合使用，其他子系统是否已结账；若没有，则本月不能结账。

结账前要进行数据备份，结账后不得再录入本月凭证，并终止各账户的记账工作。结账后计算本月各账户发生额合计和本月账户期末余额，并将余额结转至下月月初。

如果结账以后发现错误，可以进行“反结账”，取消结账标志，然后进行修正，再进行结账工作。

在系统主界面，单击“账务处理—期末结账”，打开期末“结账”界面，如图2-62所示，点击开始结账。

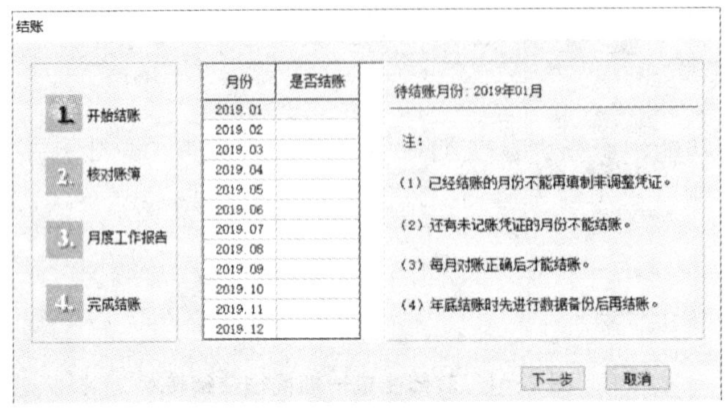

图 2-62　期末结账—开始对账

单击“下一步”按钮，打开“核对账簿”界面，如图 2-63 所示，进行账簿核对。

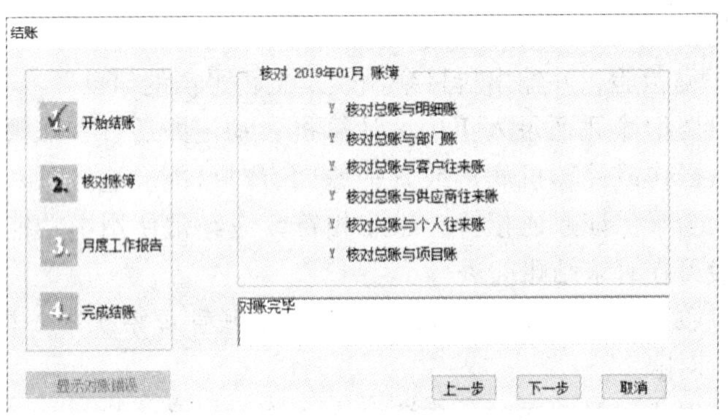

图 2-63　结账—核对账簿

单击“下一步”按钮，打开“月度工作报告”界面，如图 2-64 所示，查看“工作报告”。

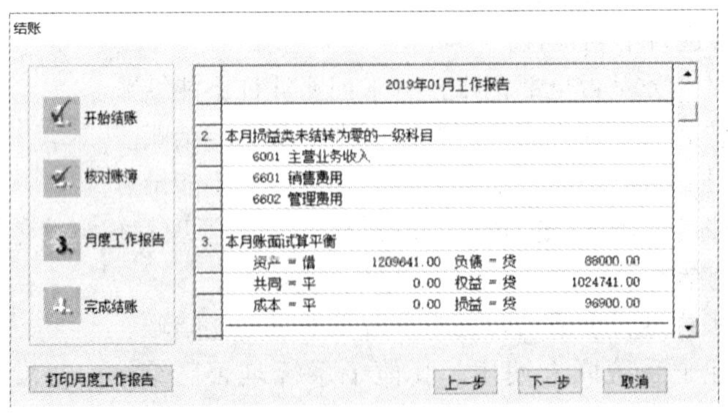

图 2-64　结账—月度工作报告

单击“下一步”，完成结账。

4. 查询与报表

其主要介绍总账系统的各种账簿和财务报表的查询方法。

1）账簿

系统提供的账簿查询包括总分类账、明细分类账、多栏式明细账、各种辅助核算账。

（1）总分类账

总分类账查询功能用于查询总分类账的账务数据，查询总账科目的本期借方发生额、本期贷方发生额、本年借方累计、本年贷方累计、期初余额、期末余额等项目的总账数据。

在T6-企业管理软件界面，单击“总账—账表—科目账—总账”，弹出如图2-65所示的“总账查询条件”输入界面，设定查询条件。

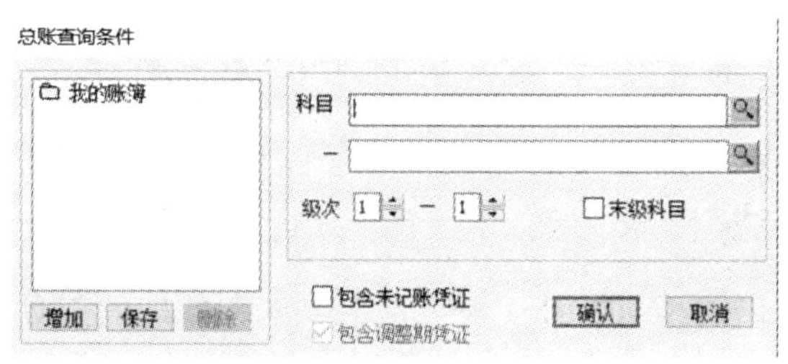

图2-65　总账查询条件

查询条件输入完毕后，单击“确定”按钮，系统即按所设定的条件显示总分类账。系统会进入“总分类账查询”界面。在此界面中可以对总分类账进行引出、打印预览，过滤，页面设置等项操作。

（2）明细分类账

明细分类账查询功能用于查询各科目的明细分类账账务数据，在这里可以输出除了现金日记账，银行存款日记账之外的其他各科目的三栏式明细账的账务明细数据；还可以按照各种币别输出某一币别的明细账；同时还提供了按非明细科目输出明细分类账的功能。

在T6-企业管理软件界面，单击“总账—账表—科目账—明细账”，弹出如图2-66所示“明细账查询条件”设置窗口，设置查询条件。

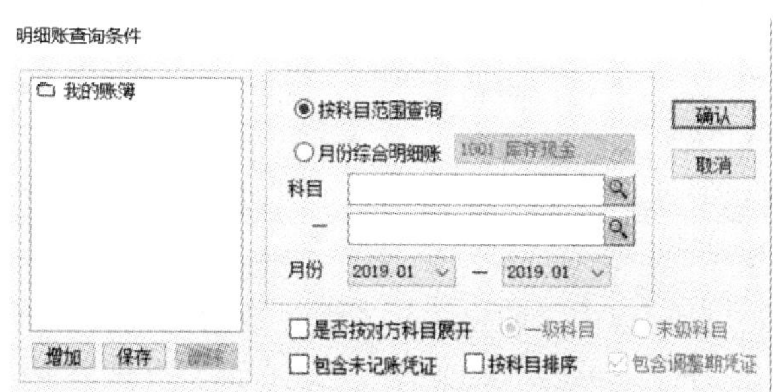

图2-66　明细账查询条件

输入完条件之后，单击“确认”按钮，系统即按所选条件生成明细分类账。

在明细分类账查询中，系统还提供了方便快捷的账证一体化查询功能。在明细账中，将光标定位在要查询的那一笔业务上，然后双击鼠标左键，或单击工具栏“凭证”按钮，系统即会调出相应的记账凭证。查看完毕后退出记账凭证即可返回到“明细分类账”界面。单击工具栏“总账”按钮，系统即会调出该科目的总账。查看完毕后退出总分类账即可返回到“明细分类账”界面。

2）财务报表

总账系统不仅能提供财务会计规范性的报表，而且还为用户提供了试算平衡表、核算项目明细表等一系列管理性会计报表，如科目余额表、科目日报表、凭证汇总表、核算项目余额表、核算项目明细表、核算项目汇总表、核算项目组合表。

各种报表的查询，同账簿的查询方式类似，此处不再赘述。

2.5 报表与分析

2.5.1 系统概述

用友 T6-企业管理软件中的 UFO 报表是报表事务处理的工具。它与用友账务管理软件等各系统有完善的接口，具有方便的自定义报表功能、数据处理功能，且内置多个行业的常用会计报表。此外，该系统也可以独立运行，用于处理日常办公事务。

1. 主要功能

（1）文件管理功能

UFO 提供了各类文件管理功能，除能完成一般的文件管理外，UFO 的数据文件还能够转换为不同的文件格式，例如文本文件、MDB 文件、XLS 文件等。此外，通过 UFO 提供的“导入”和“导出”功能，可以实现和其他流行财务软件之间的数据交换。

（2）格式设计功能

UFO 提供的格式设计功能，可以设置报表尺寸、组合单元、画表格线、调整行高列宽、设置字体和颜色、设置显示比例等。同时，UFO 还内置了 11 种套用格式和 33 个行业的标准财务报表模板，包括最新的现金流量表，方便用户对标准报表的制作。对于用户单位内部常用的管理报表，UFO 还提供了自定义模板功能。

（3）公式设计功能

UFO 提供了绝对单元公式和相对单元公式，可以方便、迅速地定义计算公式、审核公式及舍位平衡公式。此外，UFO 还提供了种类丰富的函数，在系统向导的引导下可轻松地从用友账务及其他子系统中提取数据，生成财务报表。

（4）数据处理功能

UFO 的数据处理功能可以固定的格式管理大量数据不同的表页，并在每张表页之间建立有机的联系。此外，还提供了表页的排序、查询、审核、舍位平衡及汇总功能。

（5）图表功能

UFO 可以很方便地对数据进行图形组织和分析，制作包括直方图、立体图、折线图等多种分析图表，并能编辑图表的位置、大小、标题、字体、颜色和打印输出。

（6）打印功能

UFO 提供“所见即所得”和“打印预览”的功能，可以随时观看报表或图形的打印效果。报表打印时，可以设置表头和表尾，缩放打印，可以横向或纵向打印等。

2. UFO 报表管理系统与其他系统的主要关系

UFO 报表管理系统主要是从其他系统中提取编制报表所需的数据。总账、工资、固定资产、应收款、应付款、财务分析、采购、库存、存货核算和销售子系统均可向报表系统传递数据，以生成财务部门所需的各种会计报表。

2.5.2　UFO 报表管理系统的基本概念

1. 格式状态和数据状态

UFO 将报表制作分为两大部分来处理，即报表格式、公式设计工作与报表数据处理工作。这两部分的工作是在不同状态下进行的。

（1）格式状态

在报表格式设计状态下进行有关格式设计的操作，例如，表尺寸、行高列宽、单元属性、单元风格、组合单元、关键字、定义报表的单元公式（计算公式、审核公式及舍位平衡公式）。在格式状态下所看到的是报表的格式，报表的数据全部隐藏；在格式状态下所做的操作对本报表所有的表页都发生作用；在格式状态下不能进行数据的录入、计算等操作。

（2）数据状态

在报表的数据状态下管理报表的数据，例如，输入数据、增加或删除表页、审核、舍位平衡、制作图形、汇总、合并报表等。在数据状态下不能修改报表的格式，看到的是报表的全部内容，包括格式和数据。

报表工作区的左下角有一个“格式数据”按钮，单击这个按钮可以在“格式状态”和“数据状态”之间切换，如图 2-67 所示。

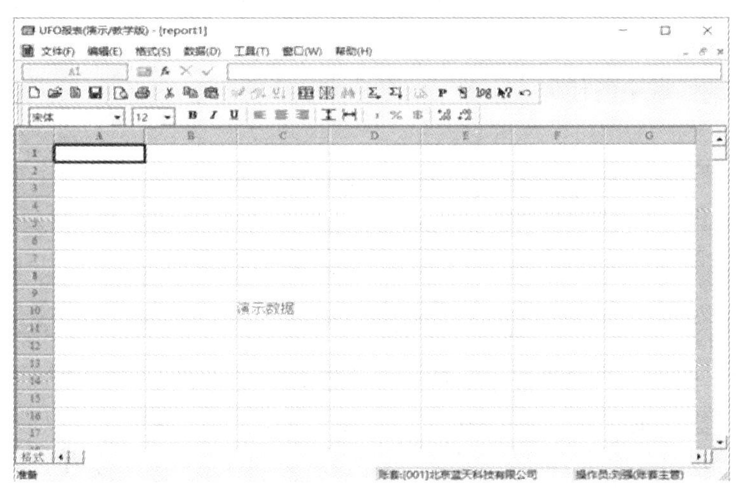

图 2-67　UFO 报表

2. 单元

单元是组成报表的最小单位。单元名称由所在列、行标识。例如，C8 表示第 3 列第 8 行的那个单元。单元类型有数值单元、字符单元、表样单元 3 种。

在 UFO 报表“格式状态”下选定要设置属性的单元格，单击菜单“格式—单元属性”，打开“单元格属性”窗口，进行单元类型的设置，如图 2-68 所示。

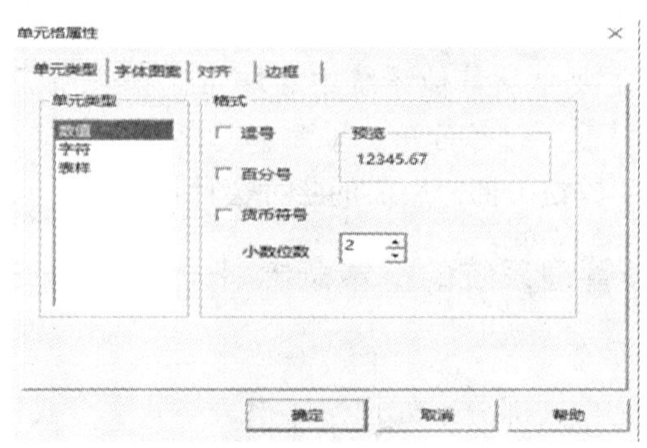

图 2-68　单元格属性

（1）数值单元

用于存放报表的数据，在数据状态下输入，数值单元的内容可以直接输入或由单元中存放的单元公式运算生成。建立一个新表时，所有单元的类型默认为数值型。

（2）字符单元

字符单元也是报表的数据，也在数据状态下输入。字符单元的内容可以直接输入，也可由单元公式生成。

（3）表样单元

表样单元是报表的格式，是定义一个没有数据的空表所需的所有文字、符号或数字。且单元被定义为表样，那么在其中输入的内容对所有表页都有效。表样单元只能在格式状态下输入和修改。

3. 组合单元

组合单元由相邻的两个或更多的单元组成，这些单元必须是同一种单元类型（表样、数值、字符）。UFO 在处理报表时将组合单元视为一个单元。组合单元的名称可以用区域的名称或区域中的任何一个单元的名称来表示。

4. 区域

区域由一张表页上的相邻单元组成，自起点单元至终点单元是一个完整的长方形区域。在 UFO 中，区域是二维的，最大的区域是整个表页，最小的区域是一个单元，例如 A6 到 C10 的长方形区域表示为 A6：C10，起点单元与终点单元用“：”连接。

5. 表页

一个 UFO 报表最多可容纳 99999 张表页，一个报表中的所有表页具有相同的格式，但其中的数据不同。表页在报表中的序号在表页的下方以标签的形式出现，称为“页标”。页标用“第 1 页”～“第 9999 页”表示，当前表的第 5 页，可以表示为@5。

6. 二维表和三维表

确定某一数据位置的要素称为“维”。在一张有方格的纸上填写一个数，这个数的位置可通过行（横轴）和列（纵轴）来描述，那么这个表就是二维表。

如果将多个相同的二维表叠在一起，并要从多个二维表中找到一个数据，则需增加个要素，即表页号（Z 轴）。这样的一张表称为一个三维表。

如果将多个不同的三维表放在一起，要从多个三维表中找到一个数据，又需增加一个要素，即表名。三维表的表间操作即为“四维运算”。因此，在 UFO 中要确定一个数据的所有要素为：<表名>、<列>、<行>、<表页>，如利润表第 4 页的 C5 单元，表示为“利润表”->C5@ 4。

7. 固定区及可变区

固定区是指组成一个区域的行数和列数是固定的数目。可变区是指组成一个区域的行数或列数是不固定的数字。可变区的最大行数或最大列数是在格式设计中设定的。在一个报表中只能设置一个可变区。

有可变区的报表称为可变表。没有可变区的报表称为固定表。

8. 关键字

关键字是一种特殊的单元，可以唯一标识一个表页，用于在大量表页中快速选择表页。例如，一个资产负债表的表文件可放一年 12 个月的资产负债表（甚至多年的多张表），要对某一张表页的数据进行定位，要设置一些定位标志，在 UFO 中称为关键字。

UFO 共提供了 6 种关键字，它们是“单位名称”“单位编号”“年”“月”“日”、“季”。除此之外，UFO 还增加了一个自定义关键字，当定义名称为“周”和、“旬”时有特殊意义，可以用于函数中代表取数日期。

关键字的显示位置在格式状态下设置。在 UFO 报表“格式状态”下选定要设置关键字的单元格，单击菜单“数据—关键字—设置”，弹出“设置关键字”窗口，如图 2-69 所示，设置完成单击“确定”按钮。

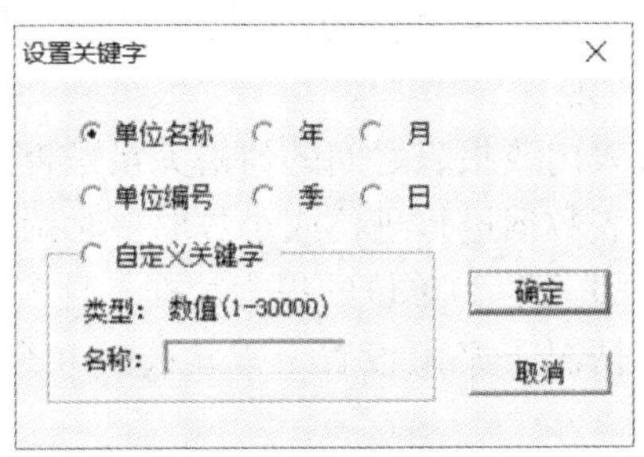

图 2-69　设置关键字

关键字的值则在数据状态下录入，每个报表可以定义多个关键字。在 UFO 报表的“数据状态”下，单击菜单“数据—关键字—录入”，弹出“录入关键字”窗口，如图 2-70 所示，进行关键字的录入。

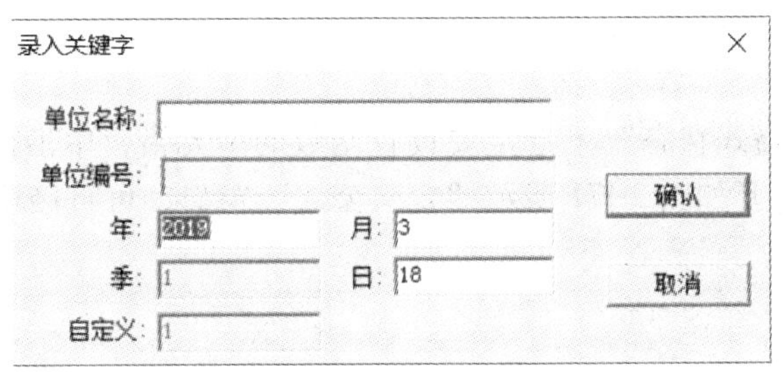

图 2-70　录入关键字

2.5.3 报表管理

1. 报表定义

1）报表格式定义

报表的格式设计在格式状态下进行，格式对整个报表都有效。报表的格式设计包括以下操作：

（1）设置表尺寸。定义报表的大小即设定报表的行数和列数。

（2）定义组合单元。即把几个单元作为一个单元使用。

（3）画表格线。

（4）输入报表中项目。其包括表头、表体和表尾（关键字值除外）。在格式状态下定义的单元内容，自动默认为表样型，定义为表样型的单元在数据状态下不允许修改和删除。

（5）定义行高和列宽。

（6）设置单元风格。设置单元的字形、字体、字号、颜色、图案、折行显示等。

（7）设置单元属性。把需要输入数字的单元定为数值单元；把需要输入字符的单元定为字符单元。

（8）确定关键字在表页上的位置，例如，单位名称、年、月等。

在 UFO 报表系统“格式状态”下，单击菜单“格式”来完成相应操作。

2）报表公式定义

公式的定义在格式状态下进行。

计算公式：定义了报表数据之间的运算关系，可以实现报表系统从其他子系统中取数。

审核公式：用于审核报表内或报表之间的勾稽关系是否正确。

舍位平衡公式：用于报表数据进行进位或小数取整时调整数据。例如，将以“元”为单位的报表数据变成以“万元”为单位的报表数据，且表中的平衡关系仍然成立。

报表的计算公式在一般情况下必须设置，审核公式和舍位平衡公式是根据需要设置的。

在 UFO 报表“格式状态”下选定要设置公式的单元格，单击菜单“数据—编辑公式”，选择相关的公式进行设置。

3）函数

用友软件的计算公式一般通过函数实现。企业常用的财务报表数据一般是来源于总账管理系统或报表系统本身，取自于报表的数据又可以分为从本报表取数和从其他报表的表页取数。

（1）函数设置

在 UFO 报表“格式状态”下选定要设置函数的单元格，单击窗口上方的“函数”按钮或“=”键，打开如图 2-71 所示“定义公式”窗口，可直接输入函数，也可使用函数向导。

图 2-71 定义公式

单击“函数向导”，进入“函数向导”对话框，如图 2-72 所示。

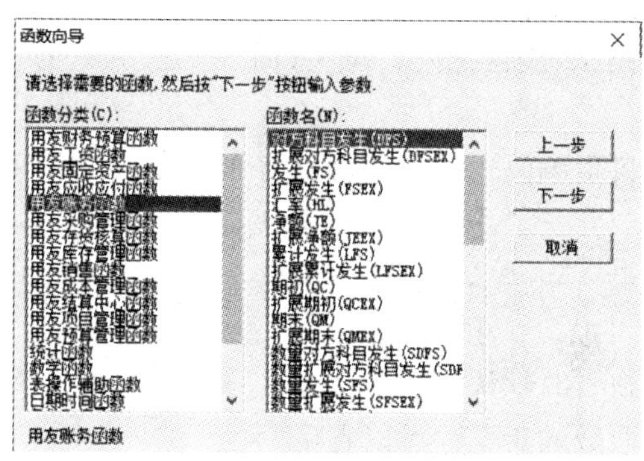

图 2-72　函数向导

单击左侧“函数分类—用友账务函数”，在右侧“函数名”列表框中选择所需函数，单击“下一步”按钮，打开“账务函数”输入界面，如图 2-73 所示。

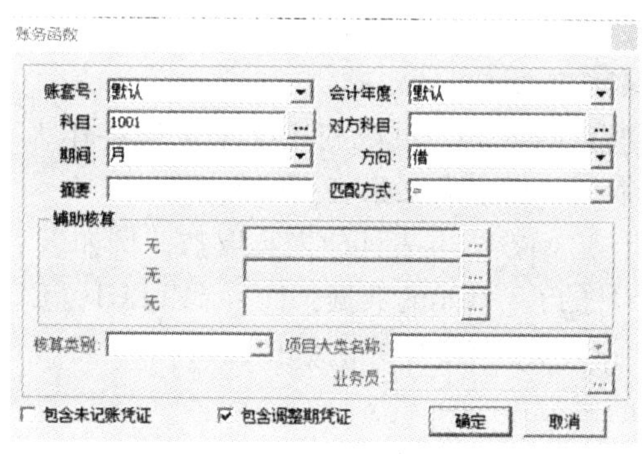

图 2-73　账务函数输入

设置好函数参数后，单击“确定”按钮，直到把函数填写入指定单元格。

（2）函数类型

①自总账取数的函数

自总账取数的函数又可以称为账务函数。系统提供的账务取数函数如表 2-1 所示。

表 2-1　账务取数函数

账务函数	金额式	数量式	外币式
期初额函数	QC（ ）	sQC（ ）	wQC（ ）
期末额函数	QM（ ）	sQM（ ）	wQM（ ）
发生额函数	FS（ ）	sFS（ ）	wFS（ ）
累计发生额函数	LFS（ ）	sLFS（ ）	wLFS（ ）
条件发生额函数	TFS（ ）	sTFS（ ）	wTFS（ ）
对方科目发生额函数	DFS（ ）	sDFS（ ）	wDFS（ ）
净额函数	JE（ ）	sJE（ ）	wJE（ ）
汇率函数	HL（ ）		

账务函数的基本格式如下：

函数名（“科目编码”，会计期间，［“方向”］，［账套号］，［会计年度］，［编码1］，［编码2］）。

科目编码：可以是科目编码也可以是科目名称，且必须用双引号括起来。

会计期间，可以是“年”“季”“月”等变量，也可以是具体表示年、季、月的数字。

方向，即“借”或“货”，可以省略。

账套号，为数字，缺省时默认为本账套。

会计年度，即数据取数的年度，可以省略。

编码1、编码2，与科目编码的核算账类有关，可以取科目的辅助账，如职员编码、项目编码等，如无辅助核算则省略。

②自本表页取数的函数

自本表页取数的函数主要有数据合计函数 PTOTAL（ ）、平均值函数 PAVG（ ）、最大值函数 PMAX（ ）、最小值函数 PMIN（ ）。

③自本表其他表页取数的函数

对于取自本表其他表页的数据，可以利用某个关键字作为表页定位的依据，或者直接以页标号作为定位依据，指定取某张表页的数据。

可以使用 SELECT（ ）函数从本表其他表页取数，例如以下数据：

C1 单元取自于上个月的 C2 单元的数据：C1= SELECT（C2，月@ =月+1）。

C1 单元取自于第 2 张表页的 C2 单元的数据：Cl=C2@ 2。

④自其他报表取数的函数

对于取自其他报表的数据可以用“报表［. REP］->单元”格式指定要取数的某张报表的单元。

2. 报表模板

除了自定义报表外，用友 UFO 还为用户提供了 3 个行业的各种标准财务报表格式。利用报表模板可以迅速建立一张符合需要的财务报表。

在 UFO 报表界面，单击“新建”按钮建立一张新的报表，在“格式状态”下，单击菜单“格式—报表模板”，进入“报表模板”如图 2-74 所示。在“报表模板”窗口选择企业“所在行业”及“报表模板”的类型，单击“确认”按钮，则按系统内置的报表模板将生成会计报表。

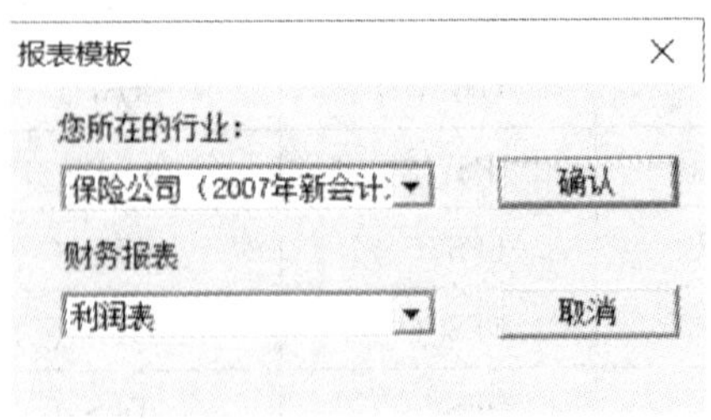

图 2-74 **报表模板**

对于一些本企业常用报表模板中没有提供的报表，在自定义完这些报表的格式和公式后，可以将其定义为报表模板，以后可以直接调用。在报表系统中单击菜单“格式—自定义报表模板”来定义。

3. 报表数据处理

报表数据处理主要包括生成报表数据、审核报表数据和舍位平衡操作等工作。数据处理工作必须在数据状态下进行。处理时计算机会根据已定义的单元公式、审核公式和舍位平衡公式自动进行取数、审核及舍位等操作。

报表数据处理一般是针对某一特定表页进行的，因此在数据处理时还涉及表页的操作，如增加、删除、插入、追加表页等。

报表的数据包括报表单元的数值和字符，以及关键字。数值单元只能生成数字，而字符单元既能生成数字又能生成字符。数值单元和字符单元可以由公式生成，也可以由键盘输入。关键字则必须由键盘输入。

4. 表页管理及报表输出

报表的输出包括报表的屏幕输出和打印输出。报表输出时可以针对报表格式输出，也可以针对某一特定表页输出。输出报表格式须在格式状态下操作，而输出表页须在数据状态下操作，输出表页时，格式和报表数据一起输出。

输出表页数据时会涉及表页的相关操作，例如，表页排序、查找、透视等。屏幕输出时可以对报表的显示风格、显示比例加以设置。打印报表之前可以在预览窗口预览，打印时还可以进行页面设置和打印设置等操作。

5. 图表功能

报表数据生成之后，为了对报表数据进行直观的分析和了解，方便数据的对比以及对其进行趋势和结构分析，可以利用图形对数据进行直观显示。UFO 图表格式提供了直方图、圆饼图、折线图、面积图 4 大类共 10 种格式的图表。

在 UFO 报表“数据状态”单击菜单“工具—插入图表对象”，打开如图 2-75 所示的“区域作图”窗口中，选择类型，单击“确认”即可。

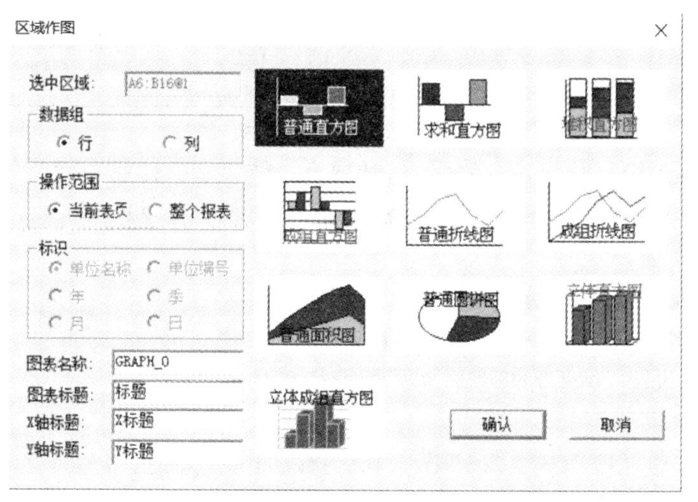

图 2-75　区域作图

图表是利用报表文件中的数据生成的，图表与报表数据存在着密切的联系，报表数据发生变化时，图表也随之变化，报表数据删除后，图表也随之消失。

3 浪潮 PS 管理软件 V11.0 的应用

浪潮 PS 管理软件是浪潮集团结合多年来的项目管理和开发经验，采用先进的管理思想和先进的开发工具，向企业推出的一套管理软件。PS 管理软件主要从企业比较关心的财务、物流、生产管理、人力资源等入手，以企业工作流程为基础，对企业工作流程中每个节点的质量、进度和成本进行有效管理和控制，使企业能够充分利用一切内部和外部资源来提高企业的销售收入和利润，增强企业的国际竞争力。

浪潮 PS 管理软件的财务会计系统包括账务处理、辅助管理、固定资产、工资管理、成本核算等财务部分与报表管理、财务分析、现金流量等分析报告部分。各系统及子系统之间可以组合使用，也可以单独使用，满足不同企业的需求，提升企业财务核算水平。

3.1 软件的安装与启动

3.1.1 运行环境

浪潮 PS 管理软件是运行在 Windows 环境下，适应于各行业不同类型企事业单位的通用账务系统。安装浪潮 PS 管理软件系统至少需要以下环境：

1. 服务器要求

硬件：PC 服务器、数据库专用服务器、小型机。

操作系统：Windows Server2003 /2008/2012、UNIX、Linux。

数据库：Sybase、MSS SQL Scrver、Oracle。

2. 客户机要求

硬件：处理器（I3 双核）2.1GHz、4G 内存、160G 硬盘。

操作系统：中文 WindowsXP/Vista/Win7/Win8。

3.1.2 软件的安装

1. 安装向导

运行浪潮 PS 管理软件 V11.0.1 版安装盘中的 setup.exe 文件，屏幕显示“安装程序向导”窗口，如图 3-1 所示。

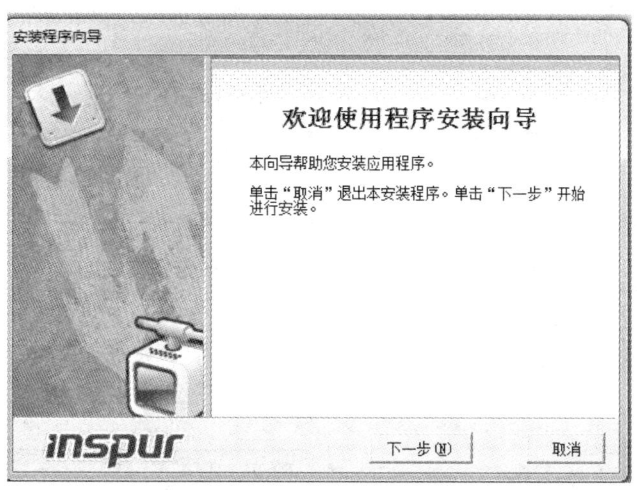

图 3-1 浪潮软件安装程序向导

2. 安装许可协议

单击“下一步”按钮，出现“许可协议”窗口，如图 3-2 所示。

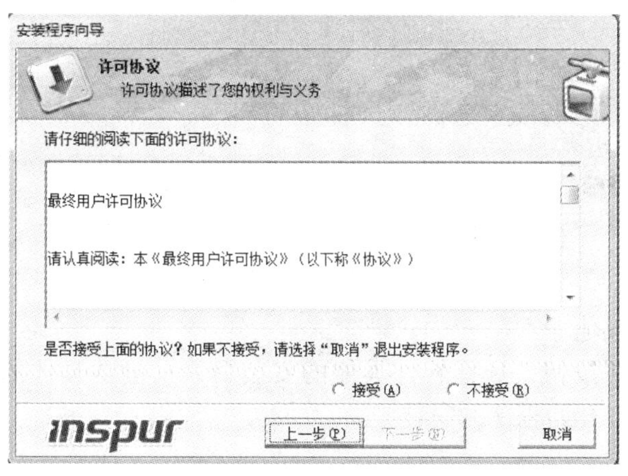

图 3-2 浪潮软件安装程序导向—许可协议

3. 填写个人信息

如果接受许可协议，单击“下一步”按钮，认真阅读《浪潮 PS 管理软件 V11.0.1 使用须知》；单击“下一步”按钮，填写个人信息。

4. 安装模式选择

输入完“个人信息”，单击“下一步”按钮，出现“安装模式”窗口，如图 3-3 所示。

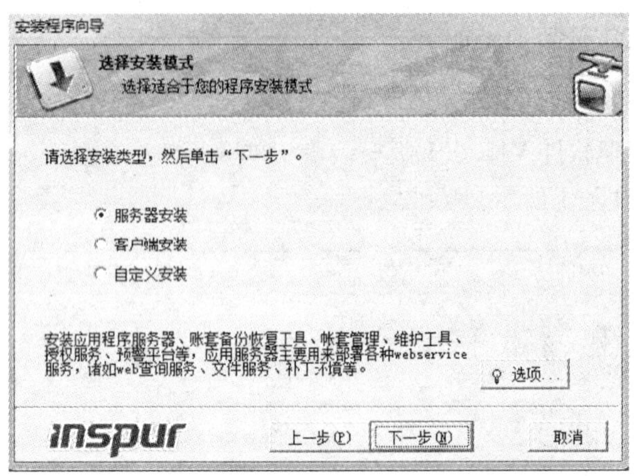

图 3-3 浪潮软件安装程序导向—选择模式

5. 选择具体安装模块

选择安装类型后，单击“选项”按钮，可以选择具体的安装模块，如图 3-4 所示。

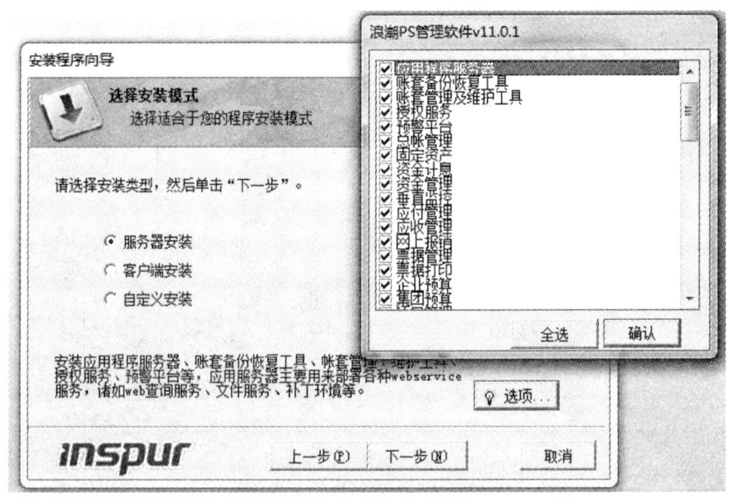

图 3-4 具体的安装模块

6. 安装目录及其他

单击“下一步”按钮，选择软件具体的安装目录；确认具体的安装模块等信息；单击“安装”按钮，开始程序的安装。

7. 系统启动

软件安装结束后，重新启动计算机。重启计算机后，要运行某一个子系统，可以直接在控制台上选择相应的子系统即可；也可以在“开始—程序—浪潮 PS 管理软件”中选择相应的子系统名称来运行一个子系统。

3.2 账套管理

账套管理子系统主要进行在多种数据平台上完成财务账套的创建、维护与删除。

在客户机上安装财务软件后，还需要在数据库服务器上创建财务账套。财务账套就是一个财务数据的集合，它是由一些表、索引、视图等数据库对象组成，同时也包括一些数据库用户，并预置一些初始数据到表中。

对使用单机版财务软件的用户，就在本机上运行账套管理子系统，执行创建财务账套。创建后的财务账套会形成一个数据库文件，放在本机上。

对于使用网络版财务软件的用户，可以在任意一台客户机上运行账套管理子系统完成财务账套的创建。但该客户机必须已经安装了财务软件、安装了数据库客户端，并且数据库客户端与服务器上的数据库服务器端之间的连接配置已经成功。由于网络版财务软件，其财务数据是集中存放在服务器上的，所以创建网络版财务账套的工作只需要从某一台客户机上执行一次就可以了。

3.2.1 创建单机版的财务账套

1. 选择数据库类型

运行“账套管理”子系统后，出现“账套管理登录—选择数据库”的窗口，如图3-5所示。

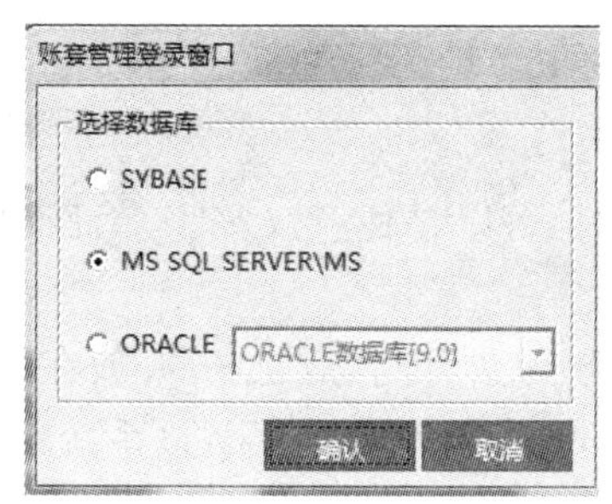

图3-5 账套管理登录—选择数据库

如果选择的数据库为MS SQL SERVER，就是创建单机版财务账套。选中窗口中的“MS SQL SERVER”，单击“确认”按钮，弹出“请输入登录信息”对话框，输入服务器名和管理员口令后，单击“确认”按钮就进入了“账套管理”界面，如图3-6所示。

图3-6 账套管理

2. 创建单机版财务账套

单击主菜单“账套管理—新建”菜单项，出现如图3-7所示的“创建新账套”窗口，用户可以根据系统提示，一步步地为新建的财务账套指定一些必要相关信息，最终完成一个单机财务账套的创建。

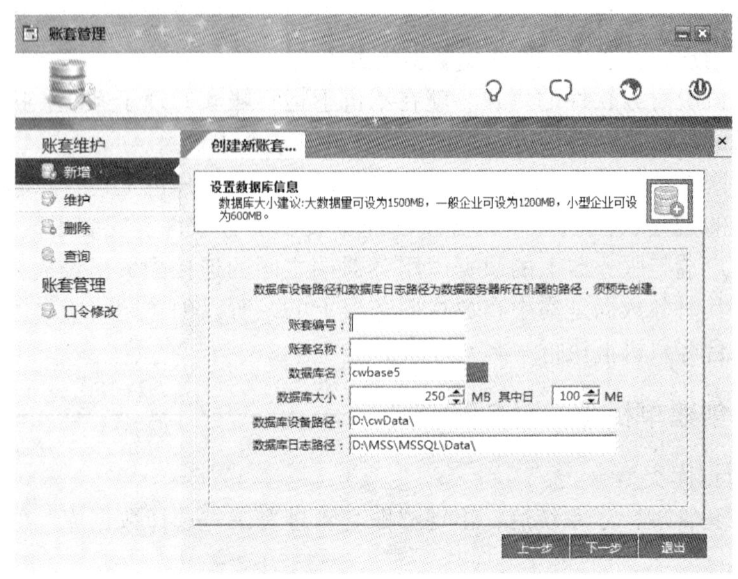

图 3-7　创建新账套—设置数据库信息

第一步，设置数据库信息。

账套名称：账套标识名称，可以是任意汉字、字母、数字及其他符号的组合，可以用单位名称来表示账套名称。

数据库路径：一般建议财务软件和财务数据分开放在不用的硬盘分区上。

数据库名：指定财务账套所对应的数据库名，系统会自动形成，不要随便修改。一般数据库名默认为 cwbase 加一个流水号，如 cwbase1. db，cwbase2. db 等。

第二步，设置账套管理员信息，如图 3-8 所示。

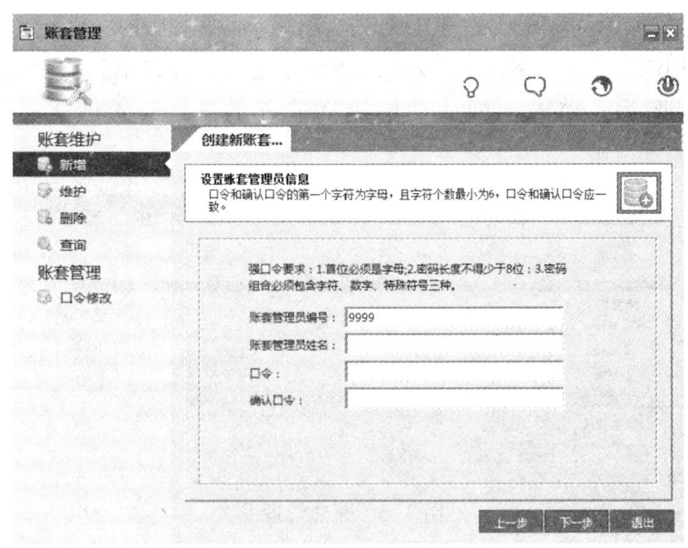

图 3-8　设置账套管理员信息

账套管理员编号：系统默认为 9999，可以修改，可以是任意字母或者数字的组合，但编号位数必须是 4 位。要记住这个账套管理员编号，因为后面要使用这个编号来进入维护工具子系统。

账套管理员姓名：输入账套管理员的姓名。

口令：输入账套管理员的口令。

确认口令：再在这里输入一遍账套管理员的口令，以表示确认，口令与确认口令必须相同。口令的第一个字符必须是字母，且口令的字符个数最少为 8 位。

设置完账套管理员信息后，单击“下一步”按钮。

9999 是本账套最好权限的所有者，该口令千万不能忘记；该口令以后可以在维护工具子系统中修改。

第三步，选择安装的子系统，如图 3-9 所示。

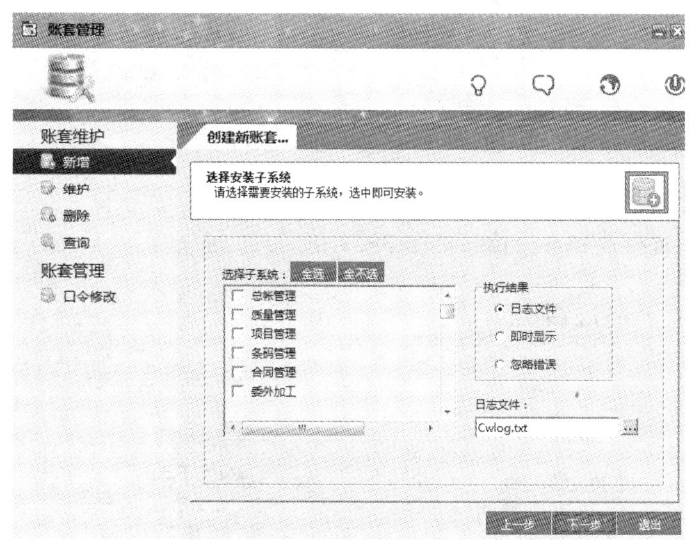

图 3-9　选择安装子系统

选中要安装的子系统，即在创建的该财务账套中包含选中子系统的相关数据库对象，如创建选中子系统的所有表、索引等；右边的“执行结果”和“日志文件”选项按默认的设置即可，不需要修改；选择完安装的子系统后，单击“下一步”按钮。

第四步，设置单位和会计期间，如图 3-10 所示。可以在这一步输入使用单位的单位名称与会计期间。

“单位名称”处不能为空，今后在打印凭证、账页、报表上的单位名称都取自这里输入的单位名称。在财务账套创建成功、系统开始使用后，还可以在维护工具子系统中修改。

系统默认有 12 个会计期间，每个会计期间的起始日期与终止日期分别默认为本月的 1 号与本月的最后一天。系统中允许增加或删除会计期间。会计期间只能设置一次，一旦建立数据库，就不能修改。

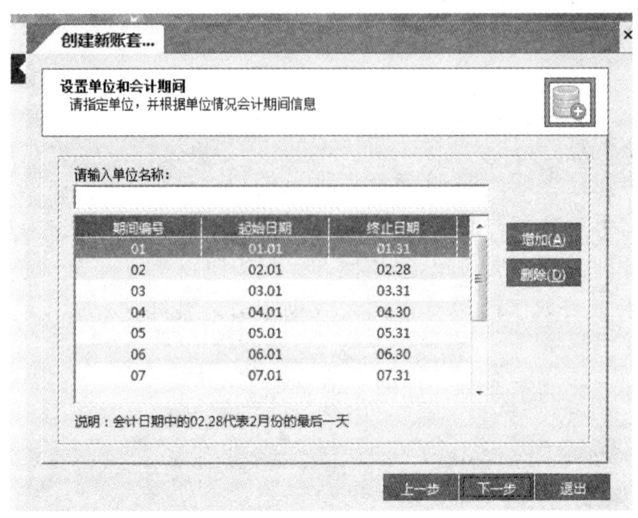

图 3-10　设置单位和会计期间

设置好会计期间和单位后，单击“下一步”按钮。

第五步，设置行业和本位币，如图 3-11 所示。

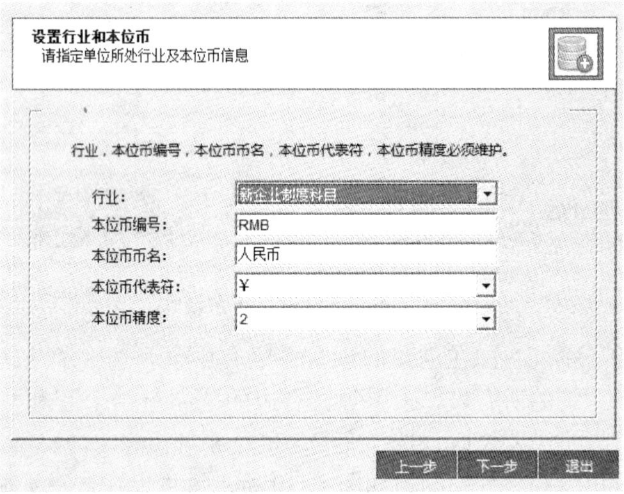

图 3-11　设置行业和本位币

行业：设置单位所属的行业类型。

本位币编号：设置核算所采用的本位币的编号。如果使用人民币作为本位币，则其编号为 RMB。

本位币币名：选择所使用的本位币的代表符。如使用人民币作为本位币，则选择“¥”。

本位币精度：根据需要设置本位币数据精度，默认精度为 2。

第六步：设置子系统安装选项，如图 3-12 所示。此处设置账务处理子系统、报表管理子系统科目预制选项。

如果选中“预置科目”或者“预置报表”选项，则系统会自动根据上一步中设置的行业，将该行业的标准科目与标准报表预置到本财务账套中去，这样可以减少一些初始化的工作量。

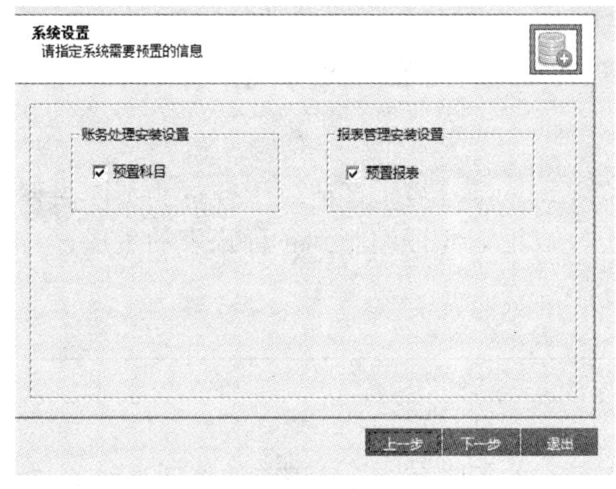

图 3-12　系统设置

预置的科目、报表在安装完成数据库后可在账务处理、报表管理系统再次修改。

第七步，确认信息。在这里，窗口中显示了前面各步骤中所做的设置，可以确认一下，看前面所设置的信息是否正确，如果有需要修改的，可以通过单击“上一步”按钮，回到相应的窗口中去修改相关设置，修改完后，进行确认。

3.2.2　删除账套

删除单机版财务账套的方法比较简单，可以用以下两种方法来实现：

方法一，使用操作系统中删除文件的方式，直接删除单机版财务账套所对应的物理文件。

方法二，使用账套管理子系统中的“删除账套”功能来删除。

在“账套管理”子系统窗口中，单击主菜单“账套管理—删除”，选择要删除的财务账套，如图 3-13 所示，单击“删除”按钮即可。

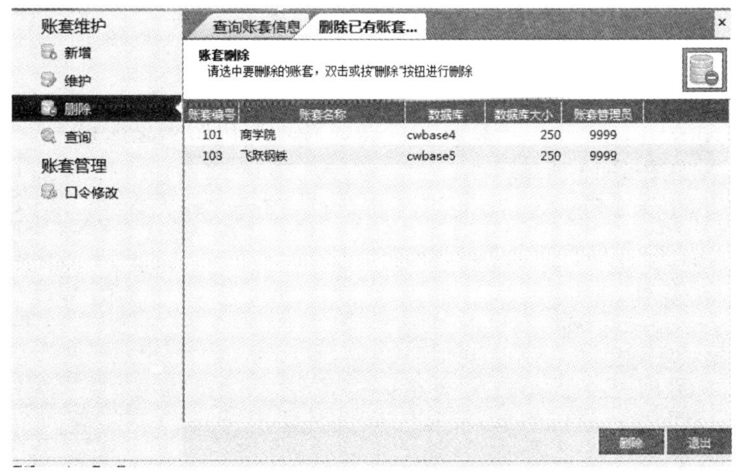

图 3-13　账套维护—删除账套

不论是哪一种删除财务账套的方法，都是物理的删除了数据。这种删除是不可恢复的，所以在使用这些删除账套功能前一定要慎重考虑！

3.3 账务系统

账务系统是运行在 Windows 环境下，适应于各行业不同类型企事业单位的通用账务系统。账务系统部分完成记账凭证编制到各种账表的生成，具体包括账务处理和辅助核算系统。

3.3.1 建账

1. 系统环境设定

系统环境定义是对建立的新账套进行启用前的处理工作，主要包括凭证选项设置、科目结构设置、会计期间设置、辅助核算设置和其他设置。

选择程序菜单“企业工作平台”，进入“控制台”窗口，如图 3-14 所示。

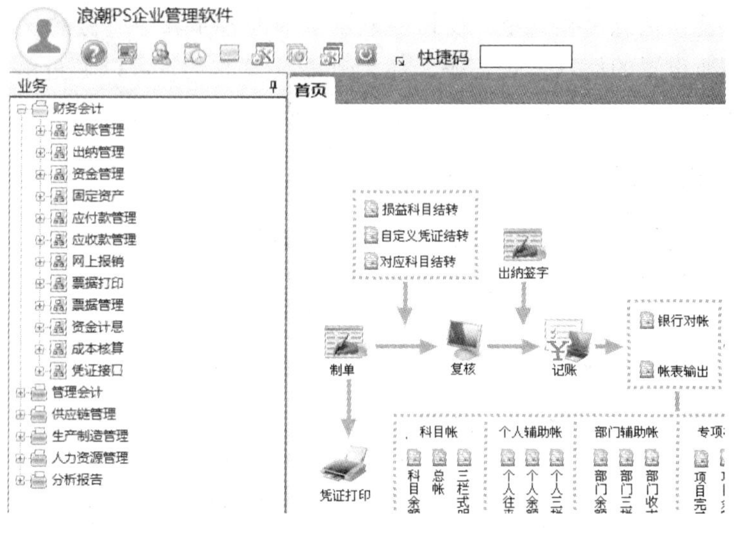

图 3-14 控制台

选择“财务会计”模块，单击菜单“总账管理—初始—总账设置”，弹出“总账设置”对话框，如图 3-15 所示。

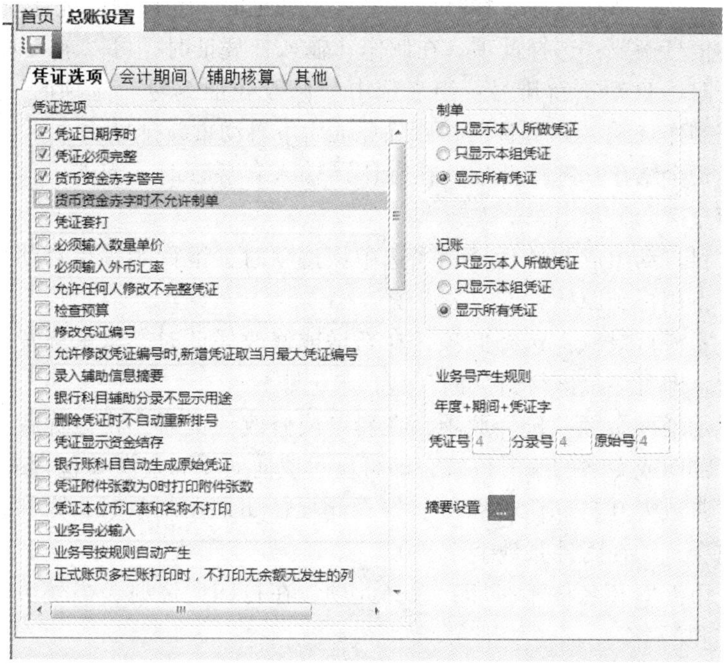

图 3-15　总账设置

在如图 3-15 所示界面中可以分别选择“凭证选项”“会计期间”“辅助核算”和“其他”来进行系统环境设置。各个项目均设置完成后，单击左上角“保存”按钮，保存当前的设置。

（1）凭证选项

要设置某个项目时，只需在该项目前面的复选框中打上“√”即可。

凭证日期序时：选择此项，同一类凭证将实行序时编号，即凭证编号较大者的凭证日期必定大于或等于凭证编号较小的日期。

凭证必须完整：选择此项，在制作（输入）凭证时，只有当该凭证的各项内容都填写完整后，才允许保存该凭证。如果不选择该项，用户做不完凭证时也可以保存。这一点特别适用于在制作数据量大的分页凭证时，临时中断制作的情况。建议用户慎用该项选择。

货币资金赤字警告：选择此项，在制作（输入）凭证时，当货币资金出现赤字时给予警告。

货币资金赤字不允许制单：选择此项，在制作（输入）凭证时，当货币资金出现赤字时不允许保存凭证。

凭证套打：选择此项，系统可以在已经印刷好的凭证的指定位置打印凭证的各项数据。

必须输入数量单价：选择此项，在制作（输入）凭证时，核算数量的科目必须输入数量和单价。

允许任何人修改不完整凭证：选择此项，任何有权限的人都可以修改不完整凭证；否则，只能修改自己制作的不完整凭证。

检查预算：选择此项，在保存凭证时检查预算。

修改凭证编号：选择此项，在制作（输入）凭证时，允许修改凭证编号。

录入辅助信息摘要：选择此项，在制作（输入）凭证时，可以录入辅助信息摘要。

删除凭证时不自动重新排号：当未选中“修改凭证编号”选项时，此选项可用。选择此项，在制作（输入）凭证时，删除凭证后不自动重新排号。

凭证显示资金结存：选择此项，在制作（输入）凭证时，当选中科目为资金科目时，资金结存金额会显示出来。

银行账科目自动生成原始凭证：当选中该选项时，银行账科目自动被认为需要对应原始凭证，不用再到原始凭证中去设置。

制单时显示科目余额：选择此项，在新增或修改凭证时，将鼠标置于某一分录的总账科目位置，即可显示该科目余额（包含未记账）。

制单时显示辅助余额：选择此项，在新增或修改凭证时，将鼠标置于辅助信息的单位、个人、部门或专项的编号位置，即可显示该辅助项的余额（包含未记账）。

凭证附件张数为 0 打印附件张数：选择此项，如果在制单时，附件张数未添，则打印该凭证时会自动在附件张数上添“0”。

凭证本位币汇率和名称不打印：选择此项，在打印凭证时，当外币为本位币时不打印外币名称和汇率。

业务号必输入：选择此项，在制单时如果某科目是单位或个人往来核算科目，则其辅助信息的“业务号”栏必须输入，否则无法保存。

业务号按规则自动产生：选择此项，在制单时如果某科目是单位或个人往来核算科目，则其辅助信息的“业务号”会根据产生规则自动产生。

（2）会计期间

此处只是显示会计期间，不能在此处设置会计期间，要设置会计期间，只能在建立账套时进行。

（3）辅助核算

根据屏幕上显示的内容可进行“凭证制单录入辅助原始凭证”的设置和“往来单位快速查找方式”的选择。

2. 外币管理

外币管理主要完成两类工作：一是外币币种的定义，包括外币币种的增加、修改、删除等；二是外币汇率的定义。对于固定汇率，外币汇率定义是设置每个会计期间的记账汇率和调整汇率。对于浮动汇率，外币汇率则是设置所选会计期间内每天的记账汇率。

选择操作主界面左下方的“基础”菜单，单击“基础信息—账务信息”，可以分别进行“币种”和“外币汇率”的设置。币种设置如图 3-16 所示。

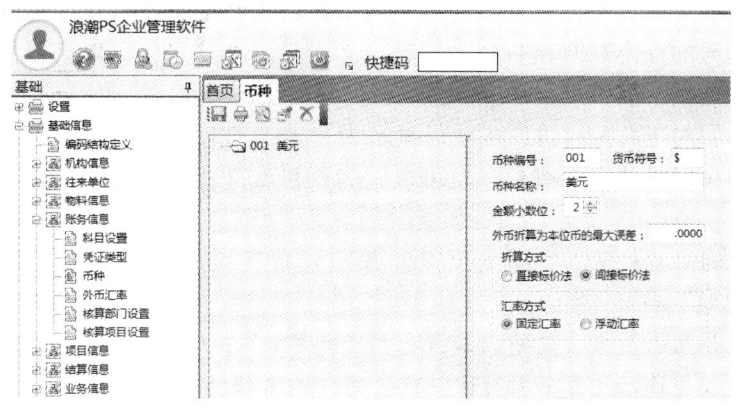

图 3-16　账务信息—币种

3. 建立会计科目

建立会计科目包括设置会计科目体系（即设立会计核算的总账、明细账的账户体系）和建立会计科目字典。建立会计科目字典包括定义科目编号、科目名称、科目属性、助记码、科目性质、账页格式、余额方向及与现金流量表、辅助核算等。

单击菜单“基础信息—账务信息—科目设置”进入“科目设置”界面，系统将根据用户在账套管理模块中所选择的行业进行总账科目的设置，如图 3-17 所示。

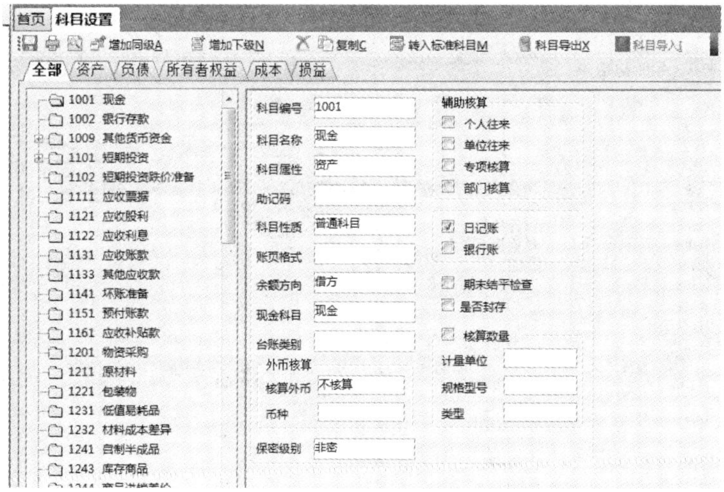

图 3-17　科目设置

科目编号：定义的会计科目的编号，编号的各级长度必须和前面系统环境定义中的科目结构的定义相适应。一级科目的编号必须采用财政部规定的编号。科目编号必须唯一，且科目编号应按其上下级的先后关系由上至下建立。输入下级科目编号时，必须已有相应的上级科目存在。科目编号只能用数字 0-9 表示。

科目名称：会计科目编号对应会计科目的名称，其中一级科目的名称必须采用财政部规定的名称。系统允许科目名称可以为汉字或英文字母，但最多可为 30 个汉字或 60 个字符。

科目属性：其是指科目的性质，即账户类别。确定科目是属于资产类、负债类、所有者权益类、成本费用类还是损益类。当用户输入一个总账科目编号时，系统会自动根据科目编号的首位判断该科目的属性，然后显示在这里，可以进行修改，但存盘后不能再做修改。下级科目自动继承上级科目的属性且不允许修改。

科目性质：对于总账科目，该项目显示为“普通科目”且不允许修改。而对于一个非总账科目可以将其定为科目，也可以定为栏目。符合以下几个条件的科目设为栏目比较合适。

①如果某科目被设置为“现金科目”或“银行存款科目”，那么系统同时也将它设置为“日记账”科目。

②对于已使用的科目（已有余额或已用于制单），不允许再设置其外币核算属性。

③对于设置为辅助核算的科目，一旦使用（已有辅助余额或已用于制单），就不允许取消其辅助核算设置。

④对于有核算数量的科目，一旦使用（已有余额或已用于制单），则不能取消核算数量设置。

⑤设置核算数量时，只能在总账科目上设置，下级科目自动继承这一属性。

⑥如科目已经用于制单，则不能再增加下级科目。

4. 余额初始

（1）在主界面左下方选择“业务”菜单，单击“财务会计—初始—科目设置—余额初始”，进入科目余额录入窗口，选中要输入期初余额的明细科目所在行，如图3-18所示。

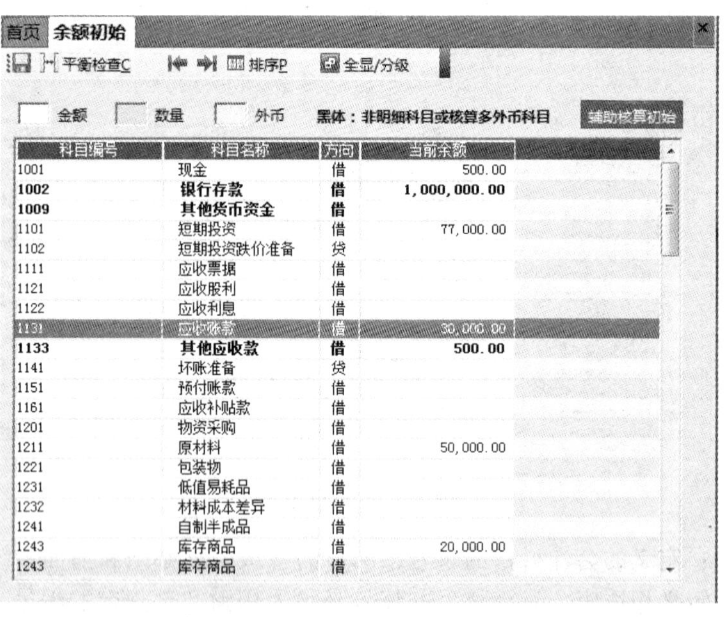

科目编号	科目名称	方向	当前余额
1001	现金	借	500.00
1002	**银行存款**	**借**	**1,000,000.00**
1009	**其他货币资金**	**借**	
1101	短期投资	借	77,000.00
1102	短期投资跌价准备	贷	
1111	应收票据	借	
1121	应收股利	借	
1122	应收利息	借	
1131	应收账款	借	30,000.00
1133	**其他应收款**	**借**	**500.00**
1141	坏账准备	贷	
1151	预付账款	借	
1161	应收补贴款	借	
1201	物资采购	借	
1211	原材料	借	50,000.00
1221	包装物	借	
1231	低值易耗品	借	
1232	材料成本差异	借	
1241	自制半成品	借	
1243	库存商品	借	20,000.00
1243	库存商品	借	

图 3-18　余额初始

（2）单击右上角的“辅助核算初始”按钮，弹出“辅助余额初始”界面，如图3-19所示（以应收账款科目为例，且设置了单位往来辅助核算的情况）。

辅助余额初始(1131----应收账款)

单位编号	单位名称	余额方向	当前余额(金额)
01	马鞍山钢铁厂	借	10,000.00
02	宝钢	借	5,000.00
04	南汽车厢厂	借	15,000.00
合 计		借	30,000.00

图 3-19 辅助余额初始—应收账款

(3) 单击“增加”按钮，输入单位编号或鼠标右键，从列表中选择所需要的单位，选择余额方向，输入各项累计额或余额。输入完成后，可以继续输入其他往来单位的余额数据。当所有的数据都输入完成后，单击“保存”按钮保存已完成操作的结果，然后单击“退出”按钮，退出辅助核算初始操作窗口，返回到“辅助余额初始”窗口。此时可以看到的应收账款各项累计额、余额正是其辅助核算对应的累计额、余额的合计。

(4) 单击“开始检查”按钮可以进行期初余额的平衡检查，如图 3-20 所示。平衡的内容前面出现一个绿色的“√”号，不平衡的内容前面出现一个红色的“×”号。检查完毕，单击“检查报告”按钮，从弹出的窗口中选择“打印”按钮，打印检查报告，或单击“退出”按钮退出平衡检查。

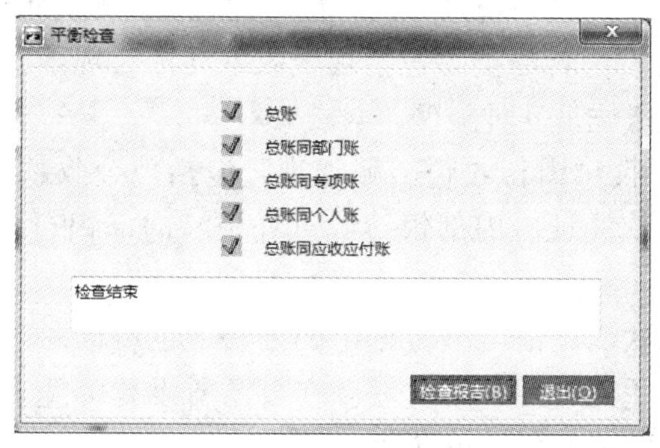

图 3-20 平衡检查

5. 出纳初始

出纳初始主要完成结算方式的定义，即定义核算单位使用的结算方式。

单击菜单“基础信息—结算信息—结算方式”，出现如图 3-21 所示操作界面。

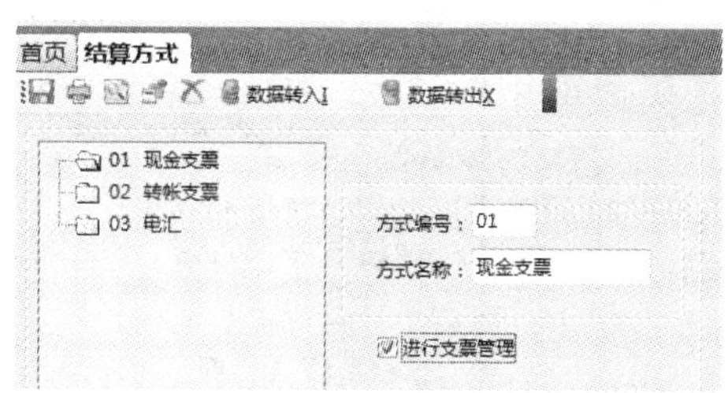

图 3-21 结算方式

6. 凭证类型定义

单击菜单“基础信息—账务信息—凭证类型”，进入“凭证类型方案”界面，如

图 3-22 所示。

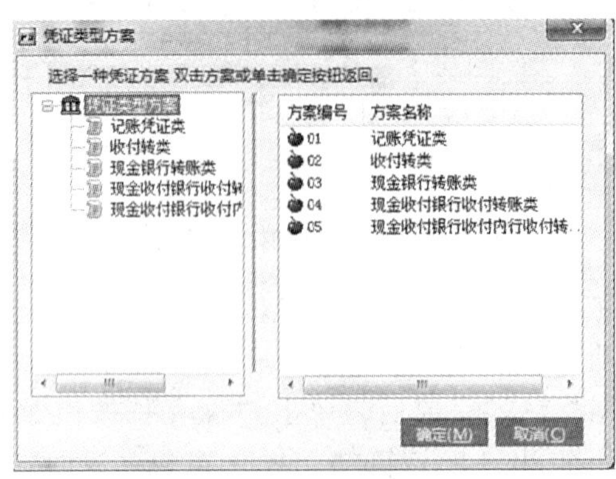

图 3-22 凭证类型方案

系统提供 5 种凭证类型方案供用户选择，包括记账凭证类、收付转类、现金银行转账类、现金收付银行收付转账类、现金收付银行收付内行收付转账类。

（1）记账凭证类，只包括记账凭证一种类型。

（2）收付转类，包括收款凭证、付款凭证和转账凭证三种类型。

（3）现金银行转账类，包括现金凭证、银行凭证和转账凭证三种类型。

（4）现金收付银行收付转账类，包括现金收款凭证、现金付款凭证、银行收款凭证、银行付款凭证、转账凭证 5 种类型。

（5）现金收付银行收付内行收付转账类现，包括现金收款凭证、现金付款凭证、银行收款凭证、银行付款凭证、内部银行收款凭证、内部银行付款凭证、转账凭证 7 种类型。

用户可以选择 5 种默认凭证类型方案中的一种，也可以对现有的凭证类型进行修改、删除，或增加新的凭证类型。用户可以在自己所设置的凭证类型中进行限制科目的定义，以保证所填制凭证科目的正确性。

在如图 3-22 所示界面中，选中一种凭证类型方案后，单击“确定”按钮，进入如图 3-23 所示的“凭证类型”界面，可以进行凭证类型定义。

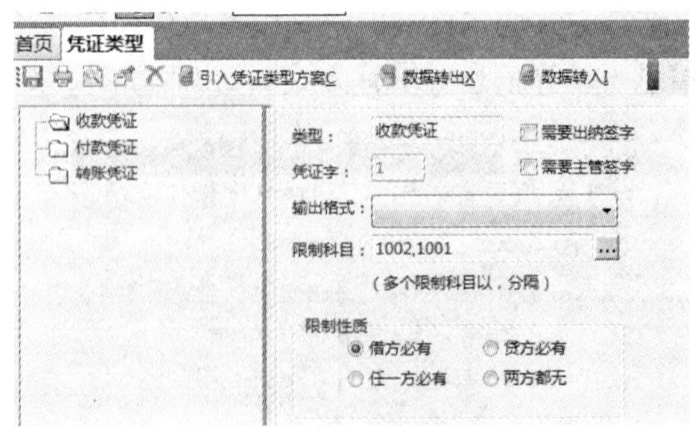

图 3-23 凭证类型

7. 出纳设置签字

在主界面左下方选择“业务”菜单，单击“财务会计—初始—科目设置—出纳签字设置”，可以进入“出纳签字设置”界面，如图 3-24 所示。

首页 | 出纳签字设置

签字M　取消签字

科目编号	科目名称	出纳签字
1001	现金	☑
1002	银行存款	☑
100201	工行存款	☑
100202	华夏银行	☑
1009	其他货币资金	☐
100901	外埠存款	☐
100902	银行本票	☐
100903	银行汇票	☐
100904	信用卡	☐
100905	信用保证金	☐
100906	存出投资款	☐
1101	短期投资	☐
1102	短期投资跌价准备	☐
1111	应收票据	☐

图 3-24　出纳签字设置

进行过“出纳签字设置”的科目，如果参与了制作凭证，那么该凭证在记账前要先进行“签字”操作，否则无法记账。

3.3.2　凭证管理

在账务处理中，凭证管理是使用最频繁的功能模块。

1. 凭证制作

凭证填制内容主要包括定义会计科目；定义凭证类型；有外币业务的单位需定义外币币种及汇率；使用个人、部门、单位往来和专项核算功能的单位需定义个人、部门、单位往来、项目信息；在凭证制作时使用摘要字典，须先在常用摘要中定义常用摘要；如使用银行对账功能须先定义结算方式。

进入“总账管理”子系统，单击菜单“凭证—制单”，弹出“制单”界面，如图 3-25所示。

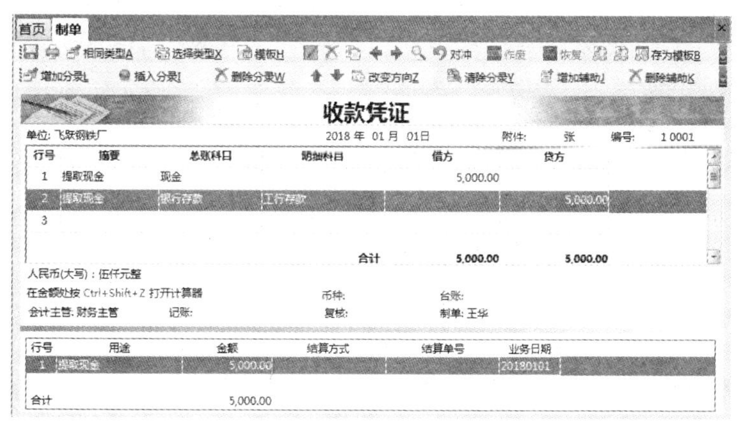

图 3-25　制单

2. 复核凭证

复核凭证是复核员按照财会制度，对制单员填制的记账凭证进行检查核对，主要是审核记账凭证与原始凭证是否相符，使用会计科目是否准确等。

凭证一旦通过复核，就不能再做修改，若要修改复核后的凭证，必须先取消复核。已经记账的凭证不能取消复核。

3. 凭证记账

记账是会计工作的一个重要环节，也是会计核算中一项重要的基础工作。凭证复核通过后，并没有登记各种账簿信息，复核通过仅是凭证登记到账簿的一个必要条件。

4. 查询凭证

设置此项，可以实现对各种状态的记账凭证的查询。在“总账管理”子系统，单击菜单“凭证—查询”，进入如图 3-26 所示界面，在其查询条件处设置查询条件。

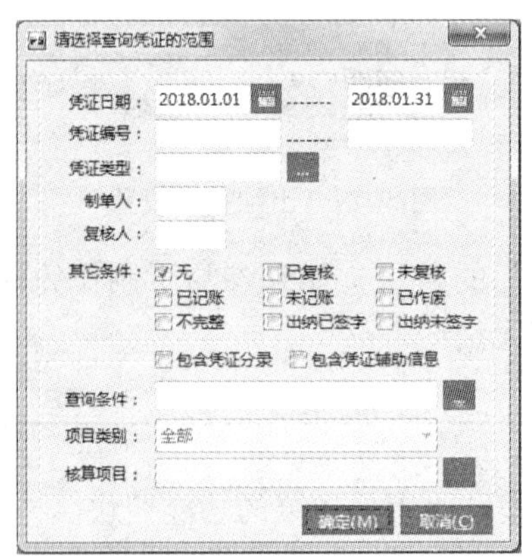

图 3-26 **凭证查询**

3.3.3 出纳管理

1. 现金日记账

单击菜单“财务会计—出纳管理—现金日记账”，弹出如图 3-27 所示的现金日记账界面，设置查询条件。

图 3-27 **现金日记账查询条件设置**

（1）按月份查，是指查询指定会计期间范围内的现金日记账。其要求用户输入一个会计期间范围。

（2）按日历查，是指查询某一日期范围内的现金日记账。要求用户输入一个日期区间。

无论是按月份查还是按日历查，都需要指定要查询的会计科目，且该科目必须是现金日记账科目。此外，如果该科目核算外币，还应选择是查询人民币的现金日记账还是查询其他外币的现金日记账。

包含未记账凭证：选择该项，所查询的现金日记账将包含未记账凭证。

合并同类分录：选择该选项后，如果一张凭证中有科目相同的会计分录，系统将把这些分录的金额汇总后输出。

按对方科目列出：选择该项，所查询的现金日记账将按对方科目列出。

按凭证录入顺序排序：选择该项，所查询的现金日记账将按凭证录入时的顺序排序。

分级显示对方科目：选择该项，所查询的现金日记账中对方科目将显示它对应的每一级科目的名称。

2. 银行日记账

此项可实现银行存款日记账的查询。在使用本功能以前，必须预先在科目设置功能中定义银行存款日记账科目。

3. 资金日报表

此项可用于查询现金日记账科目和银行存款日记账科目某日的发生额及余额，提供资金每日进出及余额情况。

4. 输入结算号

此项可实现银行存款日记账结算号的输入。由于在凭证制作时涉及银行存款科目的记账凭证，结算号并不要求必须输入，这样对于没有输入结算号的银行存款日记账，系统无法进行银行对账，该项功能提供了对该信息的输入。

5. 支票管理

在手工记账时，银行出纳员通常建立支票领用登记簿，用来登记支票领用情况。为便于出纳员对支票的管理，系统设置该功能用于详细登记支票领用日期、部门、领用人、用途等信息。

6. 银行对账

由于结算凭证在企业与银行之间的传递需要一定的时间，因而会产生未达账项。在同一月份内，企业银行存款的余额与银行对账单的余额往往是不相符的，因此，企业需要与银行进行对账。

（1）对账初始化

为了保证银行对账的正确性，在使用银行对账功能进行对账之前，必须先将日记账、银行对账单未达项录入到系统中。通常许多用户在使用账务处理系统时，并不使用银行对账模块，也就是说在使用银行对账功能之前已经有账务数据产生，因此用户应在此录入最近一次对账时企业方与银行方的调整前余额，以及启用日期之前的单位日记账和银行对账单的未达项，等所有未达账录入正确后启用对账功能。

单击菜单“财务会计—出纳管理—银行对账—对账初始化”，可以进入“银行对账初始化”界面，如图 3-28 所示。

图 3-28　银行对账初始化

启用日期：设置该银行账户对账的启用时间。

单位未达账项：单击后，系统将弹出一输入窗口，用于输入单位未达账项。

银行未达账项：单击后，系统将弹出一输入窗口，用于输入银行未达账项。

调整前余额：分别录入单位日记账和银行日记账的调整前余额。当单位未达账项、银行未达账项和调整前余额录入完后，系统自动计算单位日记账和银行日记账的调整后余额。只有调整后余额相等时，系统才允许进行银行对账操作。

启用：启用该银行账户。

（2）录入对账单

本功能用于平时录入银行对账单。本系统提供两种采集对账单数据方式，一种是直接通过录入界面由用户根据银行送来的纸质对账单录入，另一种是利用外部的对账单数据文件直接读入本系统。

（3）银行对账

该功能是采用自动对账与手工对账相结合的方式核对银行存款日记账与银行对账单。

（4）清除相对相符分录

本功能用于清除已经核对相符的单位银行日记账和银行对账单分录，执行本功能后，核对相符的单位明细账和银行对账单分录将不会在对账窗口中显示。

（5）查询余额调节表

用户在完成银行对账后可调用此功能查询并打印银行存款余额调节表，以了解银行存款日记账的核对情况。

3.4.4　部门核算

1. 录入部门目录

进入系统，录入部门目录。

2. 设置部门核算科目

单击菜单“基础信息—账务信息—科目设置”，可以对部门核算科目进行设置。以“管理费用”科目为例说明定义步骤。

（1）单击“科目设置”窗口左边目录树中“管理费用—工资”，该科目被加亮。

（2）选中“辅助核算—部门核算”复选框。

（3）依次按此操作定义其他部门核算科目，最后单击“保存”按钮，如图 3-29 所示。

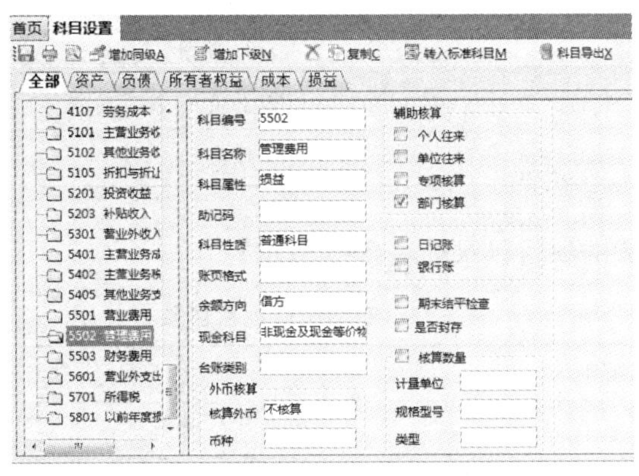

图 3-29　科目设置—部门核算

3. 录入部门初始数据

如果使用了部门核算，就需要同时录入各个部门核算的数据，如录入“管理费用—工资”的财务数据时，不能直接录入该数据，而需要按部门录入各个部门的初始数据。

在录入初始数据时，明细科目不允许录入。如“管理费用”科目有明细科目，不允许录入初始数据。

如该科目进行了专项核算、部门核算、单位往来、个人往来等核算时，不允许直接录入初始数据，需要通过辅助核算初始录入。

如建账的时间是年初，则仅仅需要录入当前余额，没有本年借方累计、本年贷方累计。

3.3.5　专项核算

专项核算是浪潮财务软件的一个辅助功能，用户可以根据企业的实际情况选择使用。例如：某企业每年都有一些在建工程，需要按工程核算其材料费、人工费、占用资金所付利息等。在手工账中，通常是按表 3-1 所示内容建科目。

表 3-1　手工账科目

<table>
<tr><th>一级科目</th><th>二级科目</th><th>三级科目</th></tr>
<tr><td rowspan="6">1603 在建工程</td><td rowspan="3">001 办公楼</td><td>001 原材料</td></tr>
<tr><td>002 工资</td></tr>
<tr><td>003 利息</td></tr>
<tr><td rowspan="3">002 宿舍楼</td><td>001 原材料</td></tr>
<tr><td>002 工资</td></tr>
<tr><td>003 利息</td></tr>
</table>

若使用专项核算，该科目可按表 3-2 所示内容进行设置。

表 3-2　专项核算科目

一级科目	二级科目
1603 在建工程	001 原材料
	002 工资
	003 利息

在专项核算中设置的项目目录如表 3-3 所示。

表 3-3　专项核算项目目录

核算类别	核算项目
01 工程	001 办公楼
	002 宿舍楼
	……

通过将“在建工程”科目设为专项核算，把科目与专项核算项目建立了联系，“在建工程”科目每发生一笔业务，在专项核算中同时也记入一笔。

从科目设置的角度来看，专项核算所表现的特征如表 3-4 所示。

表 3-4　专项核算的特征

项目	使用专项核算	不使用专项核算
科目结构	科目结构简化	科目结构复杂，冗余度大
凭证录入	减少凭证分录，录入方便	
灵活性	增加核算项目方便	增加一个工程，同时增加了多个费用科目，科目设置复杂

1. 设置核算科目

在“科目设置”界面，选中需进行专项核算的会计科目，单击“辅助核算—专项核算”，然后单击“保存”按钮即可。

2. 核算项目设计

（1）定义项目类别

定义项目类别即给需要核算的项目命名，如工程、课题、科研项目等类别。

（2）定义项目结构

项目结构一般不必定义，如果需要核算其他内容，如工程类别的核算项目，需要对“工程总造价”“承包人”等内容进行记录或管理，则可以通过该步骤进行定义，否则直接跳过。

（3）定义核算项目

定义该核算类别包括哪些核算项目，如例子所举的办公楼、宿舍楼等为核算项目，需要逐一录入。

3. 专项核算数据初始

（1）单击要录入数据的科目，如“在建工程”，双击该科目显示出明细科目。

（2）单击要录入数据的明细科目，如“在建工程—材料费”。

（3）单击右上角的“辅助核算初始”按钮，弹出录入数据窗口。

（4）单击“增加”按钮，在项目编号的空栏内直接录入项目编号或按右键通过帮助字典选择项目。在余额栏、本年借方累计、本年贷方累计中分别录入相应的财务数据。依次按该步骤录入其他项目数据即可。

（5）单击菜单“文件—平衡检查”，系统自动进行专项核算账和科目账的平衡检查。

4. 专项核算日常数据录入

（1）在录入凭证时，若该科目是专项核算科目，则录入完科目编码后，在屏幕的下半部分录入专项核算数据。

（2）在部门编码处，按右键选择部门；在金额处直接输入该部门的金额，业务日期为该业务发生时间。

（3）若有多个核算项目发生该业务，则单击辅助菜单中的增加，增加项目分录。若需要删除不需要的项目分录，单击删除即可。若需修改直接单击需要修改栏目即可。

3.3.6 个人往来

在账务处理子系统的科目设置中，将需要进行“个人往来”核算的科目设为“个人往来”。在账务处理子系统的科目余额初始中，将个人往来科目及个人账户的初始余额录入。日常的个人往来数据可以在填制凭证时再选择个人往来辅助项进行录入。具体操作步骤与专项核算相似。

3.3.7 单位往来

在账务处理子系统的科目设置中，将需要进行“单位往来”核算的科目设为“单位往来”。常见的单位往来科目为应收账款、应付账款、预收账款、预付账款等科目。单位往来的数据可以在科目期初录入。日常的单位往来数据可以在填制凭证时候录入。

3.3.8 台账管理

1. 台账要素的设置

台账的设置可以随时进行，设置前应充分考虑好有关台账的内容，包括台账的类别、台账项目、核算科目三部分内容。其操作步骤如下：

第一步，设置台账类别。台账类别指台账的账册名。为了管理的需要，可以设置多册台账，如“管理费用台账”“生产费用台账”等。单击菜单“编辑—增加”，在空行内输入台账的类别编号和类别名称。若删除台账类别，单击菜单“编辑—删除”。

第二步，设置台账项目。台账项目指每册台账中的账户名，相当于账册中的科目。例如“管理费用台账”中包括差旅费、办公费、水电费等；“生产费用台账”中包括修理费、工资、福利费、运输费、制造费等。

第三步，设置台账类别对应的核算科目。核算科目指每册台账所对应的科目，即把此台账指定为某科目的辅助账。利用此功能把某一台账类别指定给相应的科目。如果把“生产费用”台账的核算科目规定为基本生产，则表示为“基本生产”科目设置了名为“生产费用”的台账。

2. 台账科目的设置

将需要进行台账管理的科目设置为台账，如现金、银行存款等科目。系统提供了两种方式：一种是在设置台账类别时指定核算科目；另一种是在“科目设置”界面中，选中需设置台账的科目，单击“台账类别”文本框，选择该科目对应的台账类别，如货币资金类别。

3. 台账要素确定

设置完台账要素后，业务数据如何记入台账，有两种方法：一是在凭证录入时，同时选择科目对应的台账要素；二是事后确定，即在凭证中没有确定，可以在台账要素确定功能中再确定。

3.3.9 月末处理

月末处理包括自动完成转账、期末调汇凭证的生成、平衡检查、月末结转等工作。

1. 对应科目结转

单击菜单“财务会计—总账管理—月末—对应科目结转”，进入如图 3-30 所示“对应科目结转”窗口，选中需要进行对应结转的凭证，单击“生成凭证”按钮。

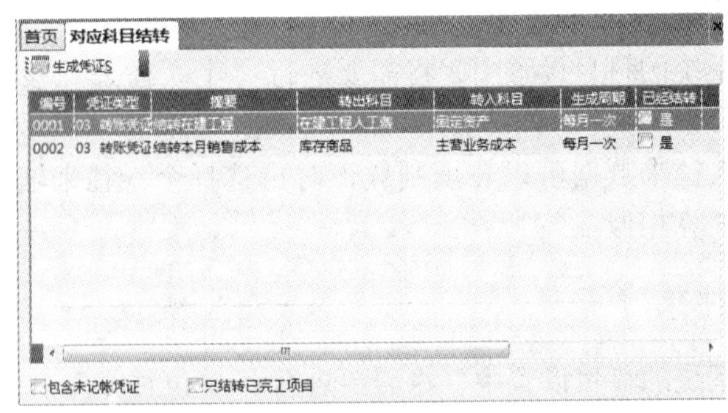

图 3-30 对应科目结转

使用时需要在“总账管理—初始—月末设置—对应科目结转”预先进行设置。

2. 自定义凭证

根据企业的实际转账需求，定义可以自动转账的凭证，包括凭证类型、摘要、分录及金额公式，其中关键部分是分录及金额公式。单击菜单“总账管理—月末—自动转账”，进入“自定义凭证”界面，如图 3-31 所示。

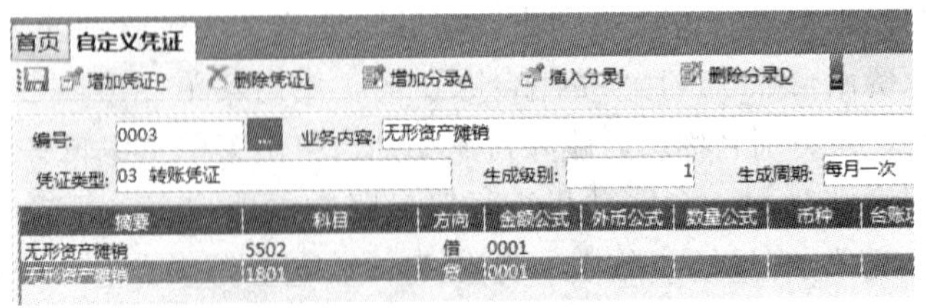

图 3-31 自动定义凭证

以“无形资产摊销”业务为例讲解如何定义一张自动转账凭证。

（1）增加凭证。

编号：系统给予每一张自定义凭证的顺序号，不能进行修改。

业务内容：指该凭证的业务说明，即默认的凭证摘要，如“无形资产摊销”，直接输入即可。

凭证类型：指该凭证所属的凭证类型，如“记账凭证”，可通过下拉框进行选择。

生成级别：控制该凭证自动生成时的顺序，按序号由大到小逐个生成。生成级别在于自动生成凭证之间存在着相互依赖关系。例如工资的分配凭证要优于费用结转利润凭证先生成，因为前者在生成之后，费用才完整。若各张凭证的生成无先后顺序，可按默认设置，不用修改。

生成周期：指该凭证自动生成的周期期限，分两种情况：每月一次；每年一次。其可通过下拉框进行选择。生成周期的设置，可以防止部分年终决算的凭证未到会计年终而生成。

（2）增加分录，即录入该凭证的每条分录的科目。

（3）定义数据公式。

3. 调汇凭证的自定义

单击菜单“总账管理—初始—月末设置—调汇凭证”，进入图 3-32 所示“调汇凭证”界面，可进行调汇凭证的定义。

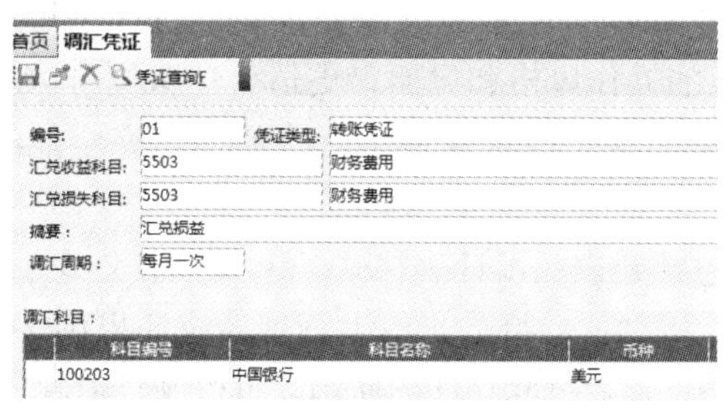

图 3-32　调汇凭证

4. 期末调汇

对于使用外币业务核算的企业，在每个会计期末都需要进行汇兑损益的处理。如果用户已经通过调汇凭证定义功能定义好需要处理的调汇凭证，则在此自动生成相应的调汇凭证即可。单击“总账管理—月末—期末调汇”，进入图 3-33 所示“期末调汇”界面。

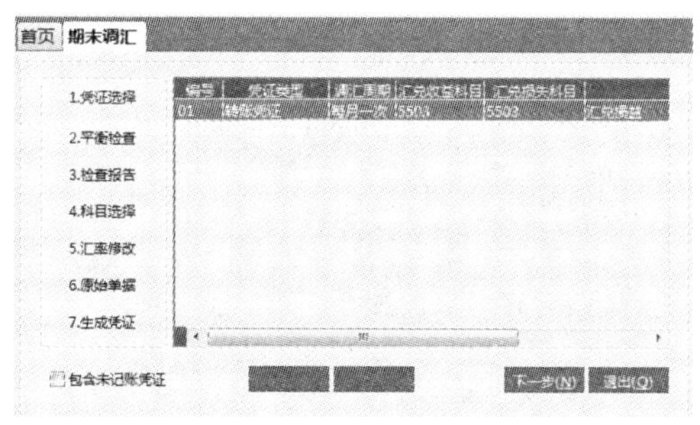

图 3-33　期末调汇

5. 平衡检查

在账务子系统中选择“月末—平衡检查”菜单项后，显示平衡检查窗口，单击“开始检查”按钮，自动检查完毕后，选择检查报告。

6. 账务处理月末结转

当一个会计核算周期结束时，需要对本月的账务资料进行月末结转处理，即所说的封账。财务软件提供的月末结转功能就是完成封账需求，所以它是每月账务处理的最后一步操作，也是必须进行的一步操作。在账务子系统中选择“月末—月末结转”菜单项，可进入月末结转功能。

①自定义凭证一般应在月结前完成。

②在结转前，本期间内的所有凭证必须都已记账。

③结转日期应为本期的最后一天。

④结转完毕后，屏幕最下方显示的日期，即当前财务日期应为下月的会计期间的第一天，如果是本年度最后一个期间，结转时首先进行年度资料备份。

3.4 报表管理系统

报表管理系统是财务软件的重要组成部分，是运行在 Windows 环境下的通用报表系统。而与 EXCEL 相似的操作风格和界面，更适合广大财务人员的要求，达到了易学易用的效果；强大的数据功能，与账务系统联合使用，完全能够满足所需要编制的财务报表要求。

报表管理系统主要包括建表、设计表格式、定义报表公式、报表数据处理、报表打印以及图文并茂的报表分析功能。另外，报表管理系统还提供了与外部和内部数据接口以及强大的数据保护功能，通过这些功能的使用，可以满足编制各种会计报表的要求。

3.4.1 创建新的报表

在报表管理子系统，单击菜单“报表—新建”，进入“新建报表”窗口，如图3-34所示。

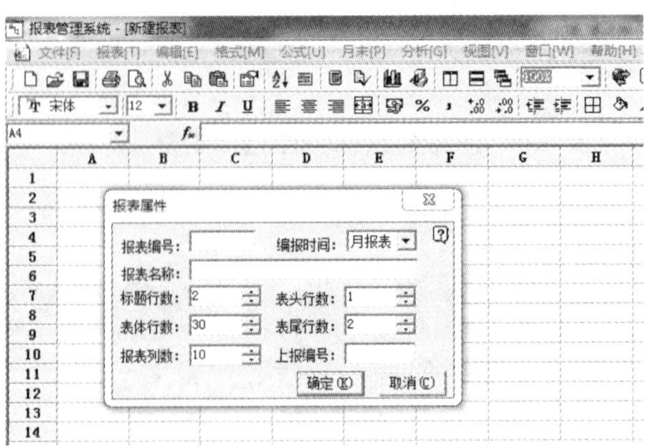

图 3-34 新建报表

3.4.2 设计表格格式

报表表格格式设置主要包括：如何画表格线、如何画斜线、设置单元格属性、设置行列性质、插入及删除行列、缩进设置、设置分页符、表选项及图形对象设置。

进入报表管理子系统，打开一张报表，选择要设置格式的单元格，单击菜单“格式—单元格—单元格属性”，进入“单元格的格式”对话框，如图 3-35 所示。

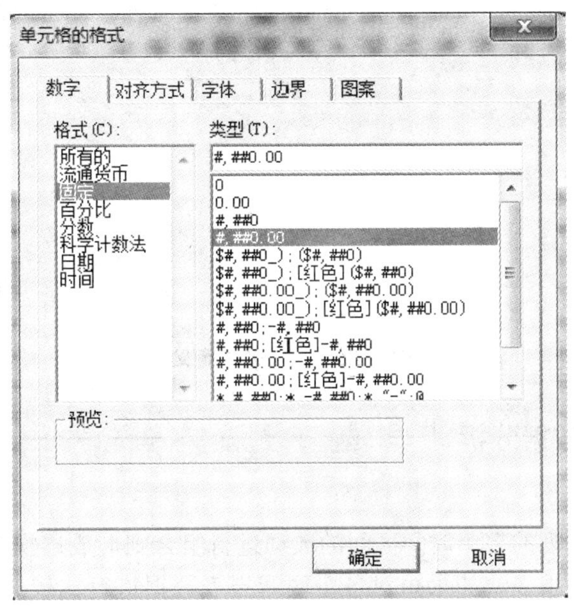

图 3-35 单元格格式设置

3.4.3 报表公式定义

(1) 打开报表，选择“视图”菜单下面的某种公式定义状态。

(2) 数据状态和计算公式状态下都可以定义报表的计算公式；效验公式必须在效验公式状态下定义，在效验公式状态下也只能定义效验公式。

(3) 选择单元格，在单元格中输入“=”，在“=”后面输入取数公式。或者单击公式编辑框左边的函数图标即可进入公式定义向导界面，如图 3-36 所示。

(4) 单击菜单“公式—报表计算—计算本表”，则完成公式的计算，计算结果显示在单元格中。

(5) 关闭报表，在关闭之前进行此报表的保存。

3.4.4 报表数据处理

进入报表管理子系统，打开报表，选择“公式”菜单下的“报表计算”中“计算本表”功能选择此功能，系统将自动进行公式计算。如果选择“视图”菜单下的“数据状态”，则显示全部数据。

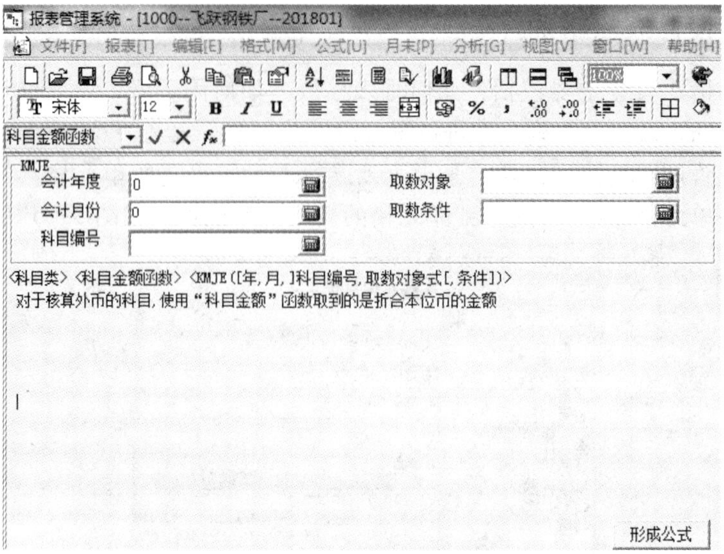

图 3-36　报表公式定义

3.4.5　报表数据分析

1. 报表数据透视

把一个报表某些列的多个时间区间的数据进行组合则形成透视表。正常的情况下，每一次只能看见一张报表。如果想对各个区间报表数据进行比较，可以利用数据透视的功能，把多个时间区间的数据显示在一个平面上。

进入报表管理子系统，打开进行分析的报表，单击菜单“分析—数据透视”，系统显示“选取透视定义”对话框。设置透视表的时间区间，缺省的区间为本年年初至本月。单击“确定”按钮，进入“透视表定义”对话框，可对增加的透视表执行增加、删除、修改等操作，如图 3-37 所示。查看报表数据可对报表项目在不同会计区间进行分析。

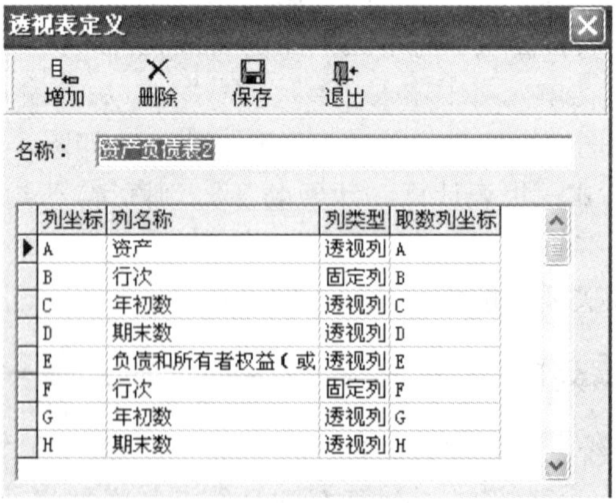

图 3-37　透视表定义

2. 单元格数据构成分析

系统可对组成单元格的数据进行分析，确定每个函数的返回值。

选择需要分析数据的单元格，单击鼠标右键，弹出编辑窗口，在编辑窗口中选择“单元格数据构成”功能，系统显示如图 3-38 所示。

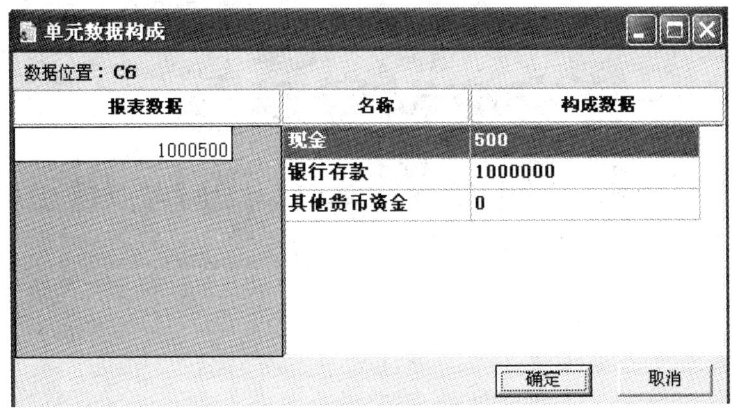

图 3-38　单元格数据构成

其中，左面部分显示单元格中数据，右面部分显示组成公式的每一个数据项。

①如果是科目函数，在右面部分显示科目名称和数值。

②如果是单位往来函数，在右面部分显示单位名称和数值。个人往来函数和部门函数与单位往来函数相同，在右面部分显示个人名称、部门名称。

在右面部分公式项中，单击鼠标右键，弹出编辑窗口，单击“账页查询”功能，可对公式项中所有科目编辑范围的科目查询总账和明细账，对于固定资产科目，还可以查询固定资产系统中的有关信息。

3.4.6　报表打印

完成报表格式及数据的设置之后，一张完整的报表在系统中就定义完毕，需要把它打印出来，以便装订成册，进行月末存档。

4 管家婆财贸双全 Ⅱ Top+V18.0 的应用

4.1 系统的安装与启动

4.1.1 系统的特点

管家婆财贸双全系列是成都任我行软件股份有限公司根据中小企业成长过程中的实际需要开发的业务、财务一体化软件。该系列软件以进销存处理为基础，以财务核算为核心，集进销存、账务核算、固定资产、工资核算等管理功能于一体，将企业的业务信息与财务信息高度集成，帮助企业实现物流、资金流、信息流的整合与控制。财贸双全的应用价值：

（1）规范业务管理。规范企业管理流程，实现各部门业务协作，提升企业运营效益。

（2）标准财务核算。预置标准财务准则，自动生成业务凭证及会计账表，提高财务核算效率。

（3）辅助决策分析。多维度经营数据统计与分析，洞察企业经营变化，辅助管理者决策。

（4）易学易上手。为中小企业量身打造的人性化产品，流程清晰，操作简便，能快速上手。

4.1.2 系统的安装

管家婆财贸双全Ⅱ Top+V18.0 需要 SQL SERVER 2005 标准版的支持，所以安装系统前必须先安装 SQL SERVER 2005 标准版。

管家婆财贸双全Ⅱ Top+V18.0 的安装包括两个部分：一是服务器端程序的安装，二是客户端的安装。无论是单机版、试用版、网络版、查询版、均需要安装服务器与客户端两个程序。

在局域网使用中，只需要作为服务器的计算机安装服务器程序，作为客户端的计算机则只安装客户端程序。但若是单机使用，则必须在计算机上同时安装服务器与客户端。安装步骤如下：

第一步：将管家婆财贸双全Ⅱ Top+V18.0 安装盘插入光驱后，安装盘将自动启动安装程序，或者手动执行光盘目录下 setup. exe 文件，首先执行解压缩，然后弹出“欢迎”界面，进入“安装向导”窗口。

第二步：单击“下一步”，进入“软件许可协议”窗口，勾选“我已阅读并同意软件许可协议”。

第三步：单击“下一步”，进入“准备安装”界面，可以选择程序安装目录，如图 4-1 所示。系统默认安装路径是在 D：\ GraspServer \ CMSQ 目录下，用户也可选择其他的路径进行安装。

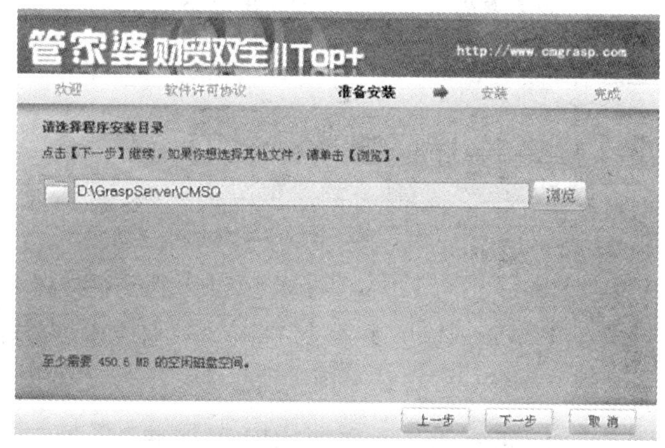

图 4-1　管家婆财贸双全Ⅱ Top+V18.0 安装目录选择

第四步：单击“下一步”，可以选择“安装类型”，有典型安装和自定义安装，典型安装默认单机网络版，自定义安装还可选择试用版和查询版。

第五步：单击“下一步”，显示安装“目标位置”“安装类型”和“所选组件”，如果用户想查看或更改设置，可以单击“上一步”。

第六步：单击“安装”，系统开始安装软件，直到安装完成。安装完成后，系统会在桌面和开始菜单里创建图标。安装进程中，安装程序会自动安装加密狗的驱动程序。

4.1.3　系统启动

1. 服务器端要运行处理的内容

服务器端要运行处理的内容包括：

第一，启动服务器上的 SQL SERVER 2005 标准版的 SQL SERVER 服务。

第二，启动服务器上的管家婆财贸双全Ⅱ Top+服务器支持者。

从“开始—所有程序—管家婆软件—管家婆财贸双全Ⅱ Top+”中选择“管家婆财贸双全Ⅱ Top+服务器支持者”并运行，也可在管家婆财贸双全Ⅱ Top+服务器安装目录下运行“ScktSrvr. exe”，运行后在任务栏右下角有图标。

211 端口不能被占用或被其他程序封闭。安装杀毒软件或操作系统时，留意其对 211 端口是否关闭，如果关闭了请一定释放此端口。

首次安装服务器端程序后，管家婆财贸双全Ⅱ Top+服务器支持者需要手工启动。以后每次启动操作系统时，该服务器会自动启动。

第三，运行管家婆财贸双全Ⅱ Top+程序。

从“开始—所有程序—管家婆软件—管家婆财贸双全Ⅱ Top+”选择“服务器”并运行，在任务栏右下角出现蓝色小图标，表示启动成功。

第四，管家婆财贸双全Ⅱ Top+中间层服务器设置。

双击任务栏右下角的蓝色小图标，或从开始菜单“服务器”进入，出现服务器属性对话框，如图 4-2 所示。

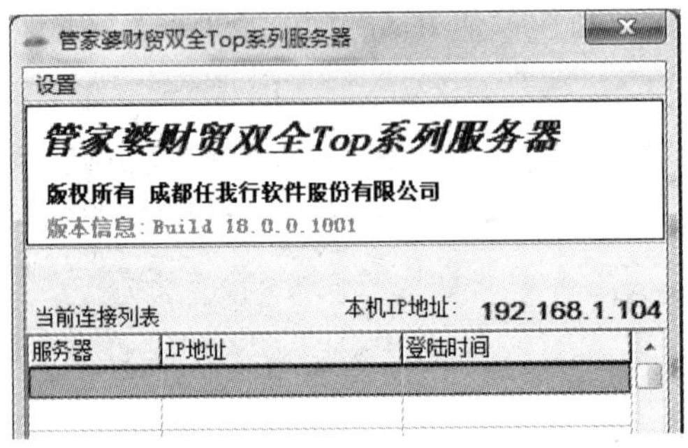

图 4-2　管家婆财贸双全Ⅱ Top+服务器属性对话框

单击菜单“设置—设置数据库连接参数”，进入“数据库连接参数设置”对话框，如图 4-3 所示。

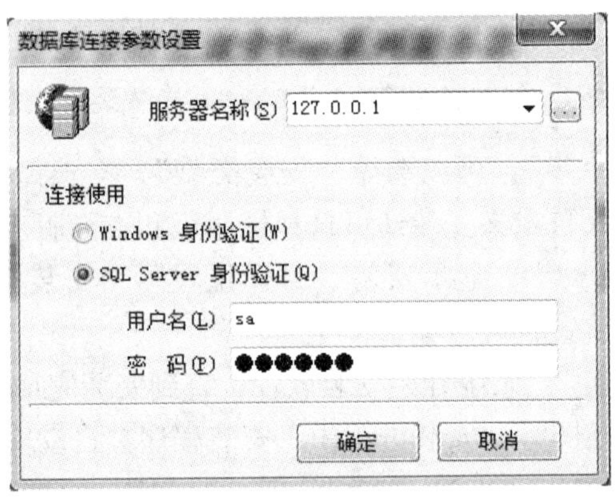

图 4-3　管家婆财贸双全Ⅱ Top+服务器数据库连接参数设置

其中：

服务器名称，指 SQL 数据库所在计算机的名称或 IP。

用户名，指 SQL 用户，默认为 SA。

密码，指安装 SQL 的用户名 SA 对应密码。

2. 客户端计算机要处理的内容

从“开始—所有程序—管家婆软件—管家婆财贸双全Ⅱ Top+”，选择“单机网络版”并运行，出现“登录向导”界面，如图 4-4 所示。

图 4-4　客户端登录向导

录入操作员及登录密码后，系统会默认显示该操作员有进入权限的所有账套，用户可以选择登录的账套。

首次使用时，账套选择列表为空；默认操作员为“会计主管”。

登录日期是指操作员进入账套的日期时间。在做单据或凭证时，系统会取登录时间作为默认的制单日期，用户可根据实际情况进行修改。

操作员或登录密码录入错误时，将无法选择账套信息。

4.2　基础资料和期初建账

4.2.1　新建和删除账套

1. 登录账套管理

从“开始—所有程序—管家婆软件—管家婆财贸双全Ⅱ Top+”，选择“账套管理”，出现“登录”界面，如图 4-5 所示。

图 4-5　财贸双全Ⅱ Top+账套管理—登录

输入数据库服务器名称或 IP 地址、数据库用户名和数据库密码，单击“登录”，进入“管家婆财贸双全账套管理”界面，如图 4-6 所示。

在账套管理工具中，可以对账套进行新增、删除、备份、恢复、引入等操作，并可以制定不同的自动备份计划和备份数据删除计划。

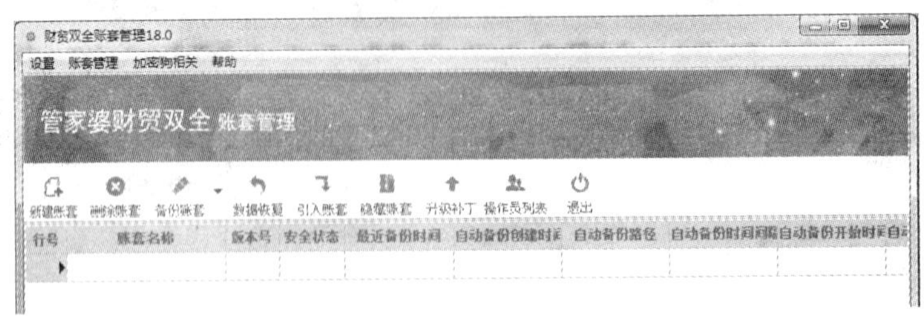

图 4-6　管家婆财贸双全ⅡTop+账套管理

账套管理工具必须安装在服务器上才能使用。

2. 新建账套

在如图 4-6 所示的管家婆财贸双全账套管理界面，单击“新建账套”按钮，进入“创建账套”界面，如图 4-7 所示。

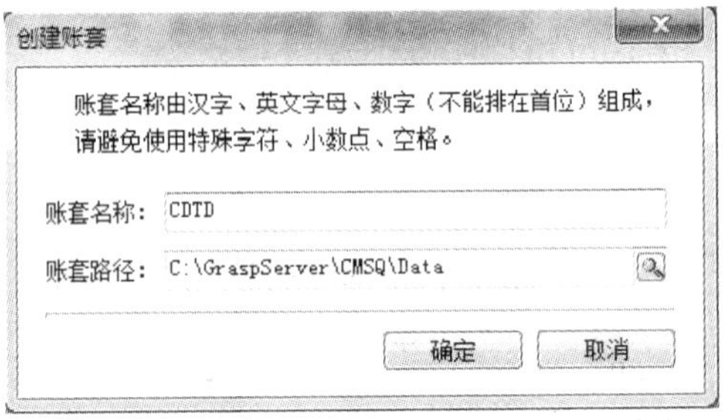

创建账套

账套名称由汉字、英文字母、数字（不能排在首位）组成，请避免使用特殊字符、小数点、空格。

账套名称：CDTD

账套路径：C:\GraspServer\CMSQ\Data

确定　取消

图 4-7　创建账套

账套名称的首位字符不能是数字、账套名中不能包含“.”“#”“+”等特殊字符，否则不允许创建。

填完账套名称，指定账套路径后，单击“确定”按钮，系统将自动创建一个与账套名称相对应的数据库，用于保存账套数据。

单击“引入账套”按钮，可以将一个备份数据引入到一个新的账套中。

3. 删除账套

在如图 4-6 所示的管家婆财贸双全账套管理界面，选中要删除的账套，单击“删除账套”按钮，再“确定”即可。

4. 账套初始设置

账套建立完成以后，用户即可在客户端启动管家婆财贸双全ⅡTop+，通过如图 4-4 所示的“登录向导”登录系统，首次登录后，需要进行账套初始设置。

（1）公司信息，如图 4-8 所示。

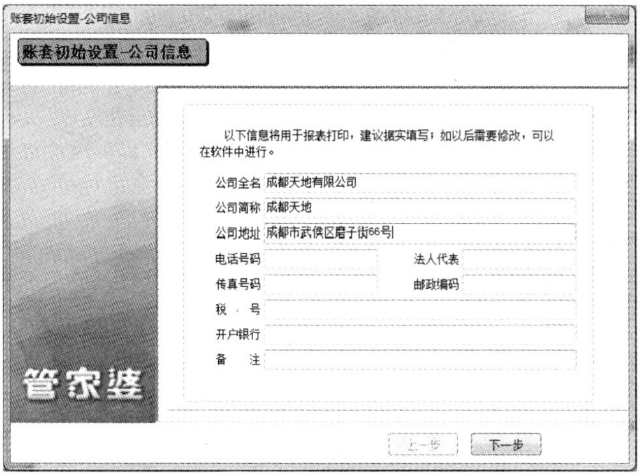

账套初始设置-公司信息
账套初始设置-公司信息
以下信息将用于报表打印，建议据实填写；如以后需要修改，可以在软件中进行。
公司全名 成都天地有限公司
公司简称 成都天地
公司地址 成都市武侯区磨子街66号
电话号码
法人代表
传真号码
邮政编码
税 号
开户银行
备 注
管家婆
上一步
下一步

图 4-8 账套初始设置—公司信息

（2）系统设置，如图 4-9 所示。

账套初始设置-系统设置
账套初始设置-系统设置
请选择企业类别 2014企业会计制度
科目预览
凭证类型
记
收、付、转
现收、现付、银收、银付、转
管家婆
上一步
下一步

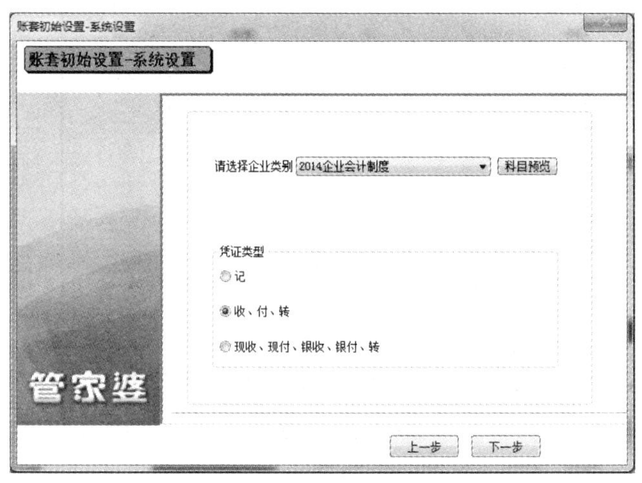

图 4-9 账套初始设置—系统设置

系统提供的企业类别有：2014 企业会计制度和 2012 小企业会计准则供选择。
科目预览：可以查看对应企业类别的会计科目。
凭证类型预置有：记，收、付、转，现收、现付、银收、银付、转三类。
（3）科目级长，如图 4-10 所示。

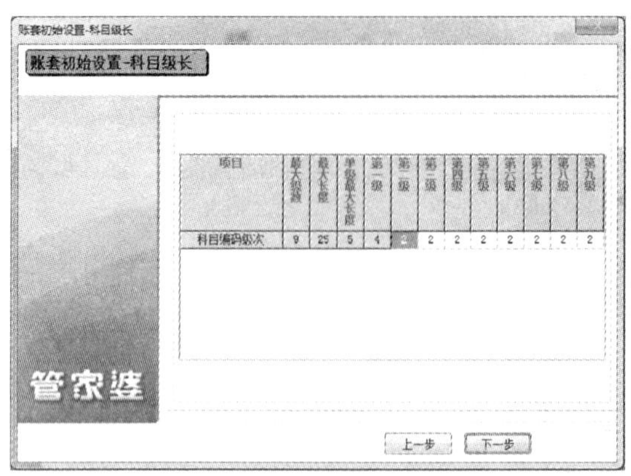

图 4-10　账套初始设置—科目级长

（4）会计期间设置，如图 4-11 所示。

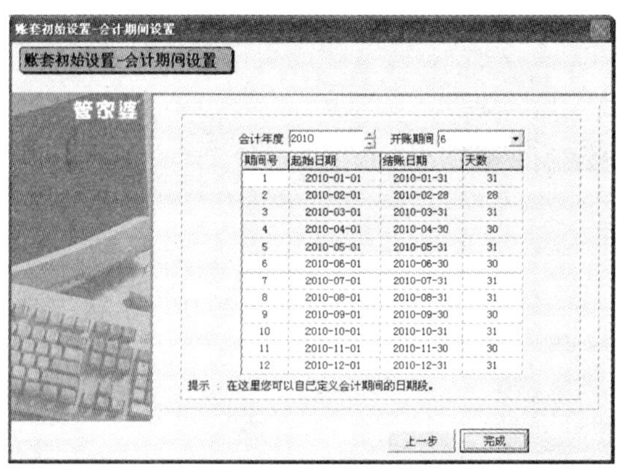

图 4-11　账套初始设置—会计期间设置

单击“完成”按钮，即可进入管家婆财贸双全Ⅱ Top+V18.0 主界面，如图 4-12 所示，进行期初建账设置。

图 4-12　管家婆财贸双全Ⅱ Top+V18.0 主界面

如果用户第二次登录系统，则账套初始设置这四步就被系统忽略了，而直接从如图 4-4 所示的“客户端登录向导”登录到系统主界面。

4.2.2 基础资料

基础资料是指系统使用所需要的最基本的静态数据，包括存货、供应商、客户、职员、存货仓库、部门、会计科目、项目、常用摘要等。

1. 基础资料规则设置

基础资料规则设置用于定义基础资料的录入规则。

菜单操作：进入“基础资料—基础资料规则设置”，打开“基础资料规则设置”对话框，如图 4-13 所示，用户在此可以进行会计科目、往来单位、公司职员、仓库、部门、地区、存货档案、结算方式、项目信息、品牌信息、工作组、工序、货位和检验项目进行规则设置，设置完毕，单击“保存”按钮。

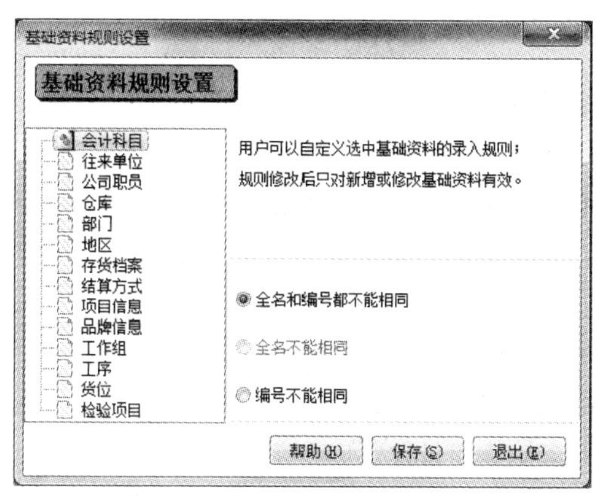

图 4-13　基础资料规则设置

其中：

（1）全名和编号都不能相同，指基础资料的全名和编号必须唯一；

（2）全名不能相同，指基础资料的编号可以相同，但全名不能相同；

（3）编号不能相同，指基础资料的全名可以相同，但编号不能相同。

如果对规则设置进行了修改，新规则只对新增和修改基础资料有效，对新规则设定之前录入的基础资料不起作用；往来单位包括供应商和客户；会计科目“全名不能相同”默认为不可用。

2. 基础资料的常用操作

在对基础资料进行设置时，常用的操作包括：新增、修改、删除等操作。由于基础资料操作界面大致相同，下面以存货档案为例进行说明。

菜单操作：“基础资料—存货资料—存货档案”，打开“存货档案”列表对话框，如图 4-14 所示，即可对存货档案进行新增、修改、删除等操作。

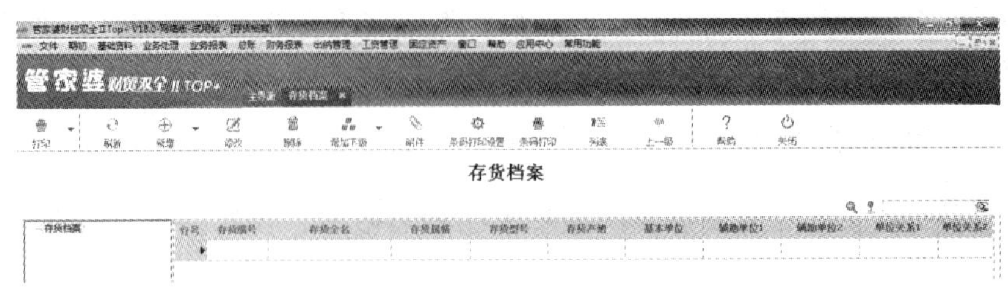

图 4-14　基础资料—存货资料—存货档案

其中：

（1）新增，包括增加同级和增加下级。增加同级是指增加同一级存货；增加下级是指对存货进行分类，增加下一级。

（2）修改，修改已有的存货信息。

（3）删除，删除已有的存货。

（4）条码打印设置，对输出条码的输出样式进行设定。

（5）条码打印，打印条码。

已做分类的基础资料不能删除，已被使用的基础资料不能删除，删除必须从最末级基础资料开始。在基本信息操作界面，蓝色字体表示字段名称可修改，单击蓝色字体即可修改。

3. 存货档案

存货信息设置，完成对商品档案的设立和管理。其主要内容包括：存货的核算方法、计价方式、存货的品牌属性、存货三个计量单位、存货的不同计量单位的价格设置、存货的安全库存天数、存货的自定义属性。

在“存货档案”列表对话框，单击“新增”按钮，进入“存货档案”录入对话框。

（1）基本信息，如图 4-15 所示。

核算方法：点击放大镜按钮，在存货核算方法列表中选取。

成本计价：同一账套不同存货支持按照存货管理的需要选择不同成本计价方法，系统提供移动平均法、先进先出、全月平均法、个别计价法四种方式。

品牌：点击放大镜按钮，在品牌列表中选取。

存货型号/产地：手动录入信息，用户记录存货的型号及产地的信息。

副单位：用于记录存货的副单位信息。

缺省供应商：可以预设存货缺省的供应商信息。

启用序列号管理：管理存货序列号。选中后，存货的进出库，必须录入序列号。

管理批号：管理存货批号信息。有管理批号的存货，将可以管理到期日期。

近效期先出库：勾选该项后，进行了批次管理的存货，会优先按近效期顺序勾选存货。

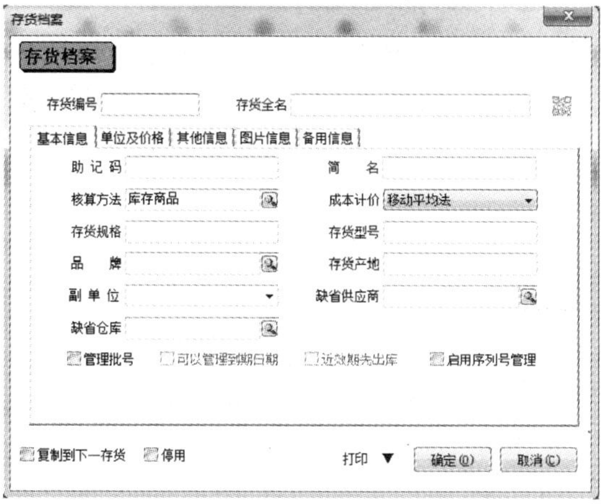

图 4-15　基础资料—存货资料—存货档案—新增—基本信息

（2）单位及价格，如图 4-16 所示。

支持对每种存货最多三个计量单位的管理，不同的计量单位均有独立的价格体系及独立的存货条码。

基本单位：录入常用的固定计量单位。一般为存货的最小计量单位。

辅助单位 1/2：录入可能使用的计量单位。一般为中包装及大包装。

单位关系：（辅助单位/基本单位）的数值。

入库/出库默认：进行存货出入库业务时，单据上默认显示的计量单位。

盘点单位：进行库存盘点时，盘点单上优先显示的单位，否则，将会以基本单位进行盘点。

默认报价：销售报价单上可选取。

批发价含税：勾选后，录入销售单、销售退货单时，系统直接把预设的批发价显示在“含税单价”栏处。

参考成本：该价格仅针对基本单位。

存货税率：每个存货可以设置不同的税率，税率会影响单据中的含税价格。

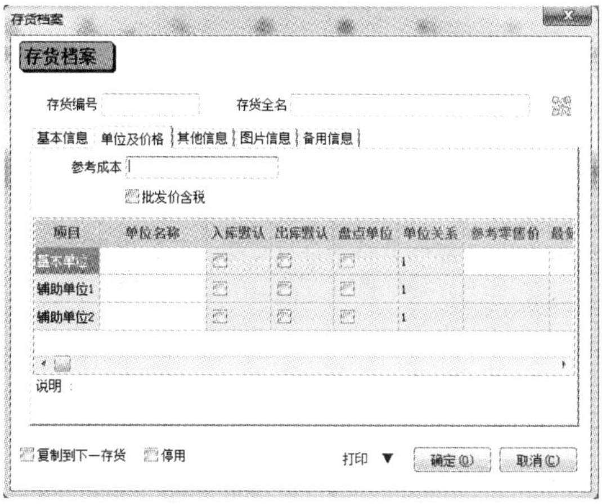

图 4-16　基础资料—存货资料—存货档案—新增—单位及价格

（3）其他信息，如图 4-17 所示。

安全库存数量：库存中需要保证该存货可维持正常销售的数量。可以参考智能补货。

安全库存天数：库存中需要保证该存货可维持正常销售的天数。可以参考智能补货。

管理自定义项 1、2、3、4：期初自定义数量录入或单据过账等情况检测自定义项 1、2、3、4 是否录入。

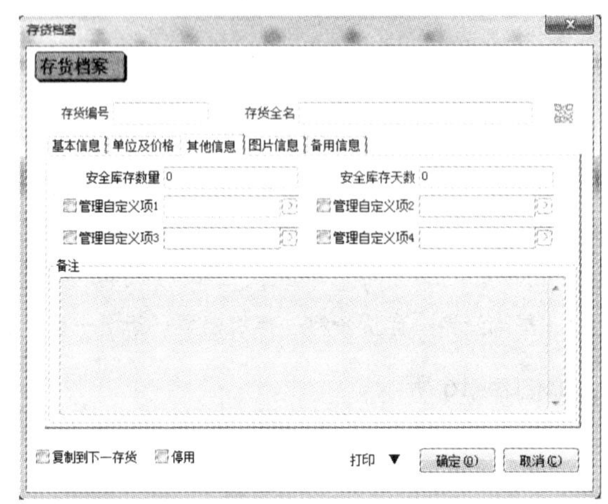

图 4-17　基础资料—存货资料—存货档案—新增—其他信息

4. 存货核算方法

用户可以自定义业务单据自动生成的会计凭证中存货对应科目、收入对应科目及支出对应科目，增强了业务与财务关联的灵活性。在新增存货时要求为存货选择属于哪种核算方法。

菜单操作：“基础资料—存货资料—存货核算方法”，打开“存货核算方法”列表对话框，如图 4-18 所示，单击“新增”按钮后，系统弹出“存货核算方法”录入对话框，如图 4-19 所示。

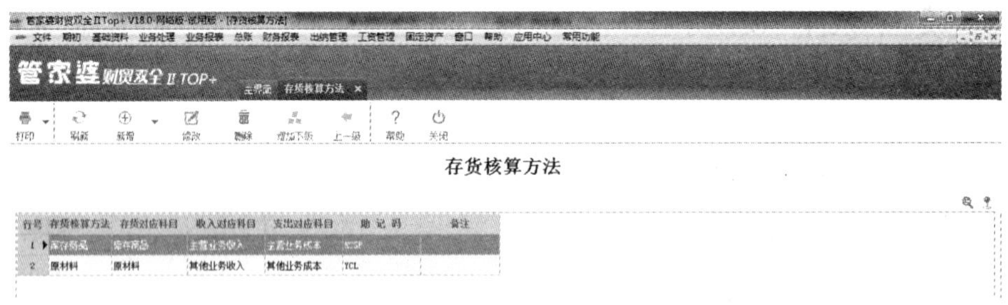

图 4-18　基础资料—存货资料—存货核算方法

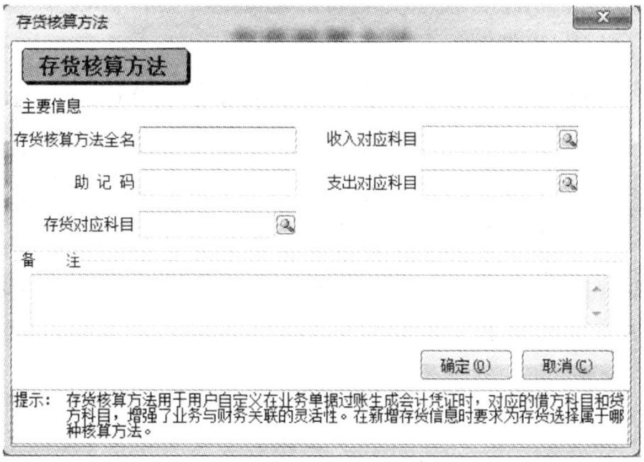

图 4-19　基础资料—存货资料—存货核算方法—新增

存货核算方法全名：录入必须符合基础资料规则设置要求。

助记码：根据属性名称自动生成，是属性名称的拼音缩写。

存货对应科目：单据过账生成会计凭证时，存货金额对应的科目，通常是资产类科目。如材料对应会计科目“原材料”。

收入对应科目：销售单、销售退货单过账生成会计凭证时，收入金额对应的科目，通常是收入类科目。如收入对应“主营业务收入”。

支出对应科目：销售单、销售退货单过账生成会计凭证时，成本金额对应的科目，通常是支出类科目。如支出对应“主营业务成本”。

5. 客户

客户资料分类最多可分 5 级。

菜单操作：“基础资料—客户”，进入“客户”列表对话框，单击“新增”按钮后，系统弹出“客户”录入对话框。

（1）基本信息，如图 4-20 所示。

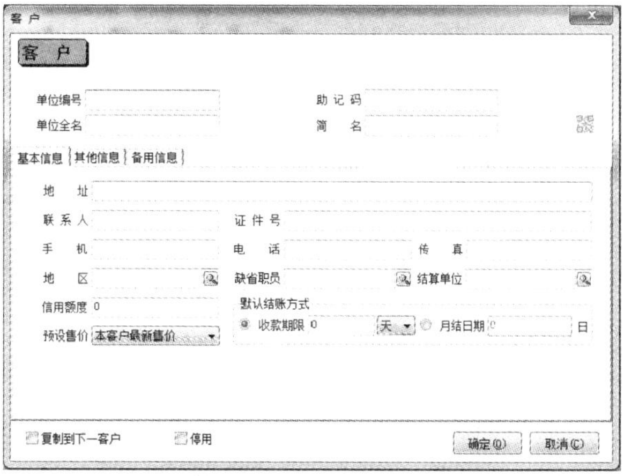

图 4-20　基础资料—客户—新增—基本信息

单位编号：录入必须符合基础资料规则设置要求。

单位全名：录入必须符合基础资料规则设置要求。此栏为必输项。

地区：选择该客户所在的地区，便于日后对地区销售情况进行统计。

缺省职员：预设负责该客户的负责人。

结算单位：当客户的收货单位与结算单位不同时，可以使用结算单位单独处理往来账款。系统将按客户的结算单位产生往来账款。

信用额度：客户的应收账款限额。超过限额时，可选择设置是否允许过账。

预设售价：用户可为客户选择预设的售价，即设置默认售价。

结账方式：结账方式有两种，一种是根据收款期限计算的活动账期；一种是每月定点结算的固定账期。结账方式只能选择一种。

收款期限：设定客户的收款期限（以“天”或者“月”为单位来设置），在录销售单时，收款日期自动根据收款期限进行计算。

月结日期：设置客户每月固定的结账日期。如 25 号。

复制到下一客户：在添加下一客户时，自动带入该客户的信息。

停用：暂时不用的客户，选中“停用”复选框即可。停用的客户在查询、基础资料列表中显示，在录单时不显示。

（2）其他信息，主要输入客户的税号、开户银行、开户行账号、税务登记号等信息。

（3）备用信息，系统提供 8 个客户备用字段，用于处理用户的个性化信息需求。

6. 供应商

供应商资料分类最多可分 5 级。

菜单操作：“基础资料—供应商”，进入“供应商”列表对话框，单击“新增”按钮后，系统弹出“供应商”录入对话框如图 4–21 所示。

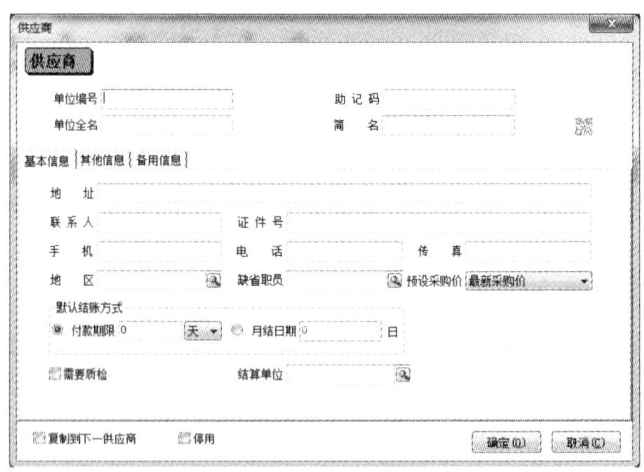

图 4–21　基础资料—供应商—新增—基本信息

（1）基本信息

单位编号：录入必须符合基础资料规则设置要求。

单位全名：录入必须符合基础资料规则设置要求。此栏为必输项。

地区：点击放大镜按钮，在“地区”基础资料列表中选择供应商所在的地区。

缺省职员：录入采购类单据，选择供应商时，对应的缺省职员到经办人信息中，以提高录单效率。

结算单位：当供应商的发货单位与结算单位不同时，可以使用结算单位单独处理往来账款。系统将按供应商的结算单位产生往来账款。

结账方式：结账方式有两种，一种是根据付款期限计算的活动账期；一种是每月定点结算的固定账期。结账方式只能选择一种。

付款期限：设定供应商的付款期限（以“天”或者“月”为单位来设置），在录采购单时，付款日期自动根据付款期限进行计算。

月结日期：设置供应商每月固定的结账日期。如 25 号。

预设采购价：可以预先设置采购价。最新采购价：采购时，采购单上自动显示某存货最近一次进价；本供应商上次采购价：采购时，采购单上自动显示某存货在该供应商那里最近一次进价；不使用预设采购价。

需要质检：选中后，供应商的采购订单将会默认“需要质检”，质检后再完成采购。

（2）其他信息，主要输入供应商的税号、开户银行、开户行账号、税务登记号等信息。

（3）备用信息，系统提供 8 个供应商备用字段，用于处理用户的个性化信息需求。

7. 部门

部门信息分类最多可分 5 级。

菜单操作：“基础资料—部门”，进入“部门”列表对话框。单击“新增”按钮后，系统弹出“部门”录入对话框，如图 4-22 所示。

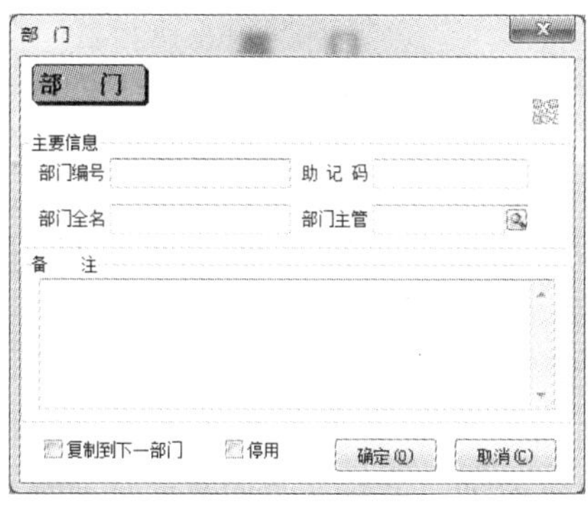

图 4-22 基础资料—部门—新增

8. 职员信息

录入企业的员工信息，职员最多可分 5 级。

菜单操作：“基础资料—职员”，进入“职员”列表对话框。单击“新增”按钮后，系统弹出“职员”信息录入对话框，如图 4-23 所示。

职员编号：录入必须符合基础资料规则设置要求。

职员全名：录入必须符合基础资料规则设置要求。此栏为必输项。

所在部门：选择该职员所属的部门。

复制到下一职员：在添加下一职员时，自动带入该职员的信息。

离职：离职的职员在基础资料查询、基础资料列表中可以显示出来，在录单时不显示出来。

图 4-23 基础资料—职员—新增

9. 仓库

仓库不一定指实际的仓库，也可为分公司、门店等非独立核算的附属单位。仓库信息分类最多可分 5 级。

菜单操作："基础资料—仓库"，进入"仓库"列表对话框。单击"新增"按钮后，系统弹出"仓库"对话框供录入操作。

10. 会计期间

菜单操作："基础资料—财务资料—会计期间"，进入"会计期间设置"对话框，如图 4-24 所示。

（1）设置会计年度：在会计年度列表上，单击鼠标右键，可以增加或删除年度。

（2）设置开账期间：单击向下的箭头，选择开账期间（如 201801）。选择开账期间后，开账期间前的会计期间显示为灰色。

（3）选择会计期间的结账日期：双击"结账日期"栏，修改日期即可。

（4）单击"确定"按钮，保存设定的会计期间。

开账后会计期间不能修改。

设置会计期间时，如果起始日期设为 1 号，则自动将结束日期设置为每月月底；如果结账日期为月中，则开账期间之后的所有的结账日期都为这个月中的日期。

期间号	起始日期	结账日期	天数
1	2018-01-01	2018-01-31	31
2	2018-02-01	2018-02-28	28
3	2018-03-01	2018-03-31	31
4	2018-04-01	2018-04-30	30
5	2018-05-01	2018-05-31	31
6	2018-06-01	2018-06-30	30
7	2018-07-01	2018-07-31	31
8	2018-08-01	2018-08-31	31
9	2018-09-01	2018-09-30	30
10	2018-10-01	2018-10-31	31
11	2018-11-01	2018-11-30	30
12	2018-12-01	2018-12-31	31

图 4-24 基础资料——财务资料—会计期间

11. 会计科目

会计科目信息的管理，包括新增同级、修改、删除、新增下级、查找与指定等。

菜单操作："基础资料—财务资料—会计科目"，进入"会计科目"列表对话框，如图 4-25 所示。

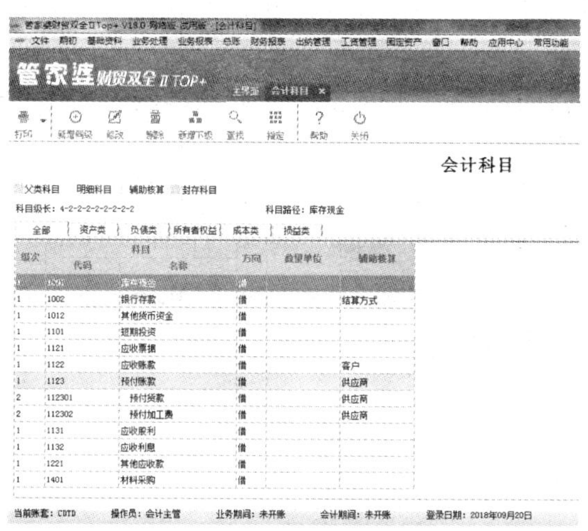

图 4-25　基础资料——财务资料—会计科目

（1）新增会计科目

在图 4-25 中单击"新增同级"或"新增下级"按钮，在弹出如图 4-26 所示的对话框中录入科目编号、科目全名，选择科目方向，根据实际情况选择辅助核算类型及是否核算数量、单位、核算项目、外币及是否核算现金流量等相关信息。设置完毕，单击"确定"按钮即可。

科目编号会根据当前级的最大编号自动加 1。设置了辅助核算，在科目列表中，科目所在的行以黄色显示，"辅助核算"一栏显示对应的核算内容。会计科目辅助核算如果被使用过或者期初有数据，就不能再修改该科目的辅助核算选项。在系统提供的各类辅助账中，不能同时设置客户往来与供应商往来。

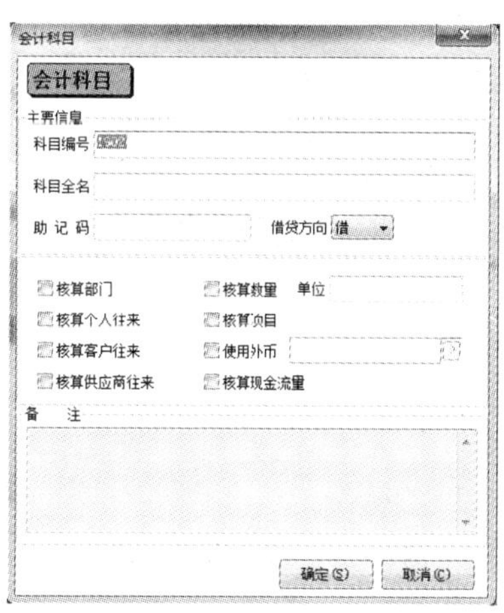

图 4-26　基础资料——财务资料——会计科目—新增

（2）修改会计科目

在图 4-25 中选中要修改的会计科目，单击“修改”按钮；或直接双击，在弹出的会计科目对话框中，单击“修改”按钮，可以进行修改操作。

（3）删除会计科目

在图 4-25 中选中需删除的会计科目，单击“删除”按钮，弹出提示信息；单击“确定”即可。

符合删除条件的会计科目为非系统会计科目和未被引用的会计科目。

（4）指定会计科目

在图 4-25 中单击“指定”按钮，弹出“指定科目设置”对话框，如图 4-27 所示，分别指定现金科目和银行存款科目，以备出纳管理。单击“保存”即可。

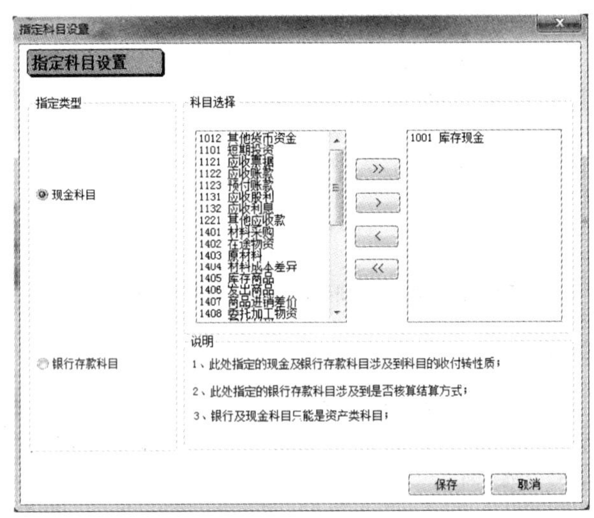

图 4-27　基础资料——财务资料—会计科目—指定科目

12. 项目

项目主要应用于企业在进行业务及财务处理时的项目管理。例如，要核算一个开发项目的采购、销售、库存、收入、支出、费用等，都可以运用项目管理来实现。

菜单操作：“基础资料—项目”，进入“项目”列表对话框，如图 4-28 所示，可进行项目的新增、修改、删除、增加下级等操作。

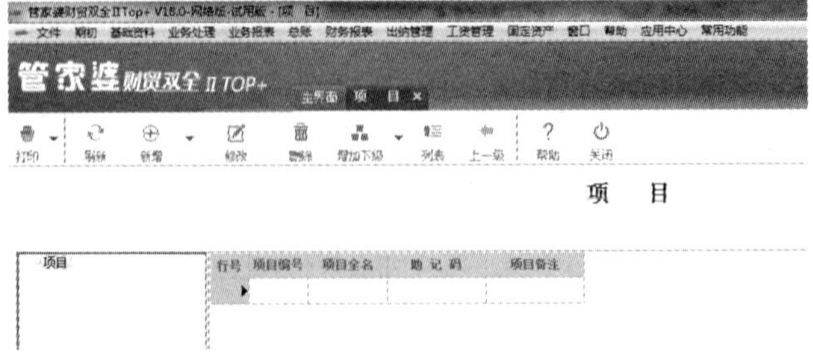

图 4-28　基础资料—项目

4.2.3 操作员授权和基本信息授权

企业管理软件不是一个人单独使用的，它往往是企业各职能部门互相配合使用。因此，在管理上，企业需要对使用者的操作权限做一定的控制，以保障软件数据的安全性和保密性。

1. 操作员授权

菜单操作：“文件—操作员授权”，进入“操作员授权”界面，如图 4-29 所示。

1）设置权限组

系统采用权限组的管理方式，即预先设定好一组权限，给操作员授权时直接选用某个权限组即可。

（1）新增权限组

在如图 4-29 所示的界面中单击“新增组”按钮，输入权限组名后，单击“确定”即可。

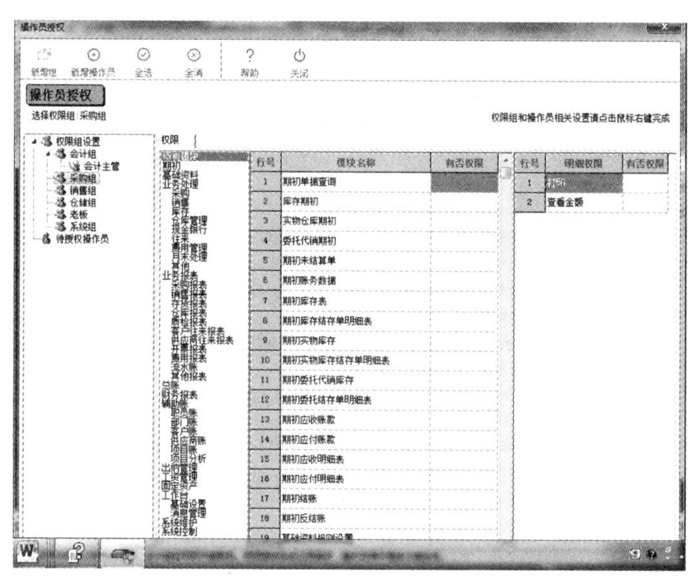

图 4-29 操作员授权

（2）对权限组授权

权限设置分为功能模块权限和明细权限两部分。功能模块权限主要是针对系统功能菜单来设置的，而明细权限主要是针对各功能模块界面上的功能按钮来的。比如采购单单据界面上有打印、删除、保存等按钮，如果不选中“打印”这个权限，操作员就不能对采购单进行打印。

在如图 4-29 所示的界面中，选择权限组，在“权限”列表中选择具体功能模块，则在“模块名称”列表中显示具体的功能，在对应“有否权限”后面打上小黄点即可。

也可单击“全选”按钮，选中所有功能。或单击“全清”按钮，清除已选的功能。

选中某功能后，可在明细权限中设置对该功能的明细权限，系统默认选中所有明细权限，用户可根据实际情况调整。

权限设置完毕后，单击“关闭”按钮。

“会计组”和“系统组”是系统默认设置的，不能修改和删除；“会计组”自动拥有所有的权限，“会计主管”自动对应“会计组”；“系统组”拥有“基础资料-职员”“备份”“恢复”的权限；若要对权限组进行修改、删除、复制操作，需选中权限组，单击鼠标右键完成。

2）操作员授权

（1）添加操作员

将内部职员设置为操作员。在如图 4-29 所示的界面中，单击“新增操作员”按钮，打开“职员”对话框，如图 4-30 所示，选择要添加的职员，单击“选中”按钮，就可把职员添加到“待授权操作员”列表中。

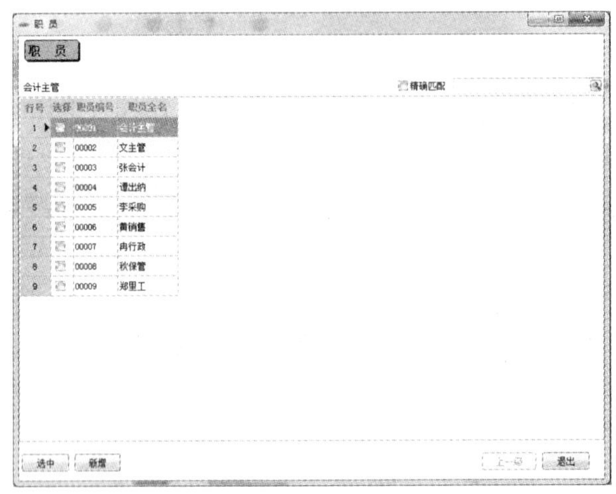

图 4-30　内部职员选择与新增对话框

只有被设置为操作员的内部职员才能登录并使用本系统。

会计主管是系统预先设置的操作员，拥有所有功能的操作权限，自动对应到“会计组”。

（2）操作员授权

在如图 4-29 所示的界面中，选中“待授权操作员”列表中的操作员，单击鼠标右键，选择“设置权限组”按钮，打开如图 4-31 所示的用户权限设置对话框，单击权限组列表复选框，即可选中该操作员所具有的权限组的权限，单击“确定”为操作员分配权限，单击“取消”则放弃当前的操作。

图 4-31　用户权限设置

（3）在操作员列表中选中操作员鼠标右键的功能

删除操作员：删除该操作员。

设置权限组：为该操作员设置权限。

清空密码：清空该操作员的密码。

设置为会计主管：将操作员设置为会计主管，只能设置唯一一个会计主管。

2. 修改口令

用于操作员修改自己的登录口令。

菜单操作："文件—修改口令"，弹出"修改口令"对话框，输入原密码、新密码、确认密码，单击"确定"按钮，口令修改成功。

系统管理员、会计主管及新增的操作员，初始密码均为空。

3. 更换操作员

菜单操作："文件—更换操作员"，弹出"更换操作员"对话框，选择用户名称，输入用户密码，单击"确定"即可。

4. 基本信息授权

基本信息授权包括客户、供应商、仓库、存货档案、部门和会计科目6种类型。使用时，需要先启用。

菜单操作："文件—基本信息授权"，进入"基本信息授权"界面，如图4-32所示。

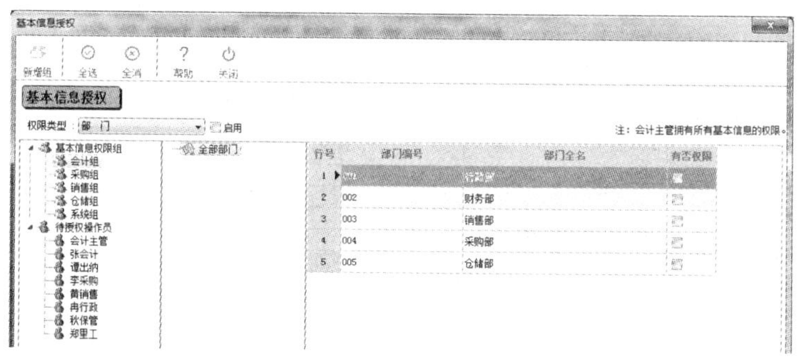

图4-32　基本信息授权

"基本信息授权"对话框所列示的操作员来源"操作员授权"的操作员信息。如果需要对某个操作员进行基本信息授权，首先需要在"操作员授权"对话框，将该职员新增为操作员。

1）设置权限组

与"操作员授权"相似，采用权限组的管理方式。

（1）新增权限组

在如图4-32所示的界面中，选择需要进行基本信息授权的权限类型后，单击"新增组"按钮，输入该权限类型的权限组名后，单击"确定"即可。

（2）对权限组授权

在如图4-32所示的界面中，选择权限类型和对应的基本信息权限组，在"基本信息"列表中选择具体信息，在对应"有否权限"后面打上"√"即可。

也可单击"全选"按钮，选中所有基本信息对应权限。或单击"全清"按钮，清除已选基本信息对应权限。

权限设置完毕后，单击“关闭”按钮。

若要对权限组进行修改、删除、复制操作，需选中权限组，单击鼠标右键完成。

2）操作员授权

在如图 4-32 所示的界面中，选中“待授权操作员”列表中的操作员，单击鼠标右键，选择“设置权限组”按钮，打开如图 4-33 所示的用户所属“权限组”设置对话框，单击权限组列表复选框，即可选中该操作员所具有的权限组的权限，单击“确定”为操作员分配权限，单击“取消”则放弃当前的操作。

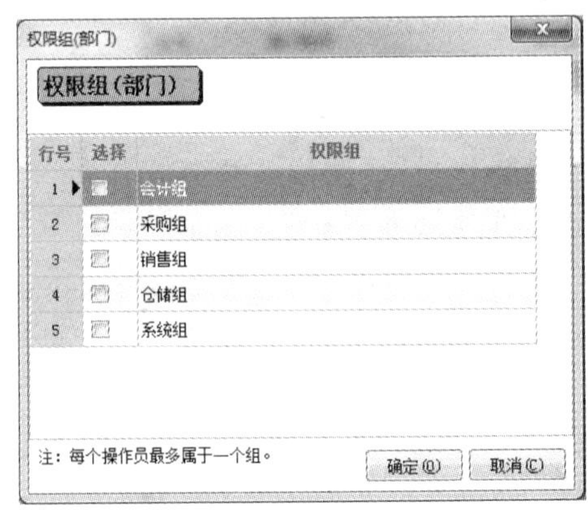

图 4-33 用户基本信息授权—权限组

会计主管默认拥有全部的基本信息权限。授权时，如果所选基本信息类下的所有子级信息全部授权时，在该类下新增的基本信息将自动进行授权；如果仅对该类下的部分子级信息授权时，新增的基本信息将不进行自动授权，需要用户手动进行授权。

4.2.4 账套选项

用于修改用户的公司信息、打印控制、单据操作、业务、财务、虚拟库存、气泡信息、成本及结算、其他系统配置。

菜单操作：“文件—账套选项”。

1. 公司信息

此项可以修改公司全名、公司简称、法人代表、电话号码等信息。修改完毕后，单击“保存信息”按钮即可，如图 4-34 所示。

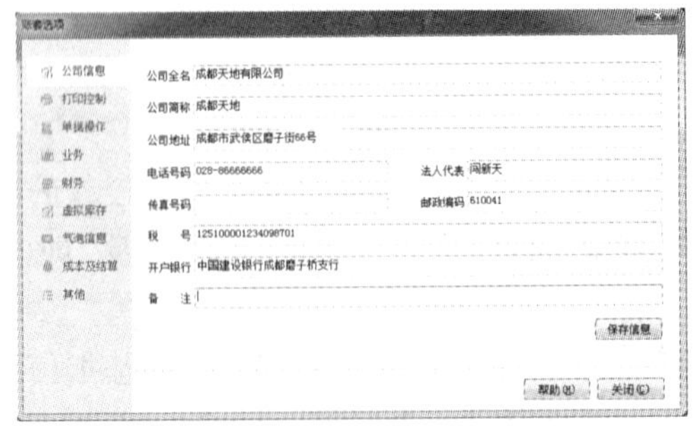

图 4-34 账套选项—公司信息

2. 打印控制

使用打印控制配置时，在配置项前面的复选框打上“√”即可，如图 4-35 所示。

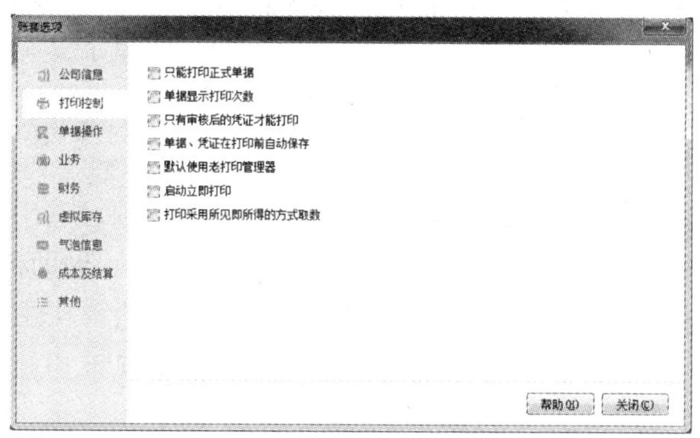

图 4-35 账套选项—打印控制

3. 单据操作

使用单据操作配置时，在配置项前面的复选框，打上“√”即可，如图 4-36 所示。

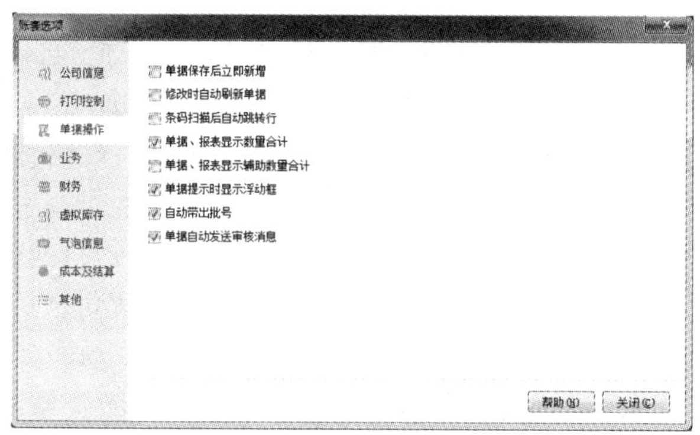

图 4-36 账套选项—单据操作

4. 业务

使用业务配置时，在配置项前面的复选框打上“√”即可，如图 4-37 所示。

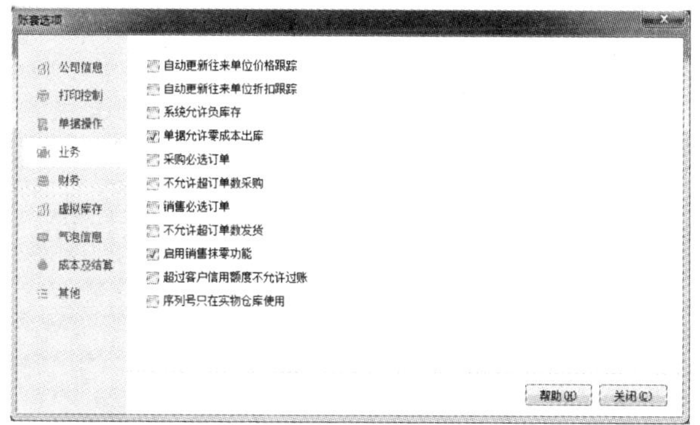

图 4-37 账套选项—业务

5. 财务

使用某项财务配置时，在配置项前的复选框打上“√”即可，如图 4-38 所示。

（1）自动接收进销存模块产生的凭证：默认选中该选项，在账务处理中可直接进行查询。否则需要通过“总账—凭证引入”功能来完成。选中该项时，月末处理必须先进行进销存期末结账，才能进行账务处理的结账。否则，账务处理的期末结账不受进销存期末结账的限制。

（2）进销存模块生成的凭证不能修改：默认选中该选项，选中时，进销存生成的凭证上的科目、金额不能修改。其他信息如摘要、附件张数、辅助核算等可以修改。

（3）自动接收工资模块产生的凭证：默认为选中，工资模块生成的凭证可在账务处理中直接进行查询。否则需要在“总账—凭证录入”中通过“新增—引入凭证”功能来完成。

（4）工资模块生成的凭证不能修改：在工资模块中，系统生成的凭证，不允许手工修改。

（5）自动接收固定资产模块产生的凭证：默认为选中，在账务处理中可直接进行查询。否则需要在“总账—凭证录入”中通过“新增—引入凭证”功能来完成。

（6）固定资产模块生成的凭证不能修改：在固定资产模块中，系统生成的凭证，不允许手工修改。

（7）凭证录入中不能使用存货类科目：默认选中该选项，即存货科目不能录入，进销存生成的凭证中存货科目也不能修改。

（8）制单与审核不能是同一人：对同一张凭证，制单与审核必须由不同的操作员来完成。

（9）允许修改其他人制作的凭证：用于控制用户是否可以修改其他人制作的凭证。

（10）收付款凭证必须出纳签字后才能审核：用于控制收付款凭证是否必须经出纳签字后才能审核。

（11）自动生成的凭证，损益类科目方向与科目方向一致：系统自动生成的凭证，损益类科目方向与科目方向保持一致。

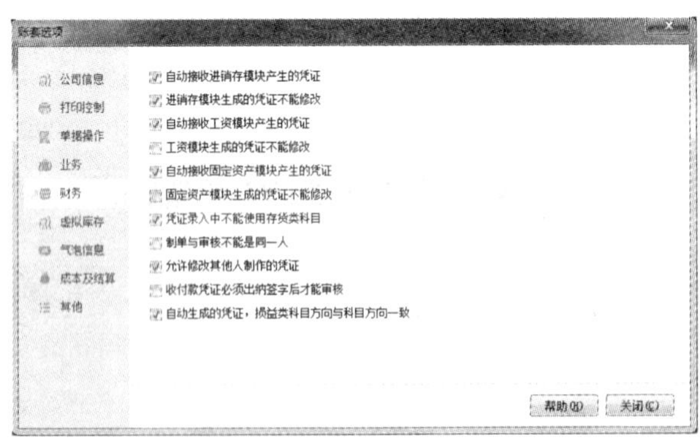

图 4-38　账套选项—财务

6. 虚拟库存

用于配置虚拟库存计算公式，哪些单据需要参与虚拟库存计算，就在单据前面的勾选栏，打上“√”即可，如图 4-39 所示。

此处的设置与“业务报表—库存报表—虚拟库存状况表—虚拟库存参数设置”的配置会互相同步。

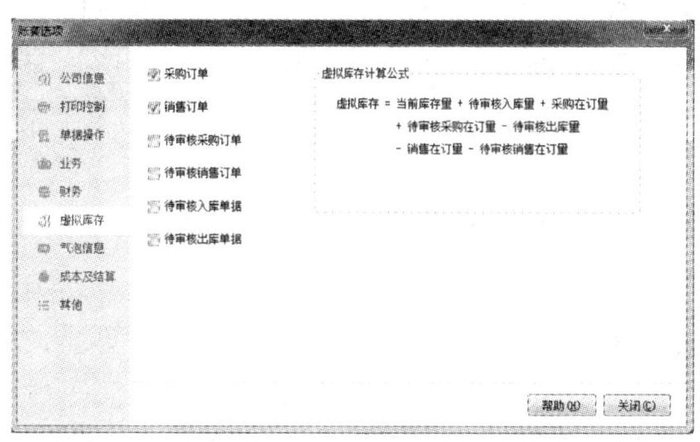

图 4-39　账套选项—虚拟库存

7. 气泡信息

在单据页面单击存货信息时，会以气泡方式显示存货的“库存金额、可用库存量”等信息。此处用于设置显示的内容。勾选内容将会以气泡形式在单据存货中显示，如图 4-40 所示。

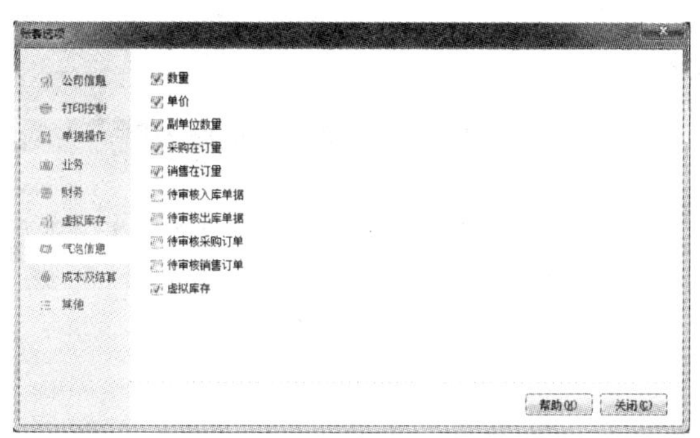

图 4-40　账套选项—气泡信息

8. 成本及结算

此项用于配置存货核算方式、零成本出库成本选择、应收应付结算类型的系统选项，如图 4-41 所示。

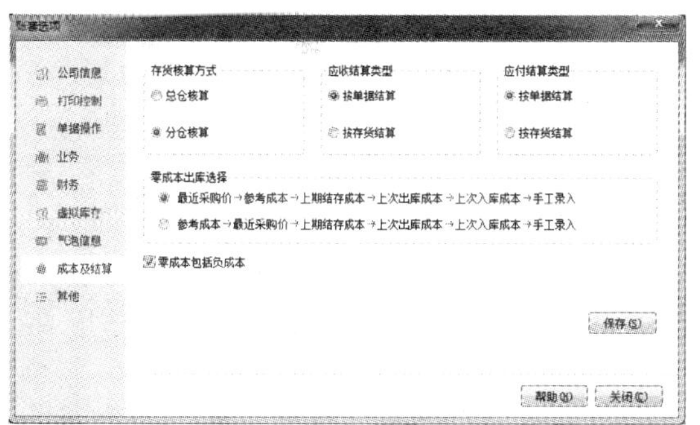

图 4-41　账套选项—成本及结算

（1）存货核算方式

存货核算方式用于企业存货成本计算过程中确认存货的单位成本。其中，总仓核算是指企业所有仓库中的所有存货只按存货自身的出入库明细进行单位成本的计算，即所有仓库的同一存货成本计算后，单位成本相同；分仓核算是指企业存货按仓库区分，分别对仓库中的存货出入库明细进行成本计算，即同一仓库中的同一存货成本计算后的单位成本一致。

系统期初建账完成后，存货核算方式不能再修改。

（2）应收应付结算类型

此项可配置应收应付往来款项按单据或按存货明细结算。此两种方式支持客户随时切换。

当用户选择“按单据结算时”，系统自动按照单据中明细顺序由上往下依次处理各类结算操作。

（3）零成本出库成本选择

其是指核算出库成本时，当出现零成本或负成本时，会造成出库成本不可计算，因此预先定义出库成本的取值顺序，以便系统能顺利取得库存成本。

（4）零成本包括负成本，勾选后，成本为负时，将会零成本处理。

9. 其他

其他项如图 4-42 所示。

图 4-42　账套选项—其他

（1）科目编码级次。用户在此设定的科目编码级次和长度将决定用户单位的会计科目编号如何编制。

科目编码级次最大限制为 9 级 25 位，且任何一级的最大长度都不得超过 5 位。

（2）凭证类型。系统提供三种凭证型供用户选择，启用账套后将不能修改。

（3）企业类别。开账前在部分情况下，可以重新选择企业类别对应的会计制度，并提供科目预览功能。

（4）采购差价报警比例。用户自己设定此比例，系统默认为 20%，即本次进价大于最近进价×（1-20%）或者本次售价小于最近进价×（1-20%）时，系统给予提示。

（5）打印密码设置。单击“打印密码设置”按钮，弹出“修改打印密码”对话框，输入原密码、新密码、确认密码，单击“确定”按钮，密码修改成功。

打印密码的默认密码为空。

4.2.5 期初建账

录入基础资料后，就可以录入期初业务数据、固定资产期初、期初账务数据等，完成期初建账工作。

1. 库存期初结算单

其用于录入各仓库各存货的期初结存情况。

菜单操作：“期初—库存期初”，进入“库存期初结算单”对话框，如图 4-43 所示，在此可对存货库存期初数据进行新增、修改和删除操作。

单击“新增”按钮，录入供应商、仓库、存货及其数量和单价等单据信息，金额自动计算，单击“保存”后，系统提示“过账成功，确定继续”，单击“确定”即可。

仓库为必须录入信息；库存期初结存单不会生成凭证，对财务数据无影响；系统自动生成摘要信息。

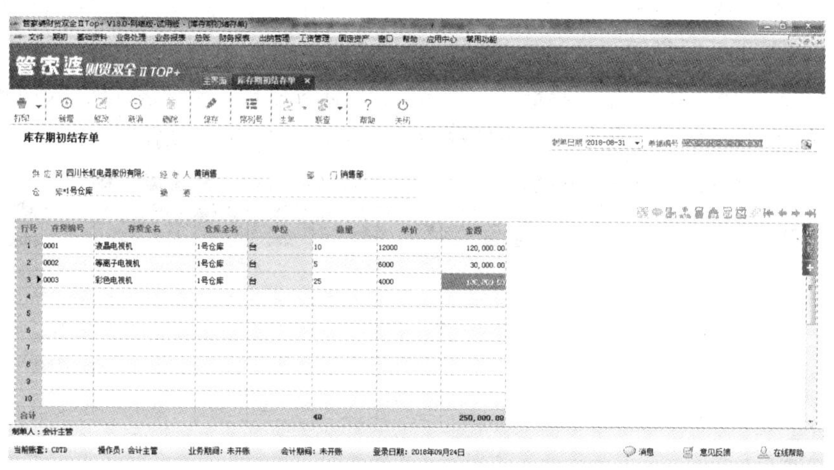

图 4-43 期初—库存期初结算单

2. 实物仓库期初结存单

其用于录入各实物仓库、各存货的期初结存数据。

菜单操作：“期初—实物仓库期初”，进入“实物仓库期初结算单”对话框，如图 4-44 所示，在此可进行存货实物仓库期初数据的新增、修改和删除操作。

仓库为必须录入信息；系统自动生成摘要信息。

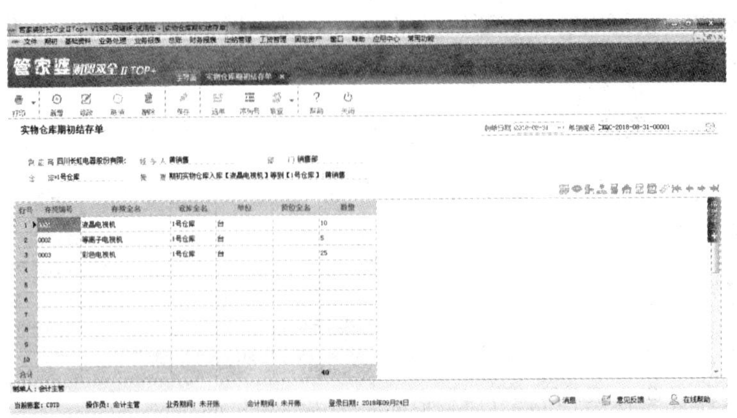

图 4-44 期初—实物仓库期初结算单

3. 委托代销期初结存单

其用于录入委托各客户代销的存货情况。

菜单操作："期初—委托代销期初"，进入"委托代销期初结存单"对话框，如图 4-45 所示，在此可进行委托代销期初结存单的新增、修改和删除操作。

选择一家客户，在存货列表框中，选中所代销的存货，输入数量、成本单价和结算单价，系统自动计算出成本金额和结算金额，单击"保存"按钮。

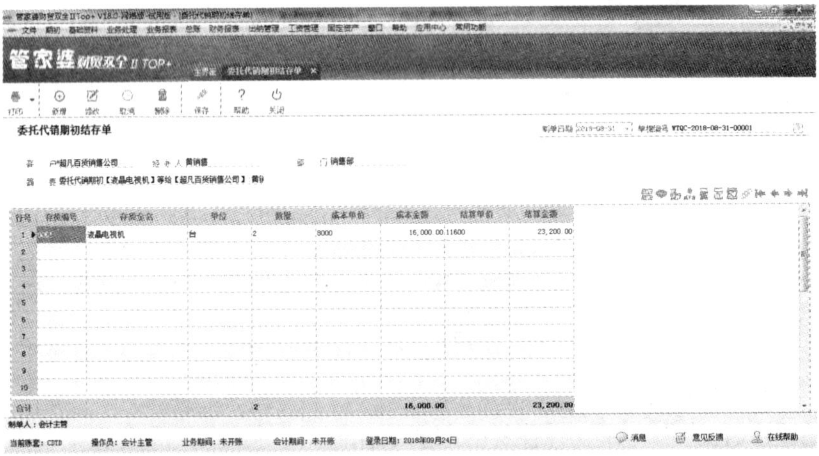

图 4-45 期初—委托代销期初结存单

客户为必须录入信息；系统自动生成摘要信息。

4. 期初未结算单

其用于录入与日常进销存业务相关的，期初未结算往来单位的应收应付情况。

菜单操作："期初—期初未结算单"，进入"期初未结算单"对话框，如图 4-46 所示，在此可进行期初未结算单的新增、修改和删除操作。

在"新增"时，系统可以按存货和按余额两种结算方式录入期初未结算的数据。

"按存货"结算方式，用户可以录入往来单位、仓库、存货、数量、金额 、已结算额、未结算额等信息。

"按余额"结算方式，用户只需在表头录入金额及已结算额。

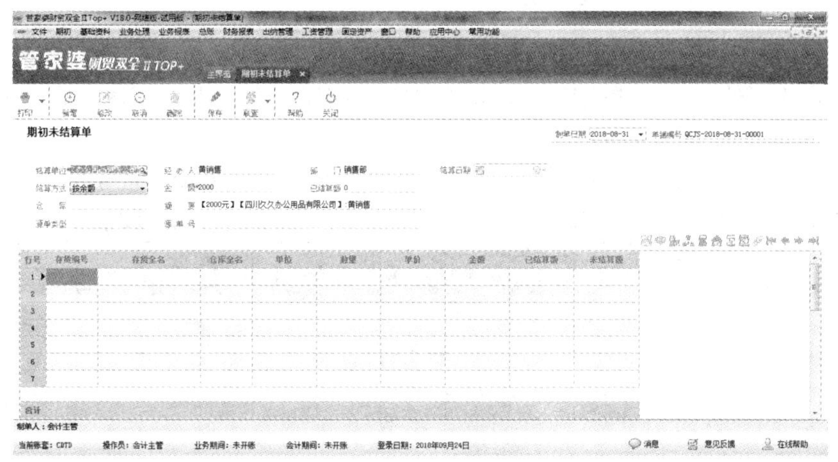

图 4-46　期初—期初未结算单（按余额结算方式）

如果期初未结算单存在有预收款项的，则应通过菜单“期初—期初报表—期初应收账款”，进入“期初应收账款”对话框，选择预收单位，单击“修改”按钮，在弹出的“往来单位”对话框中“期初预收账款”文本框中直接输入相应金额，如图 4-47 所示。

图 4-47　期初预收账款输入界面

如果期初未结算单存在有预付款项的，则应通过菜单“期初—期初报表—期初应付账款”，进入相应对话框，进行与期初预收账款相似的操作。

5. 固定资产期初

系统已预置了常用的固定资产类别、固定资产增减方式、固定资产使用状况，在对固定资产模块初始设置前，应查看上述基础资料是否满足需要，如不满足需要，用户可对其进行添加、删除和修改。其中，对固定资产增减方式的操作，除管理固定资产增减方式外，还涉及固定资产增加方式对应科目的管理。

菜单操作：“固定资产—固定资产初始数据”，进入“固定资产期初录入”对话框，如图 4-48 所示，在此可进行固定资产期初数据的添加、复制、修改、删除等操作。

单击“添加”按钮，弹出固定资产卡片，如图 4-49 所示。录入信息，其中，附属设置标签栏为可选项，设置完毕，单击“确定”按钮保存并退回到固定资产期初录入界面。

对应折旧科目栏在选择固定资产计提折旧时，生成会计凭证的借方科目。

图 4-48　固定资产期初录入

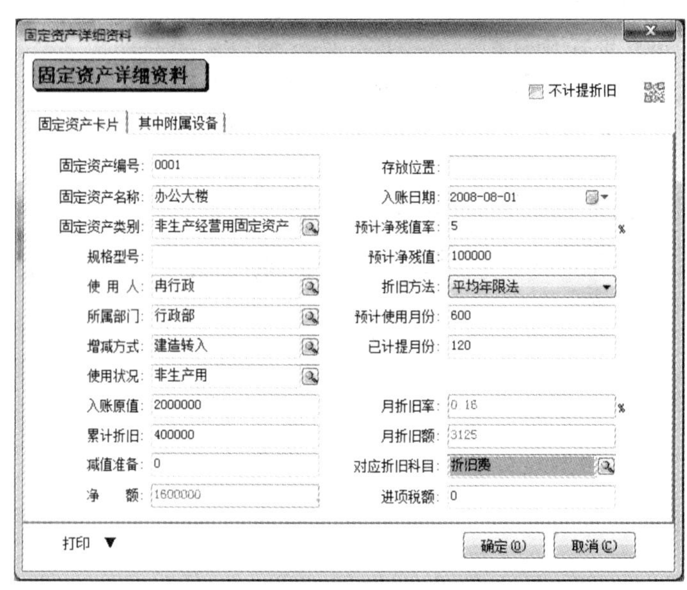

图 4-49　固定资产详细资料—固定资产卡片

6. 期初账务数据

菜单操作：“期初—期初账务数据”，进入“账务初始数据录入”对话框，如图 4-50所示。

账务初始数据录入

行号	科目代码	科目名称	余额方向	年初余额	本年累计 借方	本年累计 贷方	期初余额	本年损益累
1	[illegible]	资产类	借	[illegible]			[illegible]	
2	1001	库存现金	借					
3	1002	银行存款	借					
4	100201	建行存款	借					
5	100202	工行存款	借					
6	100203	农行存款	借					
7	100204	中行存款	借					
8	1012	其他货币资金	借					
9	1101	短期投资	借					
10	1121	应收票据	借					
11	1122	应收账款	借	4,200.00			4,200.00	
12	1123	预付账款	借	110,000.00			110,000.00	
13	112301	预付货款	借	110,000.00			110,000.00	
14	112302	预付加工费	借					
15	1131	应收股利	借					
16	1132	应收利息	借					
17	1221	其他应收款	借					

图 4-50　账务初始数据录入

（1）一般科目期初数据输入

在列表中选中最末级会计科目，单击“修改数据”按钮，打开“账务期初数据录入”对话框，如图 4-51 所示。

本年累计发生额：用户如果是年中建账，就需要在此栏录入截至建账本月的借、贷方累计发生额。

期初余额：录入建账时的期初余额。

录入完成后，单击“确定”按钮，本年借方累计发生额、本年贷方累计发生额、期初余额自动反映到账务初始数据录入列表中，系统根据上述数据自动计算年初余额，且也反映在该列表中。

账务期初数据录入

科目名称：库存现金　方向：借

年初余额

年初余额　0

本年累计发生金额

借　方　0

贷　方　0

期初余额

期初余额　1575

确定(O)　取消(C)

图 4-51　账务初始数据录入—账务期初数据录入—库存现金

（2）辅助核算科目期初余额输入

若有部门、个人往来、客户往来、供应商往来、数量、项目等辅助核算，则在如

图 4-50 所示的界面中，选中有辅助核算的科目，单击“修改数据”按钮，打开“账务初始数据录入—应收账款”对话框，如图 4-52 所示，在此可以进行辅助账明细数据的新增、修改和删除。

部分科目期初余额一栏已有数据，这个数据是直接从期初业务数据取过来的。

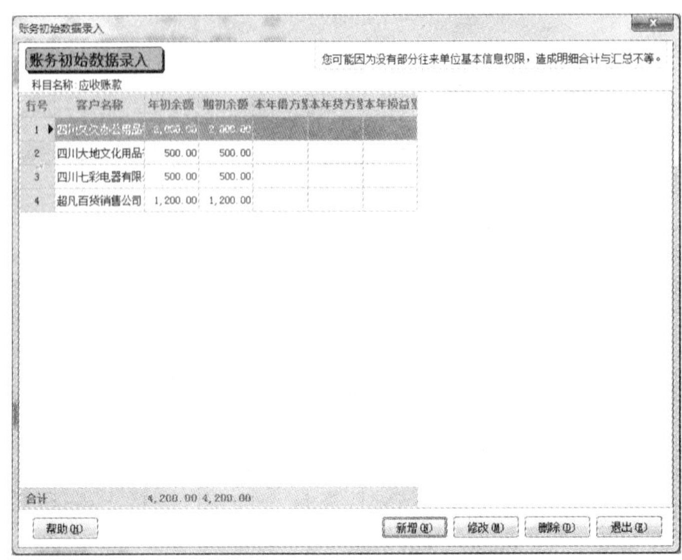

图 4-52　账务初始数据录入—应收账款

单击“新增”按钮，打开“账务期初数据录入—应收账款—辅助账”对话框，如图 4-53 所示，选择辅助核算信息，并输入相应的期初余额及本年累计发生额后，单击“确定”按钮，系统自动保存数据退出。

如果修改了期初余额，会导致与期初业务数据不一致，下次进入期初账务数据时，系统会给予提示。

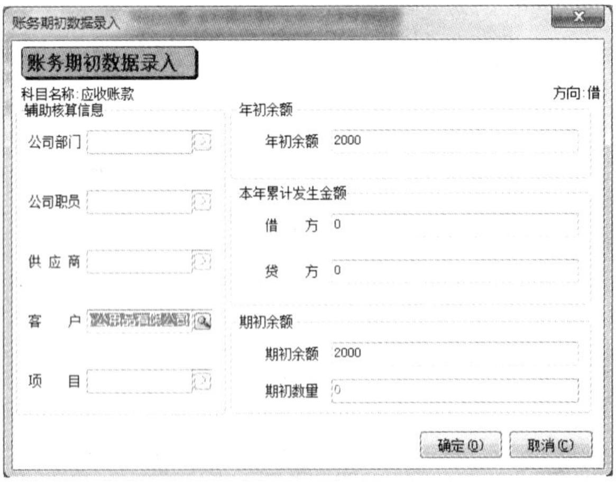

图 4-53　账务初始数据录入—应收账款—辅助账

（3）引入期初库存、应收应付和固定资产数据

如需要将固定资产、应收应付账款、库存商品、委托商品的业务数据与账务数据

保持一致，可在如图 4-50 所示的界面中，通过单击“期初库存”“应收应付”“固定资产”按钮提取相应栏的期初业务数据成为期初账务数据。

（4）试算平衡

期初账务数据录入完毕后，在如图 4-50 所示的界面中，单击“试算平衡”按钮进行试算平衡，试算结果如图 4-54 所示。

图 4-54　账务期初数据录入—期初试算平衡表

只有试算平衡后，才能进行期初结账。

7. 期初结账

用于确认账套期初数据录入完毕，正式进入日常业务、财务处理工作。

期初结账后，开账期间以前的期初财务、业务数据将不能修改。期初结账时，需要确认期初数据录入完毕，确认开账会计期间设置正确，检查期初业务、财务数据是否一致。

菜单操作：“期初—期初结账”，打开如图 4-55 所示的“期初结账”对话框，单击“期初结账”按钮，进入确认“会计期间设置”对话框，单击“确定”按钮，提示“系统期初结账成功”，再单击“确定”按钮，进入系统主界面，与图 4-12 相同，但在状态栏的“业务期间”和“会计期间”已有具体启用期间显示。

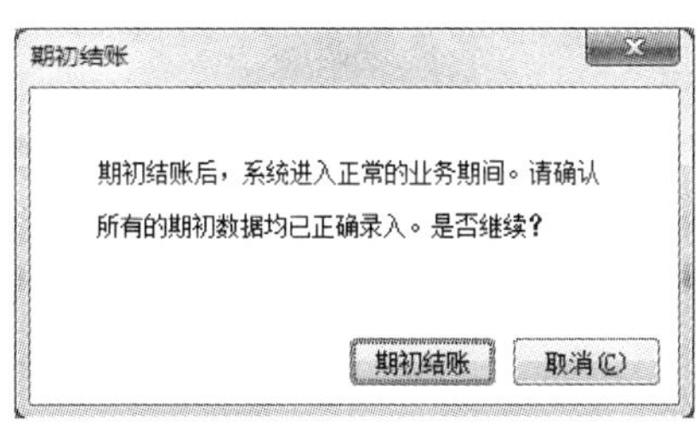

图 4-55　期初—期初结账

如果期初结账后需要再回到期初数据录入状态，则可使用“期初—期初反结账”功能。

4.3 财务管理

4.3.1 总账

总账的主要功能是进行凭证录入、审核、记账、结转损益和期末结账等。管家婆财贸双全Ⅱ Top+V18.0 的总账主界面如图 4-56 所示。

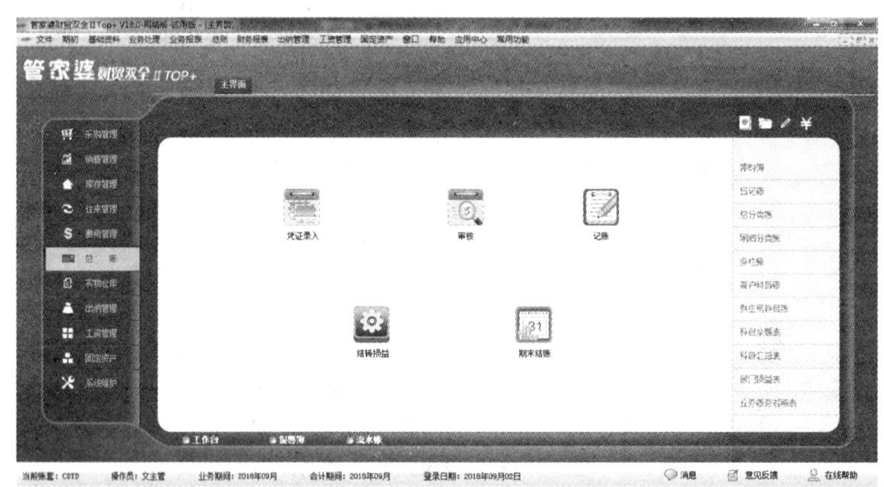

图 4-56 管家婆财贸双全Ⅱ Top+V18.0 总账主界面

1. 凭证录入

凭证录入就是编制记账凭证，会计通过审核无误的原始凭证编制记账凭证。

1） 基本操作

菜单操作："总账—凭证录入"，进入如图 4-57 所示界面。

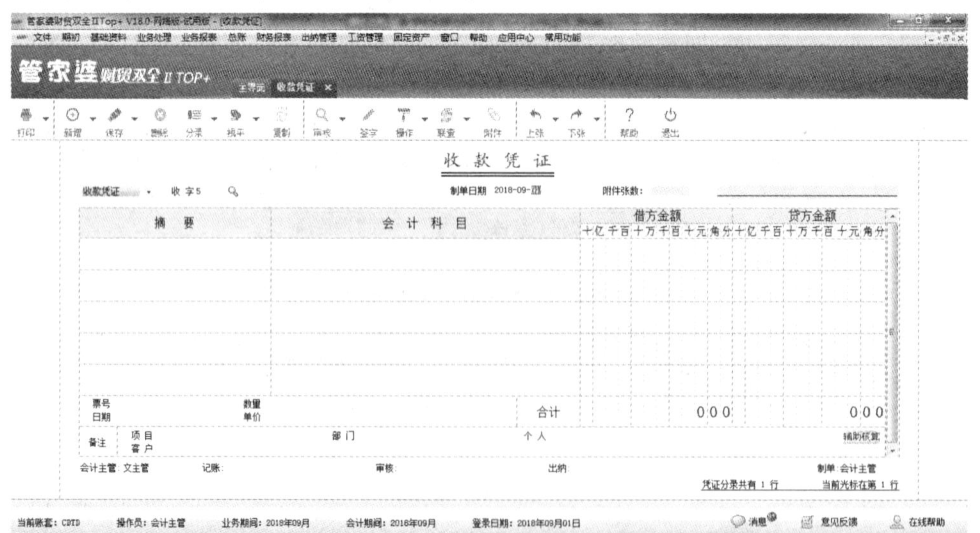

图 4-57 凭证录入

在凭证制作中，首先要选择凭证的类型。凭证类型分为三类，用户在“账套初始设置”中根据企业实际情况设置后就不能修改。用户在“凭证类型”下拉列表框处用鼠标单击，就可以实现凭证类型的转换。

在记账凭证界面中，录入摘要、最明细会计科目和借贷方金额，当编制记账凭证的会计科目涉及辅助核算时，就还要对相关的辅助核算内容进行填写。

2）工具栏

（1）打印：实施对该凭证的打印、导出。

（2）新增：增加一张凭证 、引入常用凭证、引入（固定资产、工资）凭证。

（3）保存：保存凭证 、保存为常用凭证。

（4）删除：删除凭证。

（5）分录：插入分录、删除分录、切换分录。

（6）找平：改变光标处数据，使凭证借贷方自动找平。

（7）复制：复制已有凭证为当前凭证。

（8）审核：可以对凭证进行审核、反审核操作。对已经记账或还未审核的凭证不能实施该操作。

（9）签字：实现出纳签字。

（10）操作：对凭证进行红冲、作废、标错、流量（对日常处理的凭证进行现金流量分配，用于制作现金流量表，平时对现金流量表的分配避免了月底时现金流量工作量大，数据不准确的情况）、辅助核算、凭证整理、凭证导出等操作。

（11）联查：查询选中科目当前余额、明细账、辅助核算详情（部门、项目），查询、调阅会计凭证、红冲凭证、单据、会计期间等。

（12）附件：凭证保存后，单击该按钮可上传该凭证对应的附件。

（13）首张：调出第一张会计凭证。

（14）上张：调出上一张会计凭证。

（15）下张：调出下一张会计凭证。

（16）末张：调出最后一张会计凭证。

（17）退出：退出当前凭证。

3）录入技巧

（1）-：在将数据录入完后按键盘上的减号键“-”，即可变为红色（负数）。

（2）=：在凭证所在行的数字处，敲等号键，系统将会在该行分录中生成一个数字使凭证借贷平衡。

（3）空格键：切换凭证金额的借贷方。

（4）F5：保存当前凭证并新增一张凭证。

（5）F6：保存当前凭证。

（6）+：当焦点在借贷方金额窗口，按小键盘的“+”时，弹出计算器，并将当前焦点数据带入到计算机中作为初始数据，快捷键为 Ctrl+Enter。

（7）模糊查询科目：在编号录入处，可以录入会计科目的编号或者快速码（或者其的一部分），系统可以根据这些录入模糊查询科目。

（8）模糊录入辅助核算项：在辅助核算录入处，可以录入辅助项的编号、名称或者快速码进行模糊查询；如要对辅助核算的内容进行修改，需要将选择框中的内容删除后，才能显示全部的选择内容，否则将只定位在原选择内容处。

(9) 贷方自动计算：当光标移到凭证的贷方金额处时，如果不是第一行凭证，敲回车系统会自动找平凭证，再敲回车系统会提示是否保存凭证。

(10) 右键的使用：在凭证中的不同部分，右键可以弹出丰富的与光标所在处相关的操作供用户选择。

(11) 外币自动计算并找平：快捷键“F11”。

2. 出纳签字

菜单操作：“总账—出纳签字”，选定出纳签字条件后，进入如图 4-58 所示的界面。

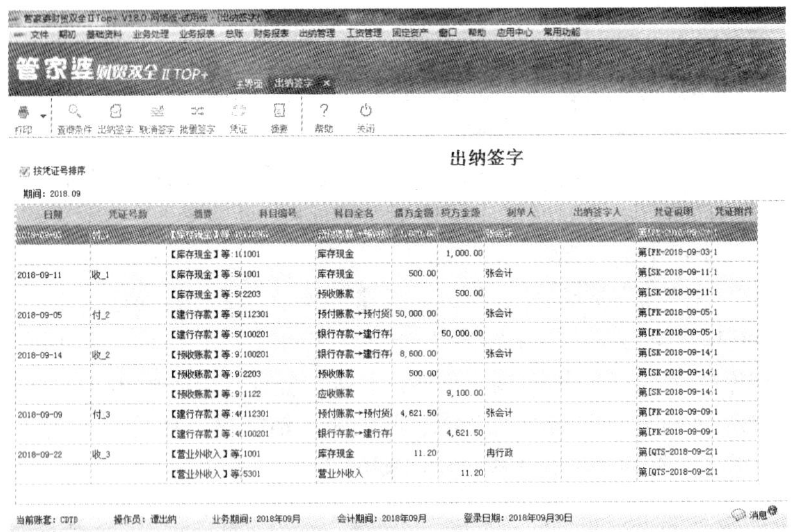

图 4-58 出纳签字

(1) 已经出纳签字的凭证在表格中，将以不同的颜色显示，同时在“出纳签字人”列中，有签字出纳姓名。

(2) 如果签字有误，可以在凭证未审核的情况下，单击“取消签字”取消对该凭证的签字。

(3) 单击“批量签字”按钮，系统会将当前表格中的所有凭证进行签字操作。

(4) 单击“凭证”按钮，调出光标所在行的凭证，在凭证查看界面中，进行签字或取消签字。

3. 凭证审核

菜单操作：“总账—审核”，选定审核条件后，进入如图 4-59 所示的界面。

图 4-59 凭证审核

（1）已经审核的凭证在表格中，将以不同的颜色显示，同时在审核列中打上“√”。

（2）将光标移到需要审核的凭证行，单击“审核凭证”按钮，会对此凭证进行审核操作。

（3）如果审核有误，可以在凭证未记账的情况下，单击“取消审核”取消对该凭证的审核。

（4）单击“批量审核”按钮，系统会将当前表格中的所有凭证进行审核操作。

（5）单击“调阅凭证”按钮，调出光标所在行的凭证，在凭证查看界面中，进行审核，取消审核或审核标错。

（6）审核标错的凭证经过会计人员修改后，将自动将标错标志取消。

4. 凭证记账

菜单操作：“总账—会计记账”，打开凭证记账向导，如图 4-60 所示，选择要记账的凭证范围；单击“记账”按钮，系统提示“记账过程是不可逆的，建议记账前进行数据备份”，单击“确定”按钮后，开始进行记账；记账完毕，系统提示记账成功，并显示本次记账的凭证张数，单击“确定”按钮后，退出记账界面。

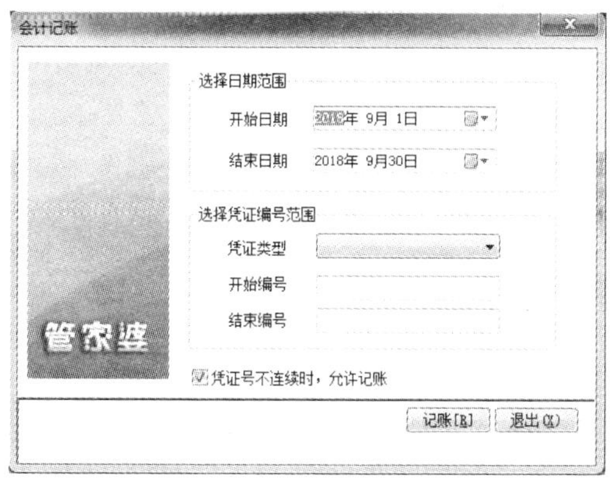

图 4-60 会计记账

5. 凭证引入

不选中“账套选项—财务—自动接收进销存产生的凭证”时，如需要查看进销存系统的单据凭证，则需用凭证引入来完成。

菜单操作：“总账—凭证引入”，选择单据类型及其他过滤条件，单击“确定”按钮，进入凭证引入界面，如图4-61所示。

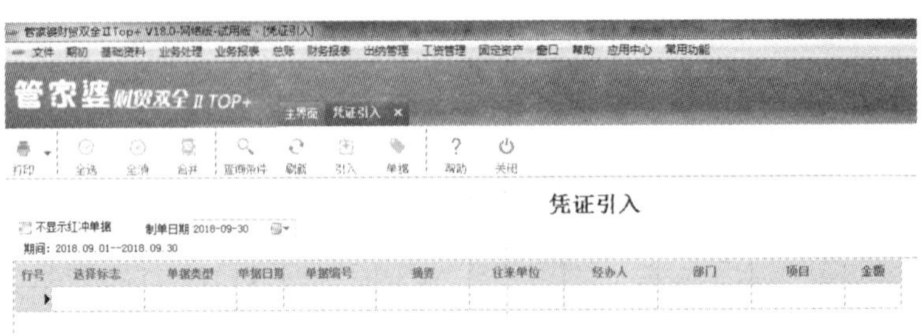

图4-61　凭证引入

（1）全选：在“选择标志”栏自动从1开始，顺序填入序号，每个序号生成一张对应凭证。

（2）全消：取消所有的选择标志。

（3）合并：系统将“选择标志”栏统一编号为1。

（4）引入：选择条件后，单击“引入”，进行凭证的制作。系统按序号自动生成凭证，并进行保存。

（5）查询：重新选择查询条件。

（6）单据：调出具体的单据。

（7）双击“选择标志”一栏。

①标志栏有序号则原序号变为可修改状态，用户可修改原序号，例如，系统原给出的序号为1，可以改为2。

②标志栏无序号则系统产生一个标志栏中没有的新序号，新序号=当前最大序号+1。

可将同类型单据的凭证进行合并，其中进货单与进货退货单、销售单与销售退货单可选择进行合并。生成的凭证在“进销存模块生成的凭证不能修改”时，生成的凭证的科目、金额数据均不能进行修改。当财务配置为“自动接收进销存产生的凭证”时，由于已经生成了凭证，不需要再进行凭证引入。一张原始单据引入后，将不能再次引入。引入后的单据，在查询界面不再显示。但如果把原引入的凭证删除，可重新引入。引入时，如有辅助核算的科目，要对辅助核算的项目单独生成一行分录。若凭证中辅助核算的科目内容不完整，则必须补充完整后才能保存。合并分录以后，出现金额为零的情况，则不产生分录。

6. 凭证查找

凭证查找是对用户录入的凭证进行查找。

菜单操作：“总账—凭证查找”，弹出“凭证查询条件”对话框，如图4-62所示，选中“高级查询条件”，还可以根据更详细的查询条件进行查找。

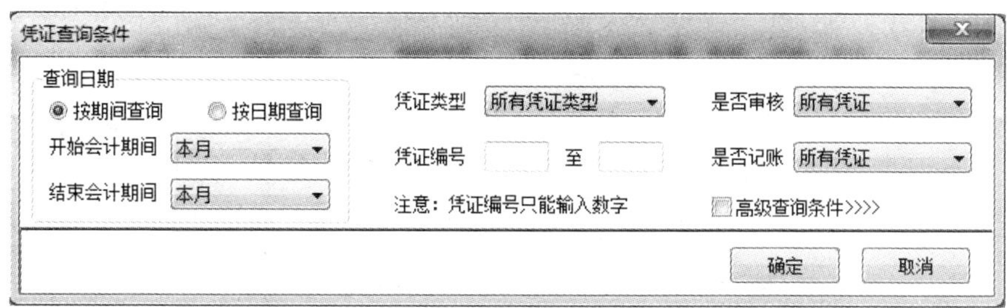

图 4-62　凭证查询条件

设置好查询条件后，单击“确定”，查询后的结果在“凭证查找”列表框内显示，如图 4-63 所示。

图 4-63　凭证查找

（1）打印：可对凭证进行打印、预览、格式设计和导出 EXCEL。

（2）连续打印：将对查询出来的凭证进行连续打印，用户可以用此功能打印一段时间内的所有凭证。

（3）刷新：重新查询，将最新的结果显示到查找表格中。

（4）调阅凭证：查询列表框内选中的记账凭证详细内容。

（5）红冲凭证：可以把指定的记账凭证进行红冲凭证操作。

（6）删除：可以选择多张凭证批量删除。

7. 结转损益

结转损益是在一个会计期间的期末（通常是月末），在所有凭证均已经审核登账后，将损益类科目的余额结转到“本年利润”科目中去。

系统并不要求用户每月都进行结转损益的操作。

菜单操作：“总账—结转损益”，进入如图 4-64 所示的对话框，单击“确定”按钮，系统将自动完成损益的结转。

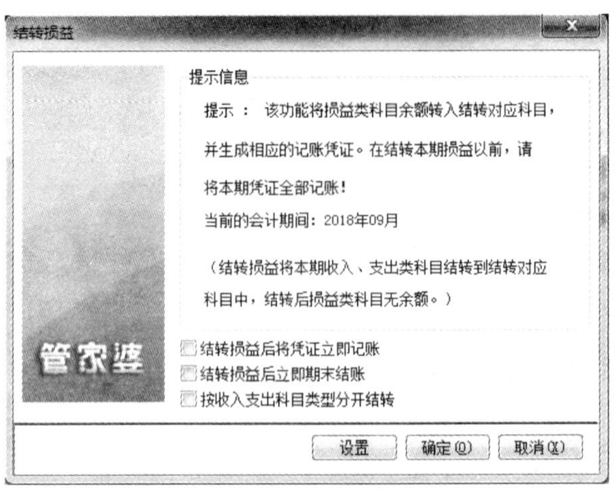

图 4-64 结转损益

如果选中“结转损益后将凭证立即记账”，则结转损益这张凭证在生成的时候同时已经作了审核与记账操作。此时，系统不对制单与审核为同一人进行检查。

用户还可以通过“设置”按钮对结转损益的会计科目进行设置。

8. 期末结账

期末结账是指在一个会计期间的结束，进入下一个会计期间前，确认所有会计业务全部处理完毕之后，计算并记录本期发生额和期末余额，对本会计期间的经济活动进行总结。

菜单操作：“总账—期末结账”，进入如图 4-65 所示的对话框，单击“确定”按钮，系统将自动完成期末结账，结账完成后，系统提示“会计结账已经完成”。

结账后不能再输入本期间新的凭证。结账之前应将当期所有凭证审核、记账，并结转损益，完成固定资产和工资的相关处理。账务处理结账之前应先进行进销存的结账。在进行期末结账时，请不要进行其他操作，以确保期末结账的正常进行。如果业务期间是 12 月，进行期末结账操作时，系统将会提示是否进行年结存，用户可以根据自己的需要选择。

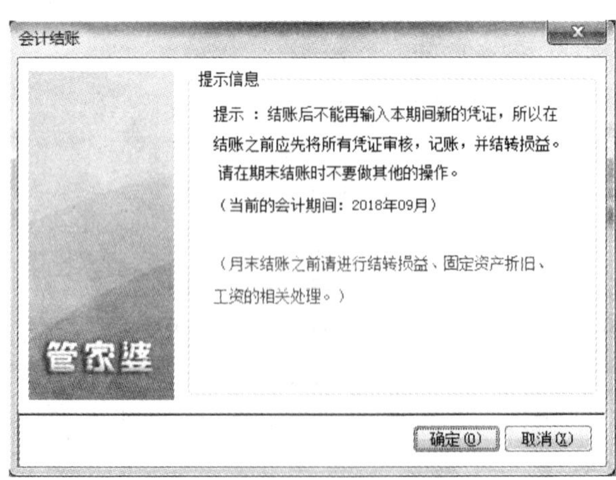

图 4-65 期末结账

9. 辅助工具

(1) 反审核

如果凭证已经被审核，但发现有错误，可以在凭证未记账的情况下，由原审核人对这张凭证进行取消审核操作，回到未审核的状态，以便对凭证进行修改。

(2) 反结账

如果凭证已经结账，会计期间已经到了下一个月，但需要对上一个月的账务进行调整，可以通过反结账，回到上一个月。

(3) 凭证自动编号

将对当月所有的记账凭证进行重新编号，使之成为连续的编号。

导致记账凭证编号不连续的原因有：直接删除记账凭证；操作“凭证引入”中的合并功能。本功能，只能在本月凭证未记账的情况下使用。

(4) 凭证整理

作废的凭证，如果需要永久删除它，则需要进行“凭证整理”的工作。凭证整理将删除本月已经作废的凭证，并且在删除完成后，对凭证进行自动编号，以确保凭证号的连续性。

菜单操作：“总账—辅助工具—反审核”（反结账、凭证自动编号、凭证整理），按系统提示即可完成相应操作。

4.3.2 出纳管理

管家婆财贸双全Ⅱ Top+V18.0 通过对现金、银行存款、支票管理和财务对账来完成出纳工作。出纳管理主界面如图 4-66 所示。

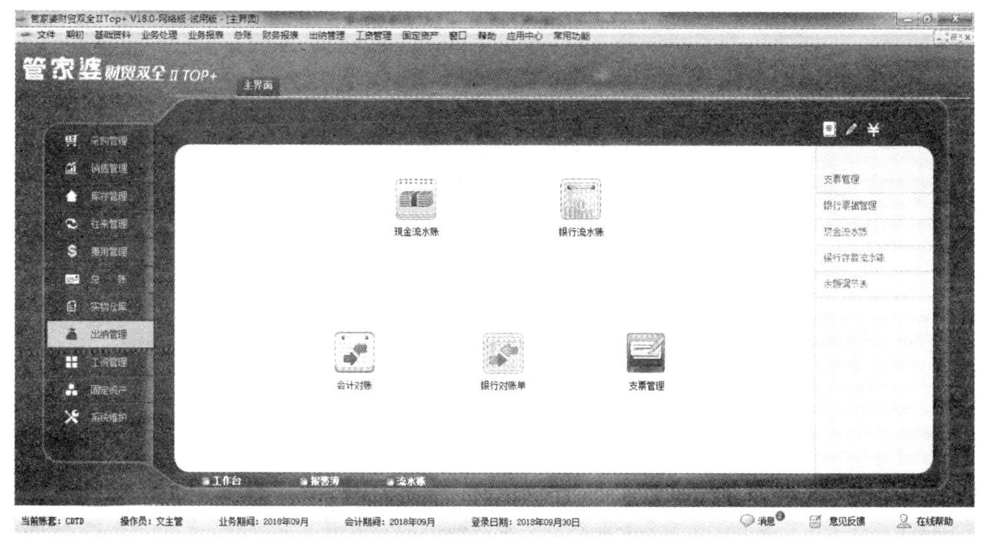

图 4-66 管家婆财贸双全Ⅱ Top+V18.0 出纳管理主界面

1. 出纳期初

使用出纳管理，首先要确定出纳模块的启用月份，并录入现金、银行存款类科目的余额数据以及未达账等，并确定出纳启用，才能对已启用的科目进行流水账、银行对账、会计对账等操作。

1）设置启用期间

菜单操作："出纳管理—设置启用期间"，如图 4-67 所示，确定出纳管理模块的启用月份。

图 4-67　设置出纳账启用期间

出纳管理模块可以独立操作，同时又与总账模块存在一定的关联。通过"启用期间"的设置，使两者数据相关联。"会计对账"就可以很好地反映这种关联性。出纳管理模块必须在"期初结账"后才能启用。

2）现金期初录入

菜单操作："出纳管理—现金期初录入"，如图 4-68 所示，录入现金类科目的期初余额。

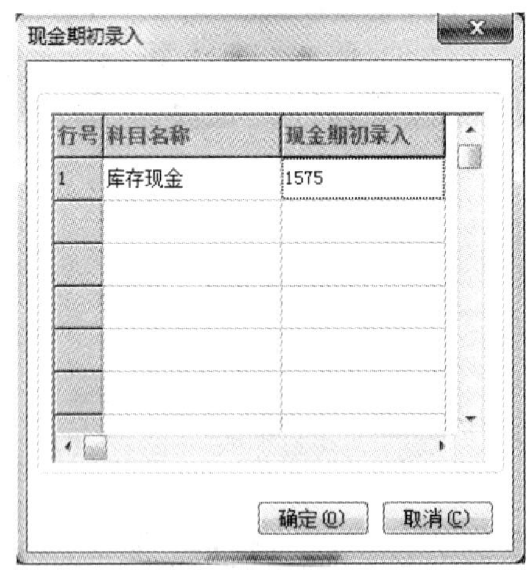

图 4-68　现金期初录入

3）银行期初录入

菜单操作："出纳管理—银行期初录入"，如图 4-69 所示，录入银行存款类科目的期初余额，及银行对账单期初余额和企业、银行未达账。

（1）选择"银行存款科目"。

（2）直接输入"银行流水账"和"银行对账单"期初余额。

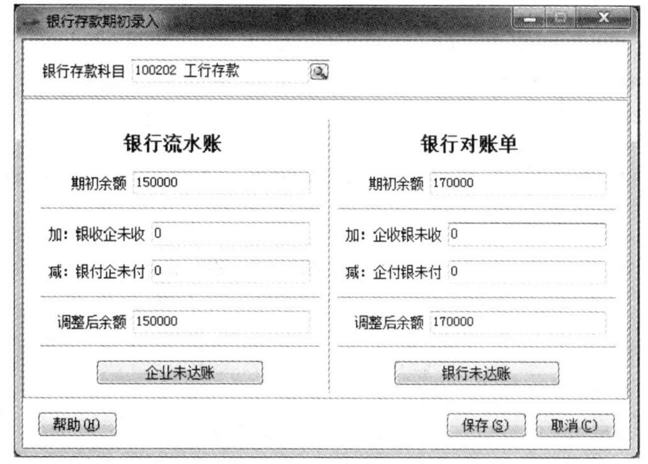

图 4-69　银行存款期初录入

（3）单击“企业未达账”，在调出的“银行对账单”界面，如图 4-70 所示，单击“新增”按钮，如图 4-71 所示，输入未达账记录，包括：录单日期、结算方式、结算号、金额等。

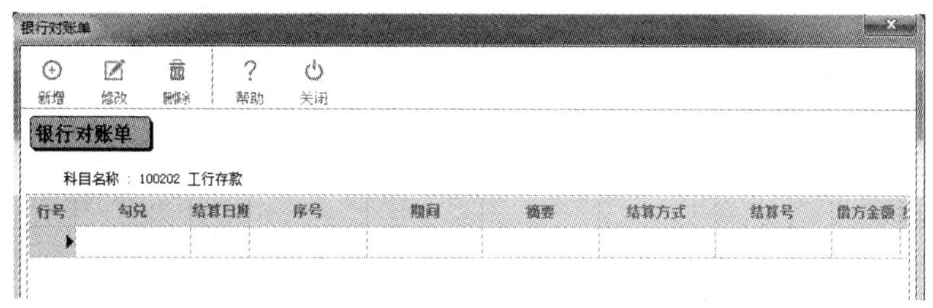

图 4-70　银行存款期初录入—企业未达账

银行对账单
科目名称 ： 100202 - 工行存款
录单日期 2018-09-01　当日序号 1
结算方式　结 算 号
经 办 人
借方金额 0　贷方金额 0
摘　　要
连续输入　确定(O)　取消(C)

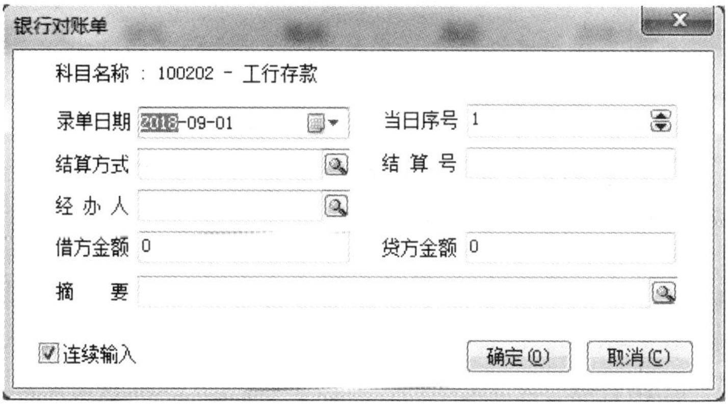

图 4-71　银行存款期初录入—企业未达账—银行对账单

（4）单击“银行未达账”，出现“银行存款流水账”界面，如图 4-72 所示，单击“新增”按钮，如图 4-73 所示，输入未达账记录，包括：录单日期、结算方式、结算号、金额等。

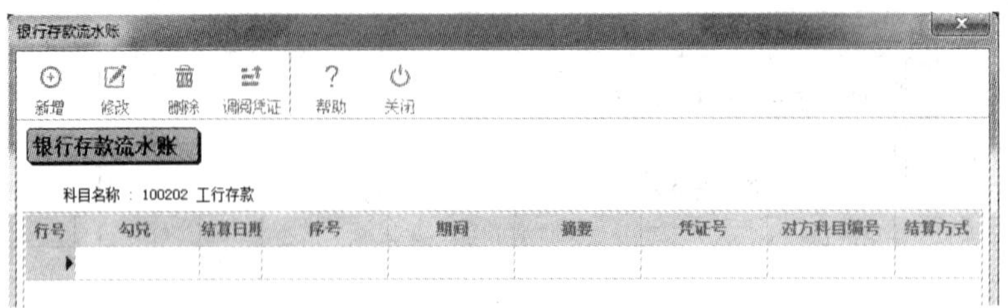

图 4-72 银行存款期初录入—银行未达账

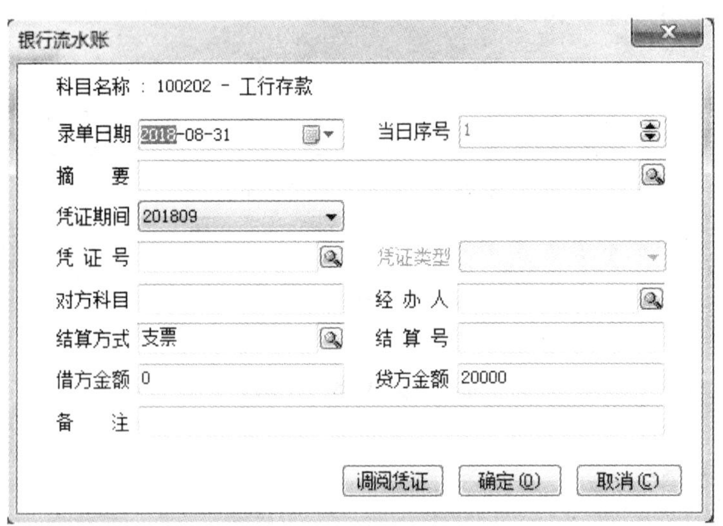

图 4-73 银行存款期初录入—银行未达账—银行流水账

(5) 系统自动根据输入的“企业未达账”和“银行未达账”数据进行累计计算，得出“银行存款余额调节表”数据。

在“银行存款余额调节表”平衡后，才能进行“出纳启用”。如果不平衡，则不能“出纳启用”，此时需要用户仔细检查“未达账”录入是否完成。

4）出纳启用

菜单操作：“出纳管理—出纳启用”，以确定出纳管理是否“启用”。

出纳启用后，就不能再对期初数据进行修改；同时，出纳启用后才能进行录入流水账、银行对账、会计对账等操作。

2. 日常处理

1）现金流水账

现金流水账主要是出纳人员对“库存现金”业务的发生情况进行流水登记。

菜单操作：“出纳管理—现金流水账”，进入“现金流水账查询条件”界面，选中科目“库存现金”、登记日期；展开“高级选项”，还可进行“会计期间”“金额”和“借贷方向”的设置，单击“确定”，进入“现金流水账”界面，如图 4-74 所示，可对现金流水账进行新增、修改、删除等操作。

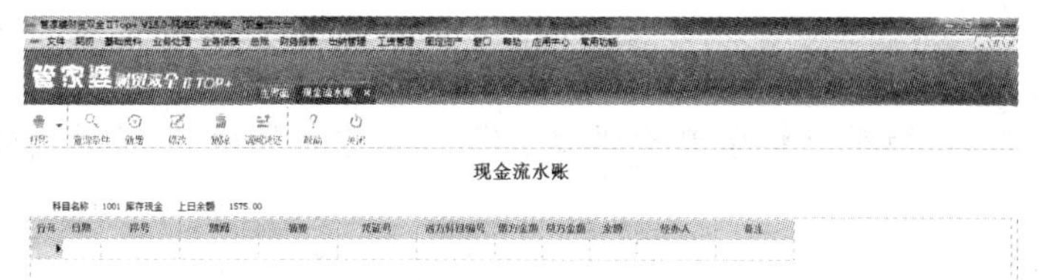

图 4-74 现金流水账

（1）在“现金流水账”界面，单击“新增”按钮，弹出“现金流水账”输入对话框，如图 4-75 所示。

现金流水账

科目名称 ：1001 - 库存现金　　出纳生成凭证

录单日期 2018-09-30　　当日序号 1

摘　要 【库存现金】等:1000元【四川森太教具制造有限公司】:张会

凭证期间 201809

凭 证 号 付_1　　凭证类型 付款凭证

对方科目 112301　　经 办 人

借方金额 0　　贷方金额 1000

备　注

连续输入　　确定(O)　　取消(C)

图 4-75 现金流水账

（2）输入录单日期、凭证号、对应科目代码、金额的借贷方、经办人以及摘要等信息。

（3）单击“确定”按钮即可。

已轧账的流水账，不能修改和删除。

2）银行流水账

银行流水账主要是出纳人员对“银行存款”业务的发生情况进行流水登记。

菜单操作：其界面和操作方法与现金流水账相似。

3）出纳轧账

出纳轧账是指对现金和银行存款等进行日结处理。一旦完成日结，就不能再对该日及以前日期内的出纳账进行删除、修改。

出纳轧账类似于账务上的期末轧账，但它不要求间隔相同的会计期间，时间段可以自由选择，系统不限制轧账的次数。

菜单操作：选择“出纳管理—出纳轧账”，弹出“出纳轧账”窗口，确认轧账日期，单击“轧账”按钮，根据系统提示进行操作，单击“是”开始轧账。

如果因误操作等原因需要把已轧账的出纳数据重新反轧账，可以使用“反轧账”功能来处理。

3. 银行对账

其主要是每月将出纳的“银行存款流水账”与商业银行的“银行对账单”之间的数据进行核对，勾销已达账，并生成“银行存款余额调节表”的过程。

1）银行对账单

菜单操作："出纳管理—银行对账单"，选定查询条件后"确定"，进入"银行对账单"界面，可以进行银行对账单的新增、修改和删除等操作，这与输入期初银行对账单相同。

2）银行对账

菜单操作："出纳管理—银行对账"，进入银行对账界面，如图 4-76 所示。

银行对账采用自动对账和手工对账相结合的方式，对账成功时字体颜色绿色显示，失败时红色显示。

图 4-76 银行对账

（1）自动对账

系统根据"对账条件"自动核销，在对账条件中，金额相等是必备条件，其他如结算日期相同、结算方式一致、结算号相同都是可选条件。对于已经核对无误的业务，系统将自动在"银行流水账"和"银行对账单"双方的"勾兑"栏上写入两清标志"自"，并视为已达账。

（2）手工对账

其是对自动对账的补充。用户使用自动对账后，可能还有一些特殊的未达账没有核对上，可以使用手工对账进行调整。分别在"银行流水账"和"银行对账单"数据记录上双击，然后，单击"手工对账"按钮。系统根据金额相等条件，自动在"银行流水账"和"银行对账单"双方的"勾兑"栏上写入两清标志"手"，并视为已达账。

在银行对账完成后，根据核对好的已达账和未核销的未达账，系统将自动生成"银行存款余额调节表"，供用户查阅未达账是否正确。

3）余额调节表

余额调节表反映了出纳与银行对账后的最后结果，分别记录了企业与银行的未达账项，并将出纳与银行的余额调整为一致。

菜单操作："出纳管理—余额调节表"，进入银行存款余额调节表界面，如图 4-77

所示。

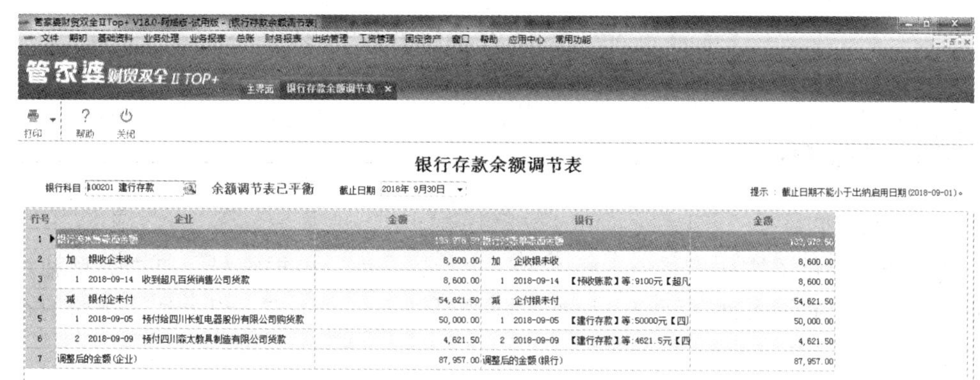

图 4-77　银行存款余额调节表

4）会计对账

会计对账是指出纳流水登记的“库存现金”和“银行存款”账与会计的“库存现金”和“银行存款”账之间进行的账账核对。

菜单操作：“出纳管理—会计对账”，设置“会计对账查询条件”后，进入如图 4-78 所示的“会计对账”对话框，用户可针对某一科目，查看某一日期或某一段时期内，“出纳账”和“会计账”资金收、支、余金额，及两者之者的差额情况。

用户想查看任意日期的对账数据时，单击“对账条件”按钮，设置想要查看的科目及日期，按“确认”按钮可实现操作。用户还可在弹出的“会计对账查询条件”中单击“高级选项”，对查询条件是否包含记账凭证进行选择，使查询更方便、快捷。

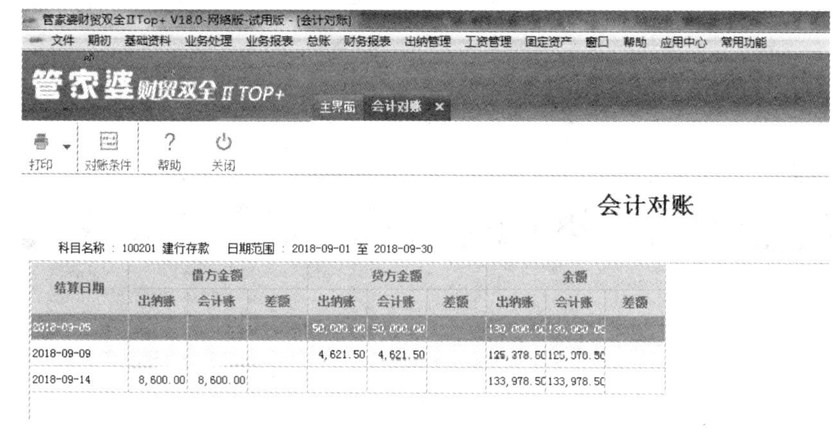

图 4-78　会计对账

4.4 业务报表和财务报表

4.4.1 业务报表

1. 单据查找

单据查找提供了按往来单位、经办人、存货、仓库、单据编号、单据类型和查询日期范围等多个查询条件，用户可根据实际情况进行组合查询，以方便、快捷地查询到自己需要的单据。

菜单操作："业务报表—单据查找"，在如图 4-79 所示的对话框中选择查询条件"确定"后，进入如图 4-80 所示的界面。

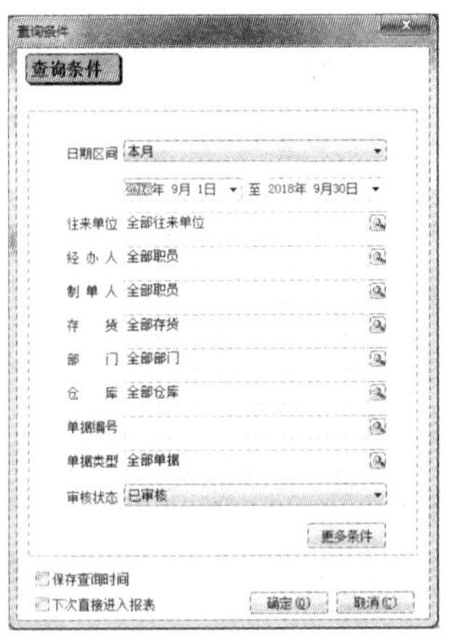

图 4-79 单据查找—查询条件

图 4-80 单据查找

（1）查询条件：在输入某一或某组查询条件后，按"确认"按钮，就会查到所有符合查询条件的单据。

所列查询条件并非必须输入，若不输入，系统查到的将是指定时间内的所有单据。

（2）调阅单据：调阅出具体的单据详情进行查看。

（3）复制：将选中的单据复制到草稿中。

（4）删除：将选中的单据删除。

（5）全选：对所有单据进行全部快捷选中。

（6）单据类型：可过滤查看某一类型的单据。

2. 单据统计

单据统计为各类型的单据统计提供了一个统一查询的入口，通过单据统计，可查询到该类型已审核过账单据的存货数量、金额等。

统计的单据类型包括：采购单、采购退货单、销售单、销售退货单、报损单、报溢单、调拨单、组装与拆分单、其他入库单、其他出库单、调价单。

菜单操作：“业务报表—单据统计”，在如图 4-81 所示的单据选择界面，选定某种单据“确定”后，设置查询条件后，进入所选单据统计界面，如图 4-82 所示。

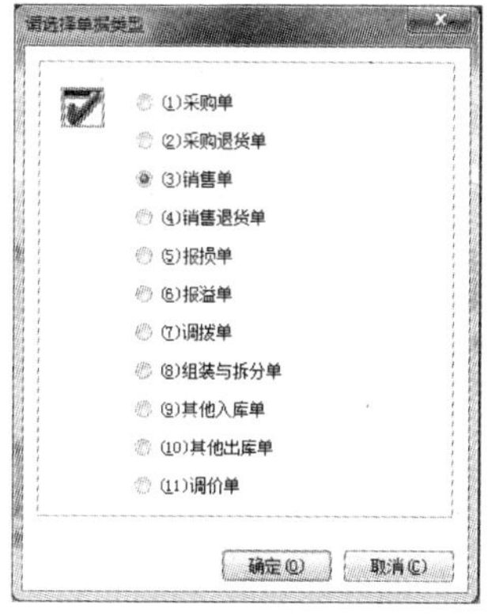

图 4-81　单据统计—单据类型选择

行号	存货编号	存货全名	出库数量	出库数量(辅助单	出库金额
1	0001	液晶电视机			
2	0002	等离子电视机			
3	0003	彩色电视机			
4	0004	红色签字笔	100	10盒	250.00
5	[illegible]	[illegible]	[illegible]	[illegible]	[illegible]
6	0006	绘图铅笔	100	10盒	150.00
7	0007	自动铅笔	50	5箱	150.00
8	0008	回形针	100	4箱4盒	350.00
9	0009	长尾夹	252	25盒2个	1,250.00
10	0010	凭证装订机	2	2台	800.00
11	0011	防伪验钞机	1	1台	1,500.00
12	0012	电子教鞭	30	30个	1,200.00
合计			837		7,850.00

图 4-82　单据统计—销售单统计

(1) 查询条件：分别按日期、仓库、客户、经办人、部门进行销售统计。

(2) 列表：将所有或某一类商品的所有子类商品的销售情况列示出来。

(3) 明细账：查询该商品或该类商品在这段日期里的所有销售明细账。

此外，用户还可使用系统提供的丰富业务报表功能，查看采购报表、销售报表、库存报表、实物仓库报表、质检报表、客户往来报表、供应商往来报表、委托业务报表、开票报表、费用报表、流水账等内容。

4.4.2 财务报表

1. 账簿查询

账簿查询包含了日记账、明细分类账、总分类账、多栏账、科目汇总表、科目余额表、辅助核算等会计人员需要的账簿。下面以总分类账查询为例。

菜单操作："账务报表—总分类账"，弹出"总分类账条件选择"窗口，进行条件选择，如图 4-83 所示。

图 4-83 总分类账条件选择

开始科目/结束科目：选择科目的起止编号，可同时查询所有的总账或者是部分总账科目。

只显示末级科目：选中，则只能查看所选科目的最明细科目数据，同时科目级次不能选择。

科目级次：在未选中"只显示末级科目"时，用户可以选择显示科目级次的起始数据，在总账查询时，系统先显示一级科目，再显示下级科目。

会计期间：选择总账显示的起止会计期间。

显示选项：选中"显示所选的全部科目总账"，则在同一页显示所选的科目总账；选中"分别显示所选的科目总账"，则所选科目总账分别每个科目逐页显示。

单击"确定"按钮，查看查询的结果，如图 4-84 所示。

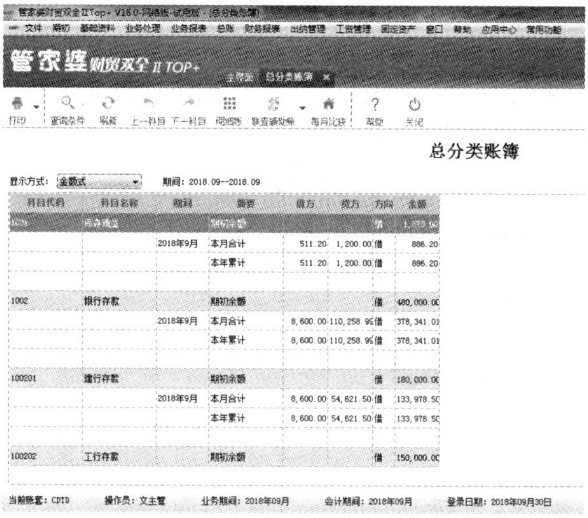

图 4-84　总分类账查询结果

明细账：选中有数据的“本月合计”或“本年累计”行，单击此按钮，可查看选中科目的明细情况。

联查辅助账：若选中的会计科目有部门、职员、供应商、项目、客户等辅助核算，单击此按钮，可查看该科目辅助核算情况。

每月比较：对科目每月发生数据进行比较，可以按照图形查看数据。

显示方式：系统提供金额式和数量金额式两种账簿显示格式。

2. 报表系统

Grasp Report System 是报表事务处理的工具，利用 Grasp Report System 既可编制对外报表，也可以编制企业各种内部报表。它的主要任务是设计报表的格式和编制公式，把从总账系统或其他业务系统中取得的有关会计信息编制成各种会计报表，对报表进行运算，并按设计格式输出各种会计报表。

Grasp Report System 报表设计操作与 Excel 相似，操作简单，易学易用。

1）主要功能

（1）文件管理

报表系统对报表文件的创建、打开、保存和备份进行管理。支持多窗口同时显示和处理。报表文件能够保存为 Excel 格式。

（2）格式管理

报表系统提供了简单丰富的格式设计功能，如合并单元格，边框线条（包括斜线）、调整行高列宽、设置字体及颜色、分页预览等，可以制作各式各样的报表。

（3）数据处理

Grasp Report System 以固定格式来管理不同的数据表页，一个报表文件中最多数据表页可达 255 页。提供了丰富的财务公式，可以方便快速地定义公式；通过连接账套，可以在任我行财务系列产品的总账中提取数据，生成财务报表。

（4）打印功能

Grasp Report System 提供了强大的打印及打印预览功能。如有打印表头、打印选择区域、设置页眉页脚、打印数据居中、数据缩放至一页、设置打印背景等功能，满足所有的打印需求。

2）资产负债表

菜单操作：“财务报表—资产负债表”，进入如图 4-85 所示的界面。系统提供导航式、自定义式两种方式生成报表。

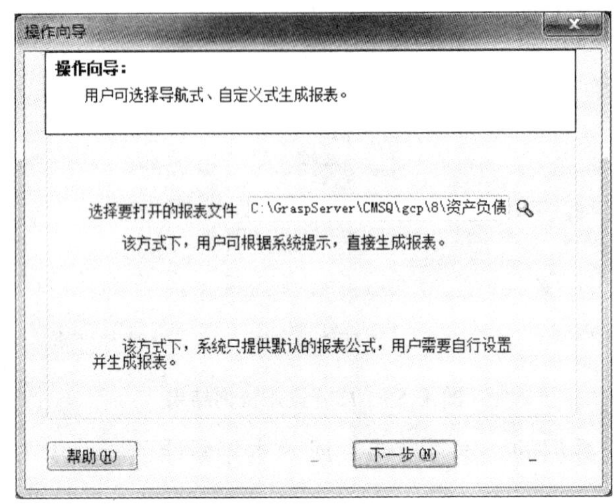

图 4-85　资产负债表—操作向导—生成报表方式选择

（1）导航式

导航式下，报表的公式、格式都是系统定义好的，用户只需要根据提示，选择要生成报表的时间，即可直接生成报表。

①在图 4-85 中单击“浏览”按钮，选择要打开的报表文件，系统默认为安装目录下的相应报表。

②单击“下一步”按钮，弹出“选择报表页”操作向导，如图 4-86 所示。

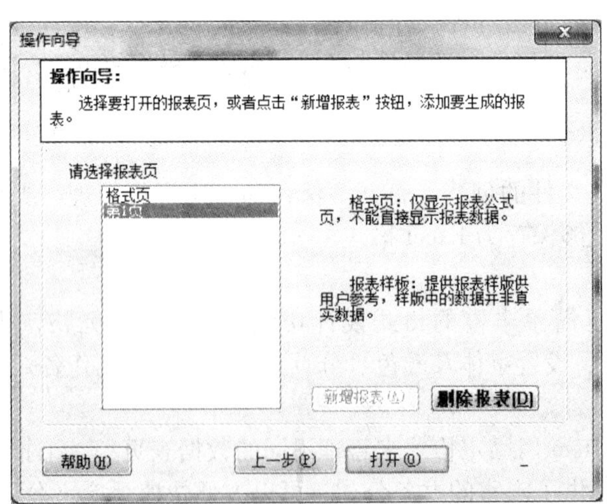

图 4-86　资产负债表—操作向导—选择报表页

③单击“新增报表”按钮，选择要生成报表的月份，录入报表名称，单击“确定”，可以看到报表选择页中已经添加了该报表的名称。

④单击“打开”按钮，系统提示：“是否计算报表?”，单击“是”，系统开始计算报表数据，计算完毕后，显示资产负债表，如图 4-87 所示。

资产负债表

会小企 01 表

单位名称：成都天地有限公司　2018 年　9 月　单位：元

资产	行次	年初余额	期末余额	负债和所有者权益	行次	年初余额	期末余额
流动资产				流动负债			
货币资金	1	481575	281082.21	短期借款	31	600000	600000
短期投资	2	0	0	应付票据	32	0	0
应收票据	3	0	0	应付账款	33	156000	154500
应收账款	4	4200	6975.3	预收账款	34	1000	1000
预付账款	5	110000	165621.5	应付职工薪酬	35	0	0
应收股利	6	0	0	应交税费	36	0	10493.8
应收利息	7	0	0	应付利息	37	0	0
其他应收款	8	0	0	应付利润	38	0	0
存货	9	286225	332895.25	其他应付款	39	0	0
其中：原材料	10	0	0	其他流动负债	40		
在产品	11	0	0	流动负债合计	41	757000	765993.8
库存商品	12	270225	316895.25	非流动负债			
周转材料	13	0	0	长期借款	42	0	0
其他流动资产	14	0	7467.24	长期应付款	43	0	0
流动资产合计	15	[illegible]	794041.5	递延收益	44	[illegible]	0

图 4-87　资产负债表

（2）自定义式

自定义式下表页分为格式页和数据页。格式页是对资产负债表进行设置的页面。数据页是根据格式页的格式，对账套的数据进行运算并得到具体的报表数据。

在格式页状态下，单击右键，选择“插入数据页”，可以插入数据页。一般地，如果每月要出一个资产负债表，可以设置 12 个数据页，每页代表一个月份。

在格式页状态下，设置报表格式、公式和关键字等，在数据页状态下，录入关键字，进行整表重算或表页重算，就可以得到相应的资产负债表。

3）利润表

菜单操作：“财务报表—利润表”，操作方法与资产负债表相似。生成的利润表如图 4-88 所示。

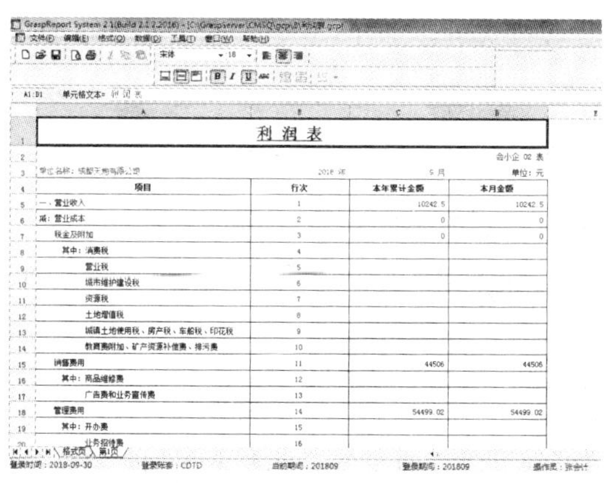

利润表

会小企 02 表

单位名称：成都天地有限公司　2018 年　9 月　单位：元

项目	行次	本年累计金额	本月金额
一、营业收入	1	10242.5	10242.5
减：营业成本	2	0	0
税金及附加	3	0	0
其中：消费税	4		
营业税	5		
城市维护建设税	6		
资源税	7		
土地增值税	8		
城镇土地使用税、房产税、车船税、印花税	9		
教育费附加、矿产资源补偿费、排污费	10		
销售费用	11	44506	44506
其中：商品维修费	12		
广告费和业务宣传费	13		
管理费用	14	54499.02	54499.02
其中：开办费	15		
业务招待费	16		

图 4-88　利润表

4）报表公式

（1）函数类型

①财务函数，如表 4-1 所示。

表 4-1 管家婆财贸双全ⅡTop+V18.0 财务函数

函数名	金额	数量	外币金额
期初	QC	SQC	WQC
期末	QM	SQM	WQM
发生	FS	SFS	WFS
累计发生	LFS	SLFS	WLFS
净额	JE	SJE	WJE
累计净额	LJE	SLJE	WLJE
汇率	HL		
现金流量	XJLL		

②其他函数，包括数学函数、统计函数、条件函数、表操作函数、日期函数和文件取数函数。

(2) 定义公式的步骤

①在报表格式状态下，选中要设置为公式的单元格。

②菜单操作："数据—编辑公式"，打开如图 4-89 所示的对话框。

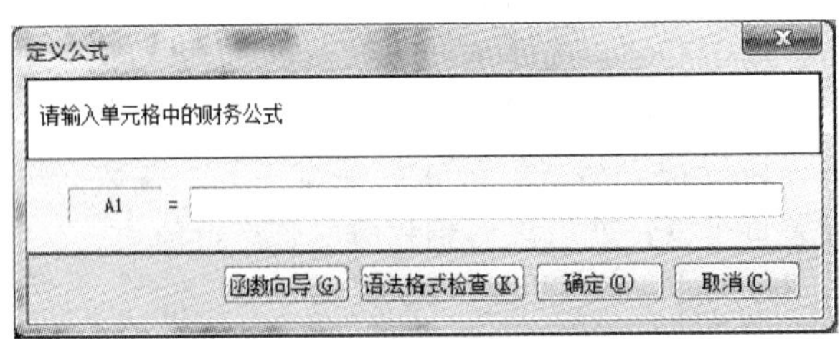

图 4-89 定义公式

③单击"函数向导"按钮，打开如图 4-90 所示的"函数向导"对话框。

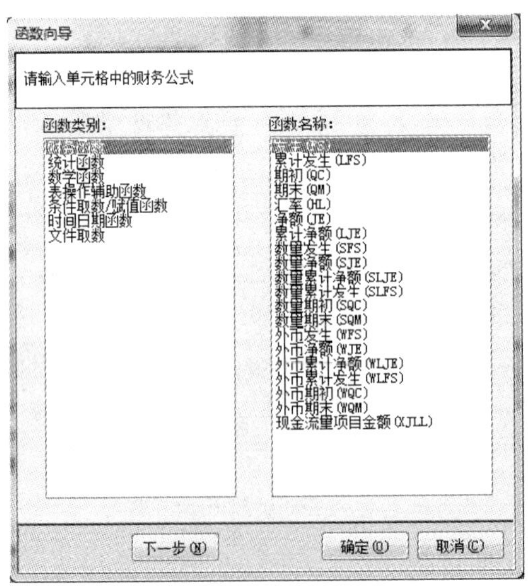

图 4-90 函数向导

④选择需要的函数类别和名称。

⑤单击“下一步”按钮，进入如图 4-91 所示的“输入财务公式”对话框。

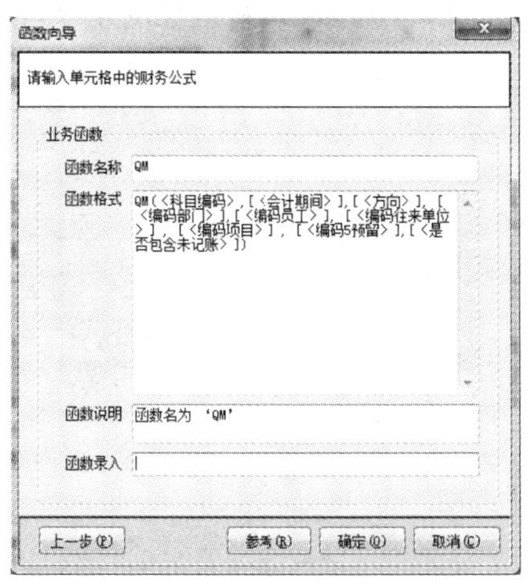

图 4-91 输入财务公式

⑥在“函数录入”处按照函数的格式录入，也可以单击“参考”按钮，进入“财务函数参数设置”对话框，如图 4-92 所示，选择函数参数属性。

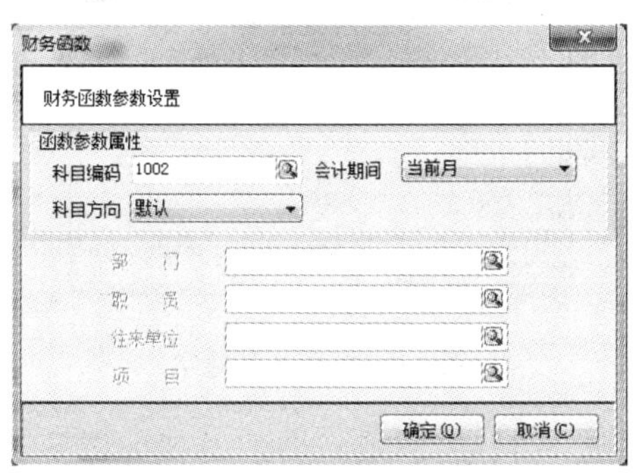

图 4-92 财务函数参数设置

⑦单击“确定”按钮，返回如图 4-91 所示界面中，此时“函数录入”文本框中显示用户设置好的公式。

⑧单击“确定”按钮，返回如图 4-89 所示界面中，此时单元格式后的文本框中显示用户设置好的公式。

⑨单击“确定”按钮，返回报表格式状态界面中，当前单元格变为公式单元格，显示为“公式单元”。在“单元格文本”处显示单元格的公式。

5）关键字

关键字用于作为表页条件来查询数据。关键字的显示位置在格式状态下设置，关键字的值则在数据状态下录入，每个报表可定义多个关键字，同一种关键字只能定义一个。关键字有单位名称、单位编号、年、月、日、季，但财务公式中只支持月关键字。

表页取数时与关键字有关的公式设置为关键字时要把关键字作为条件取数。

关键字单元不能被编辑，包括复制及粘贴。

(1) 定义关键字

①在格式页状态下，选择要设置关键字的单元格。

②菜单操作：“数据—关键字—设置”，进入如图 4-93 所示的界面。

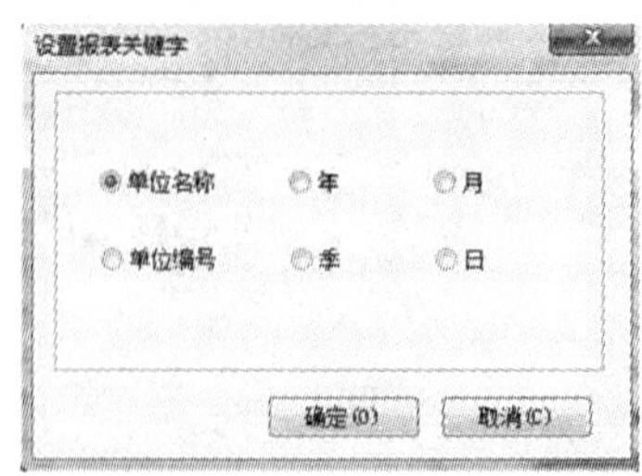

图 4-93 设置关键字

③选择要设置的关键字类型。

④单击“确定”按钮。

(2) 录入关键字

①在数据页状态下，菜单操作：“数据—关键字—录入”，进入如图 4-94 所示的界面。

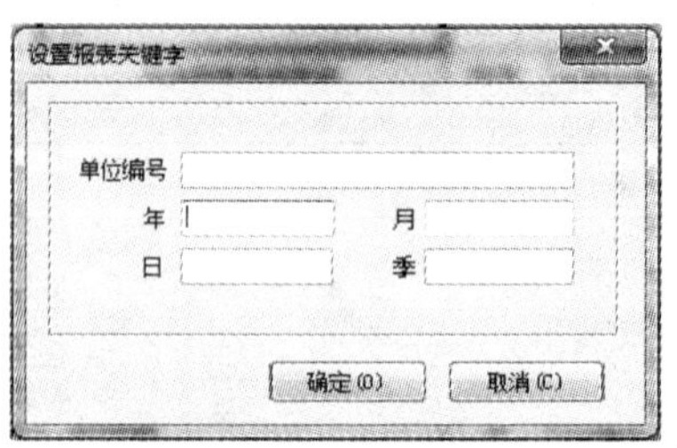

图 4-94 录入关键字

②在对应的关键字处输入对应的数据。

③单击“确定”按钮。

月关键字只能输入月份，只能输入 1-12；日关键字只能输入 1-31；季关键字只能输入 1-4。

6) 报表模板

(1) 自定义报表模板

①在格式状态下，菜单操作：“格式—自定义模板”，进入如图 4-95 所示的界面。

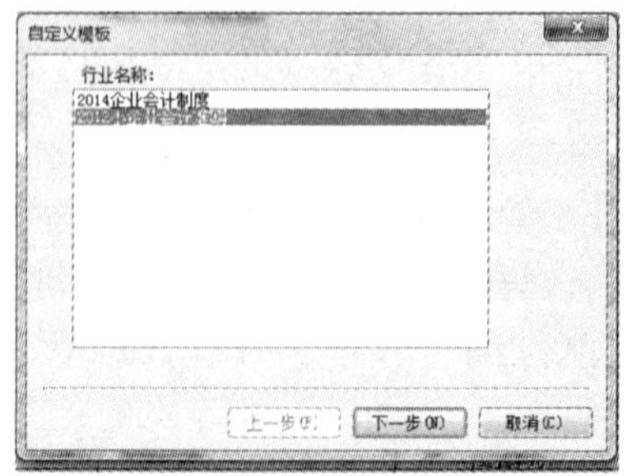

图 4-95 自定义模板—行业

②选择一个行业，单击“下一步”按钮，进入如图 4-96 所示的界面，可以进行报表模板的增加、修改和删除。

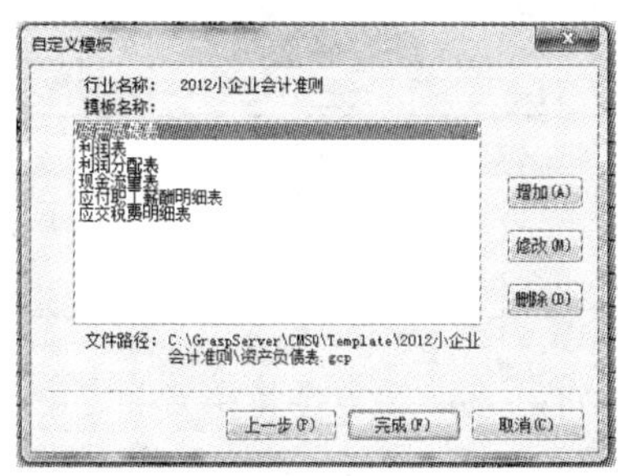

图 4-96　**自定义模板—模板**

③单击“增加”按钮，进入如图 4-97 所示的界面。

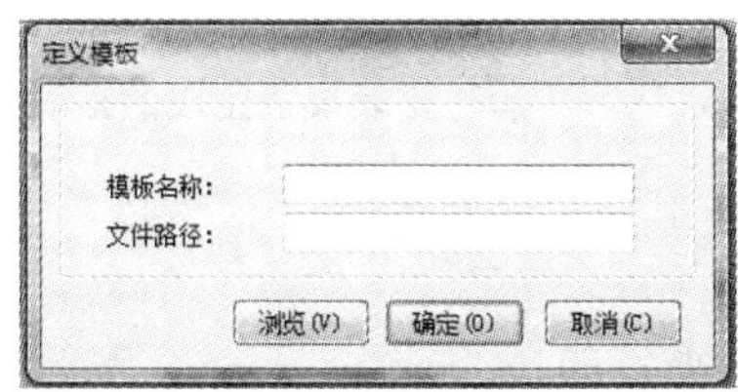

图 4-97　**自定义模板—模板名称和路径**

④在模板名称处输入模板的名称，单击“浏览”按钮，找到对应的文件。

⑤单击“确定”按钮，返回“完成”即可。

系统自动将模板文件复制到安装目录的 Template 目录相对应的行业名称下，文件名改为模板名。同一行业不允许添加相同名称的模板。修改模板名称不能够更改文件名。删除模板同时也要删除系统目录下的模板文件。

(2) 生成行业常用报表

在格式状态下，菜单操作：“格式—生成常用报表”，系统提示“是否生成某行业下的所有报表?”，单击“是”按钮，系统将自动生成账套对应行业的所有模板报表。

(3) 选择模板生成报表

①在格式状态下，菜单操作：格式—报表模板，打开如图 4-98 的对话框。

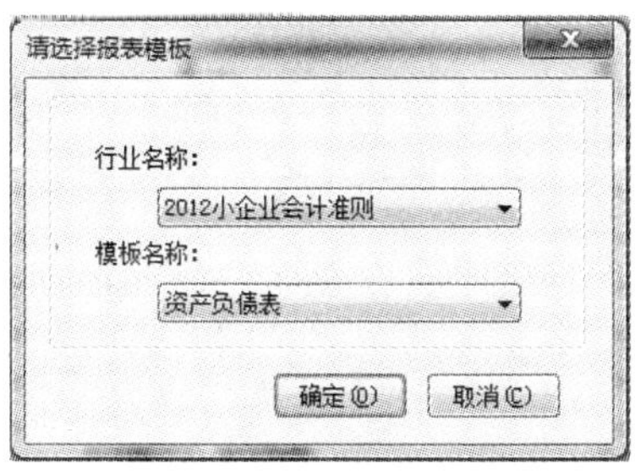

图 4-98　**选择报表模板**

②在行业名称处选择一个行业，在模板名称处选择相对应的模板。

③单击“确定”按钮，打开如图 4-99 所示的界面，生成一张报表。

图 4-99　通过报表模板生成的报表

用模板新建的报表文件只有格式页，格式为模板格式。

5 金算盘 eERP-B V10.0 的应用

重庆金算盘软件有限公司提供的 ERP 软件和云服务涵盖财务管理、供应链管理、生产管理、成本管理、资金管理、资产管理、费用管理、人力资源管理、绩效管理、客户关系管理、价格管理、全面预算管理、交易管理、协同管理、风险管理等内容以及相关的增值服务。金算盘在提供这些产品、解决方案或服务时，既采用传统的软件许可方式，又提供云计算（包括公有云、混合云和私有云）方式。

5.1 系统的安装与启动

5.1.1 系统特色

金算盘 eERP-B 是针对成长型中小企业的、可扩展的、支持电子商务的 ERP 系统，是构建全程电子商务最为核心和基础的组成部分。金算盘 eERP-B 继承了传统 ERP 系统所有的功能和优点，覆盖了行政事业单位等行业的各种应用，能够帮助企业管理采购、销售、库存、客户、供应商、财务等。金算盘 eERP-B 不仅帮助企业提高内部业务的管理与运营效率，还将企业与上下游合作伙伴之间的业务管理和协同进行有效整合，帮助企业构建内部业务与外部协同的一体化管理体系。

金算盘 eERP-B 在传统 ERP 精细化的企业内部管理基础上，面向全球化供应链，将管理的范畴扩展到供应链的上下游商务伙伴，实现全球化的协同商务；同时，将企业内部信息化与电子商务有机融合，二者相辅相成，帮助企业真正实现商务活动的全程电子化管理。

5.1.2 运行环境

1. 硬件环境

（1）工作站：586/166 以上微机，128M 以上内存，VGA 以上显示器，500M 以上硬盘剩余空间。

（2）服务器：Intel P4 微机或专用服务器，256M 以上内存，VGA 以上显示器，1G

以上硬盘剩余空间。

（3）打印机：中、英文 Windows NT \ 2000 \ XP 操作系统支持的各种打印机。

2. 软件环境

（1）工作站：中、英文 Windows 2000 及以上操作系统，IE6.0 及以上浏览器，Microsoft Office Access 2003。

（2）服务器：中、英文 Windows 2000 操作系统支持的各种网络操作系统，Microsoft Office Access 2003，如 Windows NT/2000/XP 等。

如果用户使用的是财务专业版或业务专业版，则服务器和工作站都需进行 Microsoft SQL Server 2000 的安装。

5.1.3 系统的安装

将光盘放入驱动器，安装程序自动运行（也可运行光盘根目录下的 Setup. exe 文件），出现“安装金算盘软件”界面，如图 5-1 所示，其中包括安装软件、查看光盘、访问 Web 站点、联系金算盘、产品及部分荣誉、退出六个功能按钮。

（1）选择“安装软件”后，系统提供向导式安装方式，出现“欢迎”界面，单击“下一步”按钮，出现“服务协议”对话框，如图 5-1 所示。

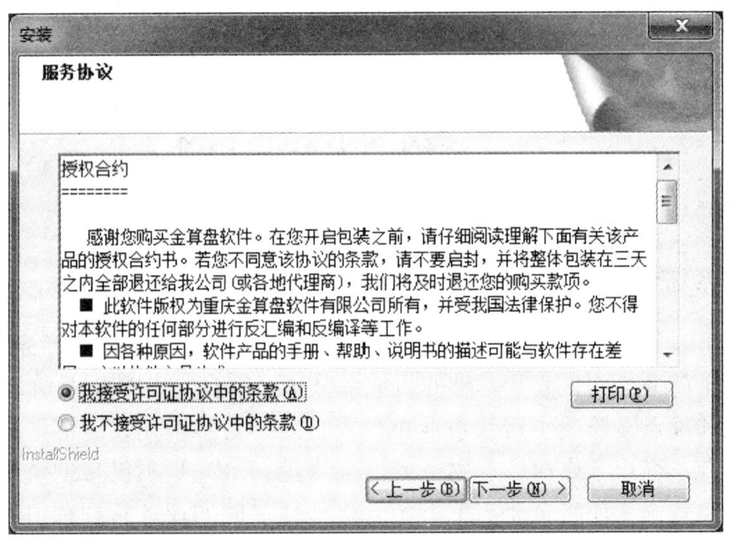

图 5-1　金算盘 eERP-B V10.0 服务协议

用户若不同意本软件许可协议，选择“我不接受许可证协议中的条款”，退出安装；用户若同意本软件许可协议，选择“我接受许可证协议中的条款”按钮，继续安装。

如果用户没有安装 Microsoft.NET Framework 2.0，系统将自动先进行安装。

（2）单击“下一步”按钮，出现“客户信息”对话框，如图 5-2 所示，输入用户名和公司名称。

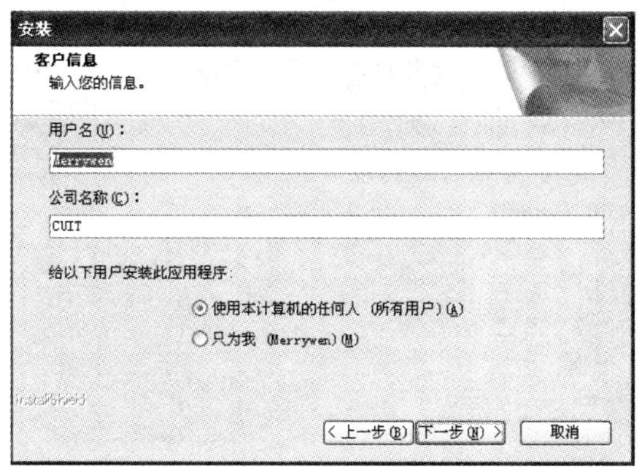

图 5-2　金算盘 eERP-B V10.0 客户信息

（3）单击“下一步”按钮，出现“选择安装类型”对话框，如图 5-3 所示。

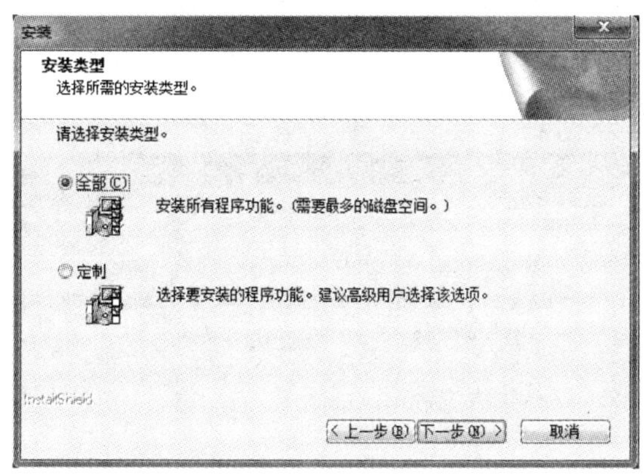

图 5-3　金算盘 eERP-B V10.0 安装类型

全部：系统默认安装并安装所有程序功能。

定制：选择要安装的程序功能。

（4）若要更换安装的路径，则选择“定制”。单击“下一步”，选择要安装的目的地位置，系统默认安装的路径是 C：\ eabax，如图 5-4 所示。

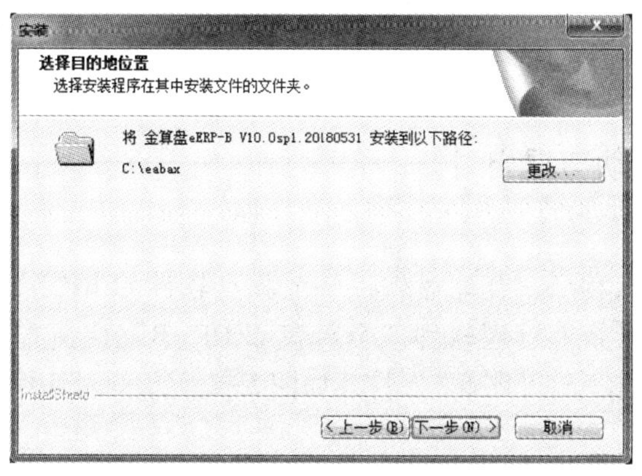

图 5-4　金算盘 eERP-B V10.0 安装路径

(5) 单击“下一步”按钮，出现“选择功能”对话框，如图 5-5 所示。

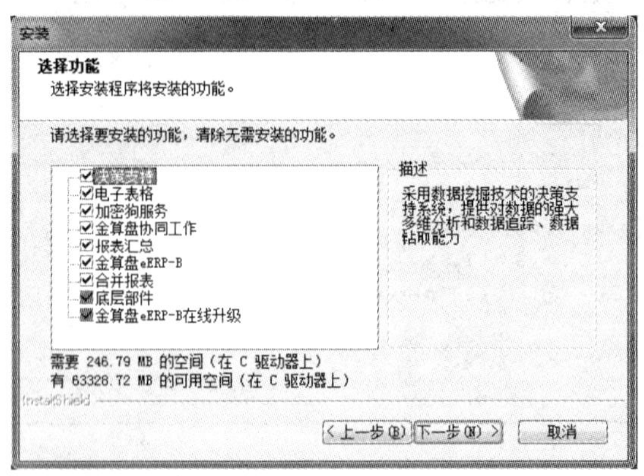

图 5-5　金算盘 eERP-B V10.0 选择功能

(6) 选定相应功能后，单击“下一步”按钮，出现“可以安装该程序了”对话框，如图 5-6 所示。单击“安装”按钮，开始复制系统文件，直到完成全部安装。安装完成后，需要重启计算机。

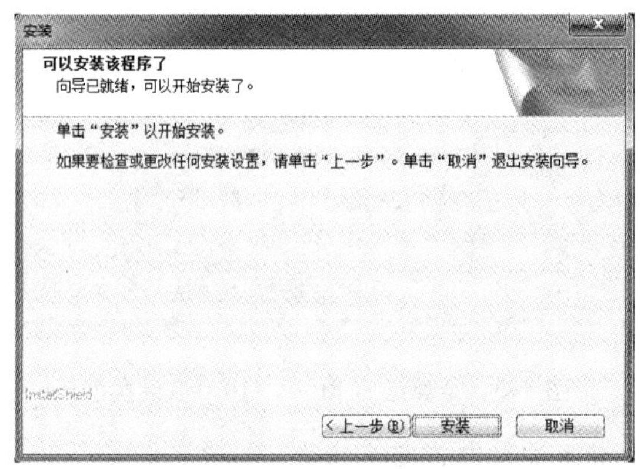

图 5-6　金算盘 eERP-B V10.0 安装向导就绪

网络用户的安装：服务器安装好后，只需在工作站上运行服务器共享的一个 setup.exe 文件即可完成工作站的安装。通过这种方式安装，系统会自动获取加密狗地址；在工作站上通过光盘安装也是可以的，只不过这种方式就需要手工添加加密狗地址，操作过程会麻烦一些。

5.1.4　系统启动与退出

1. 系统的启动

单击“开始—所有程序—金算盘软件—金算盘软件 eERP—金算盘 eERP-B”，或者双击桌面上的金算盘企业管理软件“金算盘 eERP-B”快捷方式图标，进入系统主界面，单击菜单“文件—打开账套”，打开如图 5-7 所示的对话框，用户可以新建账套或打开账套。

图 5-7 打开账套

2. 系统的退出

选择下面任何一种方法都可以退出金盘算 eERP-B。

(1) 在系统主界面中，单击主界面标题栏右边的窗口关闭按钮；

(2) 菜单操作：文件—退出；

(3) 按快捷键 Alt+F4。

5.2 账套管理

5.2.1 新建账套

在金算盘 eERP-B 主界面，菜单操作：文件—新建账套，出现“新建账套”向导界面，如图 5-8 所示。

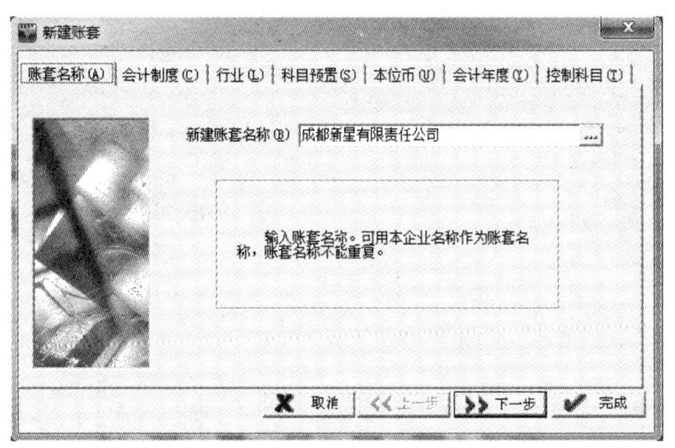

图 5-8 新建账套—账套名称

1. 账套名称

在“新建账套名称”文本框中输入账套名称，一般以单位名称命名。

eERP-B 新建账套的名称不能与已有的账套名称重复，如果重复，系统将询问是否覆盖以前同名账套。用户可以单击账套名称文本框右侧的按钮，进入“保存账套”界面，进行更进一步的详细设置，如新建账套的存放路径等。账套名称不能超过 60 个字符。

2. 会计制度

单击“下一步”按钮（或单击“会计制度”标签），即可选择本账套所适应的会计制度，如图 5-9 所示。

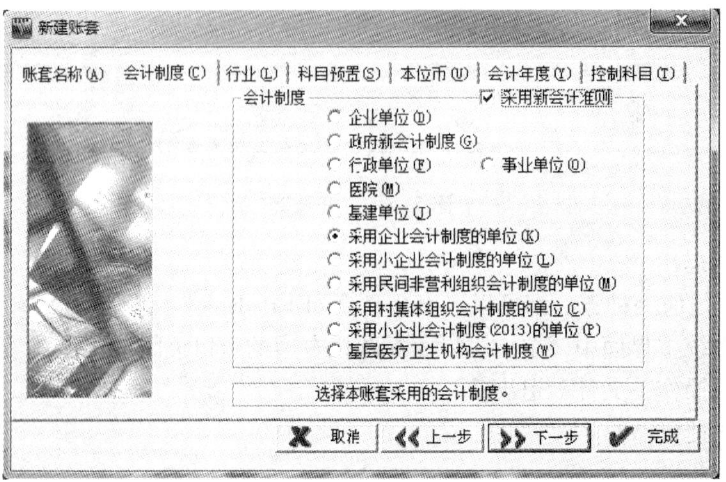

图 5-9　新建账套—会计制度

当选择“企业单位”或“采用企业会计制度的单位”时，可勾选“采用新会计准则”选项。

3. 行业

单击“下一步”按钮（或单击“行业”标签），可选择行业，如图 5-10 所示。

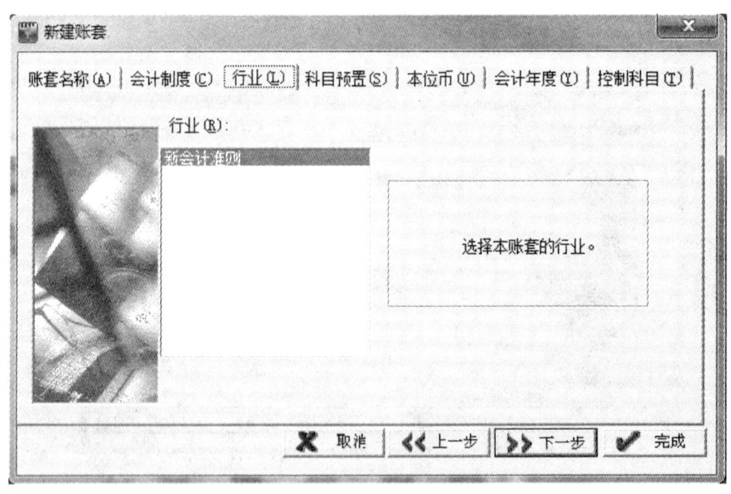

图 5-10　新建账套—行业

4. 科目预置

单击“下一步”按钮（或单击“科目设置”标签），可以进行系统预置科目的设置，如图 5-11 所示。

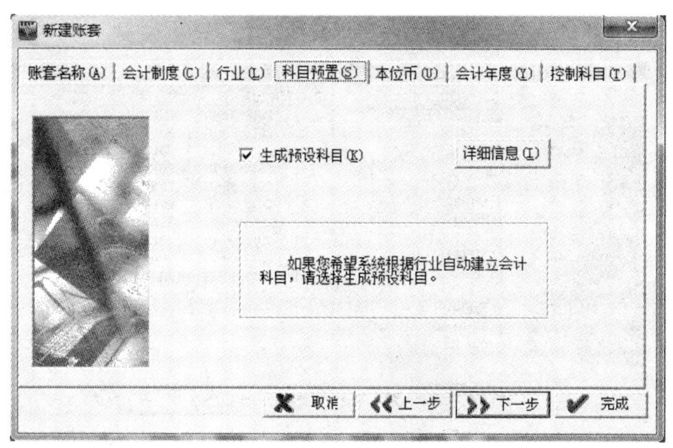

图 5-11　新建账套—科目预置

“生成预设科目”：系统根据用户所选择的行业生成标准一级科目及部分明细科目。单击“详细信息”按钮来查看生成的科目。如果用户不选择“生成预设科目”，则不生成该行业标准科目。

5. 本位币

单击“下一步”按钮（或单击“本位币”标签），可确定记账本位币，如图 5-12 所示。

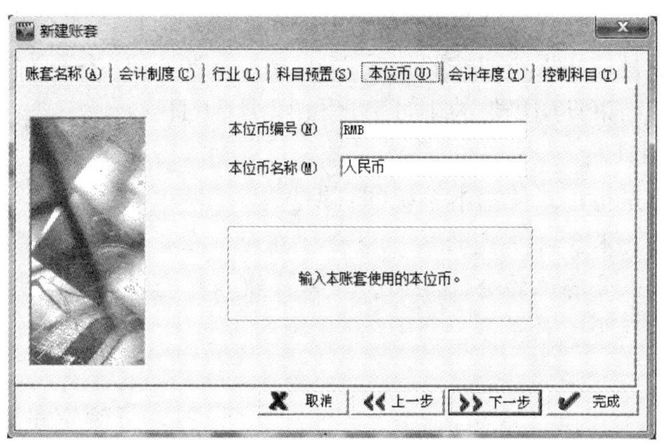

图 5-12　新建账套—本位币

系统默认本位币编码为 RMB，名称为人民币。如果人民币不是记账本位币，则需重新输入正确的记账本位币。

6. 会计年度

单击“下一步”按钮（或单击“会计年度”标签），可确定会计期间和会计年度，如图 5-13 所示。

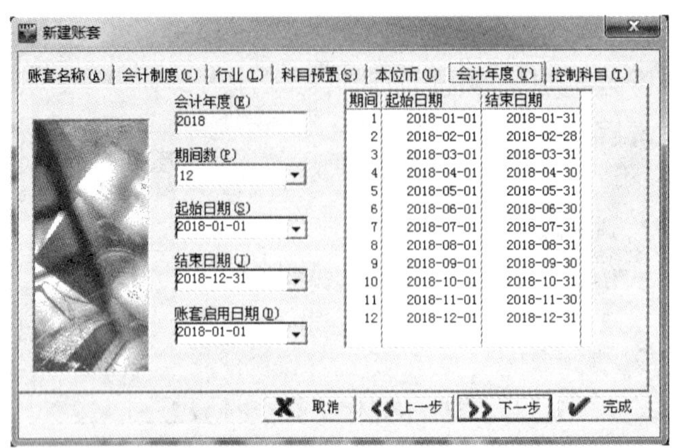

图 5-13　新建账套—会计年度

（1）会计期间

系统提供了两种会计期间划分：一种是 12 个期间，另一种是 13 个期间。选择前者，每个期间的起始日、结束日，默认为自然月的第一天和最后一天；选择后者，则每个期间都为 28 天（4 周），系统依据本会计年度的起始日期和结束日期自动调整各个会计期间的起始日期和结束日期。

（2）会计年度

以建账日所在年为准。其年度的起始日、结束日分别默认为本年的第一天和最后一天。需要注意的是，如果企业按照每月 25 日结账，26 日为下一个会计期间，其会计年度的起始日期和结束日期仍然为 1 月 1 日和 12 月 31 日。

（3）账套启用日期

账套启用日期是指正式使用本系统的日期。

如果启用日期为本会计年度的第一个会计期间，在输入科目期初余额时，仅需要输入年初数据；如果是其他的会计期间，还需要输入账套启用前各科目的借贷方累计数（包括原币、本位币、数量等）。

7. 控制科目

单击“下一步”按钮（或单击“控制科目”标签），可确定是否使用控制科目，如图 5-14 所示。

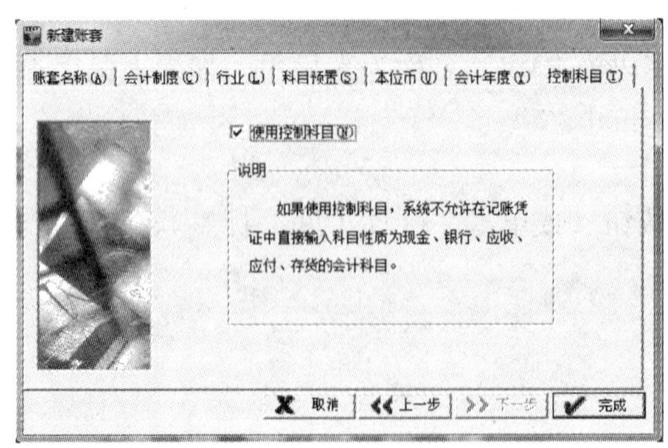

图 5-14　新建账套—控制科目

（1）如果使用控制科目，系统对于具有现金、银行、应收、应付和存货性质（在科目设置中确定）的会计科目不能直接在凭证中输入，需要填制相关的业务单据（如收付款单、采购/销售发票等），然后由系统根据业务单据自动产生记账凭证。

（2）如果不使用控制科目，系统允许在凭证中直接输入科目性质为现金、银行、应收、应付和存货的会计科目。

最后，单击“完成”按钮，则新建账套建立成功。

在单击“完成”按钮之前，用户可以通过“上一步”“下一步”按钮（或直接单击页标签）检查账套设置的每一个步骤。账套设置完成后，仍需重新注册方可进入系统。

5.2.2 打开和关闭账套

1. 打开账套

（1）如果用户只设置了一个账套，则每次启动系统并注册后，即可进入该账套；如果设置了多个账套，系统具有智能记忆功能，默认打开的账套是用户上次使用的账套。

（2）菜单操作：文件—打开账套，进入如图 5-7 所示的“打开账套”对话框，把光标移至用户需要的账套上，然后单击“确定”，便打开该账套。

在列出的账套中，如没有用户所需要的账套，可把光标移至界面中“更多账套”，然后再单击“确定”，出现如图 5-15 所示的对话框。

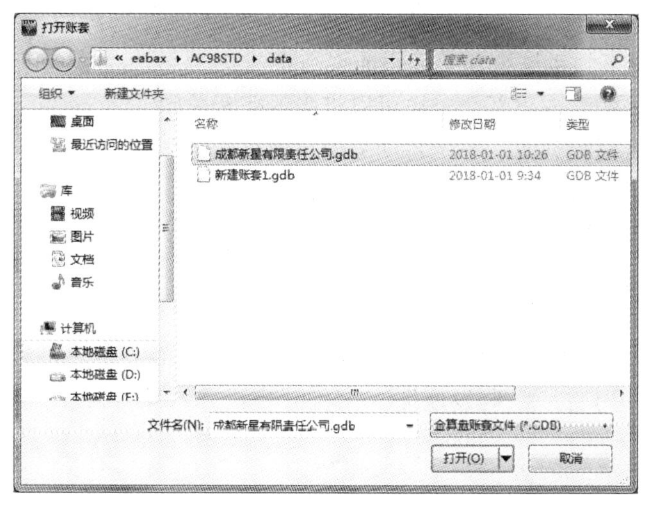

图 5-15　打开账套—更多账套

系统已默认为金算盘账套文件所在路径；文件类型也默认为金算盘账套文件类型，其文件名后缀为“GDB”。用户只需在“文件列标框”中，首先定位到账套所在路径，并把光标移至需要的账套上，单击“打开”按钮，便打开该账套。

在打开一个新账套后系统将自动重新注册（也可单击菜单“文件—重新登录”），选择注册日期和操作员，输入相应口令后，单击“确定”按钮即可注册。

口令中的字符有大小写的区分，口令长度为 8 位字符。

注册后，进入金算盘 eERP-B 主界面，如图 5-16 所示。系统提供标准流程图和菜单树两种界面形式，用户可通过“标准流程图”或“菜单树”按钮进行转换。

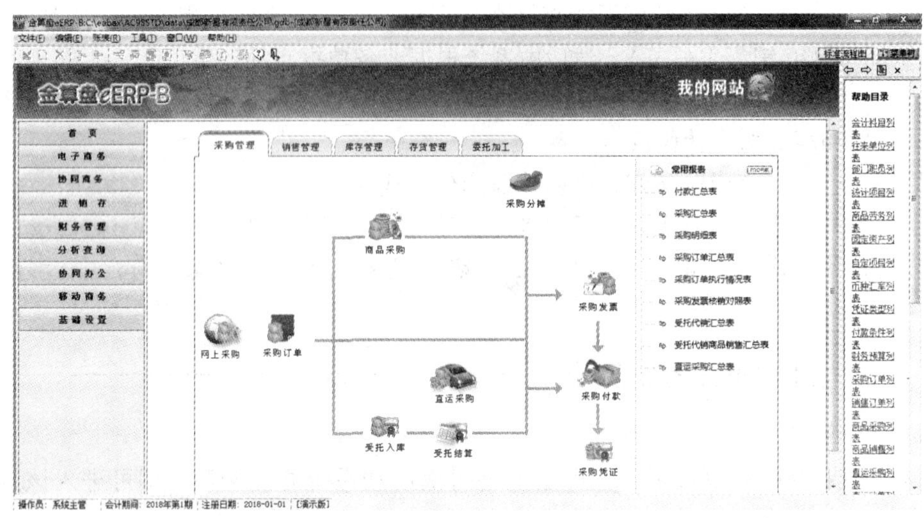

图 5-16　金算盘 eERP-B 主界面—标准流程图

2. 关闭账套

当用户要打开另一账套或者有事需要暂时中断当前操作时，应先关闭账套以保存当前系统数据。

菜单操作：文件—关闭账套，出现关闭当前账套提示对话框，单击“确定”按钮即可关闭当前运行账套。

以下几种情况下，系统自动关闭当前账套：

（1）打开另一账套或重新登录也可以将当前账套关闭。

（2）备份或恢复数据时，系统自动关闭当前打开的账套。

（3）退出本系统时，系统自动关闭当前打开的账套。

为了数据的安全性，当账套不使用时，建议用户将打开的账套关闭。

5.2.3　账套属性

菜单操作：文件—账套属性，进入“账套属性”界面，用户可以修改与账套相关的“用户档案”“开户行”“收发地址”“会计期间”“特殊科目”“核算选项”“备注”七部分信息。

1. 用户档案

如图 5-17 所示，直接编辑相关内容即可。

账套属性

用户档案(U) | 开户行(B) | 收发地址(G) | 会计期间(P) | 特殊科目(A) | 核算选项(H) | 备注(M)

确定
取消
邮箱设置
帮助

单位名称(N) 成都新星有限责任公司
会计制度(J) 新会计准则　所属行业(K) 新会计准则
本位币编码(B) RMB　数量小数位(Q) 2
本位币名称(C) 人民币　单价小数位(P) 4
单位法人(L)　会计主管(I)
联系人(R)　联系人职务(T)
办公室电话(O)　住宅电话(Z)
邮政编码(Y)　传真(F)
纳税人类型(T) 一般纳税人　税务登记号(A)
电子信箱(E)
单位地址(S)
企业网站(W)

图 5-17　账套属性—用户档案

2. 开户行和收发地址

在“开户行”和“收发地址”中输入本单位的有关信息。

此部分信息在处理某些单据时可以打印在单据上，尤其在有多个收发地址时会方便使用。

3. 会计期间

如图 5-18 所示，用户可查看修改本单位的会计期间情况。

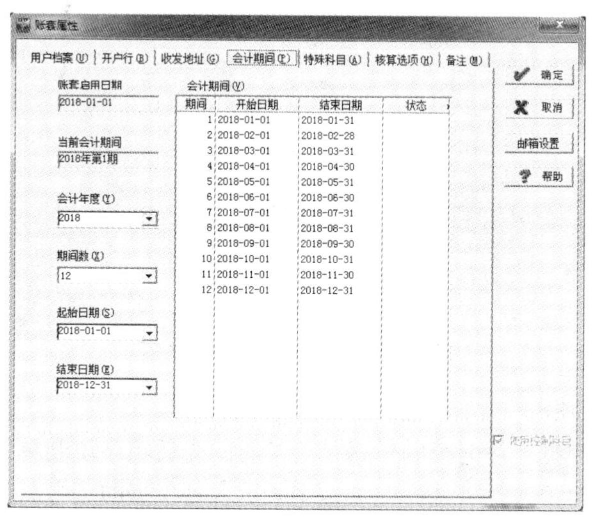
账套属性

用户档案(U) | 开户行(B) | 收发地址(G) | 会计期间(P) | 特殊科目(A) | 核算选项(H) | 备注(M)

确定
取消
邮箱设置
帮助

账套启用日期 2018-01-01
当前会计期间 2018年第1期
会计年度(Y) 2018
期间数(X) 12
起始日期(S) 2018-01-01
结束日期(E) 2018-12-31

会计期间(V)

期间	开始日期	结束日期	状态
1	2018-01-01	2018-01-31	
2	2018-02-01	2018-02-28	
3	2018-03-01	2018-03-31	
4	2018-04-01	2018-04-30	
5	2018-05-01	2018-05-31	
6	2018-06-01	2018-06-30	
7	2018-07-01	2018-07-31	
8	2018-08-01	2018-08-31	
9	2018-09-01	2018-09-30	
10	2018-10-01	2018-10-31	
11	2018-11-01	2018-11-30	
12	2018-12-01	2018-12-31	

图 5-18　账套属性—会计期间

如果为演示版时，不允许新增、删除会计年度（已使用会计年度不允许删除）。在会计期间列表中，每个具体的期间有不同的结账状态。无论该期间是否已结账，用户都不能再修改该期间的开始日期或结束日期。

4. 特殊科目

如图 5-19 所示，特殊科目是用来指定系统自动生成凭证时所要采用的对应特定业务的会计科目。

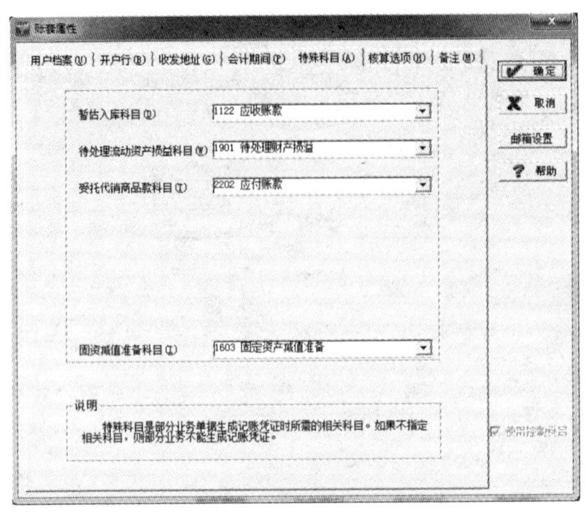

图 5-19　账套属性—特殊科目

5. 核算选项

如图 5-20 所示，确定系统的核算选项。核算选项属控制功能，影响一些功能的行为表现。

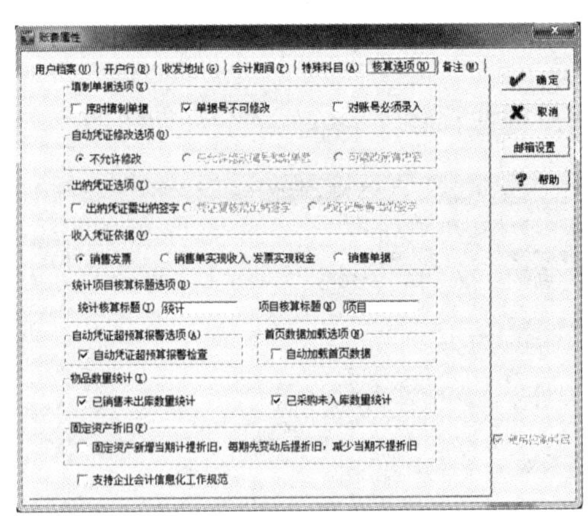

图 5-20　账套属性—核算选项

1）填制单据选项

（1）序时填制单据。序时填制单据是指按时间先后顺序填制单据。

（2）单据号不可修改。若选择此项，则表示各种单据的编号只能由系统自动编制，不允许手工改动；若不选择此项，则表示各种单据编号既可由系统自动编制，也可手工改动。

（3）对账号必须录入。如果选中该条件，在凭证中输入具有应收应付性质的科目时，必须录入对账号，并且在进行往来核销时，系统强制只有相同对账号的应收应付数据才能进行核销。

2）自动凭证修改选项

由各种业务单据自动生成的记账凭证可设置修改权限，系统提供“不允许修改”“只允许修改编号和附单数”“可修改所有内容”三个选项。

只有当上述“单据号不可修改”选项未被选择时，才可以进行此组设置；否则，在“自动凭证修改选项”中只能选择“不允许修改”，其他两项将无效，处于灰色状态。

3）出纳凭证选项

如果选择“出纳凭证需由出纳签字”，应需要再选择出纳凭证签字方式是凭证复核前签字还是记账前签字，否则将不进行出纳凭证签字。

4）收入凭证依据

收入凭证依据中包含“销售发票”“销售单实现收入，发票实现税金”“销售单据”，作为生成收入凭证的依据。一旦系统生成过收入凭证，就不允许修改这个参数。

5）统计项目核算标题选项

为统计项目和核算项目命名。

6）自动凭证超预算报警选项

选中“自动凭证超预算报警检查”，则自动凭证超过预算时先过时先报警检查。

7）首页数据加载选项

选中“自动加载首页数据 ”，系统自动加载首页数据；未选中“自动加载首页数据 ”，系统将不加载首页数据，首页中显示的各项数据均为空。

8）物品数量统计

确定物品数量统计的范围，包括“已销售未出库数量统计”和“已采购未入库数量统计”。

9）固定资产折旧

确定固定资产折旧范围。

10）支持企业会计信息化工作规范

选中，则执行财政部《关于印发〈企业会计信息化工作规范〉的通知》(财会〔2013〕20号）对企业会计信息化工作的规范要求。

5.2.4 账套备份和恢复

1. 数据备份

菜单操作：文件—数据备份，打开“备份账套数据”对话框，如图5-21所示。

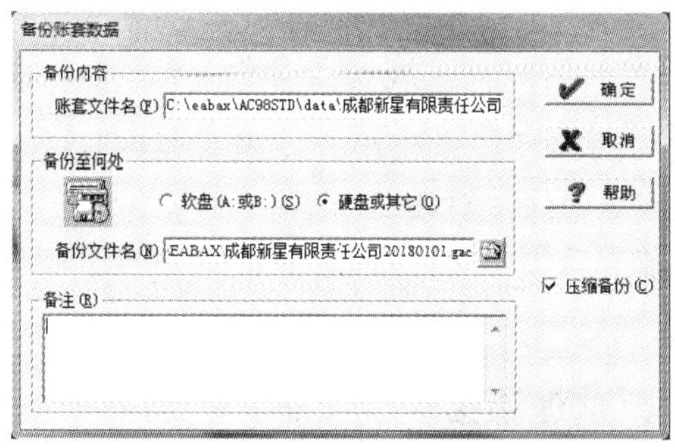

图5-21 备份账套数据

(1) 备份至何处：指定存放路径、文件名，即把账套的备份数据存放到何处，可以是软盘或硬盘，并给出备份文件名。

（2）如果需要，可在备注栏内注明此次备份的有关信息，以便在数据恢复时进行查阅。

（3）根据需要，可确定是否在备份时压缩数据。

（4）单击“确定”按钮，系统开始备份。

在系统执行备份时，会自动检查存放备份文件的磁盘空间大小。如果所剩空间不足以存储备份文件，系统会告诉您将终止备份。如果备份到软盘上，系统也会及时提醒您更换软盘。系统对备份文件名称支持长文件名，扩展名自动取为 gac。

2. 数据恢复

菜单操作：文件—数据恢复，打开“账套恢复”对话框，如图 5-22 所示。

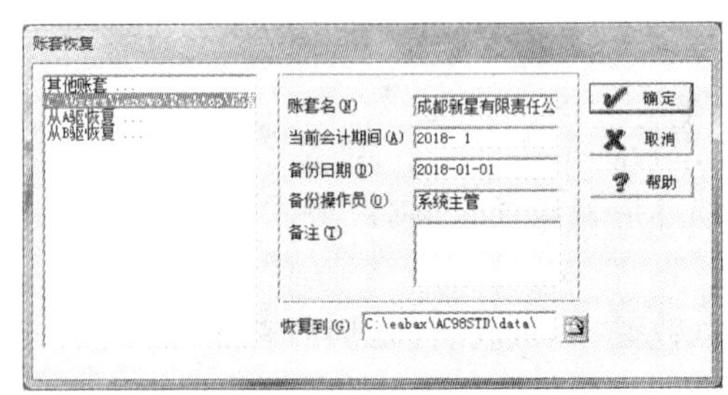

图 5-22　账套恢复

1）从本地硬盘上恢复

如果数据备份在本地硬盘上，那么，用户可在“账套恢复”对话框中看到该备份文件；然后指定恢复路径，即系统所在的路径；最后按“确定”按钮，即可将备份的数据恢复到系统中。

在账套恢复对话框中，系统详细列出了可供选择的备份文件，用户可以选择所需要恢复的数据；同时，系统将在右边的界面内提示与该账套有关的详细信息，确保用户找到需要恢复的备份文件。

用户可以指定将备份的数据文件恢复到哪个目录下，系统对于数据文件的存放位置没有具体的限制。

2）从其他路径恢复

如果数据备份在网络上，则：

（1）单击“账套恢复”对话框中的“其他账套”，再单击“确定”按钮，进入备份文件查找对话框；

（2）在“恢复账套”的路径搜索窗中，找到需要恢复的备份文件，再单击“打开”按钮，进入“账套恢复确认”对话框；

（3）在“账套恢复确认”中，根据系统的提示信息，确认无误后，再单击“确定”按钮即开始恢复数据。

5.2.5　账套删除、整理和结转

1. 账套删除

删除账套只需以删除文件的方式在账套所在目录下直接删除账套文件即可。

2. 账套整理

系统正在运行时可能会遇到一些特殊情况，比如突然停电，此时数据可能会产生混乱，系统提供账套整理功能，以保障用户的正常使用。

菜单操作：文件—账套整理，实现对账套数据的整理，整个整理过程将会自动运行，不需要用户干预。

3. 账套结转

账套结转是把一个账套中的数据转入另一个新建账套中。如果企业中的业务量相当大，那么为了保证数据安全，可在年末进行账套结转，把数据转入一个新账套中，继续使用。或者原来的账套因为某种原因，无法继续使用，也可进行账套结转，把数据结转到另一个账套中。

菜单操作：文件—账套结转，进入“账套结转”对话框，如图 5-23 所示。

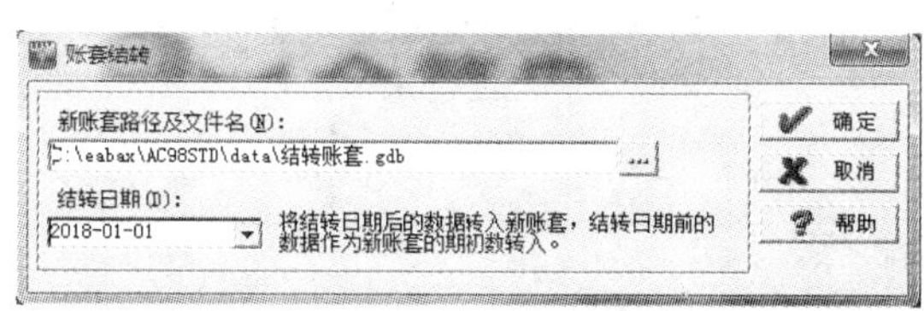

图 5-23　账套结转

确定结转后的账套文件名称及存放路径；指定结转日期后，系统将结转日期后的数据转入新的账套文件，结转日期前的数据作为新账套的期初数据转入。

录入的结转日期，其所在的会计期间应已结账。

5.3　基础设置

在基础设置中，主要涉及系统设置、基础编码和期初数据三部分，在金算盘 eERP-B 标准流程图主界面中，单击“基础设置”即可进行相应操作。

基础设置主界面如图 5-24 所示。

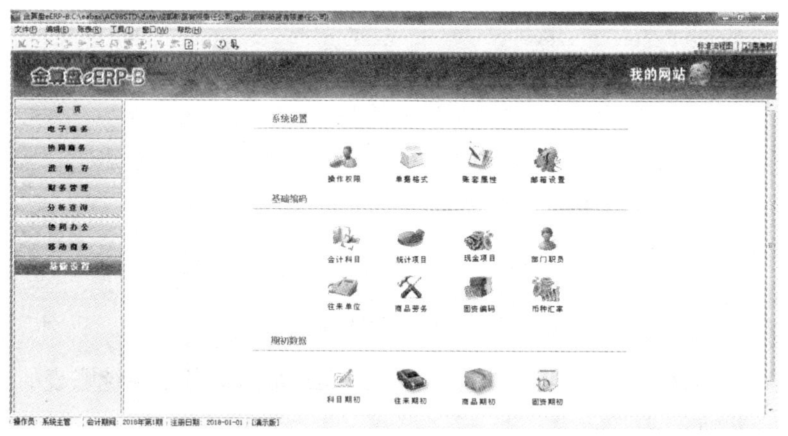

图 5-24　基础设置主界面

5.3.1 系统设置

系统设置是对操作权限、单据格式、账套属性和邮箱设置等进行处理。

1. 操作权限

金算盘 eERP-B 系统建立了完善的权限管理机制，系统按照模块授权进行管理。用户可随时增加一个操作员，然后授予相应的权限。

单击菜单“工具—操作权限”，或在标准流程图界面单击“基础设置—操作权限”，进入“操作员权限列表”界面，如图 5-25 所示，用户可单击“编辑”按钮（或单击鼠标右键），修改操作员、新增操作员及删除操作员。

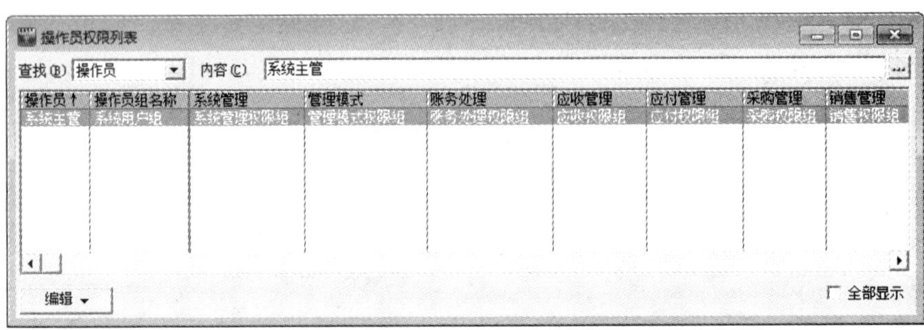

图 5-25 操作员权限列表

1）新增操作员

（1）在如图 5-26 所示的“新增操作员”界面中，输入操作员的姓名，选择操作员所属的操作员组，在“操作仅限”页签中选中权限组，赋予操作员相应权限，然后输入并确认登陆系统的口令，最后单击“确定”或“新增”按钮，系统就会增加操作员。

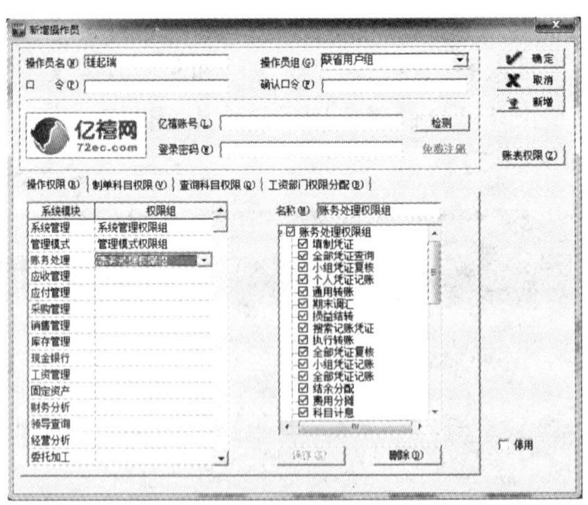

图 5-26 新增操作员

（2）单击“账表权限”，可以设置操作员或操作员组对各子系统账表的创建、设置和查询权限，如图 5-27 所示。

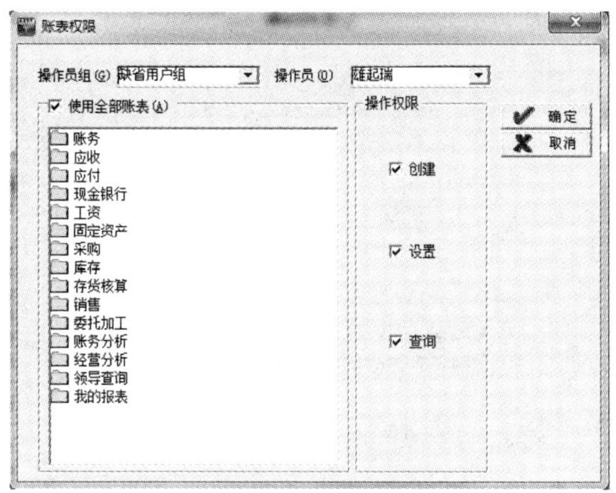

图 5-27　账表权限

2）新增操作员组

在如图 5-26 所示的界面中，单击“操作员组”栏右边的下拉按钮，选中“新增”，出现“增加操作员组”对话框，输入操作员组的名称，然后单击“确定”或“新增”按钮即可。

3）新增权限组

在如图 5-26 所示的界面中，单击“操作权限”页签，选中“系统模块”对应的“权限组”下拉列表框的空白行，在“名称”文本框中输入相应的权限组名，然后单击“保存”按钮即可为新增加的权限组命名，并设置具体的操作权限。

同一功能模块内的不同权限组不能重名。

2. 单据格式

（1）单击菜单“工具—单据格式”，或在标准流程图界面单击“基础设置—单据格式”，进入“单据模板”界面，如图 5-28 所示。

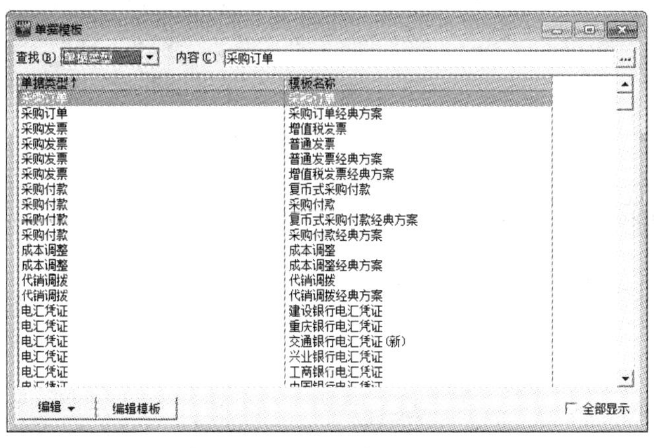

图 5-28　单据模板列表

（2）单击“编辑”按钮（或单击鼠标右键），选中“新增”，打开“新增模板”对话框，如图 5-29 所示，可进行单据模板的定义，包括单据模板名称、单据头、单据体、单据尾、显示颜色、字体和纸张，设置完成后，单击“确定”按钮保存，或“新增”按钮保存模板后继续增加模板。

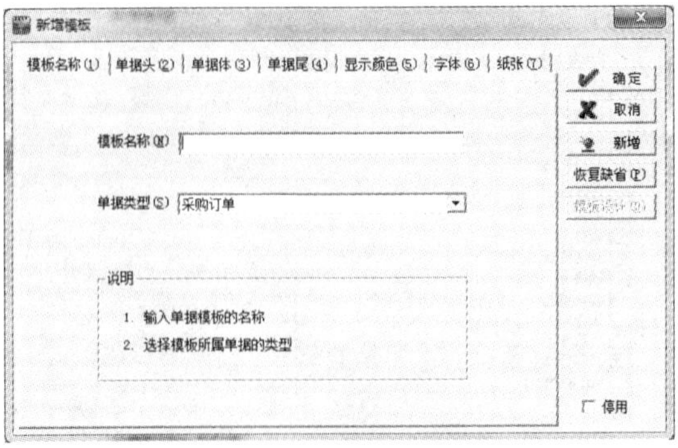

图 5-29　新增单据模板

在如图 5-28 所示的界面中，选中单据类型和单据模板，单击“编辑”按钮（或单击鼠标右键），可以对已定义的单据模板进行修改或删除。

（3）单击“编辑模板”，可以对已经定义的模板进行重新设计，如图 5-30 所示。

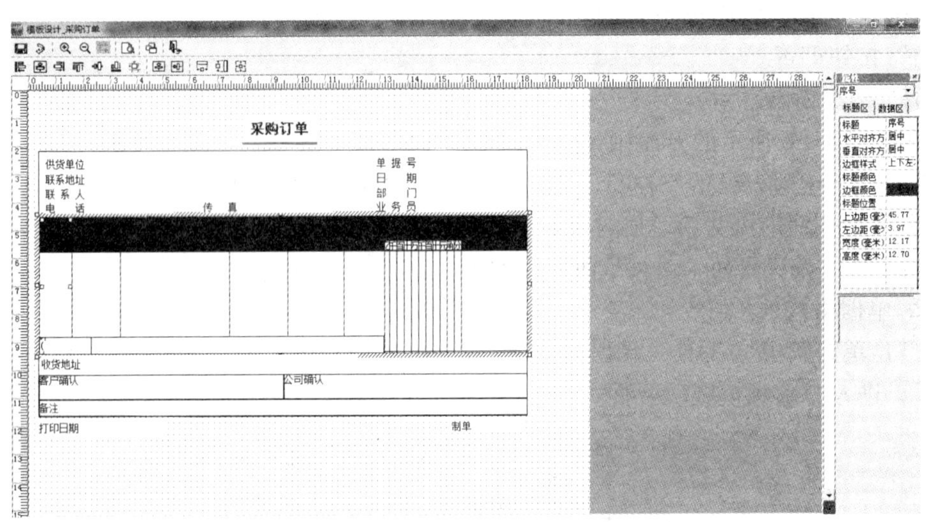

图 5-30　模板设计

5.3.2　基础编码

基础编码包括设置会计科目、币种汇率、统计项目、现金项目、部门职员、往来单位、商品劳务、固资编码、统计项目和凭证类型等内容。

1. 会计科目

在标准流程图界面中，选择“基础设置—会计科目”或在树状菜单双击“管理模式—会计科目”就可进入“会计科目”列表界面，如图 5-31 所示。

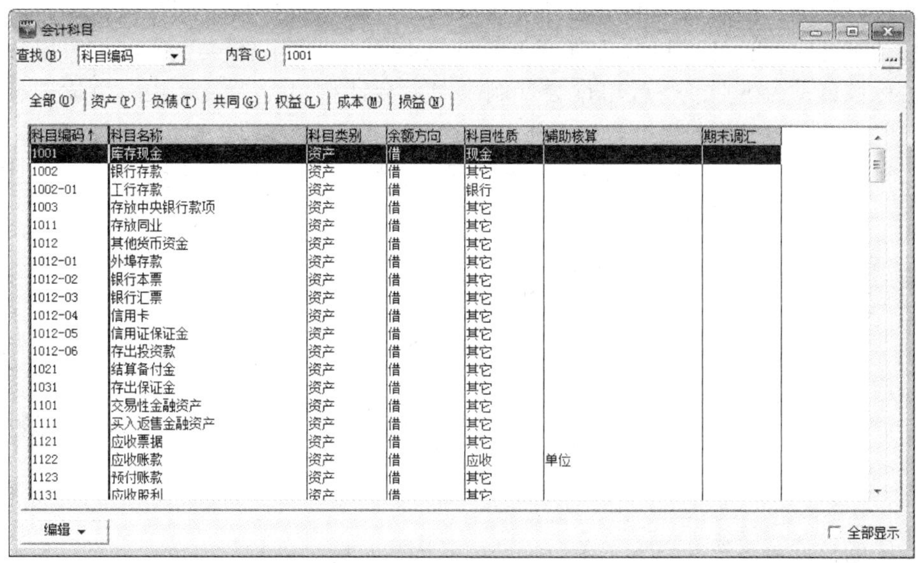

图 5-31　基础设置—会计科目

在该界面中，系统除所有的科目列示外，还按照科目类别进行划分，如资产、负债、权益、成本、损益等。单击分类标签，如资产，系统将仅列出资产类科目。以上科目都是在建立账套时，系统根据用户所选择的行业按照国家有关规定自动产生，用户可以根据实际情况在此基础上进行增加、修改，以满足本单位核算的需要。

1）增加会计科目

（1）在如图 5-31 所示的会计科目列表界面中单击“编辑”按钮（或单击鼠标右键），在弹出菜单中选择“新增”，或直接按键盘快捷键 Ctrl+N，或单击工具栏上的“新增”图标，都将出现“新增会计科目”对话框，如图 5-32 所示。

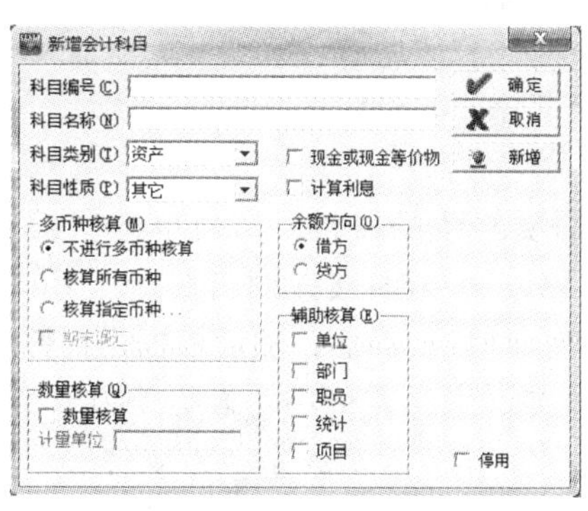

图 5-32　基础设置—会计科目—新增

（2）输入科目编号、名称，并选择科目类别和科目性质；可以根据核算和管理的要求，选择其他选项。

①科目编号：当前科目的编号，可以进行分级管理，级与级之间系统以连字符（-）作为分级标志，编号总长度为 16 位（连字符包含在内）。对于级次数量和每一级编号的长度，系统没有统一限制，各个不同的科目可以单独进行设置。

②科目名称：科目的具体名称（比如 A 材料），允许输入 40 个字符（20 个汉字）。

③科目类别：根据选择的不同会计制度，系统默认的科目类别有所不同。当选择企业会计制度时，会计科目分为资产类、负债类、所有者权益类、成本类、损益类五大类会计科目；为事业或行政单位会计制度时，会计科目分为资产类、负债类、净资产类、收入类、支出类等。

④科目性质：系统约定科目性质分为现金、银行、应收、应付、其他五种属性。事实上，现金科目必须设为“现金”属性，才可能产生现金日记账；银行科目必须设为“银行”属性，才可能产生银行日记账和进行银行对账；应收（应付）科目设置了应收（应付）属性，才可能对往来账进行核销。

⑤期末调汇：选定期末调汇后，系统将在期末按照指定的汇率自动进行调整并产生汇兑损益凭证。

⑥数量核算：如果需要在账册上反映某个科目所涉及的数量时，可以选择数量核算，并确定数量的计量单位。这样，凭证输入和账册查询时，就可以看到相应的数量及其变化。

⑦辅助核算：系统共设置了单位、部门、职员、统计、项目共五个辅助核算属性。

⑧计算利息：选中此标志后，系统可以自动按照余额积数进行利息计算，并自动生成凭证。

可以在已经使用的科目下增加明细科目，系统自动将原科目中的所有数据转入新增加的明细科目中，包括科目的期初数据、已经填制的凭证中的有关数据、已经记账的有关数据等。

（3）如果要继续新增加，单击“新增”按钮；如果确定新增加的科目并退出新增会计科目功能，单击“确定”按钮。

2）删除会计科目

在科目列表中选择要删除的科目，然后单击“编辑”按钮（或单击鼠标右键），在弹出菜单中选择“删除”，或直接按键盘快捷键 Ctrl+D，或单击工具栏上的“删除”图标，均可删除当前科目。

已经使用的科目不能被删除，只能修改或停用。

3）修改会计科目

在科目列表中选择所需要修改的科目，然后单击“编辑”按钮（或单击鼠标右键），在弹出菜单中选择“修改”，或直接按键盘快捷键 Ctrl+E，或直接用鼠标双击该科目，都可以进入“修改会计科目”界面，然后根据需要修改。

对于已经使用的科目，可以修改其编码、名称等内容，系统将根据所做的修改自动调整已有的数据。

4）复制会计科目

系统提供了对明细科目进行复制的功能，方便用户快速输入经常重复的明细科目。在科目列表中单击“编辑”按钮（或单击鼠标右键），选择“科目复制”，出现“科目复制”对话框，如图 5-33 所示。

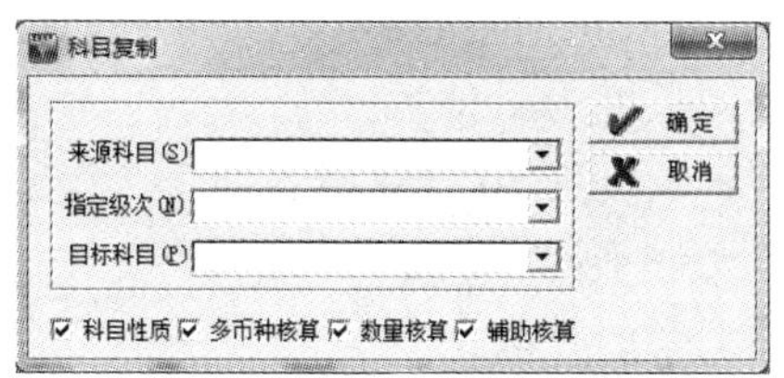

图 5-33　基础设置—会计科目—科目复制

确定来源科目（必须是非明细科目）和目标科目（可以是明细科目或非明细科目），并且可以指定复制的级次，然后选择是否复制科目性质、多币种核算、数量核算及辅助核算，最后单击“确定”按钮。

除了以上的选择外，对于科目的类别（资产、负债等）系统会自动判断，科目性质（如现金、银行、应收、应付、其他）和“现金或现金等价物”属性将同源科目保持一致。

2. 币种汇率

1）新增币种汇率

（1）在标准流程图界面中，选择“基础设置—币种汇率”，或在树状菜单中双击“管理模式—币种汇率”，出现“币种汇率列表”界面，如图 5-34 所示。

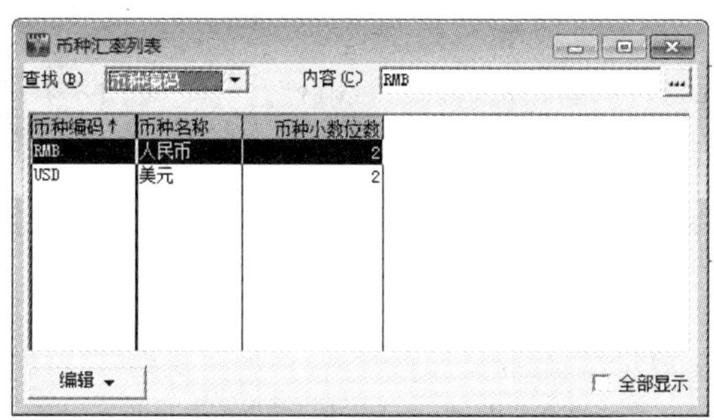

图 5-34　基础设置—币种汇率

（2）单击“编辑”按钮（或单击鼠标右键），在弹出菜单中选择“新增”菜单项，出现“新增币种”界面，如图 5-35 所示。

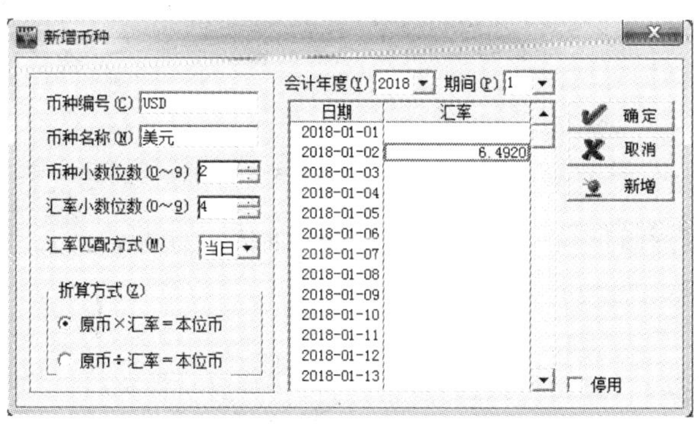

图 5-35　基础设置—币种汇率—新增

（3）输入币种编号、币种名称，确定币种小数位数、汇率小数位数，选择汇率匹配方式、折算方式，并单击“确定”按钮即可。

币种编号：外币的代码，长度为4位。

币种名称：外币的称谓，长度为10个字符，即5个汉字。

币种编号和币种名称不允许重复。

汇率的匹配方式：选择汇率的方法。

①当日：系统根据单据的日期自动选择当天的汇率。

②向前：系统根据单据的日期自动查找当天的汇率，如果没有找到，系统将选择小于该日期的最近日期的汇率。

③向后：系统根据单据的日期自动查找当天的汇率，如果没有找到，系统将选择大于该日期的最近日期的汇率。

在新增币种界面内，选定会计年度（系统默认为当前年度）和会计周期（系统默认为进入系统时的会计周期）后，录入每天的汇率。

2）删除币种汇率

在“币种汇率列表”中选择需要删除的币种，然后单击“编辑”按钮（或单击鼠标右键），在弹出菜单中选择“删除”，或按键盘快捷键 Ctrl+D，或单击工具栏上的“删除”图标，就可以删除当前币种。

已经使用的币种不允许被删除，只能修改或停用。

3）修改币种汇率

在“币种汇率列表”中选择需要修改的币种，然后单击“编辑”按钮（或单击鼠标右键），在弹出菜单中选择“修改”，或直接双击需要修改的项目，或按键盘快捷键Ctrl+E，系统将进入“修改币种”界面，然后根据需要修改。

对于已经使用的币种，系统不允许修改折算方式。

4）清除过时汇率

可以根据实际情况成批删除不需要的汇率。在“币种汇率列表”中单击“编辑”按钮（或单击鼠标右键），在弹出菜单中选择“清除过时汇率”，出现“清除过时汇率”对话框，如图5-36所示。

图5-36 基础设置—币种汇率—清除过时汇率

选择需要清除汇率的币种，确定开始日期和结束日期，然后单击“确定”按钮，系统将清除该币种在此期间的所有汇率。

3. 部门职员

部门职员包括部门、职员、个人所得税税率和扣税标准。

1）部门

选择标准流程图菜单下的“基础设置—部门职员”，或双击树状菜单中“管理模式—部门或职员”，系统将进入“部门职员”列表界面，如图5-37所示。

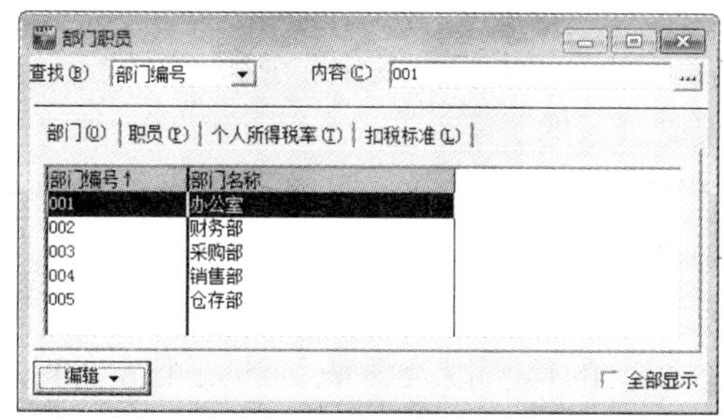

图 5-37　基础设置—部门

选择“部门”页标签，即可增加、删除、修改部门。

部门可以进行级次管理，各级之间仍然用连字符“-”连接。同级部门的编码、名称不能重复。部门编码长度为16位，部门名称为30位，即15个汉字。在已经使用的末级部门下新增明细部门，系统会自动将原来部门的所有数据转入新的明细部门中。已经使用的部门不允许被删除，只能修改或停用。

2）职员

在如图5-37所示的“部门职员列表”中单击“职员”标签，出现“职员”页，如图5-38所示，可进行职员的增加、修改和删除。

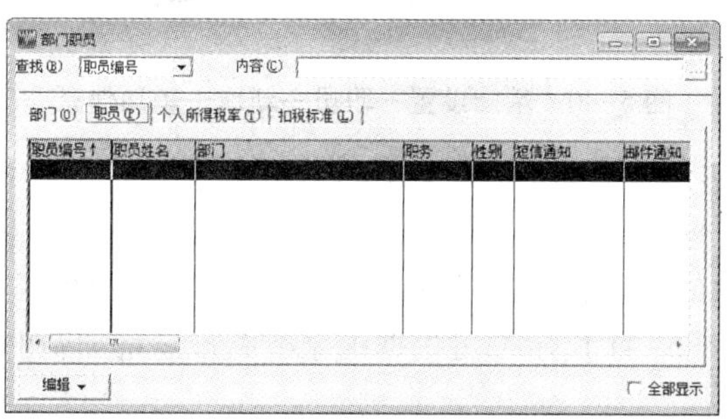

图 5-38　基础设置—职员

单击“编辑”按钮（或单击鼠标右键），在弹出菜单中选择“新增”，或直接按键盘快捷键Ctrl+N，或单击工具栏上的“新增”图标，出现“增加职员”对话框，如图5-39所示。

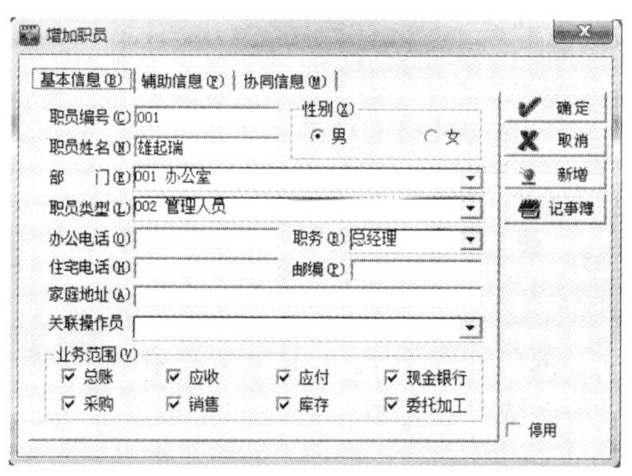

图 5-39　基础设置—职员—新增—基本信息

(1) 基本信息

用户可以根据需要输入有关的内容，其中“职员编号”“姓名”“性别”“所属部门”“职员类型”是必须要录入的。

职员编号是区分不同职员的唯一标识，不允许重复。所属部门必须指定到最末一级部门。职员类别除了对职员进行分类管理外，系统将按职员类别计提工资。

(2) 辅助信息

如果要详细记载某个职员的信息以及该职员涉及个人所得税及银行代发，还应在“辅助信息”页确定更多的信息，如图 5-40 所示。

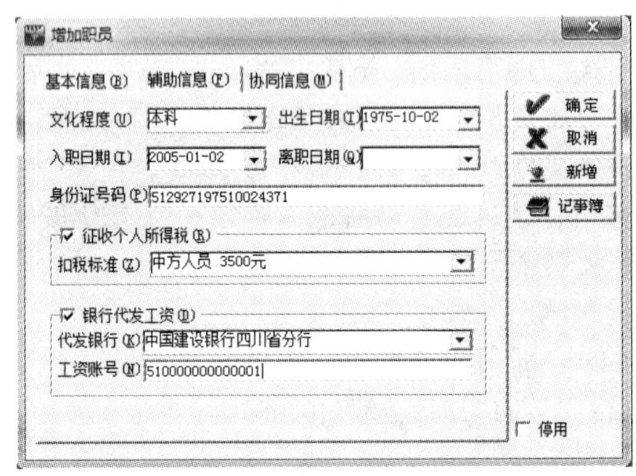

图 5-40　基础设置—职员—新增—辅助信息

已经使用的职员不能被删除，只能修改或停用。

3) 个人所得税税率

在如图 5-37 所示的“部门职员列表”中单击“个人所得税率”标签，出现“个人所得税率”页，如图 5-41 所示，可根据国家有关规定增加新的级次或修改现有级次的应纳税额及税率。

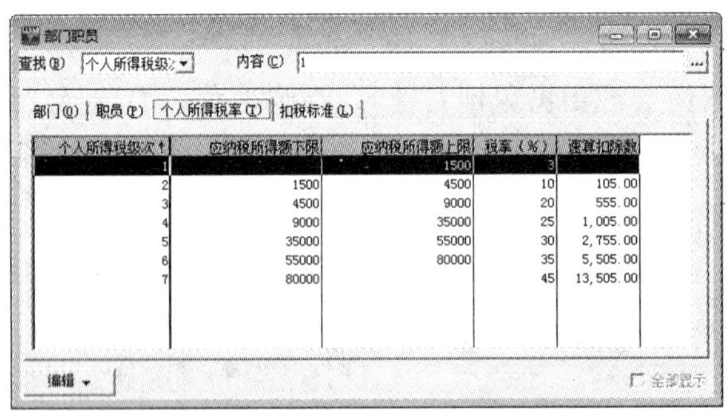

部门职员

查找(B) 个人所得税级次　内容(C) 1

部门(D) | 职员(P) | 个人所得税率(T) | 扣税标准(L)

个人所得税级次	应纳税所得额下限	应纳税所得额上限	税率（%）	速算扣除数
1		1500	3	
2	1500	4500	10	105.00
3	4500	9000	20	555.00
4	9000	35000	25	1,005.00
5	35000	55000	30	2,755.00
6	55000	80000	35	5,505.00
7	80000		45	13,505.00

编辑　全部显示

图 5-41　基础设置—个人所得税率

4) 扣税标准

在如图 5-37 所示的“部门职员列表”中单击“扣税标准”标签，出现“扣税标准”页，如图 5-42 所示，系统已经预置了两类扣税标准，用户可以根据需要修改或增加新的扣税标准。

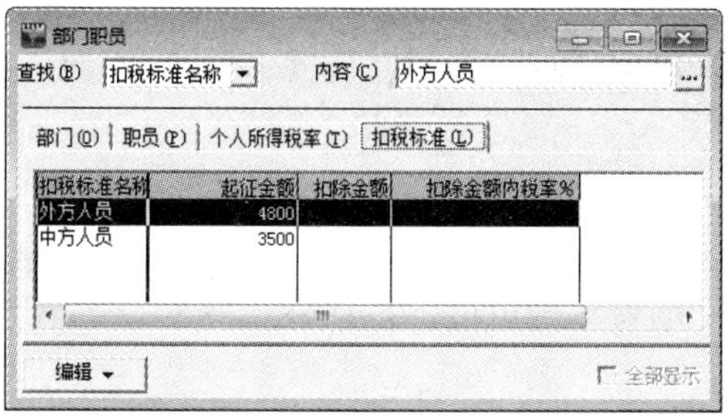

图 5-42　基础设置—扣税标准

扣除金额不能小于起征金额。

4. 往来单位

选择标准流程图菜单中的“基础设置—往来单位”，或双击树状菜单中的“管理模式—往来单位”，出现“往来单位列表”界面，如图 5-43 所示。在该界面中，可以对往来单位进行分类，录入往来单位基本情况。

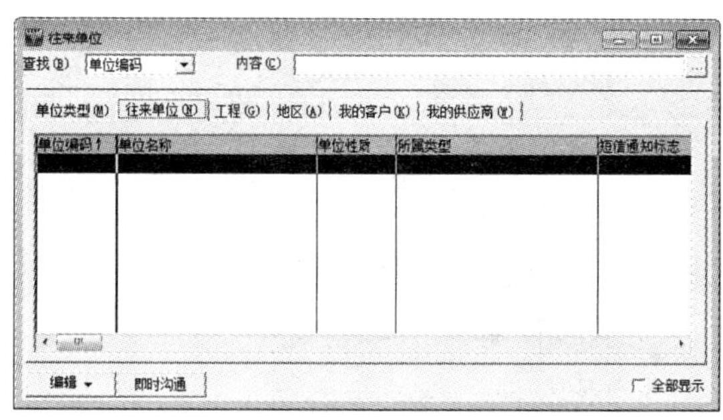

图 5-43　基础设置—往来单位

在“往来单位列表”的“往来单位”页中，单击“编辑”按钮（或单击鼠标右键），在弹出菜单中选择“新增”，或按键盘快捷键 Ctrl+N，系统进入新增往来单位对话框，其中包含 5 页信息，用户根据需要录入后单击“确定”或“新增”按钮即可。

1）基本信息

基本信息如图 5-44 所示。

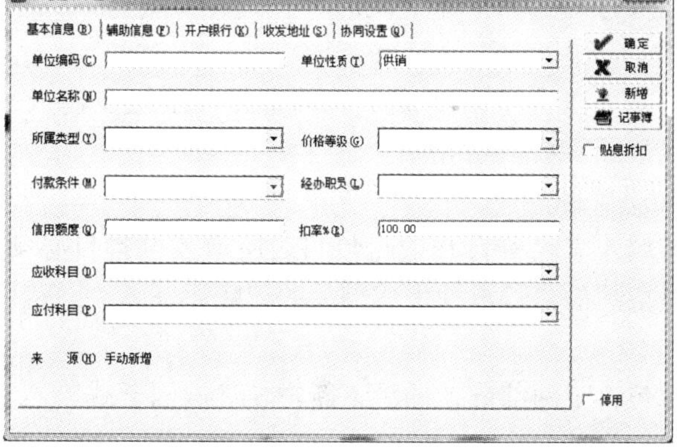

图 5-44　基础设置—往来单位—新增—基本信息

(1) 单位编码

单位编码是区分往来单位的唯一标识，长度 12 位，不允许重复。

(2) 单位名称

单位名称一般为往来单位的全称。

(3) 所属类型

参照所定义的单位类型对新增单位进行划分。

(4) 单位性质

单位性质用于表明该单位与本企业间的业务往来关系，系统提供供应商、客户、供销、其他四种单位性质供选。

(5) 付款条件

付款条件即支付货款的条件。系统预置了七类付款条件，可从中选择，也可增加和修改。

如要修改付款条件，选择该付款条件，再单击下拉按钮，并选择“修改”，出现“修改付款条件”对话框，如图 5-45 所示。

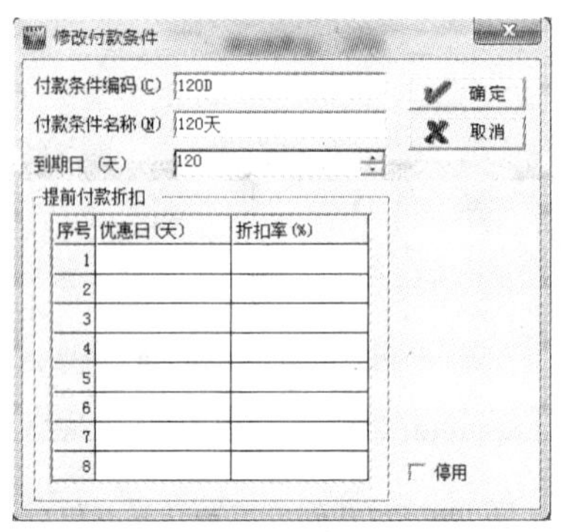

图 5-45 基础设置—往来单位—新增—基本信息—付款条件

确定付款条件编码、名称以及优惠日期、折扣率、到期日等，系统根据用户的设置，在应收应付核销时，会自动计算出应获折扣额。

(6) 信用额度

与往来单位之间的最大信任度。在填制销售单据时，系统在应收账款超过信用额度时会自动报警（需要打开自动报警开关）。

(7) 扣率

确定折扣率后，就可以确定采购或销售的折扣。系统在输入采购单或销售单时，采购（销售）金额=数量×单价×折扣率。

(8) 应收科目和应付科目

根据单位性质，填入应收科目和应付科目。所填入的科目必须具有应收和应付属性，系统将根据这里填制的科目自动生成相关的记账凭证。

(9) 来源

往来单位的来源包含了两部分，即手工新增、亿禧网下载。

2) 辅助信息

单击“辅助信息”标签，出现“辅助信息”页，如图 5-46 所示。

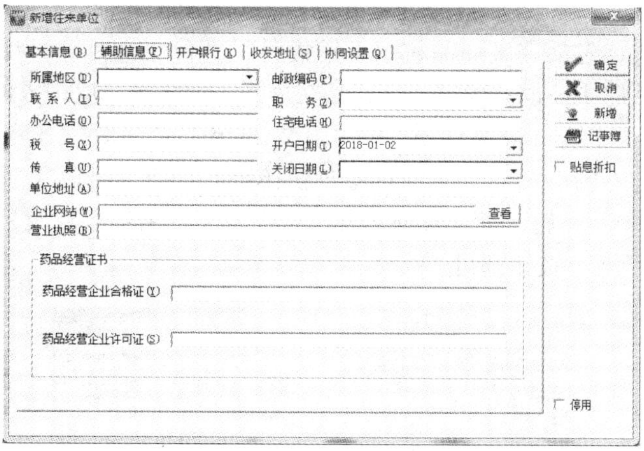

图 5-46　基础设置—往来单位—新增—辅助信息

3）开户银行

单击“开户银行”标签，可输入该单位的开户银行信息。

4）收发地址

单击“收发地址”标签，可输入该单位的收发货地址、联系人、联系电话等信息。

5）协同设置

往来单位之间发生业务时，相互间的信息沟通，及时传递至关重要，系统提供了协同支持。在“协同设置”中包含了协同方式设置和协同消息类型设置。

5. 商品劳务

在商品劳务中涉及商品的许多内容，包括商品类型、成本计算方法、各个对应的科目（收入、成本、存货等）。同时，使用控制科目时才涉及商品劳务，如果不使用控制科目则不涉及商品劳务、应收/应付和现金银行。

选择标准流程图菜单中的“基础设置—商品劳务”，或双击树状菜单中“管理模式—商品劳务”，出现“商品劳务列表”界面，如图 5-47 所示，用户可在界面中定义商品类型、商品性质、商品劳务、商品税率、商品货位、出入类别、期间费用等信息。

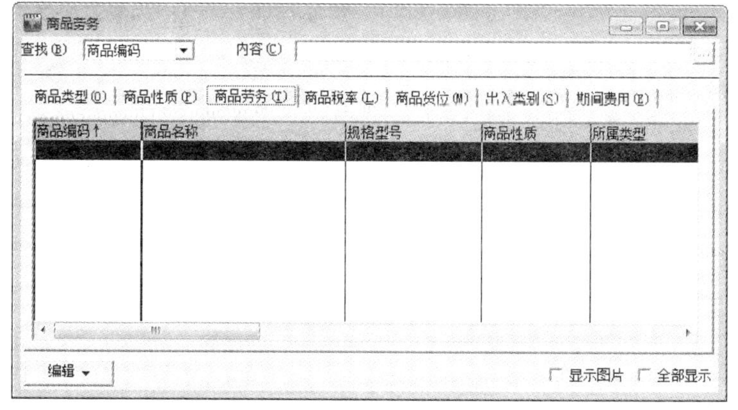

图 5-47　基础设置—商品劳务

（1）商品性质

设置商品性质，包括定义商品税率、销售科目、采购科目等。在新增商品时，录入商品对应的商品性质，也就确定了该商品在采购、销售时，应记入的科目。

在图 5-47 中，单击“商品性质”选项卡，再单击“编辑”按钮（或单击鼠标右键），在弹出菜单中选择“新增”，或按键盘快捷键 Ctrl+N，出现“新增商品性质”对话框，如图 5-48 所示，输入商品性质名称，选择税率、销售科目及采购科目，然后单击“确定”或“新增”按钮即可。

修改商品性质

商品性质名称(N)	库存商品
商品类别(Q)	存货　税率(G) 基本税率1
成本计算方法(M)	全月平均　□ 进价核算售价控制
收入科目(S)	6001 主营业务收入
成本科目(C)	6401 主营业务成本
商品采购科目(P)	1402 在途物资
存货科目(T)	1405 库存商品
委托代销商品科目(F)	1406 发出商品
分期收款发出商品科目(B)	1406 发出商品
委托加工科目(W)	1408 委托加工物资
差异科目(D)	
待实现销项税科目(A)	
存货减值准备科目(E)	1471 存货跌价准备
减值准备损益科目(G)	6701 资产减值损失

确定　取消

税额计算公式

◉ 税额=含税金额/(1+税率)*税率　○ 税额=含税金额*税率

图 5-48　基础设置—商品劳务—商品性质—新增

（2）商品劳务

系统对企业中的商品和劳务按不同的类别进行管理，因此，应当将具体的商品和劳务分别录入系统中。

在图 5-47 中，单击“商品劳务”选项卡，再单击“编辑”按钮（或单击鼠标右键），在弹出菜单中选择“新增”，或按键盘快捷键 Ctrl+N，出现“新增商品劳务”对话框，如图 5-49 所示。在“基本信息”界面中，录入商品编码、商品名称、规格型号、基本计量单位、含税采购及含税销售价，并选择核算性质、所属类型、商品产地及主要供应商，然后单击“确定”按钮即可。

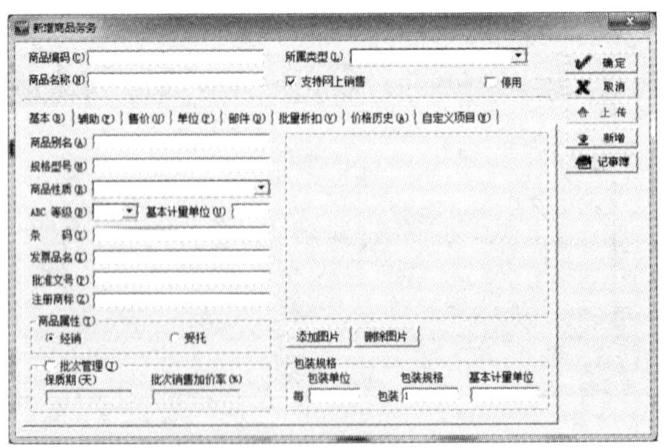

图 5-49　基础设置—商品劳务—商品劳务—新增

其中，商品编码长度为16位，商品名称长度为30位，规格型号为20位。

商品编码不能重复，同一商品名称下同样规格的商品也不允许重复。

6. 固资编码

固定资产的初始设置主要包括“固资类别”“固资变动方式”等内容。

（1）固资类别

选择标准流程图菜单下的“基础设置—固资编码”，或双击树状菜单中“管理模式—固资类别”，出现“固定资产编码列表”界面，如图5-50所示。

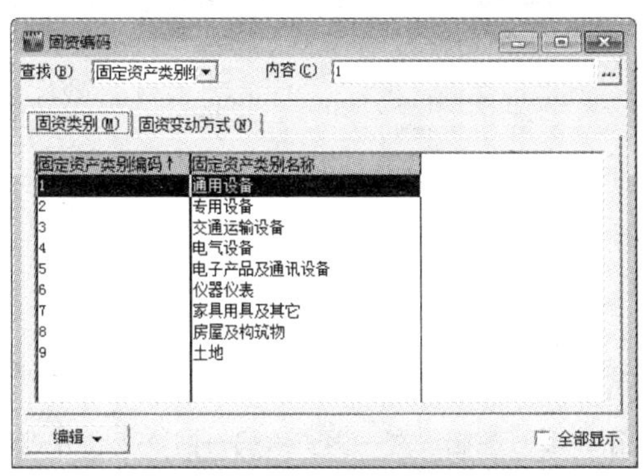

图5-50 基础设置—固资编码—固资类别

系统已经预置了九个类别，可根据需要增加、修改、删除。

单击“编辑”按钮（或单击鼠标右键），在弹出菜单中选择“新增”，或按键盘快捷键Ctrl+N，出现“新增固资类别”对话框，如图5-51所示。

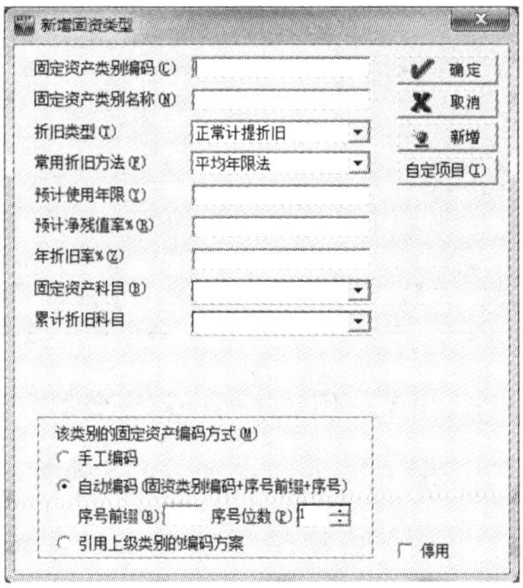

图5-51 基础设置—固资编码—固资类别—新增

根据实际需要输入固资类型的编码、名称、预计使用年限和预计净残值率、年折旧率，并选择折旧类型、折旧方法，然后单击“确定”按钮即可。

选择折旧类型时，正常计提折旧是按照通常的规定进行的计提折旧，受使用状态的影响；永不计提折旧是指土地等不计提折旧的固定资产；永远计提折旧是指房屋、建筑物等始终计提折旧的固定资产。

在选择常用折旧方法时，系统提供了不计提折旧、平均年限法、工作量法、双倍余额递减法、年数总和法等，用户只需选择合适的折旧方法即可。

系统支持无形资产、生产性生物资产、长期待摊费用、周转材料在固定资产模块中核算。

（2）固资变动方式

在图 5-50 中，单击“变动方式”标签，出现“变动方式”页，如图 5-52 所示。

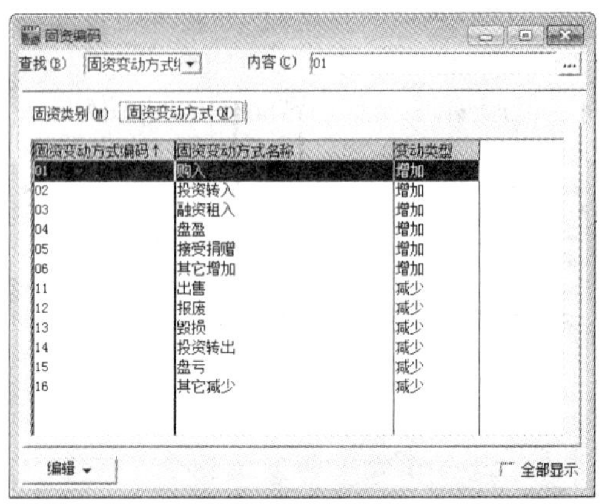

图 5-52　基础设置—固资编码—固资变动方式

固定资产增加和减少的方式，系统已经预置了 16 个类型，用户可调整。

单击“编辑”按钮（或单击鼠标右键），在弹出菜单中选择“新增”，或按键盘快捷键 Ctrl+N，出现“新增固资变动方式”对话框，如图 5-53 所示。

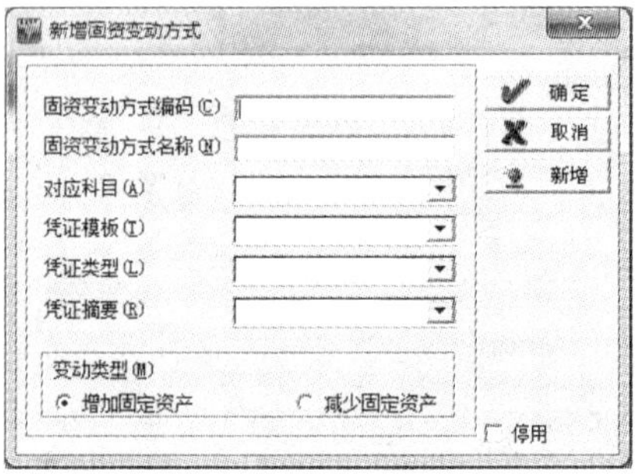

新增固资变动方式
固资变动方式编码(C)
固资变动方式名称(N)
对应科目(A)
凭证模板(T)
凭证类型(L)
凭证摘要(B)
变动类型(M)
增加固定资产　减少固定资产
确定　取消　新增　停用

图 5-53　基础设置—固资编码—固资变动方式—新增

输入固资变动方式编码、名称（其中编码长度 12 位，名称长度 30 位），并选择对应科目、凭证模板、凭证类型、凭证摘要及变动类型，单击“确定”即可保存。

7. 统计项目

如果科目设置了统计或项目属性，表示要进行统计和项目核算。

（1）统计核算

凡是需要统计的数据均可通过统计辅助核算来完成，而且可以简化科目设置。

假设“生产成本”科目结构为“生产成本——车间—A 产品—直接人工”，则利用统计核算项目，可把“产品”设为统计项目，即可把生产成本科目简化为“生产成本——车间—直接人工”，从而能达到详细核算工厂成本的目的。

选择标准流程图菜单中的“基础设置—统计项目”或双击树状菜单中“管理模式—统计”，出现“统计项目列表”界面，如图 5-54 所示。

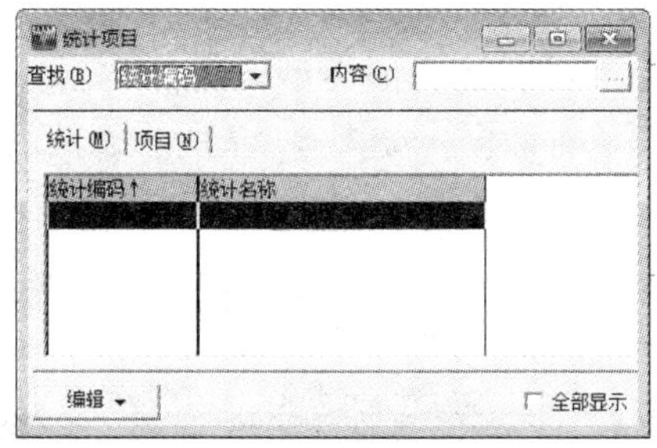

图 5-54　基础设置—统计项目—统计

单击“编辑”按钮（或单击鼠标右键），在弹出菜单中选择“新增”，或按键盘快捷键 Ctrl+N，或单击工具栏上的“新增”按钮，出现“新增统计”对话框，如图 5-55 所示，输入统计编码和统计名称即可。

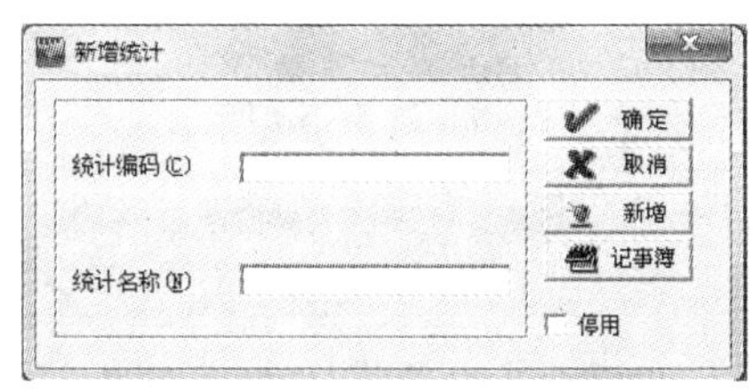

图 5-55　基础设置—统计项目—统计—新增

统计编码可以是层次编码，各级统计编码仍然用连字符（-）进行区别。统计编码长度为 16，统计名称长度为 30。统计编码和统计名称不能重复。如果录入的编码，其上级为一个已使用的末级编码。那么，系统会把原末级编码的数据，转入新增编码。原末级编码变为非末级编码，新增编码为末级编码。

（2）项目核算

项目与统计的作用大致相同，可以简化科目体系并增加查询数据的口径。操作也与统计相似。

8. 凭证类型

系统预设了 4 种常见的类型供用户选择。当然，用户也可根据自身的需要定义。

第一次填制凭证时，若没有设置凭证类型，系统将智能地检测到，并会弹出“记账凭证类型”对话框，如图 5-56 所示。

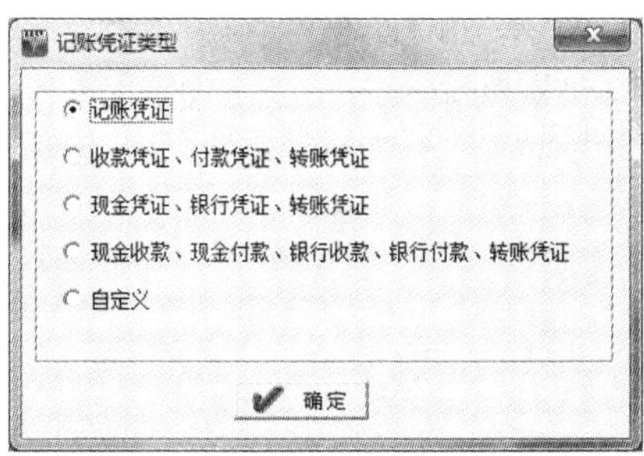

图 5-56　记账凭证类型

用户可选择一种合适的分类。

如果用户要根据自身的需要设置凭证类型，选择“自定义”选项，单击“确定”按钮，进入“凭证类型列表”对话框，如图 5-57 所示，然后可新增、修改及删除凭证类型。

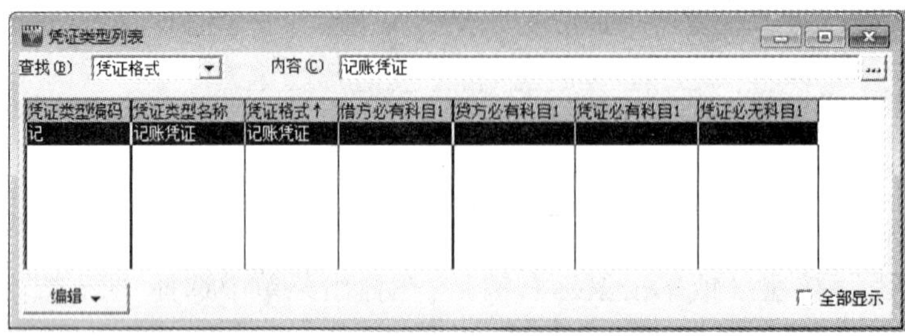

图 5-57　凭证类型列表

单击“编辑”按钮（或鼠标右键），选择“新增”菜单项，或直接按键盘快捷键 Ctrl+N，出现“新增凭证类型”界面，如图 5-58 所示。

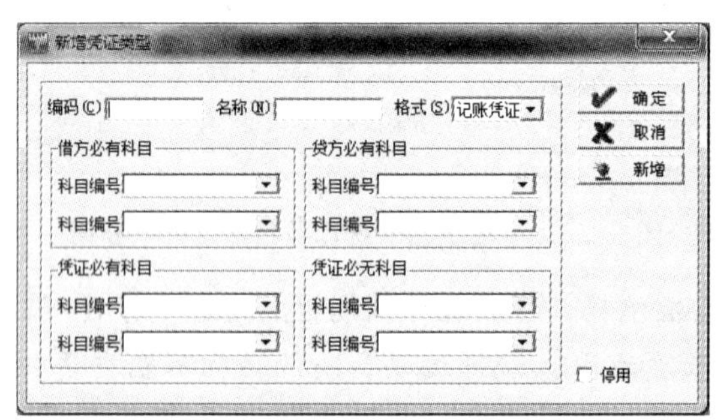

图 5-58　凭证类型新增

输入凭证类型编码、名称、格式，然后单击“确定”或“新增”按钮即可。

如果用户需要在录入凭证时检查对应科目的合法性，还可以选择借贷方必有、必无科目以及凭证必有、必无科目。如果要停用该凭证类型，可选择“停用”标志。

5.3.3　期初数据

主要对科目、往来、商品和固定资产的期初数据进行处理。

1. 科目期初

选择标准流程图菜单下的“基础设置—科目期初”，或在树状菜单中双击“系统初始化—科目期初”，出现“科目期初余额”界面，如图 5-59 所示。

科目期初余额

查找(B) 科目编码　内容(C) 1002-01

科目编码	科目名称	方向	币种	单位	年初余额		
					原币	本位币	数量
1001	库存现金	借			-	45,000.00	-
1002	银行存款	借			-	197,000.00	-
1002-01	工行存款	借			-	197,000.00	-
1003	存放中央银行款	借			-		-
1011	存放同业	借			-		-
1012	其他货币资金	借			-		-
1012-01	外埠存款	借			-		-
1012-02	银行本票	借			-		-
1012-03	银行汇票	借			-		-
1012-04	信用卡	借			-		-
1012-05	信用证保证金	借			-		-
1012-06	存出投资款	借			-		-
1021	结算备付金	借			-		-
1031	存出保证金	借			-		-
1101	交易性金融资产	借			-		-
1111	买入返售金融资	借			-		-
1121	应收票据	借			-		-
1122	应收账款	借			-		-
1123	预付账款	借			-		-
1131	应收股利	借			-		-

筛选　试算平衡(Q)　打印　非末级科目　末级科目　辅助科目　编辑列锁定

图 5-59　科目期初余额

（1）白色。白色为末级且没有辅助核算性质的科目所显示出的颜色。用户可在该行中直接录入数据。

如果某个科目所在行为白色，但是没有外币和数量核算，在原币和数量栏内就有一短横线，表明不能输入数据。

（2）蓝色。蓝色为非末级科目所显示出的颜色。其数据由系统自动汇总计算填写。

（3）淡红色。淡红色为有辅助核算性质的科目所显示出的颜色。其中的数据，用户不能直接填入，双击该行，系统弹出“科目期初明细”输入界面，如图 5-60 所示，按照辅助核算项目进行期初数据输入。

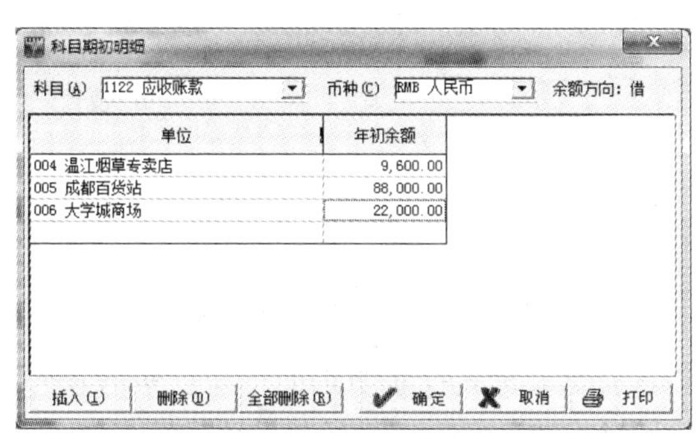

图 5-60　科目期初明细—应收账款

单击“插入”按钮，新增一个单位的年初余额。用“删除”和“删除全部”按钮，可删除当前数据或所有数据。

（4）如果选择“编辑列锁定”，则按回车键时光标向下移动（表示在一个列中连续录入）；否则，按回车键时光标向右移动（表示在一个行中连续录入）。

（5）试算平衡。输入完期初余额后，可单击“试算平衡”按钮，来检查录入的数据是否平衡。如果系统显示期初余额不平衡，需要重新修改。理论上，结账以前均可修改期初余额。

2. 往来期初

在科目期初中录入的应收科目、应付科目的余额只是各个往来单位的一个总数。系统在进行应收核销、应付核销时，为了保证数据的完整，往来账期初的每笔明细也应输入系统，所以需要在“往来单位期初”中录入单位尚未核销的每笔发生额。

（1）选择标准流程图菜单下的“基础设置—往来期初”，或在树状菜单中双击“系统初始化—往来期初”，出现“往来单位期初余额”界面，如图 5-61 所示。

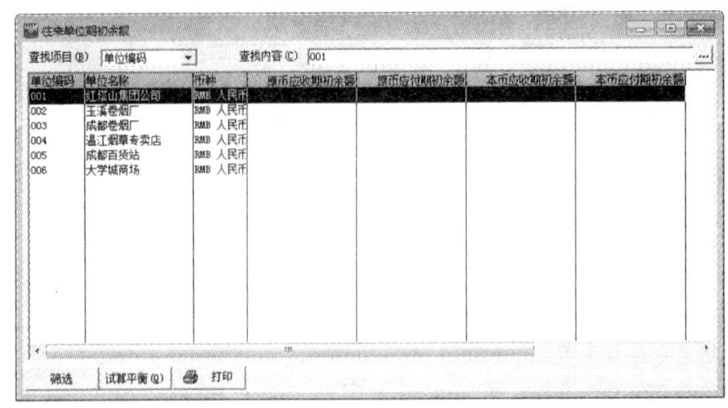

图 5-61　往来单位期初余额

（2）该界面中列出了在科目期初数据输入时已经录入的数据。用鼠标双击需要输入往来明细的单位，出现“往来单位期初明细”对话框，如图 5-62 所示。

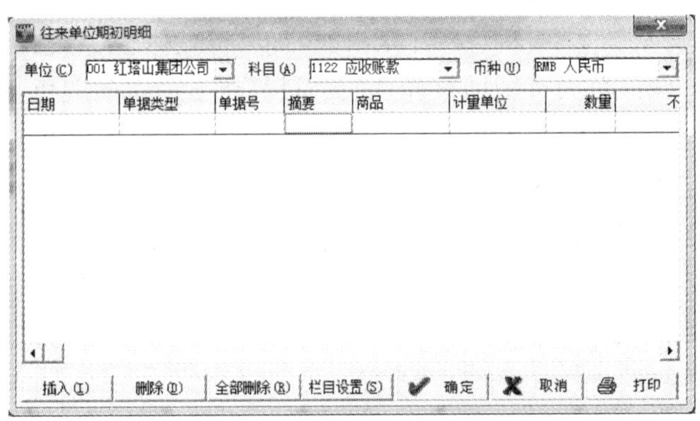

图 5-62　往来单位期初明细

①在“单位”栏内选择需要输入往来明细的单位，然后在“科目”栏内选择需要输入的应收科目或应付科目，然后根据该科目的外币核算属性，选择对应的币种。

②单击界面下部的“插入”按钮，在界面中间将新增一行记录，用鼠标依次双击该行记录的各个栏目，如日期、单据类型等，系统将允许用户输入数据或在下拉菜单中进行选择，直到最终输入整行数据。

各个期初数据的日期，必须晚于系统的启用日期；可通过栏目设置增加“付款条件”“开票日期”“到期日期”等几个栏目；如果科目具有外币核算属性，系统自动提供所核算的各个币种，同时数据输入栏目将增加原币、汇率项，用户可以通过“币种”栏进行选择并输入往来期初数据；如果单位对应多个应收（或应付）属性的科目，该单位的应收（或应付）余额为所有应收（或应付）属性科目余额之和；如果该单位同时对应应收属性和应付属性的科目，该单位最终的性质为应收（应收属性科目余额之和大于应付属性科目余额之和）或应付（应收属性科目余额之和小于应付属性科目余额之和），金额为各个科目抵减后的余额。

（3）往来期初数据平衡检查。在图 5-61 中，单击“试算平衡”按钮，进入如图 5-63所示的“往来期初平衡检查”界面，系统自动按照科目和单位的分类分别汇总往来期初数据，并与科目列表中所输入的各个应收、应付科目的期初数据核对，即总账的期初数据与明细账的期初数据进行核对，并报告检查结果。

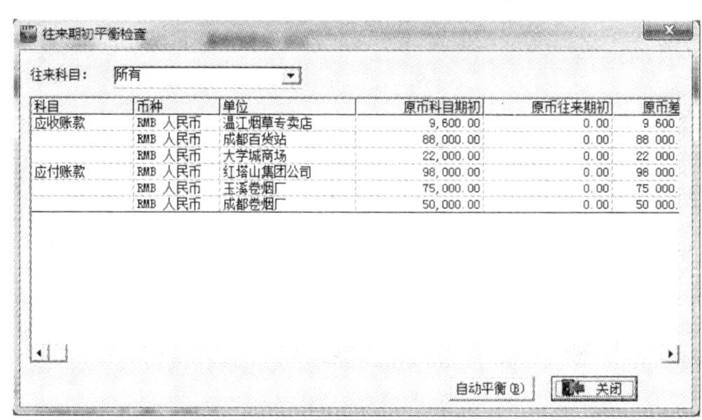

科目	币种	单位	原币科目期初	原币往来期初	原币差
应收账款	RMB 人民币	温江烟草专卖店	9,600.00	0.00	9 600.
	RMB 人民币	成都百货站	88,000.00	0.00	88 000.
	RMB 人民币	大学城商场	22,000.00	0.00	22 000.
应付账款	RMB 人民币	红塔山集团公司	98,000.00	0.00	98 000.
	RMB 人民币	玉溪卷烟厂	75,000.00	0.00	75 000.
	RMB 人民币	成都卷烟厂	50,000.00	0.00	50 000.

图 5-63　往来期初平衡检查

自动平衡：系统自动将往来期初中的各个单位的数据汇总，作为科目期初的相关数据，如果没有输入往来科目期初的明细数据，就自动生成；如果已经输入往来科目期初的明细数据，就自动替换为往来期初的数据。使用这一功能，需要保证往来科目期初的数据输入正确，否则，就失去了一个校验数据正确性的手段。

3. 商品期初

（1）选择标准流程图菜单下的“基础设置—商品期初”，或在树状菜单中双击“系统初始化—商品期初”，出现“商品劳务期初”界面，如图 5-64 所示。

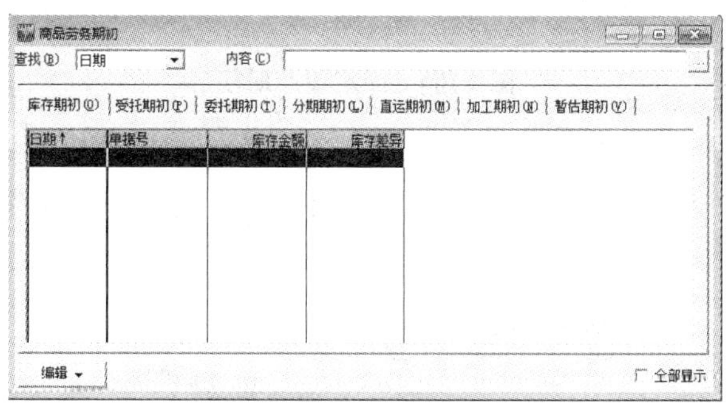

图 5-64　商品劳务期初

（2）选中“库存期初”选项卡，单击“编辑”按钮（或鼠标右键），选择“新增”菜单项，或直接按键盘快捷键 Ctrl+N，出现“库存期初”界面，如图 5-65 所示。

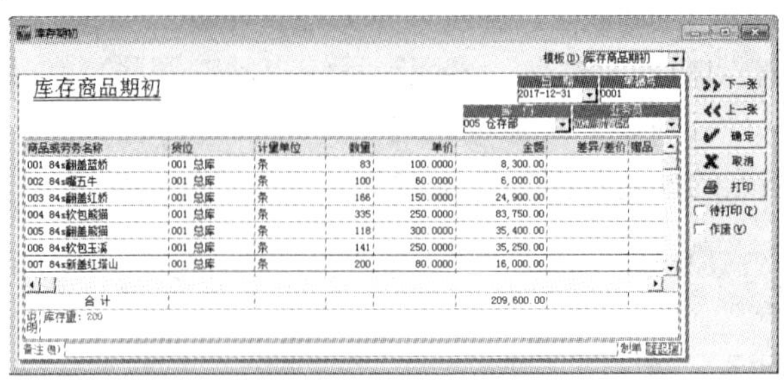

图 5-65　商品劳务期初—库存商品期初

（3）选择商品或劳务名称、货位、计量单位，依次输入数量、单价、金额、差异/差价等信息，单击“确定”保存即可。

运用同样的方法可以输入受托期初、委托期初、分期期初、直运期初、加工期初和暂估期初等数据。

4. 固定资产期初

对于在启用日期前购入的固定资产必须作为期初数据输入系统中。

（1）在标准流程图菜单中选择“基础设置—固定资产期初”，或双击树状菜单中的“系统初始化—固定资产期初”，出现“固定资产期初”列表界面，如图 5-66 所示。

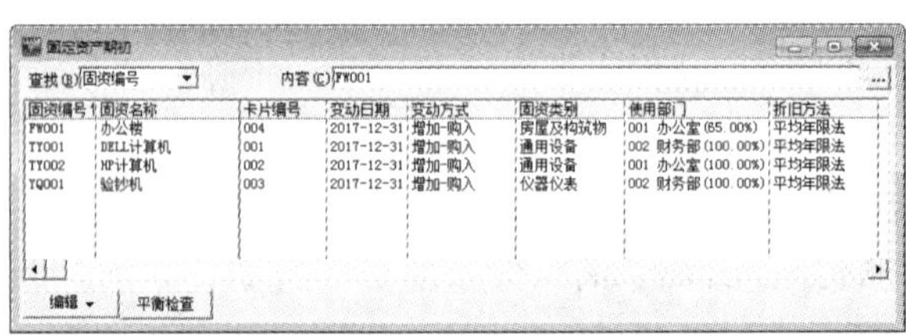

图 5-66　固定资产期初

（2）单击“编辑”按钮（或单击鼠标右键），在弹出菜单中选择“新增”，或按键盘快捷键 Ctrl+N，或单击工具栏上的“新增”按钮，出现“增加固定资产期初”对话框，如图 5-67 所示。

图 5-67　固定资产期初—新增—基本资料

（3）在“基本资料”页中，用户可根据需要输入有关的数据，如卡片编号、固定资产编码、固定资产名称、规格型号、固定资产类别等。此外，还需要确定以下项目：

①使用状态：系统提供了“使用中”“未使用”“不需用”“租出”四种使用状态。如果该固定资产折旧类型属于正常计提折旧，使用状态就成为是否计提折旧的依据。

折旧类型为“正常计提折旧”且使用状态为“未使用”或“不需用”的固定资产，将不计提折旧。

②增加日期：固定资产增加的具体日期。该日期必须小于账套的启用日期。

③使用部门：固定资产的具体使用部门。可以指定单个部门，也可以指定为多个部门。

④折旧费用科目：指定折旧费用科目。设置多个科目的需要输入多个具体的科目并设置相关的分摊比例。

（4）单击“折旧资料”标签，出现“折旧资料”页，如图5-68所示。

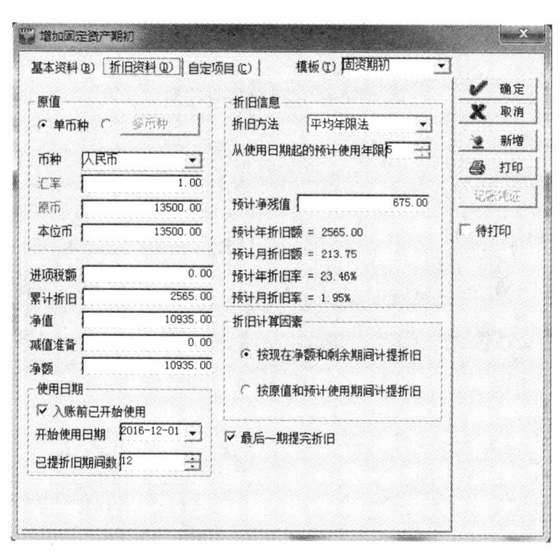

图5-68　固定资产期初—新增—折旧资料

（5）输入或选择相关信息，并单击“确定”或“新增”按钮即可。

（6）在“固定资产期初列表”界面中，单击“平衡检查”按钮，系统自动对已经录入的固定资产数据（原值、累计折旧）与科目期初中的固定资产、累计折旧科目数据进行核对，检查双方是否平衡，并给出检查报告。

5.4　财务管理

5.4.1　总账管理

如果在建立账套时选择了使用控制科目，用户只需填制少量的凭证就可以了，因为大量的记账凭证是由采购、销售、库存等各种单据以及固定资产、工资核算、应收账款、应付账款、现金银行等模块有关单据自动生成的，而且复核凭证、记账、结账和查询打印账证表均可由系统自动完成。

总账管理流程如图 5-69 所示。

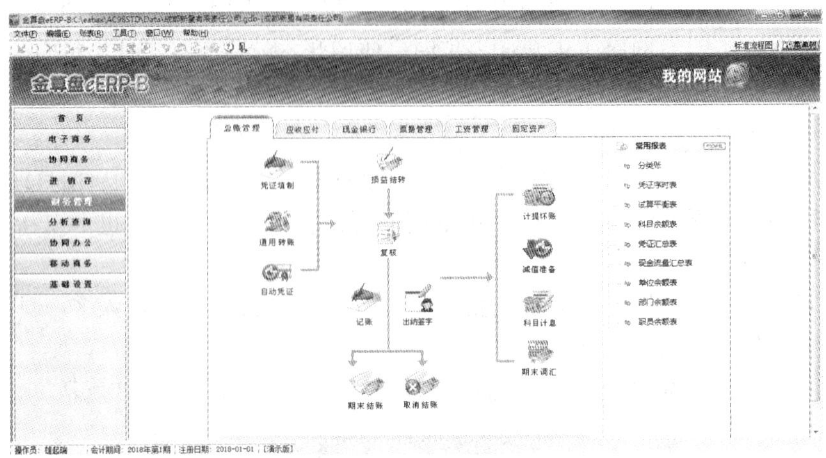

图 5-69　总账管理流程

1. 填制凭证

1）增加凭证

（1）在标准流程图中单击“账务管理—总账管理—凭证填制”，或单击树状菜单中“账务管理—日常业务—凭证填制”，出现“记账凭证”界面，如图 5-70 所示。

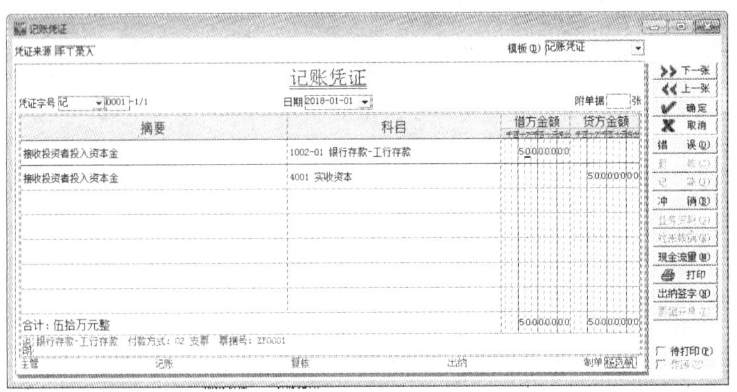

图 5-70　记账凭证

（2）选择模板、凭证字号及日期，然后输入摘要、科目及金额，再单击“确定”按钮或“下一张”按钮即可。

①凭证模板：系统预置了记账凭证和复币式凭证两类，用户可选择。如果用户需要调整输入栏目或打印格式，甚至修改各个栏目的标题等，可根据需要自行设计模板。

②凭证来源：分为手工录入与业务单据两大类，系统自动识别。具体的业务单据有采购发票、销售发票、收款单、付款单、应收借项、应付贷项等。如果是手工填制的凭证，凭证来源为“手工录入”；如果是由系统根据单据自动生成的凭证，凭证来源为具体的单据名称。

③凭证字号：主要指凭证类型和凭证编号。

④日期：由系统根据当前注册日期自动产生，允许用户修改。

⑤摘要：录入记账凭证的摘要有两种方法。不常用的摘要，可直接输入；而常用的摘要，可通过新增将其保存到摘要词典中，以供输入相同摘要时选择。

摘要长度不超过 80 个字符。

⑥科目：可直接选择，同时，允许用户动态增加新科目。如果科目设有辅助核算，录入凭证时，须同时录入其辅助项目。

⑦金额：在输入借贷方金额时，系统将根据“借贷必相等”的原理进行检查。如果借贷方金额不等，系统将不允许存盘，并显示出借贷方差额；用户可在录入最后一笔分录时，让系统自动补平（在录入最后一笔分录的金额时按回车键，而不直接输入金额）；在录入金额时，若需要简单计算，则直接输入数字和运算符号。系统将调用简易智能计算器，并将运算结果返回到金额栏。

（3）指定现金流量。

如果在科目设置时指定了现金和现金等价物科目，在输入或浏览凭证时，可以将光标定位到现金和现金等价物科目所在的分录，并单击“现金流量”按钮，出现“现金流量明细”对话框，如图 5-71 所示。

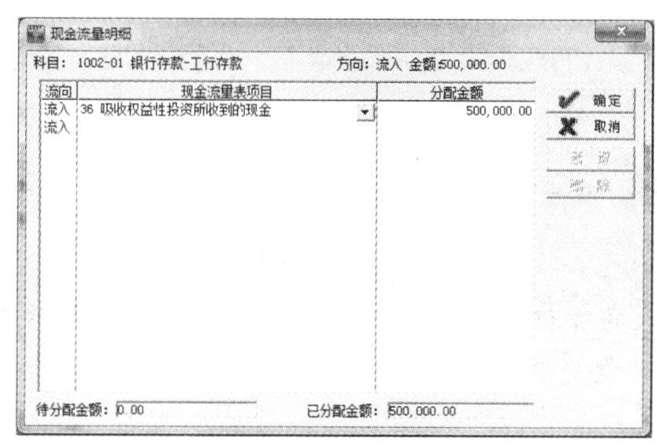

图 5-71　现金流量明细

用户可以根据当前凭证的业务内容，确定凭证中的分录金额属于现金流量表中的哪个栏目。如果需要进行多次分配（拆分），可以单击“新增”按钮，增加新的分配项目并分配相应的金额。

建议用户在日常的凭证处理过程中预先对现金流量进行分配，这样，可以快速、简单地编制现金流量表。如果没有预先分配，可以通过电子报表模块中的现金流量表制作向导来进行编制。

（4）往来核销。

如果在新建账套时选择了不使用控制科目，就应当在录入具有应收、应付的科目时进行往来核销。

选定分录，然后单击“往来核销”按钮即可核销。

（5）业务资料。

如果凭证通过其他单据（收付款单、发票等）自动生成，在查询该凭证时，可以单击“业务资料”按钮，查看具体的业务单据内容。

2）快速录入增加凭证

(1) 复制、粘贴分录

选定要复制的分录，单击鼠标右键，选择“复制分录”；选定需要输入分录的栏目，单击鼠标右键，并在编辑菜单中选择“粘贴分录”即可。

(2) 复制、粘贴凭证

在凭证头内，单击鼠标右键，选择“复制凭证”菜单项；在一张空白凭证的凭证头内单击鼠标右键，选择“粘贴凭证”即可。

3）修改凭证

在如图 5-70 所示的“记账凭证”表单界面中，单击鼠标右键，选择“凭证列表”，进入如图 5-72 所示的凭证列表界面，选择需要修改的凭证，单击“编辑”按钮（或单击鼠标右键），选择“修改”菜单项，进入凭证填制界面，将光标移至需修改处，直接修改即可。

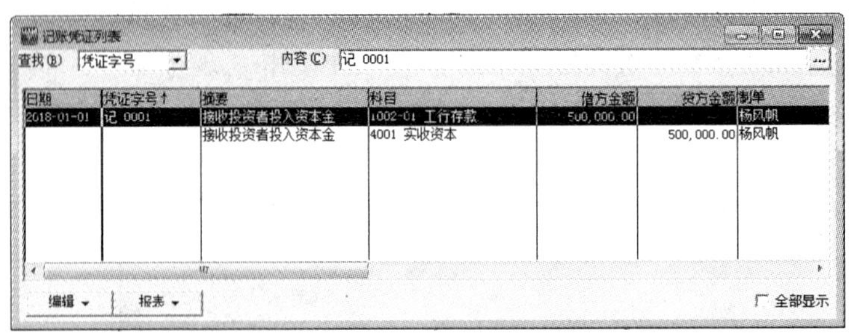

图 5-72　凭证列表

只能修改手工录入的凭证，由业务单据生成的凭证不允许修改。如果要修改业务单据所生成的凭证，只能先将该凭证删除，并调整业务单据，然后再生成新的凭证。已复核的凭证须取消复核后才能修改。

4）删除凭证

在如图 5-72 所示的凭证列表界面中，选择需要删除的凭证，单击“编辑”按钮（或单击鼠标右键），选择“删除”菜单项即可。

只能修改或删除自己填制的凭证，而不能修改或删除他人填制的凭证。已复核的凭证不允许修改或删除。确需修改或删除时，必须由复核人取消复核后，制单人才可修改或删除。

5）冲销记账凭证

通常情况下，在填制凭证时可以随意修改凭证。但复核、记账或结账之后，要修改凭证应当逐一取消结账、记账和复核方可修改。系统提供冲销记账凭证的功能，自动生成指定记账凭证的红字凭证。

在凭证输入界面中，单击“冲销”按钮，出现“冲销凭证”对话框，如图 5-73 所示。

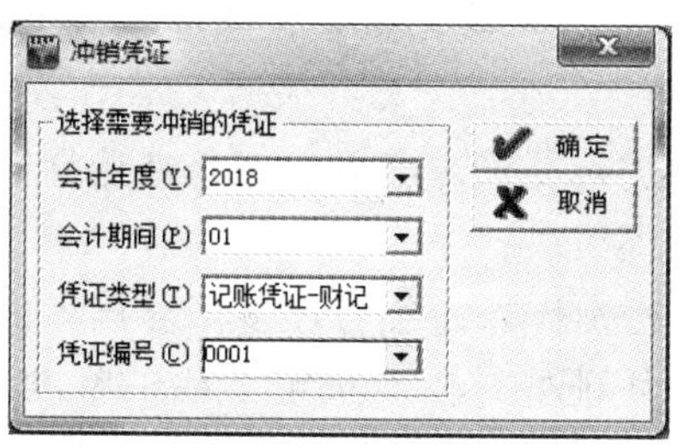

图 5-73　冲销凭证

用户可以指定需要冲销的已记账凭证（包括确定会计年度、会计期间、凭证类型和凭证编号），单击“确定”后，系统在当前会计期间自动生成一张与所指定记账凭证对应的红字冲销凭证。

只能冲销手工录入且已经记账的凭证。

6）作废记账凭证

在填制凭证的过程中，难免会出错，对于错误的凭证，系统提供“作废”功能。

在如图 5-72 所示的凭证列表界面中，选择需要作废的凭证，进入该凭证的修改状态，在“作废”复选框处打上标志（√）即可。

也可在如图 5-72 所示的凭证列表界面，在“全部显示”复选框处做上标志（√），列表中将显示“作废”栏，然后选择需要作废的凭证，单击对应的“作废”栏并做上标志（√），可将该张凭证作废。

已作废的凭证不能取消作废，若要保留原凭证，只能重新输入，因此，需慎用此功能。不能作废他人填制的凭证，不能作废已经复核或记账的凭证。

2. 复核凭证

1）单张复核

在标准流程图中，单击“财务管理—总账管理—记账凭证”，在凭证界面中找到需要复核的凭证，单击“复核”按钮复核当前凭证。或者在标准流程图中，单击“财务管理—总账管理—复核”，或双击树状菜单中的“账务管理—日常业务—凭证复核”，出现“记账凭证列表”，选择需要复核的凭证，单击“编辑”按钮（或单击鼠标右键），选择“复核”菜单项即可复核该张凭证。

2）多张复核

（1）在“凭证列表”中，单击“编辑”按钮（或单击鼠标右键），选择“多张复核”菜单项，出现“多张凭证复核”界面，如图 5-74 所示。

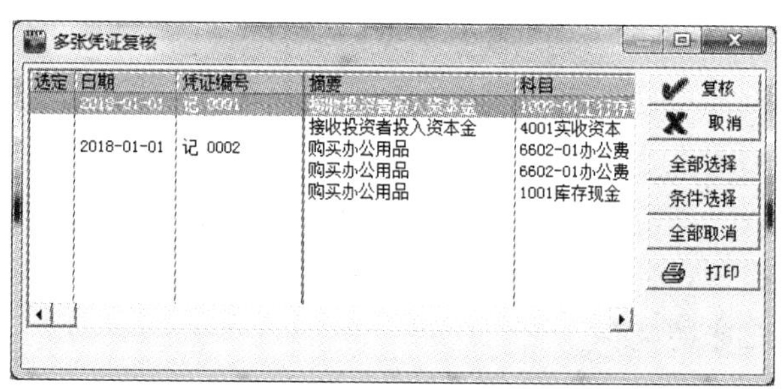

图 5-74　多张凭证复核

(2) 单击“全部选择”按钮，系统会在“选定”栏中做上标志（√），然后单击“复核”按钮将所有凭证复核。

(3) 若要选择某些凭证进行复核，需单击“条件选择”按钮，选择符合条件的凭证，然后单击“复核”按钮即可。

对于选择性复核，除上述操作外，还可在多张复核界面中直接选择需要复核的凭证。将光标移至需要复核的凭证处，在“选定”栏中单击鼠标，做上标志（√），然后单击“复核”按钮。

不能复核本人填制的凭证。有“错误”标志或有“作废”标志的凭证，都不能复核。

3）凭证标错

在复核时，对错误的凭证可注明错误信息。待填制凭证的操作员修改凭证后，可清除错误标记，使之成为正确的凭证。

在记账凭证界面中，单击“错误”按钮，系统进入“记账凭证错误信息”对话框，如图 5-75 所示，输入有关的错误信息，单击“确定”按钮即可。

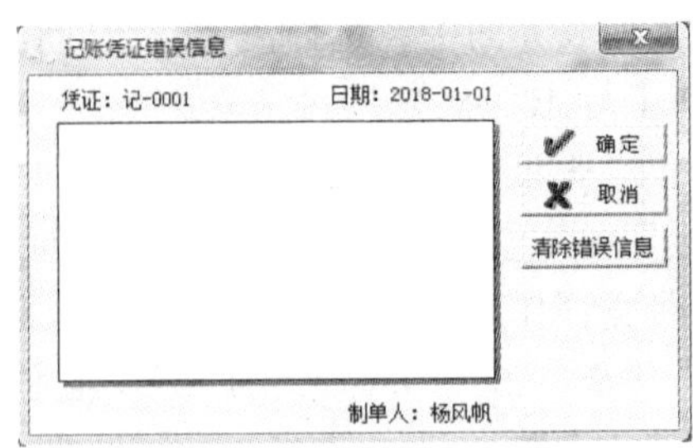

图 5-75 记账凭证错误信息

制单人一旦根据错误信息修改凭证后，复核人员可以再次进行检查。如果凭证没有错误，可以重新进入“记账凭证错误信息”对话框，并单击“清除错误信息”按钮，这样，该凭证将不再被打上“错误”标记。

有“错误”标志或有“作废”标志的凭证，都不能复核、记账，都不能参加账册、报表的数据统计。

有“错误”标志或有“作废”标志的凭证，不能进行冲销。但是，有“冲销”标志的凭证可以有“错误”标志或“作废”标志。若为“错误”标志，系统自动将对应的红字冲销凭证也做上“错误”标志；若为“作废”标志，系统自动将对应的红字冲销凭证删除！

3. 记账

凭证复核后，用户可将记账凭证登记到相关账册。记账有单张记账和多张记账，操作方法与复核凭证的方法类似。

如果记账后发现凭证有误，用户可以在凭证列表中单击“编辑”按钮，选择“多张取消”来取消记账，待将凭证修改后再重新记账。或者在凭证界面，单击“取消记账”，取消当前已经记账的凭证。

4. 通用转账

“通用转账”也称自动转账，主要用于数据来源有一定规律、在一定时期重复使用的转账凭证的制作。系统根据用户定义的数据来源、转账方向、计提或分摊的比例等内容自动生成会计凭证。

1）定义通用转账凭证

（1）在标准流程图界面中，单击“财务管理—总账管理—通用转账”或双击树状菜单中的“账务管理—期末业务—通用转账”菜单项，出现“通用转账列表”界面，如图 5-76 所示。

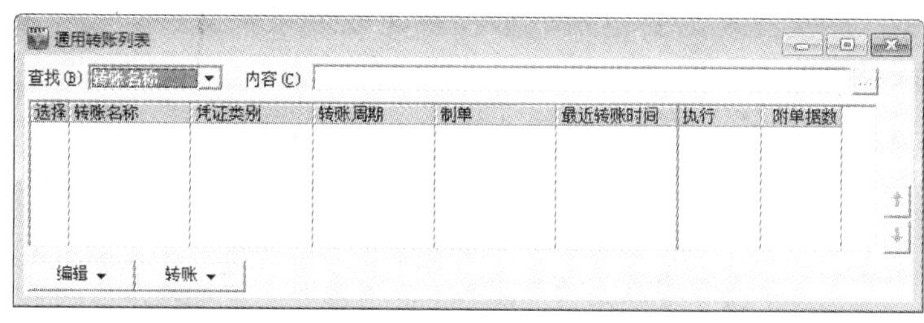

图 5-76　通用转账列表

（2）单击“编辑”按钮（或单击鼠标右键），选择“新增”菜单项，出现“通用转账凭证”界面，如图 5-77 所示。

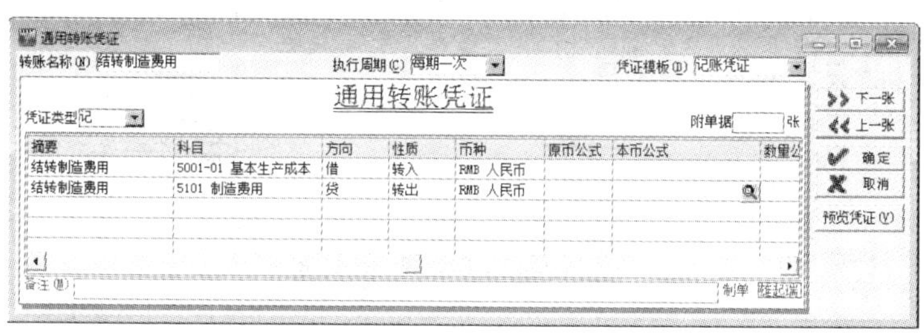

图 5-77　通用转账凭证定义

（3）在“转账名称”处输入通用转账名称，选择执行周期，根据币种选择凭证模板，根据转账业务内容选择凭证类型，在“附单据”处输入附件张数。

（4）在“摘要”处输入该张通用转账凭证摘要内容，选择科目；确定生成凭证时该笔分录的数据方向和科目性质；选择本次取数公式的币种（若科目无外币核算，系统默认为本位币且不能选择币种）。

①科目：根据转账业务的经济内容来确定通用转账凭证的转出、转入科目。转出科目即源数据科目，转入科目即目标数据科目。

系统允许转出科目是一个非末级的科目；如果转入科目是一个非末级科目，用户应当检查转入科目的结构与转出科目的结构是否完全相同，如果不是完全相同，应当将该笔转账业务拆分为多个分录来实现数据结转，否则系统无法实现两个非末级科目的子目及明细科目的自动转账。

若转出科目和转入科目均为非末级科目，系统要求两个科目的结构必须相同，即这两个科目的辅助核算相同，并且下级科目的个数、层数、编码、辅助核算也相同。

②方向：指通用转账凭证分录的数据方向，用户应当根据科目的转账内容设置；若为借方，则生成转账凭证时此笔分录的数据在借方。

③性质：系统分为转出、转入两类，决定数据的来源及去向，也决定了系统取数

的先后顺序和公式定义位置。系统先将性质为转出的分录的数据取出，然后将取出的数据转到性质为转入的分录。

系统要求一张通用转账凭证必须有转出、转入分录；一张通用转账凭证可以有多笔转出分录，但只能有一笔转入分录。如果性质为“转入”的分录中的科目是非末级科目，系统只允许有一笔性质为“转出”的分录。

（5）根据科目辅助核算属性，将光标移至需定义公式栏目（原币公式、本币公式、数量公式）。一个取数公式主要包括取数模块、取数条件、数据类型、币别和数据项目：

①单击“本币公式”栏后的“参照”按钮，出现“取数公式”对话框，如图 5-78所示。

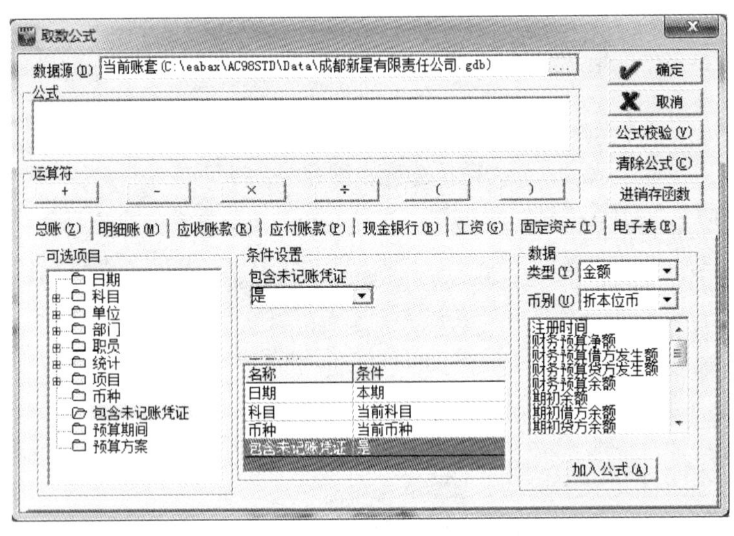

图 5-78　取数公式

②选择公式取数模块（总账、明细账、应收账款、应付账款、现金银行、工资、固定资产、电子表），若从总账中取数，用鼠标单击“总账”处即可。

取数公式对话框中所列出的总账、明细账不是通常意义上的含义。实际上，在“总账”中根据所指定的科目，可以取出任意级次科目的账册上的有关数据（包括期初、期末余额）。而在“明细账”中，系统专门针对凭证进行取数，只能取出凭证中涉及的借方或贷方的发生额数据，并且可以根据摘要的内容进行筛选。

③定义取数公式基本条件，指定取数日期。

用鼠标单击“可选项目”中的“日期”，在“条件设置”中通过下拉按钮选择取数数据日期，若为本期，用鼠标单击“本期”，在“已选条件”处显示出取数日期条件。

如果将取数日期定为本期，系统将会按照当前进入系统时的会计周期来确定提取数据的具体日期。这样，在系统进入下一个会计周期时，就会自动按照新的日期来提取数据。

④定义取数公式基本条件，确定数据来源科目。

系统默认为“当前科目”，即通用转账凭证中定义的当前分录的科目，也可通过下拉按钮重新选择，可用鼠标选择其中一个科目；选择“所有”，则表示取本套账中所有科目的数据；选择“选择科目”，系统弹出“选择科目”对话框，如图 5-79 所示，用户可选择所需科目，系统在“已选科目”处显示出所选科目，单击“确定”返回。

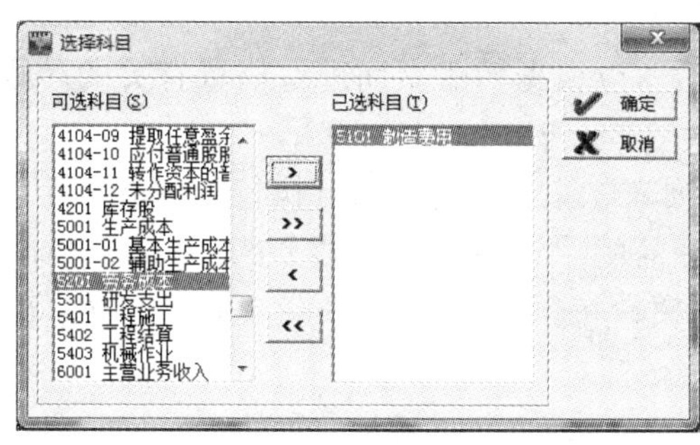

图 5-79　选择科目

⑤在数据区域选择本次取数类型，通过下拉按钮选择“金额”或者“数量”。

⑥在“币别”处选择取数币种，是“折本位币”还是“原币”。

⑦选择本次取数项目（期初余额等）。

⑧将设置的条件、数据项目等添加到公式编辑框。单击“加入公式”按钮，系统将所定义取数条件、类型及币种、数据项目等内容以公式形式添加至公式编辑框，如图 5-80 所示。

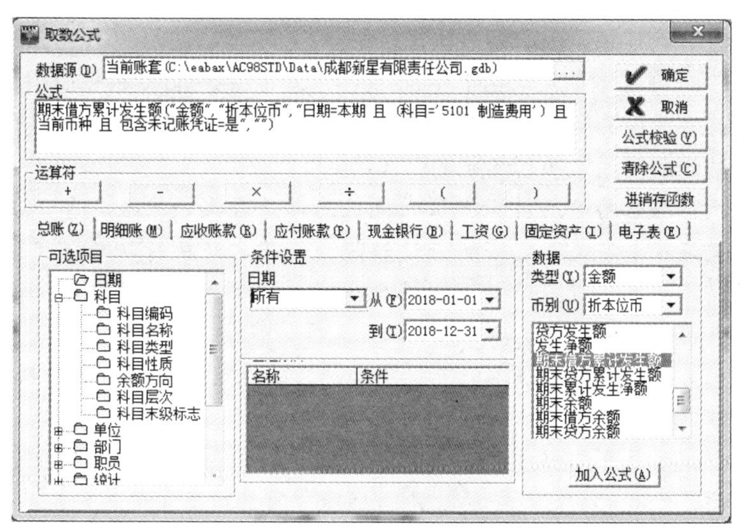

图 5-80　取数公式—完成

⑨若已定义公式还需与其他公式或表达式发生四则运算，用鼠标单击“运算符”中所需四则运算符，然后输入表达式或继续定义取数公式。

⑩公式定义完毕，单击“公式校验”按钮校验公式，系统给出校验报告，若公式有错或为空，则不能存盘退出；需清除错误公式重新定义公式时，单击“清除公式”按钮，系统将原定义公式全部清除；校验公式无误后，单击“确定”保存退出“取数公式”框。

（6）单击“确定”按钮保存。

（7）单击“预览凭证”按钮，在有数据的情况下，可以即时查看本张通用转账凭证生成的记账凭证。

2）执行通用转账凭证

定义通用转账凭证后，应根据转账周期进行执行有关的转账操作，才能得到所需凭证。

（1）在“通用转账列表”中选择所需进行执行转账的通用转账凭证，可用鼠标直接单击所需通用转账凭证前的“选择”栏，做上选中标志“√”；或单击“转账”按钮，选择“全部选择”项，将所有通用转账凭证做上选中标志“√”，如图5-81所示。

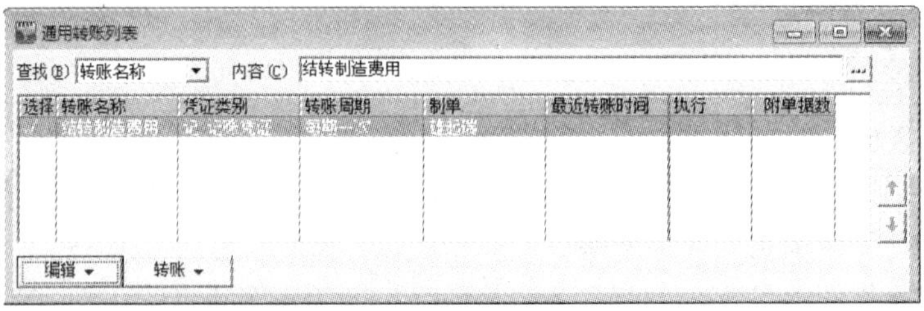

图5-81　选择通用转账列表中的凭证

（2）单击“通用转账列表”左下角的“转账”按钮，选择“执行转账”菜单项，在系统提示信息下确定是否确实需要执行转账。

（3）如果用户在提示信息对话框中选择了“是”，系统自动根据通用转账凭证所定义的项目和公式生成记账凭证，并在通用转账列表的“最近转账时间”及“执行”栏填入当前执行转账的时间及执行转账的操作员。

如果需要执行转账的通用转账凭证的执行周期是每期一次或每年一次，系统将检查该通用转账凭证在本期是否已经执行过转账；如果已经执行转账并且生成的记账凭证已经复核或记账，系统将提示并退出转账操作；如果生成的记账凭证没有复核，再次生成的凭证将覆盖原有凭证。

从通用转账生成的记账凭证不能直接修改，只能修改通用转账凭证项目或公式后，再重新生成凭证。

由于有多个通用转账凭证，全部选择并同时执行转账时，各转账业务之间可能存在转账先后顺序，需要对转账凭证的执行顺序进行调整。

如果通过通用转账凭证生成的记账凭证已经复核或已经记账时，系统无法取消转账。

5. 期末结账

系统提供期末结账向导，用户可按向导的提示一步一步操作，轻松结账。

1）结账

（1）在标准流程图中，单击“财务管理—账务管理—期末结账”，或双击树状菜单中的“账务管理—期末业务—期末结账”，出现结账向导界面，如图5-82所示。

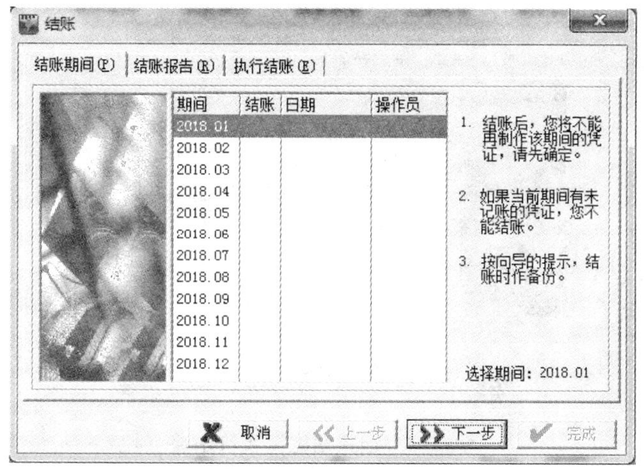

图 5-82　**期末结账—结账期间**

（2）将光标移至需结账的期间，选定待结账的月份。

（3）单击“下一步”（或单击“结账报告”页标签），进入结账报告界面，如图 5-83所示。

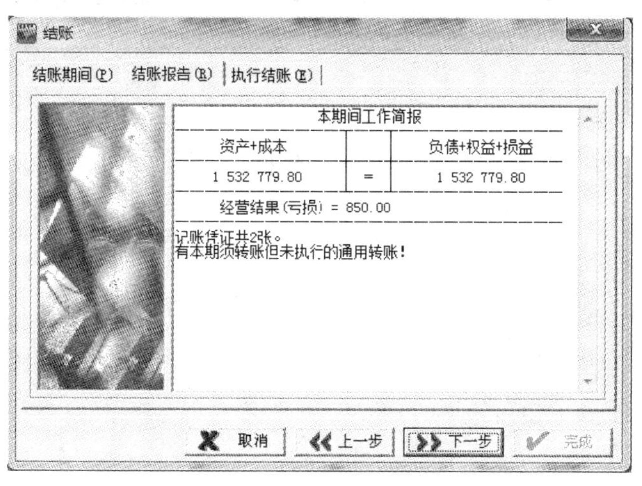

图 5-83　**期末结账—结账报告**

从结账报告中可查询到本期为止企业的资产总数、负债及权益总数，还可及时看到企业在本期的经营结果是盈利还是亏损。除此之外，报告中还统计本期凭证的总张数。

如果出现以下情况，系统会自动给予提示：本期损益类科目没有转平；期末未计提折旧；期末未进行期末调汇（有外币核算时）；凭证编号不连续；在本期有未执行的通用转账凭证。

（4）如果用户确信当前会计期间内的经济业务已处理完毕，单击“下一步”（或单击“执行结账”页标签），如图 5-84 所示，然后单击“完成”按钮完成结账工作，并根据系统提示进行数据备份。

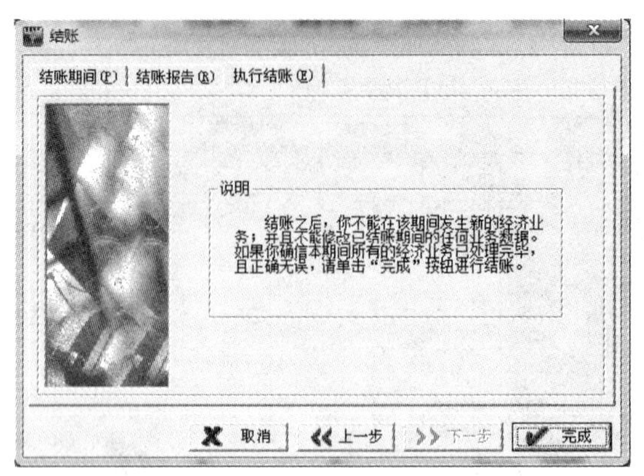

图 5-84　期末结账—执行结账

除非是在年末，否则，即使系统给予提示，用户也可自行选择是否继续执行结账。从系统启用日期算起，上月未结账，本月不允许结账；本期有未记账凭证，本月不允许结账；结账后，在本会计期间内不允许再填制凭证；期初余额未平衡，不允许结账；本期有错误凭证未修改，不允许结账；如有固定资产变动卡片未生成相应凭证（在固定资产增加界面中没有选择“不生成凭证”选项时除外），不允许结账；如果当期固定资产未计提折旧，不允许结账。

2）取消结账

（1）在标准流程图中，单击“财务管理—账务管理—取消结账”，或双击树状菜单中的“账务管理—期末业务—取消结账”，出现取消结账向导界面，如图5-85所示。

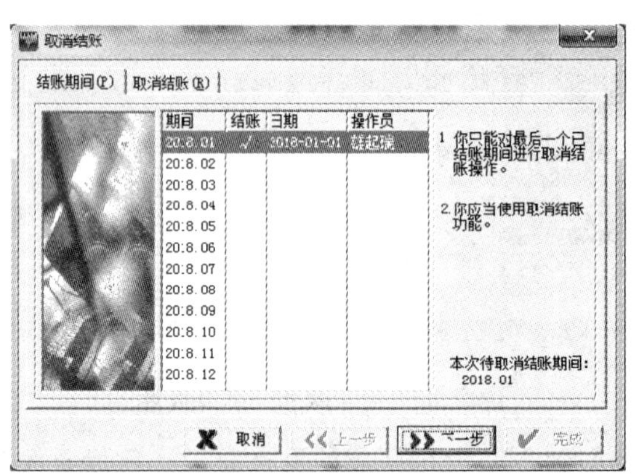

图 5-85　取消结账—结账期间

（2）选中需要取消结账的月份，单击“下一步”按钮，系统提示是否继续取消结账操作，单击“完成”即可取消指定月份的结账状态，如图 5-86 所示。

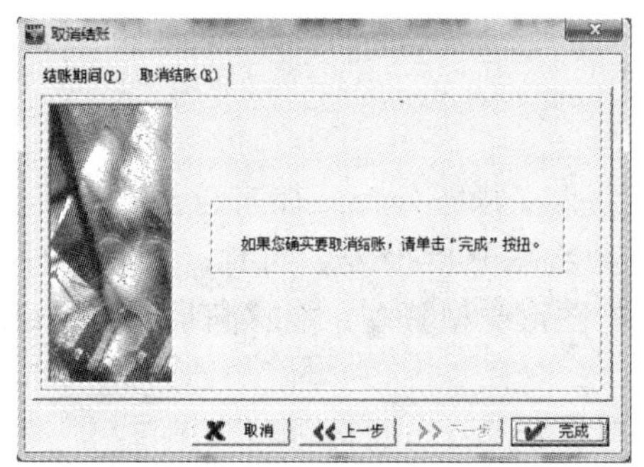

图 5-86　取消结账—取消结账

6. 查询账表

金算盘 eERP-B 系统具有强大的查询功能。通过该系统，既可以查询一些常见的账表，也可以根据用户的需要在查询时生成新的账表。生产的新报表可以另存为其他报表。同时，用户可通过多种途径查询所需要的账表。

1）在列表中查询

系统的很多列表中都有报表查询按钮，如图 5-72 所示，用户可单击“报表”按钮查询与该列表相关的报表。

2）在业务流程图中查询

直接单击账表栏中的账表名称即可查询及打印相关账表。

3）在树状菜单查询

在树状菜单中，每一个模块的“账册报表”下都有自己的常见账表，用户可直接双击账表名称查询和打印各种相关账表。

4）在账表资源管理器中查询

单击系统主菜单“账表—我的报表”，或者在标准流程图界面单击“常用报表—更多”按钮，出现“账表资源管理器”界面，如图 5-87 所示。

图 5-87　账表资源管理器

账表资源管理器左边是由账表文件夹组成的账表树，有“+”号的文件夹可以展开；账表资源管理器右边是账表文件，双击账表名称即可打开相应的账表。

5.4.2 分析查询

1. 财务分析

财务分析主要分为四大类：账务分析、往来分析、工资分析、固定资产分析。利用财务分析，可以生成各种数据分析报表。同时，所有的分析表提供图形分析功能，使分析数据更为直观；分析图形类型繁多，能够满足不同用户的要求。

1）账务分析

账务分析主要对单位财务状况进行总体分析和预算执行情况的分析。

如财务状况结构分析表主要是分析各科目所占同类科目的比例和各类科目所占所有科目的比例；财务状况比较分析表主要是分析本月与上月的增长额和增长率。

在标准流程图界面中，单击“分析查询—财务分析—财务分析”，或者双击树形菜单中的“财务分析—财务分析”，选择相应的分析表即可进入相应的分析报表，查看相应分析的结果。

2）往来分析

往来分析主要是对各种应收、应付款项的余额和账龄的分析，根据这些分析数据，进行催收或催付款和提取坏账准备。从应收、应付账龄分析表中，用户可以查看各时间段应收、应付款项的比例。

3）工资分析

工资分析主要是对各工资项目所占比重、一定时间段的工资汇总数据和各工资项目的增长情况的分析。如工资项目增长情况表主要是判断比较期与分析期相比的增长额和平均增长额。

4）固定资产分析

固定资产分析主要对固定资产的使用、变动和构成等情况进行分析，根据固定资产分析数据有利于合理利用固定资产，避免购置不需用固定资产，减少闲置固定资产，合理计提折旧。如固定资产使用情况分析表主要分析各种使用情况的固定资产所占比例。

2. 领导查询

在“财务分工”中，将具有“领导查询”权限的操作员赋予领导查询权限。只有具有此权限的操作员，才可以进行领导查询。单位负责人可以根据所查询到的数据，做出决策，确定工作重点。

领导查询与一般的查询不同，它更多的是供企业领导查询一些重要的财务账册、财务报表、财务稽查以及经营账册、经营账表、经营稽查。

3. 报表

1）金算盘电子表格

在金算盘企业管理信息系统中，提供了嵌入式通用电子表系统。该系统可使用户在不需要任何软件设计人员的帮助下，利用强大而适用的制表工具和取数工具生成会计工作中所需的各种会计报表。结合与金算盘企业管理信息系统的完美集成，金算盘电子表极大地改善了会计报表的工作流程，使企业会计报表更精确、更及时、更方便、更快捷。

①在标准流程图界面中，单击“分析查询—报表—电子表格”，或者双击树形菜单

中的“报表管理—电子报表”，进入“金算盘电子表格”界面，如图 5-88 所示。

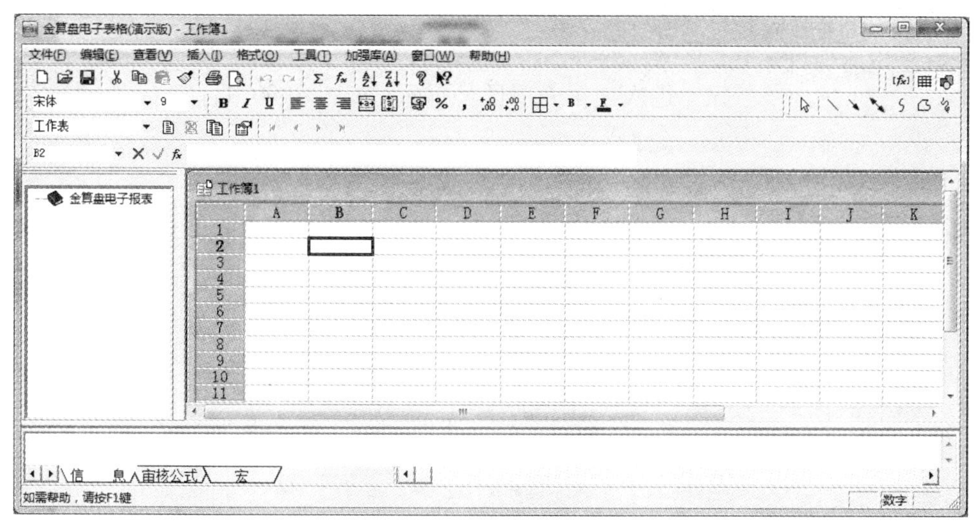

图 5-88　金算盘电子表格

②在没有启动金算盘软件的时候，可以通过开始菜单启动金算盘电子表系统，单击菜单“开始—所有程序—金算盘软件—金算盘软件 eERP—金算盘电子表格”即可。或者直接双击桌面上的“金算盘电子表格”图标，也能启动金算盘电子表系统。

③基本操作与 Excel 电子表格软件相似。

2）资产负债表的自动生成

（1）在标准流程图界面中，单击“分析查询—报表—资产负债表”，或者双击树形菜单中的“报表管理—资产负债表”，或者启动金算盘电子表后，单击菜单“加强库—资产负债表生成向导”，自动弹出“资产负债表生成向导”界面，如图 5-89 所示。

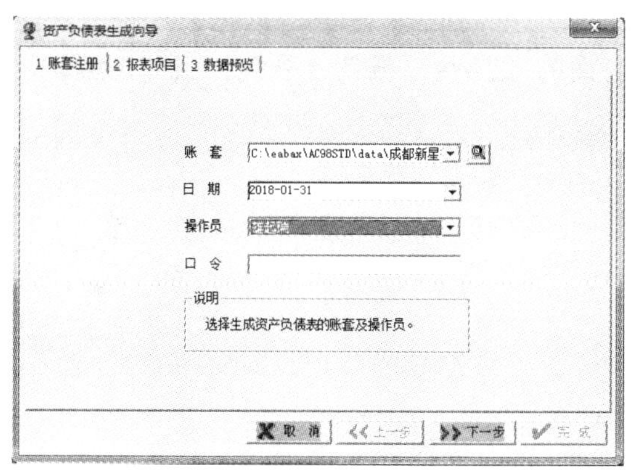

图 5-89　资产负债表生成向导—账套注册

（2）账套注册。

①账套：指报表数据来源的套账名称，用户可以使用右边的浏览按钮进行选择。

②日期：指报表表头上所显示的日期，系统默认为计算机当前日期，用户可以根据实际情况进行修改。

③操作员：指由谁来生成这张报表，操作员只能与前面指定账套中所注册的操作

员相对应。

④口令：指操作员的口令。

（3）报表项目。

单击“下一步”按钮，进入“报表项目”页面，如图 5-90 所示。

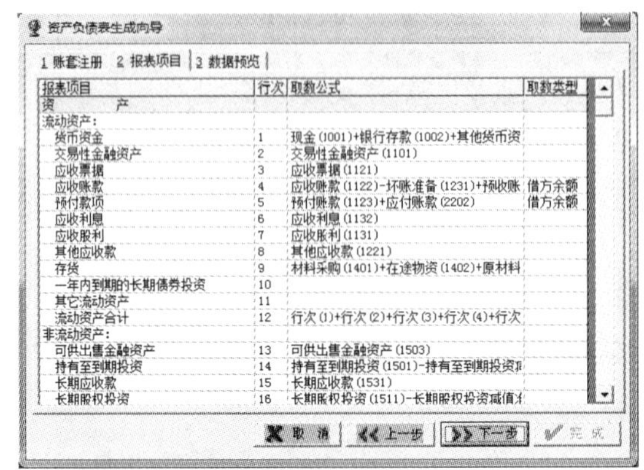

图 5-90　资产负债表生成向导—报表项目

页面内显示的是报表项目、行次、取数公式和取数类型四列数据，所有这些数据都是根据相应标准而预先设置的，一般情况下不需要修改。

①插入一行。移动光标到需要插入行的下面一行，单击鼠标右键，选择“插入行”功能即可。

②删除一行。移动光标到需要删除的行，单击鼠标右键，选择“删除行”功能即可。

③修改报表项目或行次。移动光标到需要修改的报表项目或行次处，双击鼠标左键，当该处颜色发生变化时，即可修改报表项目或行次。

④修改数据来源。移动光标到需要修改的数据来源处，双击鼠标左键，当该处颜色发生变化时，单击右面的“参照”按钮，系统弹出如图 5-91 所示的“定义取数来源”对话框。

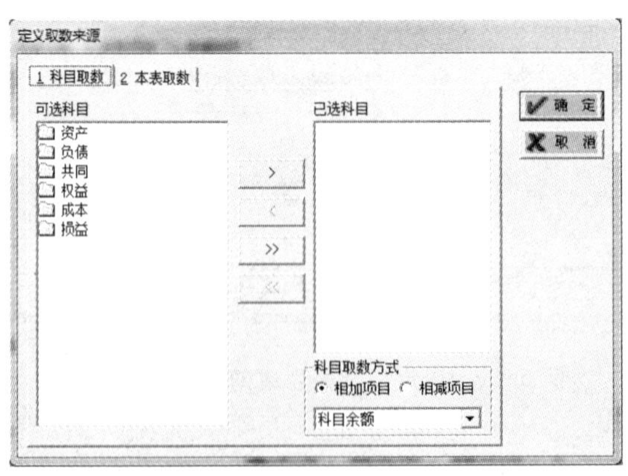

图 5-91　资产负债表生成向导—报表项目—定义取数来源—科目取数

在“科目取数”页，用户根据具体情况来展开可选科目类别，并选择具体的科目，已选的科目在“已选科目”框中列出，如果数据来源是多个科目加减得来的，则在选择相减科目时，应先单击“科目取数方式”下的“相减项目”，做上选取标记，同理，相加科目也需先标记“相加项目”。

另外，报表中各个单元的数据并不都是直接从科目的加减而得来的，有些单元的数据需要通过表中多个单元进行加减得来。

在图 5-91 所示的“定义取数来源”界面，单击“本表取数”页签，进入“本表取数”页面，如图 5-92 所示。

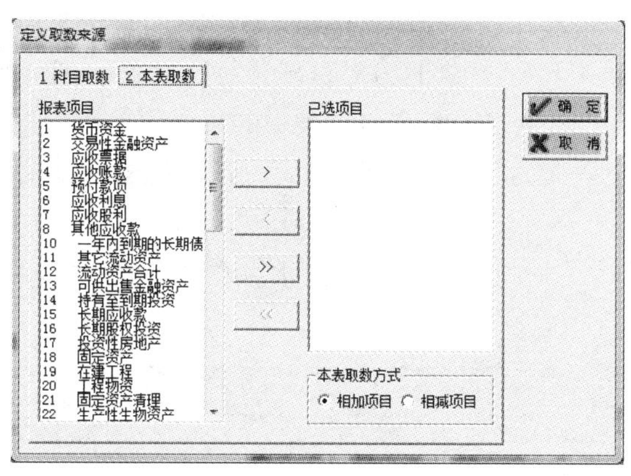

图 5-92　资产负债表生成向导—报表项目—定义取数来源—本表取数

页面左边是“报表项目”框，列出了资产负债表的所有项目，中间是移动按钮，右边是“已选项目”框，右下面是“本表取数方式”框。

首先选择“相加项目”或“相减项目”；将鼠标移动到“报表项目”框内需要加减的项目处；单击移动按钮；重复上述操作，直到“已选项目”框中列出了所有需要的项目，单击“确定”按钮，则该单元的本表取数公式便定义完毕。

（4）数据预览。

设置完报表项目之后，单击“下一步”按钮进入“数据预览”页面，如图 5-93 所示。

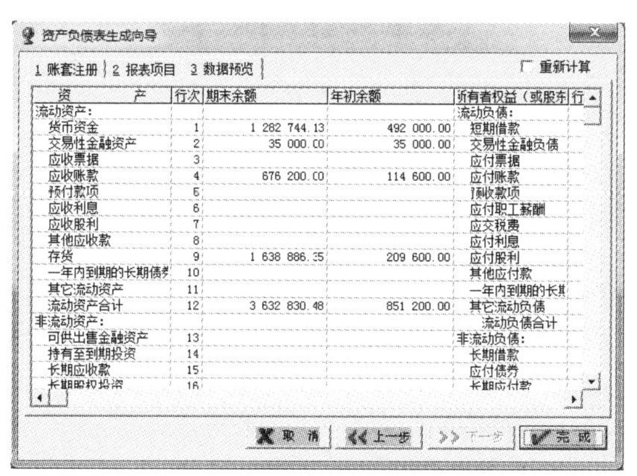

资　　产	行次	期末余额	年初余额	所有者权益（或股东	行
流动资产：				流动负债：	
货币资金	1	1 282 744.13	492 000.00	短期借款	
交易性金融资产	2	35 000.00	35 000.00	交易性金融负债	
应收票据	3			应付票据	
应收账款	4	676 200.00	114 600.00	应付账款	
预付款项	5			预收款项	
应收利息	6			应付职工薪酬	
应收股利	7			应交税费	
其他应收款	8			应付利息	
存货	9	1 638 886.35	209 600.00	应付股利	
一年内到期的长期债	10			其他应付款	
其它流动资产	11			一年内到期的长其	
流动资产合计	12	3 632 830.48	851 200.00	其它流动负债	
非流动资产：				流动负债合计	
可供出售金融资产	13			非流动负债：	
持有至到期投资	14			长期借款	
长期应收款	15			应付债券	
长期股权投资	16			长期应付款	

图 5-93　资产负债表生成向导—数据预览

此时系统将根据用户指定的账套、日期和标准公式自动计算报表各项数据，稍等一会儿，数据便会呈现在用户的面前。

如果用户认为数据有误，或有必要重新计算数据，需单击在“资产负债表生成向导”界面右上角的“重新计算”选项，为其做上选取标志，然后，系统重新自动计算，生成报表数据。

（5）确认完成。

若确认数据正确，单击“完成”按钮，系统给出“是否将公式保存入电子表格?”的提示。

如果选择“是”，则将公式保存到电子报表中的单元格中。这样，在账套数据发生变化后，可以在该电子报表中进行重新计算后得到新的数据，到下一个月，用户只需打开这张报表，选择“工具”菜单下的“重新计算”功能，则可生成最新数据的报表。

如果选择了“否”，则生成的资产负债表中的数据便是固定的，只有数字，而没有保留公式。当然，到下一个月用户如果要生成一张利润表，就需要从操作向导的第一步开始。

不管用户选择的是“是”或“否”，一张资产负债表都自动生成了，如图 5-94 所示。

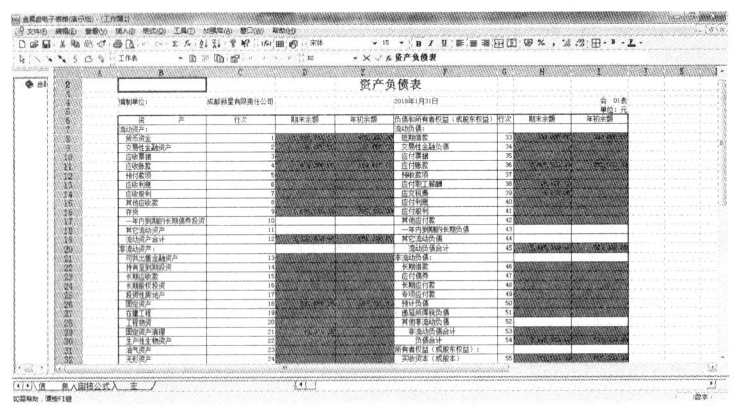

图 5-94 利用向导生成的资产负债表

同样，运用相应生成向导方法还可以自动生成利润表、现金流量表、所有者权益变动表。

6 典型财务软件的比较与系统维护

前面各章对中小企业应用的财务软件的操作进行了介绍。本章针对金蝶 KIS 云专业版 V16.0、用友畅捷通 T6-企业管理软件 V6.5、浪潮 PS 管理软件 V11.0、管家婆财贸双全Ⅱ Top+V18.0 和金算盘 eERP-B V10.0 等典型财务软件就其功能、应用领域、用户及市场占有率等方面进行了综合比较，对系统的日常维护、硬件维护、软件维护、基本优化设置等进行了详细的描述，特别是有针对性地对支持常用财务软件的数据库管理系统和财务软件本身的维护进行了深入探讨。

6.1 典型财务软件的比较

对财务软件的比较并非易事，这里仅对前已述及的面向中小企业应用的财务软件，在功能、应用领域、用户及市场特点等方面做一简单对比。

6.1.1 功能比较

1. 金蝶 KIS 云专业版 V16.0

金蝶 KIS 云专业版 V16.0 以订单为主线，以财务为核心，通过移动终端实现对库存、生产、销售、采购、网店、门店等经营环节的实时管控，帮助企业在做好内部管理的同时，创新商业模式，赢得更多商机。

金蝶 KIS 云专业版将生产管理和销售与采购贯通起来，同时生产也能与仓库管理紧密结合，实现小型制造企业整个业务流的管理；通过生产管理环节，实现了成本核算全自动化，成本核算更准确。

生产管理满足企业的以生产任务单为核心的简单生产和成本核算管理；根据业务数据自动生成财务凭证，实现财务业务一体化应用；数据安全，账套数据云端存储安全可靠，免受电脑病毒和硬件损坏带来不可预料的后果；异地协同，解决办公室与工厂不在同一个地方、数据需要同时享用的问题。

1）私有云服务，支持广域网使用

用户端只需安装私有云服务插件，即可实时使用 KIS 云专业版功能，不再受局域网限制。

2）KIS 业务管理+KIS 云之家内外协作，提升多屏应用体验

KIS 云专业版全新应用模式为服务器安装金蝶 KIS 云专业版服务器端，客户端安装金蝶 KIS 云专业版客户端或 KIS 云之家桌面端，手机上使用金蝶云之家手机端应用，一键安装，金蝶 KIS 云之家、Web 端应用及系统管理均可实现在线更新。

3）仓存管理功能全面支持 Web 化

支持的业务单据有：采购订单、采购入库单、销售订单、销售出库单、生产领料单、产品入库单、其他出库单、其他入库单、盘点单、盘盈入库单、盘亏毁损单、调拨单。

支持的报表有：采购订单执行情况表、销售订单统计表、销售（出库）毛利润明细表、商品库存余额表、商品收发明细表、商品收发汇总表、生产领料汇总表。

支持的基础资料有：客户管理、供应商管理、商品管理、仓存管理、部门管理、职员管理、计量单位管理、商品辅助属性管理、辅助资料管理、自定义核算项目。

KIS 微订货 Web 版：帮助企业快速构建 B2B 订货平台，以订单处理为核心，实现公告、商品类目管理、商品管理、经销商管理、加盟信息管理、订单管理等核心功能，同时集成云进销存数据。

KIS 轻分析：预设业务和财务报表数据源，支持根据预设数据源进行方案自定义，支持根据方案将报表发布到手机端使用，支持手机端自动更新方案数据。

4）开放的平台和接口

支持与第三方应用对接，产品提供标准接口，包括但不限于第三方报税平台、费用报销平台等。

5）产品功能持续优化

支持《民间非营利组织会计制度》，支持最新增值税税率，支持最新个人所得税改革政策，支持最新准则报表。

2. 用友畅捷通 T6-企业管理软件 V6.5

用友畅捷通 T6-企业管理软件 V6.5 以“规范流程，提升效益”为核心理念，以快速实施为特点，为中小型企业提供一套满足中国企业特色的，成熟、高效、低成本的管理解决方案。

1）财务会计

以业务凭证为核心，完成从财务核算到多维度报表分析的全过程。财务会计的主要模块包括总账、应收款管理、应付款管理、工资管理、固定资产管理、成本管理、网上银行、管理报表、UFO 报表、现金流量表、财务分析、出纳管理、财务汇总、税务管家、企业网银。

2）供应链

对采购、销售、仓库业务实行全过程管理，规范业务流程。供应链的主要模块包括采购管理、销售管理、委外管理、库存管理、存货核算。

3）生产制造

提供简单生产和计划生产两种应用模式。根据销售订单直接投产生成生产订单、委外订单，并分析生成相关的采购订单，用于生产流程和产品结构较简单的企业。通过设置 BOM，自动展开 MRP 运算，可生成合理的生产、委外、采购计划，包括 MRP（按时间段生成净需求）、SRP（按订单生成净需求）两种模式。生产模块主要包括简

单生产、计划生产、MRP 运算、SRP 运算、工序管理。

4）跨账套查询

跨账套查询的主要功能有财务数据跨账套查询、供应链数据跨账套查询、自定义查询。

5）企业应用集成（EAI）

利用 XML 标准接口进行数据解析和翻译，并且可由用户灵活设置各种数据之间的映射关系，因此适用于各种不同行业、企业之间的数据交换。EAI 可以使企业各个应用系统协同工作，打破信息孤岛的困境。

3. 浪潮 PS 管理软件 V11.0

浪潮 PS 管理软件 V11.0 包括总账管理、固定资产管理、出纳管理、员工管理、人事合同管理、福利管理、培训管理、薪酬管理、计件工资、企业预算、资金计划、项目管理、报表管理、报表汇总、财务分析、现金流量表、销售发票、采购管理、库存管理、存货核算、寄存结算、销售管理、应收管理、应付管理、成本核算、外贸管理、产品配置、成本管理等子系统。各系统之间可以组合使用，可以满足不同企业不同部门的需求，可以满足同一企业内部网络的信息处理，也可以处理基于广域网（Internet）上的 Web 应用。

1）财务会计

财务会计包括总账、辅助管理、报表系统、固定资产管理、工资管理等。

2）采购系统

采购系统包括采购订单、采购合同管理、供应商管理、收货处理、发票确认、付款及往来账核销、查询统计、期末结账等。

3）库存系统

库存系统的主要功能包括入库、出库、盘点、调拨、组装、拆卸、形态转换、限额、转储、账表查询、汇总分析、库存告警、期末结账等。

4）存货核算

存货核算完成存货管理，包括建账、入库业务核算、出库业务核算、账表查询、月末处理等。

5）销售系统

销售管理完成客户档案管理、产品管理、产品报价及折扣管理、销售计划管理、销售订单管理、销售合同管理、往来客户管理、客户信用额度检查、销售发货处理、销售发票及红冲发票处理、销售费用管理、客户退货管理、应收款管理等销售管理事务。

6）系统平台

系统平台包括运行平台和账套管理。

7）应用程序服务器

维护工具包括用户组管理、备份数据、恢复数据、历史数据管理、日志查询等。

4. 管家婆财贸双全ⅡTop+V18.0

管家婆财贸双全ⅡTop+V18.0 的核心功能如下：

1）采购管理

对日常订货、入库、退货、估价入库等业务进行处理，多种方便灵活的订单定制方式，实现货物快速周转，减少库存积压。其采购开票、采购费用的分配，也使业务财务形成一体化，更能如实地反映出材料和产品的准确成本。

2）质检管理

对原材料、库存商品采购入库进行质量检验，可按检验项目进行检验，可根据检验结果自动生成采购单、折扣采购单以及退货等，可详细记录检验数据，为筛选优质供应商提供数据支持。

3）销售管理

销售管理包括普通销售和委托代销两种业务模式，可有针对性地对订单、销售、退货、折扣处理、信用检查与控制、回款等过程进行跟踪处理，提供丰富的销售报表，为企业决策者提供分析数据和决策依据。

4）库存管理

对存货的出入库、调拨业务、组装与拆分、盘点业务及盈亏差异处理等过程进行管理，提供完整的库存报表，可查询库存明细、追溯成本构成原因、进行库存上下限的报警以及畅销商品、滞销商品查询。

5）实物仓库管理

对仓库的实际存货出库、入库以及仓库质检的调拨业务等过程进行管理，提供货位管理，完成仓库报表，可查询仓库存货分布、仓库明细、仓库货位明细以及对实物仓库和账面库存对账明细进行查询。

6）财务管理

帮助企业管理日常账务及财务报表处理，包括凭证录入、审核、记账、结转损益、期末结账全过程，自动生成总账、明细账及各类账务报表，为财务人员减轻工作量，并及时掌握企业财务信息提供数据支持。

7）工资管理

对计价工资、计件工资、工资分配、工资发放等业务进行管理，可以快速、准确地核算出每个员工的计件工资；可以自动生成工资处理凭证，支持工资项目自定义，计件工资汇总数据；可以作为生产环节人工费用的参考依据，并提供各类查询报表，辅助管理者对职员业绩进行考核。

8）往来管理

主要对客户的收款单和对供应商的付款单进行管理，也对往来核销单和其他收付款单进行管理。分别支持按单、按存货对供应商和客户进行往来报表查询，支持对应收和应付的账龄查询，提供报表对超期应收款和超期应付款进行预警。

9）费用管理

对借款和费用报销业务进行管理。支持对借款和费用报销进行报表查询，支持按职员进行明细查询。

10）固定资产

以固定资产的卡片管理为基本手段，建立固定资产的计算机管理，实现固定资产的增加、减少以及计提折旧等动态管理，保证固定资产的账、卡、物相一致。可以与账务处理集成使用，将固定资产信息以凭证的形式传递到账务处理模块中。

5. 金算盘 eERP-BV10.0

金算盘 eERP-B V10.0 分为财务管理系统、供应链管理系统、分析决策系统等应用系统。各个应用系统既可以独立使用，又可以紧密联系、相辅相成，构成了一套完整的企业管理解决方案。

1）财务管理系统

财务管理系统是整个企业财务管理信息化系统的核心模块之一，它按照国家规定的会计科目组织会计核算，提供了账套属性管理，操作人员的权限管理，账务系统基础编码管理，财务预算管理，会计日常业务管理，多币种管理，账册查询、预算分析、期末结账等业务，自动进行通用转账、损益结转和收支结转管理。

（1）账务处理系统

账务处理系统主要用于处理填制凭证、期末汇兑损益、损益结转、转账结账等日常业务，富有特色的虚拟账册系统可按实际业务和使用者习惯进行自定义，将离散的原始数据组合成有价值的信息。

（2）应收/应付管理

该系统可对往来单位按类型、片区、级别、性质等进行管理，便于统计和分析；可指定往来单位付款条件和折扣率，能处理折扣与折让，系统自动计算折扣额；可实现往来单位之间往来账目的自动核销；提供信用额度管理，在业务处理过程中，超信用额度业务系统将自动报警；提供应收计息功能，自动核算应收账款的超期利息；可自由定义条件来进行应收应付账龄分析。

（3）现金银行

独特的现金折让功能使收付款功能更加灵活；实用的银行对账功能可协助财务人员调整未达账项，并自动生成余额调节表；在相应的收付款单据中，系统提供了应收应付核销功能，能对往来业务中发生的金额和数量信息进行核销，实现了应收应付和收付款功能的无缝连接。

（4）工资系统

工资系统主要用于处理单位员工的工资计算、工资发放、费用计提、代扣个人所得税等业务，并提供能灵活组织工资数据的工资账表，帮助企业进行工资的核算、管理和统计分析。

（5）固定资产

该系统提供固定资产因增减变动、技术改造或损伤等原因造成的增减值变动所带来的业务处理；提供固定资产计提减值准备功能，以向导的方式自动计提折旧并生成记账凭证。

（6）电子报表

电子报表拥有可拓展的加强库功能，不仅提供了资产负债表、现金流量表和损益表的自动生成向导，还提供工作表图形分析、报表数据引入引出等功能，且加强库功能可以方便快捷地进行拓展。

2）供应链管理

（1）采购管理

采购管理包括采购计划、物品采购、发票及自动凭证等功能，支持直运采购、受托入库和结算管理，可处理采购费用分摊等，支持不同方式的采购业务，并分别提供单独的商品账，支持采购业务全程管理。

（2）销售管理

销售管理包括销售订单下达、发货、开具销售发票、收款等环节的管理。该系统支持不同方式的销售业务，包括直运销售、分期收款、发出商品、委托代销、调拨和结算等，并可进行预收款项的管理和应收账款的核销。

（3）库存管理

库存管理用于处理各种出入库业务，支持各种相关库存凭证生成。通过库存控制、库存分析，帮助企业及时动态掌握库存状况。该系统具备商品管理功能，主要提供对商品的分类、分级、分性质、分产地等管理，避免出现仓库存放、物品出入库的混乱。

（4）存货核算

系统提供库存商品成本调整功能，因红字销售造成的成本差异，系统自动生成成本调整单，且能够自动调整采购退货的真实成本；按照计划价或售价进行核算的商品，系统提供库存商品调价功能；自制入库的物品可以通过“入库成本”功能设置它们的实际成本；各种出入库成本、盘盈盘亏成本的计算都可以由系统根据商品对应的成本计算方法自动计算而得；对于移动平均、先进先出、后进先出、个别计价的商品，系统提供成本计算底稿，清晰反映成本计算过程，对于个别计价法的商品，既可在业务单据中指定成本批次，也可在成本计算中一次性指定；系统支持对单个、多个、全部商品计算成本，也可只计算尚未计算成本的商品，支持多次成本计算；成本计算完毕后，系统还支持对其进行成本结转或者差异差价结转；提供计提存货的跌价准备功能，满足新会计制度的要求，成本的计算和对应凭证的生成都可以通过向导来完成。

（5）拆卸组装

在拆卸组装单据中，系统根据商品劳务中定义的组件商品，自动核算部件商品数量；部件商品的成本是在组件商品的成本的基础上计算得出；拆卸组装商品的存放货位必须录入，系统将由此生成有关的货位情况账表；单据中提供对应物品的库存状态说明；系统支持快速录入和查询拆卸组装业务的商品。

（6）加工管理

系统提供对材料、商品进行加工以及加工过程中的费用及其分摊的处理，包括原料出库、成品入库、加工费用分摊及生成加工凭证。

3）分析决策

运用各种专门的分析方法，对系统中离散的、单一的财务数据按业务需要进行进一步加工处理，从中取得更为有价值的信息并形成直观的图形资料，为领导决策提供可靠的依据。

（1）财务分析

系统从总体财务、往来管理、工资、固定资产四个方面对企业进行财务分析。

（2）经营分析

系统主要从采购、销售、库存三个角度对企业的经营情况进行分析。

（3）领导查询

系统主要通过财务账册、财务报表、财务稽查、经营账册、经营账表、经营稽查六种方式来对企业的财务状况和经营状况进行交叉分析。

6.1.2 应用领域比较

1. 金蝶 KIS 云专业版 V16.0

金蝶 KIS 云专业版软件 V16.0 广泛适用于从事产品生产销售的小型工贸企业，以"让生意更成功"为核心理念，软件功能全面覆盖中小型企业管理的六大关键环节，包括采购管理、销售管理、生产管理、委外管理、仓存管理和财务管理，以丰富的报表和移动应用帮助企业决策者实现对企业运营数据的实时掌控与财务、业务一体化管理。产品同时集成 KIS 云之家，全面解决异地办公、移动应用、企业内外协同等核心需求。

2. 用友畅捷通 T6-企业管理软件 V6.5

用友畅捷通 T6-企业管理软件 V6.5 以中小型制造业/商贸型企业应用为主，解决企业发展过程中的核心管理问题，关注部门间业务信息的共享、流程关键环节的有效管控，帮助企业建立流程化、规范化管理，为企业带来快速、实际、高效的应用价值。

应用领域覆盖企业管理的各个部门、各个方面，包括采购、销售、仓管、人力资源和财务等，各部门间的信息保持同步共享。提供丰富的自定义功能，不同企业可根据自身需要，设定符合自己应用需要的流程和管理模式，更好地适应不同企业的管理需要。

3. 浪潮 PS 企业管理软件 V11.0

"引领高端、专注行业"是浪潮 ERP 自诞生以来一直坚持的战略。行业与行业之间存在管理经营上的诸多差异性，同一个行业的不同企业的经营管理过程中间也存在较多的差异性。浪潮给予企业差异性的研究，就软件进行了全面开发，从而深入了众多行业，包括：机械制造类的汽车及配件、机械设备、仪器仪表、机械零部件、专用设备、汽车总装等行业；电子电器类的计算机及配件、电子、家电、电器、通信设备等行业；服装类的鞋帽服饰、玩具等；家具类的家具、地板等；食品饮料类的食品、饮料、纯净水、乳制品、酒业等；制药行业；化学化工的化工、塑胶、日用化工、硅酸盐等；纺织类的纺织、印染等；行政事业的政府、科研机构、协会等；服务业的房地产、旅游、出版、图书等。

4. 管家婆财贸双全Ⅱ Top+V18.0

管家婆财贸双全Ⅱ Top+V18.0 是针对中小企业开发设计的业务+财务一体化解决方案，适用于内部协同、上下游协同、精细管理、异地多机构、移动办公、个性需求应用场景。有效管控供应链，通过采购、销售、往来、库存管理，降低企业的业务运营成本。规范管理财务，总账、出纳、工资、固定资产、费用无缝集成业务，预置多套准则，多维度辅助核算。异地多机构管理，上下游协同，管理随时随地，基于互联网的管理应用，支持中小企业成长与扩张。

5. 金算盘 eERP-B V10.0

金算盘 eERP-B V10.0 是面向成长型中小企业的、可扩展的财务业务一体化管理系统，针对中小企业进行了必要的业务流程优化，能够帮助中小企业轻松管理客户、供应商、采购、销售、库存等业务，满足小企业提高内部业务的管理与运营效率的需要。

6.1.3 用户及市场情况比较

1. 金蝶 KIS 云专业版 V16.0

金蝶 KIS 云是中国小微企业云管理软件知名品牌，以完善的服务体系帮助 150 万+家客户实现管理进步，累积服务用户超过 1 500 万+。运用 25 年技术沉淀帮助小微企业构建在线化、智能化的经营管理体系，让经营管理更轻松。20 年来持续帮助企业做好内部管理的同时，轻松玩转互联网，创新商业模式，紧跟时代发展。IDC（互联网数据中心）中国企业应用软件市场报告表明，金蝶在中国中小企业应用软件市场占有率稳居第一，连续 13 年蝉联榜首。

金蝶 KIS 云提供按用户需求的公有云和私有云的混合云模式，为企业的异地协同、企业上云办公、数据自主可控提供可靠的服务。金蝶 KIS 云专业版服务于从事生产销售的小微工贸企业，通过云模式部署，随时随地掌控业务经营状况，实现企业上云办公。

2. 用友畅捷通 T6-企业管理软件 V6.5

作为用友集团全资子公司的产品，畅捷通主要产品包括面向小企业的 T 系列企业管理软件，以及面向所有客户群提供互联网服务及软硬件工具类服务、运维支持服务的 C 系列信息化服务产品。T 系列针对小企业不同发展阶段，分别提供以“提升效益”为主的 T6 系列、以“提高效率”为主的 T3 系列、以“理清钱物”为主的 T1 系列、以“轻松计税、智能筹划”为主的 T-Tax 系列。C 系列产品以互联网应用为主，包括针对个人、微型企业的旺铺助手、代账助手应用及针对小企业的在线 SAAS 应用，如在线财务、在线进销存、在线 CRM 等。

2016 年 4 月，用友集团推出 T6-企业管理软件 V6.5。T6-企业管理软件 V6.5 以中小企业应用为主，是适应快速发展阶段企业的管理软件，是用友积聚 15 年经验专门针对中小企业研发的管理软件，已经在各行各业得到广泛深入的应用，成为推动中小企业信息化的主流应用软件和实际标准，为中小企业信息化建设提供了强有力的工具。

用友 T6 产品在企业中的应用，可以帮助企业提升效益和增加收入。根据数十万家用户的总结，见效最显著的应用包括管理销售和管理定价、优化采购和生产、强化支持流程、优化经常开支和优化业绩管理。用友 T6 产品历经多年的积累和发展，拥有大量的客户基础，在总结客户的应用经验、吸取国内外先进管理理念、逐步融合先进企业管理实践的基础上，全面提供了具有普遍适应性的 ERP 软件。

3. 浪潮 PS 企业管理软件 V11.0

浪潮 PS 企业管理软件 V11.0 是浪潮结合 30 多年的企业管理软件开发经验，汲取、融合国内外成功企业的管理思想，为中小型企业量身定制的 ERP 全面解决方案套件。浪潮 PS 主要从企业关注的财务、物流、生产制造、人力资源等方面入手，以企业价值链为核心，以工作流程为基础，对企业业务进行全面、有效的管理和控制，实现财务业务一体化，实现物流、资金流和信息流的一致性和完整性。浪潮 PS 的产品定位为中高端制造业企业、集团企业下属单位、中小企业、管理规范的行政事业以及部分流通行业等。

基于浪潮多年来在软件领域对 IBM 的合作与支持，2009 年 6 月，浪潮软件从 IBM 全球上千家合作伙伴中脱颖而出，荣获 IBM 全球颁发的最高级别奖项—“Beacon

Award"（灯塔奖）。

浪潮 PS 产品是国内首家提出分行业 ERP 战略的管理软件，业务覆盖 200 多个行业应用模型，通过丰富的行业管理实践积累，降低企业实施风险，促进企业内部精细化管理的成功应用。

4. 管家婆财贸双全Ⅱ Top+V18.0

成都任我行软件股份有限公司是中国中小企业管理软件行业的创始者和领导者，长期专注于中小企业信息化，为各种规模和处于不同成长阶段的中小企业提供信息化解决方案。目前，任我行旗下的管家婆软件在国内乃至海外拥有 50 万家中小企业用户。

任我行率先针对中小企业推出了"管家婆"进销存、财务一体化软件。10 年来，在竞争激烈的软件市场上，管家婆软件凭借"实用、易用、贴近中小企业管理现状"的特点受到中小企业的广泛欢迎和信赖，"管家婆"也由此成为中小企业管理软件的代名词。2016 年 1 月，管家婆软件荣获 2015 年度中国计算机报编辑选择奖·企业管理软件领域值得信赖品牌奖。2016 年 12 月，管家婆辉煌 IITop 荣获"2016 年中国 IT 行业值得信赖产品奖"（由中国中小企业信息化公共服务平台、国家软件公共服务平台、赛迪网联合颁发）。

5. 金算盘 eERP-B V10.0

金算盘软件有限公司成立于 2000 年，是我国领先的云计算、大数据和行业软件服务商。公司致力于向医疗卫生、离散制造工业、武警公安等行业的大中型用户提供企业资源计划系统（包括传统 ERP 和云 ERP），以及向小微企业（重点是商贸企业）提供各类云计算（SaaS 模式）服务，帮助用户提高效率、降低成本、协同工作、方便交易。

金算盘总部设在重庆，下辖医疗、企业、网络三个事业部，并在北京、上海、广州、成都、武汉、沈阳、南京、西安、无锡、济南、贵州、长沙等 13 个城市设有分支机构，发展了 20 多家销售和服务的合作伙伴。

金算盘用户超过 10 万家，覆盖 99%的行业，遍布全国各地。公司连续 10 年获得中国计算机用户协会"用户满意企业"称号。

6.2 系统维护

为了使计算机发挥更加良好的财务管理性能，在日常使用过程中还要做好系统的维护工作。计算机系统维护包括系统日常维护，对计算机进行安全设置以及计算机硬件系统和软件系统的维护与优化工作，以便最大限度地提高计算机的工作性能。

6.2.1 系统日常维护

1. 工作环境维护

计算机对环境湿度的要求为 30%～80%，工作温度为 10℃～35℃，对电源要求为 220V±10%，频率范围为 50HZ±5%，并且需要电源具有良好的接地系统。

2. 正确开关机

由于在电器接通电源及断电的瞬间会产生瞬时高压，为了保护计算机硬件系统中最重要的设备—主机，开机时应先开显示器、打印机等外设，再按下主机启动按钮；关机则应待主机电源关闭后，才关闭外部设备。

3. 断电扫描

系统非正常退出或意外断电后，应尽快进行硬盘扫描，及时修复错误。

注意：断电后的磁盘扫描是在开机后系统自动进行的，不需用户对系统进行任何设置。非正常退出系统严重时会导致系统文件损坏或丢失，导致系统无法启动，这时只能使用系统盘对系统进行修复或重新安装系统。若需重新安装系统，应在重新安装前将硬盘上的账套数据进行备份。

4. 查杀病毒

定期对计算机查杀病毒，开启杀毒软件的实时监控功能，可以加强系统对病毒的防御，也能保护用户账套数据的安全。

5. 其他

在进行财务软件日常操作时，还需注意以下几点：经常备份重要的数据；在操作时不进食、喝饮料，以免造成硬件设备的污染甚至损坏；尽量不在无人的情况下使电脑继续工作；如遇雷雨天气应切断电源。

6.2.2 硬件维护

在对计算机进行维护时，硬件设备的维护是很重要的一环。若硬件损坏，则系统无法正常工作；若硬件中的磁盘有损坏，还有可能导致账套重要数据丢失甚至打不开账套的严重后果，所以，用户应掌握基本的硬件维护方法。

1. 显示器维护

1）LCD 显示器维护

对于 LCD（液晶）显示器的维护技巧主要有以下几点：

（1）避免屏幕内部烧坏

在不用 LCD 显示器的时候，一定要关闭显示器或者降低显示器的显示亮度，否则时间长了，会导致屏幕内部烧坏或老化。这种损坏一旦发生就是永久性的，无法挽回。另外，如果长时间连续显示固定的内容，有可能导致某些 LCD 显示器像素过热，进而造成屏幕内部烧坏。

（2）保持湿度

一般湿度保持在 30%～80%时，显示器都能正常工作，但一旦室内湿度高于 80%后，显示器内部会产生结露现象。因此，LCD 显示器必须注意防潮，长时间不用的显示器，可以定期通电工作一段时间，让显示器工作时产生的热量将机内的潮气驱赶出去。

注意：不要让任何具有湿气性质的东西进入 LCD 显示器，如发现有雾气，要用软布将其轻轻擦去，然后才能打开电源。如果湿气已经进入 LCD 显示器了，就必须将 LCD 显示器放置到较温暖的地方，以便让其中的水分和有机物蒸发掉。对含有湿度的 LCD 显示器加电，可能导致液晶电极腐蚀，进而造成永久性损坏。

（3）正确清洁 LCD 显示器表面

如果发现 LCD 显示器表面有污迹，可用沾有少许水的软布轻轻将其擦去，不要将水直接洒到 LCD 显示器表面上，液体进入 LCD 显示器将导致屏幕短路。

(4) 避免冲击

LCD 显示器十分脆弱，要避免强烈的冲击和振动，不要对 LCD 显示器表面施加压力。LCD 显示器中含有很多灵敏的电气元件，若 LCD 显示器掉落到地板上或者其他类似的强烈打击会导致 LCD 显示器以及其他一些单元的损坏。

在维护过程中，切忌不要拆卸 LCD 显示器。即使在关闭了很长时间以后，背景照明组件中的 CFL 换流器依旧可能带有大约 1 000V 的高压，以免遭遇高压；未经许可的维修和变更会导致显示器暂时甚至永久不能工作。

2）CRT 显示器维护

CRT（纯平）显示器维护的技巧主要有以下几点：

(1) 防高温

显像管作为显示器的散热大户，高温会大大缩短显示器的寿命，其他元器件也会加速老化，所以应将 CRT 显示器摆放在一个通风环境比较好的地方，最好把 CRT 显示器放置在有空调或电风扇的房间中，以延长 CRT 显示器的使用寿命。

(2) 防潮

湿度对 CRT 显示器寿命的影响非常大，环境湿度最好保持在 30%～80%之间，当湿度超过 80%时，CRT 显示器内部会产生结露现象，电源变压器和其他线圈受潮后会产生漏电，高压包在湿度过高的情况下极易产生放电现象，机内其他元器件受潮还可能会生锈，腐蚀严重时会使电路板发生短路。当湿度低于 30%时，会使 CRT 显示器机械摩擦部分产生静电干扰，内部元器件尤其是高压包被静电破坏的可能性增大。

(3) 清洁

彩显屏幕表面为了防眩光、防静电，涂了一层极薄的化学物质涂层，平时清除 CRT 显示器屏幕上的灰尘时，切记应关闭 CRT 显示器的电源，拔下 CRT 显示器的电源线和信号电缆线，用柔软的干布小心地从屏幕中心向外擦拭，擦拭的方法应从屏幕内圈向外呈放射状轻轻地擦拭。如果屏幕表面较脏，可以用少量的水湿润脱脂棉或镜头纸擦拭，千万不能用酒精之类的化学溶液擦拭。除 CRT 显示器外，也要常用毛刷清除 CRT 显示器机壳上的灰尘与污垢，尽量不要用沾水的湿布抹擦。

2. 键盘和鼠标维护

1）键盘维护

键盘是计算机最基本的部件之一，其使用频率较高。由于有时按键用力过大、金属物掉入键盘以及茶水等溅入键盘内，都会造成键盘内部微型开关弹片变形或被灰尘油污锈蚀、出现按键不灵的现象。键盘的维护应注意以下问题：

键盘是受系统软件支持与管理的，不同机型的键盘不能随意更换。更换键盘时，应切断计算机的电源，事前要把键盘背面的选择开关置于与机型相应的位置。

大多数键盘没有防水装置，一旦有液体流入，便会使键盘受到损害，造成接触不良、腐蚀电路和短路等故障。当大量液体进入键盘时，应当尽快关机，将键盘接口拔下，打开键盘用干净吸水的软布擦干内部的积水，最后在通风处自然晾干即可。

键盘内过多的尘土会妨碍电路正常工作，有时甚至会造成误操作。键盘的维护主要是定期清洁表面的污垢，一般清洁可以用柔软干净的湿布擦拭，对于顽固的污渍可以用中性的清洁剂擦除，最后还要用湿布再擦洗一遍。

在清洗键帽下方的灰尘时，可以用普通的注射针筒抽取无水酒精，对准不良键位接缝处注射，并不断按键以加强清洗效果。这种方法简单实用，对分布在键盘外围的按键尤其实用。

2）鼠标维护

由于 Windows 系统为可视化操作界面，在使用计算机时，鼠标已经成为必不可少的设备。在使用过程中，应经常对鼠标进行维护，以便更快捷地处理各种财务数据。对鼠标进行维护应注意以下几点：

（1）基本除尘

机械式鼠标使用时间一长，就会发现其移动不灵。应在鼠标下面加一个垫板，如果不使用鼠标垫而在光滑桌面或在纸张上使用，时间长了，滚动球体和方向小轮就会粘上一些脏东西，致使鼠标操作不灵便。遇到这些情况，只要把鼠标后盖打开，取出滚动球体，用酒精绸布擦拭干净再装好，即可恢复正常使用。

（2）开盖除尘

如果经过基本除尘的方法处理后指针移动还是不灵，特别是某一方向鼠标指针移动不灵时，大多是光电检测器被污物挡住所致。此时，可用十字螺丝刀卸下鼠标底盖上的螺钉，取下鼠标上盖，用棉签清理光电检测器中的污物。

（3）软件维护

目前部分鼠标需要安装特定的鼠标驱动程序才能使用。若使用该类鼠标，应尽量使用原装的鼠标驱动程序，使鼠标能充分发挥其功能。

3. 硬盘维护

硬盘在使用温氏技术后，可靠性大为提高，但如果不注意使用方法，也会引起故障，因此，对硬盘的维护十分必要。

1）环境温度和清洁条件

由于硬盘主轴电机是高速运转的部件，再加上硬盘是密封的，所以周围温度如果太高，热量散发不出去，会导致硬盘产生故障；但如果周围温度太低，又会影响硬盘的读写效果，因此，硬盘工作的温度最好在 20℃～30℃范围内。

2）防静电、磁场干扰

硬盘电路中有些大规模集成电路，易受静电感应而被击穿损坏，因此要防止静电问题。由于人体常带静电，在安装或拆卸、维修硬盘系统时，不要用手触摸其印制板上的焊点，当需要拆卸硬盘系统以便存储或运输时，一定要将其装入抗静电塑料袋中。

硬盘记录数据信息是靠对盘片表面磁层进行磁化，如果硬盘靠近强磁场，将有可能破坏磁记录，导致所记录的数据遭到破坏，因此必须注意防磁，以免丢失重要数据。防磁的方法是，不要将其靠近音箱、喇叭、电视机等带有强磁场的物体。

3）保护硬盘数据

保护硬盘数据应每隔一定时间对重要数据做一次备份；备份硬盘系统信息区以及 CMOS 设置；从外来软盘上复制信息至硬盘时，应先对软盘进行病毒检查，防止硬盘感染病毒；定期对硬盘文件碎片进行重整；利用版本较新的防病毒软件对硬盘进行定期的病毒检测。

4. 打印机维护

在打印机的使用过程中，经常对打印机进行维护可延长打印机的使用寿命，提高打印机的打印质量。目前会计信息系统中常用的打印机有针式打印机、喷墨打印机、激光打印机。

1）针式打印机的维护

打印机必须放在平稳、干净、防潮、无酸碱腐蚀的工作环境中，并且应远离热源、振源和避免日光直接照晒。在加电的情况下，不要插拔打印电缆，以免烧坏打印机与主机接口元件。插拔打印电缆前一定要关掉主机和打印机电源。打印头的位置应根据纸张的厚度及时进行调整。在打印中，一般情况不要抽纸；因为在抽纸的瞬间很可能会刮断打印针，造成不必要的损失。经常检查打印机的机械部分有无螺钉松动或脱落，检查打印机的电源和接口连接电缆有无接触不良的现象。保持清洁，定期用小刷子或吸尘器清扫机内的灰尘和纸屑，经常用在稀释的中性洗涤剂中浸泡过的软布擦拭打印机机壳，以保证良好的清洁度。正确使用操作面板上的进纸、退纸、跳行、跳页等按钮，尽量不要用手旋转手柄。电源线要有良好的接地装置，以防止静电积累和雷击烧坏打印通信口等。应选择高质量的色带。色带是由带基和油墨制成的，高质量的色带带基没有明显的接痕，其连接处是用超声波焊接工艺处理过的，油墨均匀；而低质量的色带带基则有明显的双层接头，油墨质量很差。

2）喷墨打印机的维护

如果灰尘太多会导致导轴润滑不好，使打印头的运动在打印过程中受阻。进行喷墨打印机打开打印机的盖板，用柔软的湿布清除打印机内部灰尘、污迹、墨水渍和碎纸屑；可用干脱脂棉签擦除导轴上的灰尘和油污，并补充流动性较好的润滑油。

喷墨打印机内部除尘时应注意：不要擦拭齿轮，不要擦拭打印头和墨盒附近的区域；一般情况下不要移动机打印头，特别是有些打印机的打印头处于机械锁定状态，用手无法移动打印头，如果强行用力移动打印头，将造成打印机机械部分损坏；不能用纸制品清洁打印机内部，以免机内残留纸屑；不能使用挥发性液体清洁打印机，以免损坏打印机表面。

喷墨打印机型号不同，使用的墨盒型号以及更换墨盒的方法也不相同，在喷墨打印机使用说明中通常有墨盒更换的详细说明。更换墨盒时，需要打开打印机电源，因为更换墨盒后，打印机将对墨水输送系统进行充墨。更换墨盒时，不能用手触摸墨水盒出口处，以防止杂质混入墨水盒；要防止泄漏墨水；墨水具有导电性，若漏洒在电路板上，应使用无水乙醇擦净、晾干后再通电；墨水盒应避光保存在无尘处。

大多数喷墨打印机开机即会自动清洗打印头，并设有按钮对打印头进行清洗，如果打印机的自动清洗功能无效，可对打印头进行手工清洗。清洗打印头时应注意不要用尖利物品清扫喷头，不能撞击喷头，不要用手接触喷头；不能在带电环境下拆卸、安装喷头，不要用手或其他物品接触打印机的电气触点。

3）激光打印机的维护

激光打印机如果长期不进行维护，会使机内污染严重，如电晕电极吸附残留墨粉、光学部件脏污、输纸部件积存纸尘而运转不灵等。这些严重污染不仅会影响打印质量，还会造成打印机故障。其维护方法如下：

内部除尘的主要对象有齿轮、导电端子、扫描器窗口和墨粉传感器。内部除尘可用柔软的干布擦拭；齿轮、导电端子可以使用无水乙醇。应注意扫描器窗口不能用手接触，也不能用酒精擦拭。

外部除尘时可使用拧干的湿布擦拭，如果外表面较脏，可使用中性清洁剂，但不能使用挥发性液体清洁打印机，以免损坏打印机表面。

感光鼓及墨粉盒可用油漆刷除尘，不能用坚硬的毛刷清扫感光鼓表面，以避免损坏感光鼓表面膜。如果打印机使用时间较长，打印口模糊不清、底灰加重、字形加长，大多是感光鼓表面膜光敏性能衰退导致，可用脱脂棉签蘸三氧化二铬沿同一方向擦拭感光鼓表面，可使感光鼓表面膜光敏性能恢复。

6.2.3　系统软件维护

在使用财务软件的过程中，为了使计算机运行更加顺畅，就需要对计算机系统软件进行日常维护，以降低设备的损耗、延长计算机使用寿命。软件的系统维护主要包括开机启动项管理、关闭多余的服务、安装软件管理等。

1. 开机启动项管理

禁止不需要随开机启动的程序可加快开机速度，该操作可通过操作系统维护或工具软件维护完成。

1）取消多余的启动项—操作系统维护

有些软件在安装后会默认随系统的启动而运行，这会使系统启动速度变慢。关闭这类随系统开机就运行的软件可在“系统配置实用程序”里关闭这些程序的运行。其具体操作如下：

单击“开始”菜单，在打开“搜索程序和文件”文本框中输入“msconfig”后回车，弹出“系统配置”对话框中，单击“启动”选项卡，如图 6-1 所示。

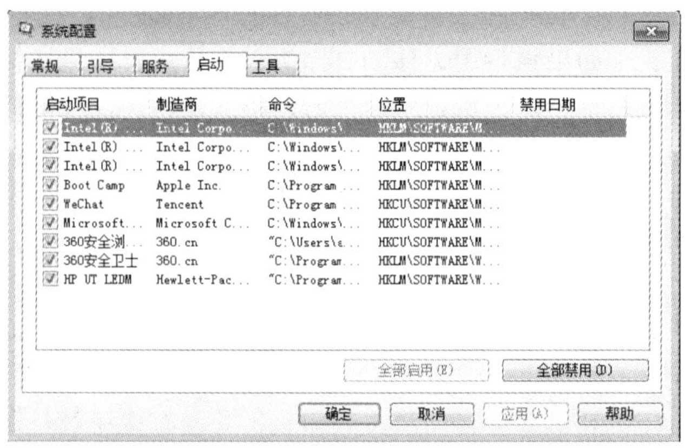

图 6-1　系统配置

在列出的随系统启动而自动运行的程序列表中，取消选中程序前面的复选框。设置完成后单击“确定”按钮。

2）取消多余的启动项—工具软件维护

系统提供各类工具软件以实现系统的快速开机维护，此处以 360 安全卫士里面集成的开机启动项管理功能为例来介绍如何取消多余的启动项。

启动 360 安全卫士，单击“优化加速”按钮，如图 6-2 所示。

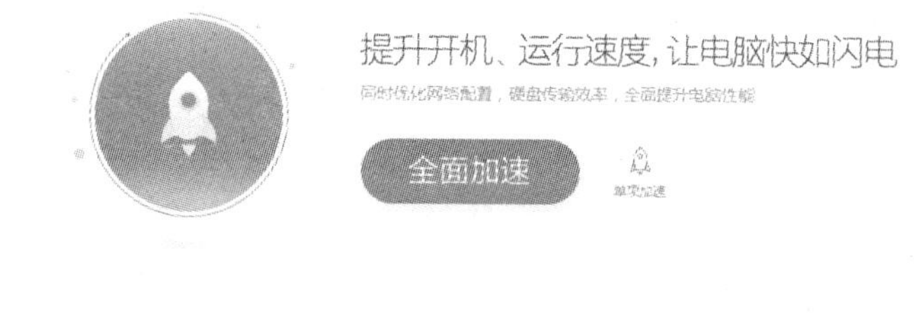

图 6-2　优化加速

单击左下角的“启动项”按钮，进入如图 6-3 所示界面，单击右侧“设置启动方式”下面的“禁止启动”按钮，可对选定的软件禁止开机启动。

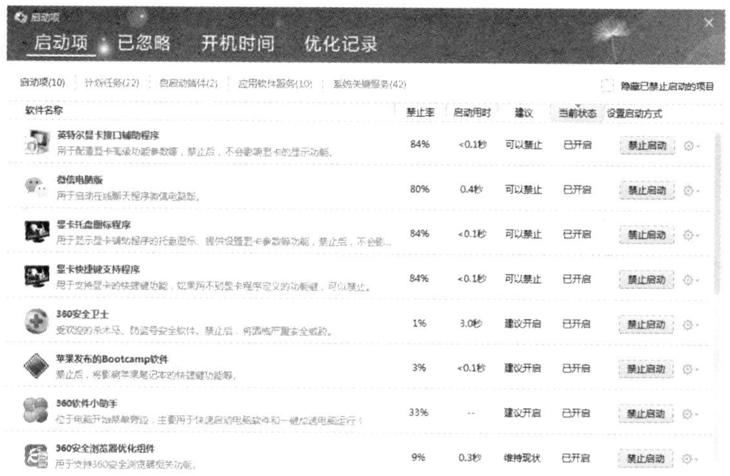

图 6-3　开机启动项管理

2. 关闭多余的服务

一般 Windows 操作系统都加载了很多服务，这些服务在系统、网络中发挥了很大的作用，但并不是每个用户都需要这些服务，因此有必要将一些不需要或用不到的服务关闭，以节省内存资源。其具体操作如下：

（1）选择“开始—控制面板”命令，在打开的“控制面板”窗口中单击“系统和安全—管理工具”按钮，进入“管理工具”界面，如图 6-4 所示。

图 6-4 控制面板—系统和安全—管理工具

（2）双击“服务”按钮，弹出“服务”窗口，其中包含了 Windows 提供的各种服务，如图 6-5 所示。

图 6-5 Windows 服务

（3）双击要禁用的服务，如“themes”。在打开的对话框中的“启动类型”下拉列表框中选择“禁用”选项，如图 6-6 所示。单击“确定”按钮即可关闭多余的服务。

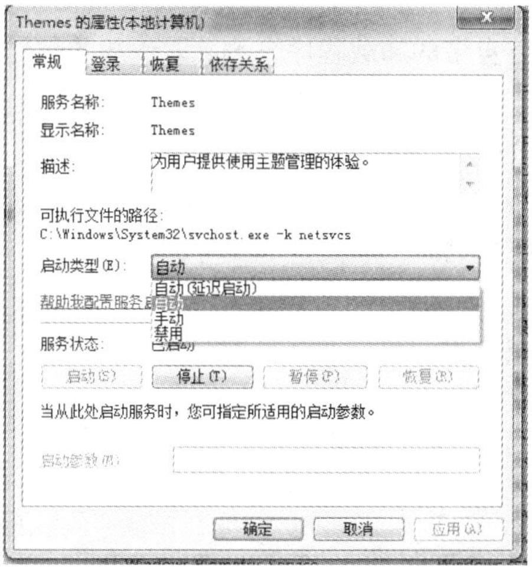

图 6-6　启动/停止 Windows 服务

3. 安装软件管理

为了日后方便维护系统，在安装软件时需要注意以下事项：

1）安装选项

安装软件时，要注意每一个步骤的说明与选项，若发现某些附带插件或一些设置不需要，应把插件选项的钩去掉再执行下一步安装，如图 6-7 所示。

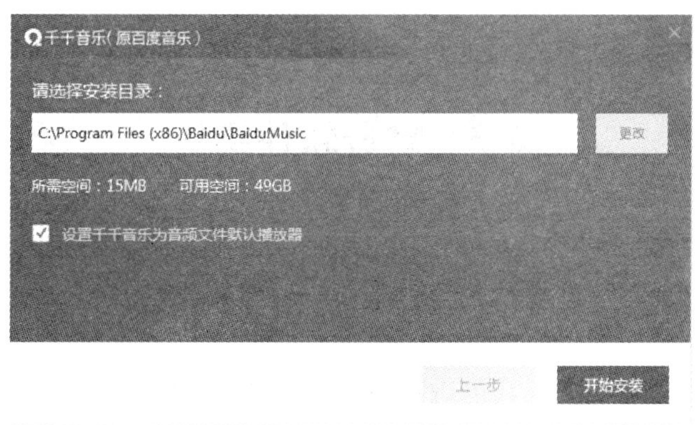

图 6-7　安装软件的选项设置

2）安装目录

系统默认的软件安装路径是 C：\ Program Files，C 盘是系统盘，虚拟内存一般也是设置在 C 盘里的，若 C 盘没有足够的空间系统运行速度会变慢，建议用户将软件安装在其他硬盘。同时，用户应养成良好的习惯把自己电脑里面的文件分类存放的良好习惯，以便日后维护。

3）软件设置

安装软件时，同类软件选择一个好用的进行安装即可，其他的都可删除掉，如网络电视软件，这类软件附带的插件较多，而且若设置不当，某些软件还会在后台隐藏执行传输数据，这样会严重影响系统性能及网速。可在安装软件时设置“退出时关闭网络传输服务”“不允许开机时自动启动”“软件关闭后不允许驻留”。

4）删除软件

删除软件应该使用软件自带的卸载程序来删除。一般的软件都会在“开始—程序”菜单里面有自己的卸载程序，若没有就执行“开始—控制面板—程序—卸载程序”，找到需卸载的程序来删除，如图 6-8 所示。

图 6-8　卸载或更改程序

不用安装、解压出来就可以使用的绿色软件或单个文件的软件可直接删除整个目录。

6.3　财务软件维护

6.3.1　金蝶 KIS 云专业版的维护

1. 系统工具

金蝶 KIS 云专业版系统工具包括数据交换工具、辅助工具、系统工具、套打工具四大类。

登录的途径：“开始—所有程序—金蝶 KIS 云 · 专业版—系统工具”，打开“金蝶 KIS 系统工具”界面，如图 6-9 所示。

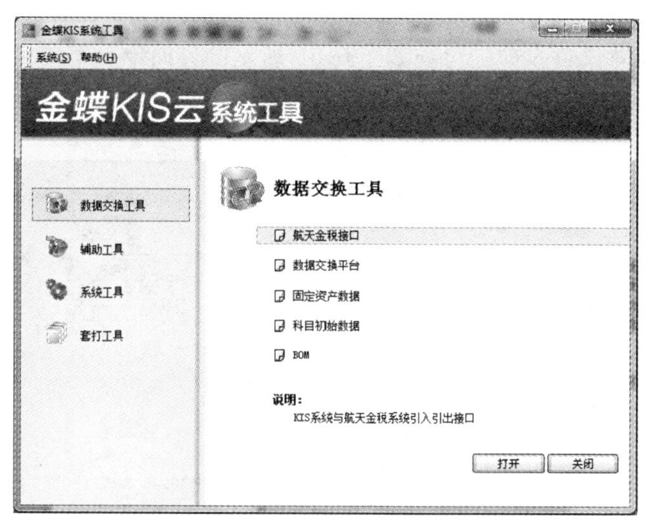

图 6-9　金蝶 KIS 系统工具

1）数据交换工具—航天金税接口

我国大部分企业使用了财务软件或管理软件，一般企业在经营过程中都会涉及发票的管理问题，大量用户同时使用了金税 Windows 版的开票系统。所以，为了减少重复录入发票的问题，数据交换就是必须要解决的问题。基于以上种种需求，金蝶 KIS 系统提供了与增值税专用发票及普通发票防伪税控开票子系统接口方案，采用标准 XML Schema 方式制定出标准发票数据交换接口。

（1）将发票引入金蝶 KIS 系统

在如图 6-9 所示“金蝶 KIS 系统工具”界面，选中“数据交换工具—航天金税接口”，单击“打开”按钮，弹出“系统登录”界面，输入具有操作权限的用户名及密码，选取相应账套后，进入“金蝶航天金税接口”界面，如图 6-10 所示。

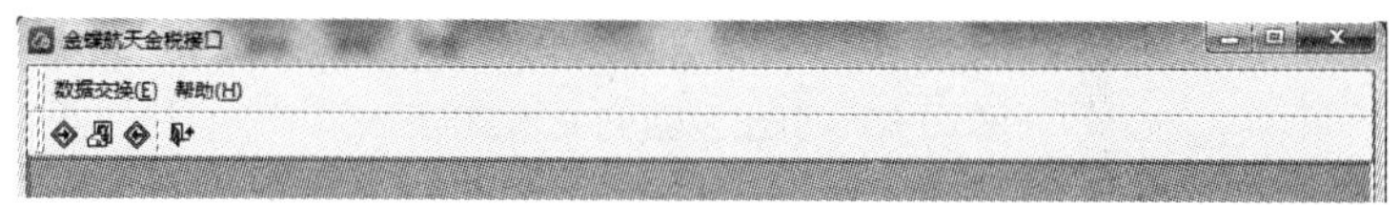

图 6-10　金蝶航天金税接口

单击菜单“数据交换—引入文本文件发票”，进入“文本文件引入”窗口，如图 6-11所示。

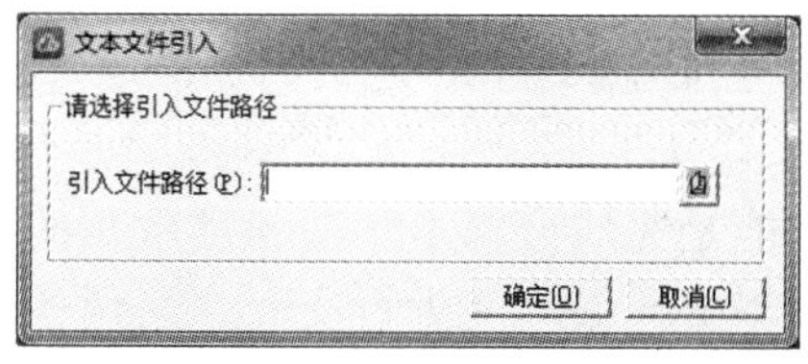

图 6-11　文本文件引入

单击右边的“文件浏览”按钮，寻找到已有的文本文件发票，单击“确定”按钮，即可完成文本文件的引入工作。

(2) 从金蝶 KIS 系统引出发票

如果要引出文本文件发票，可在如图 6-10 所示的界面单击菜单“数据交换—引出文本文件发票”，进入“选择关联关系”窗口，如图 6-12 所示。

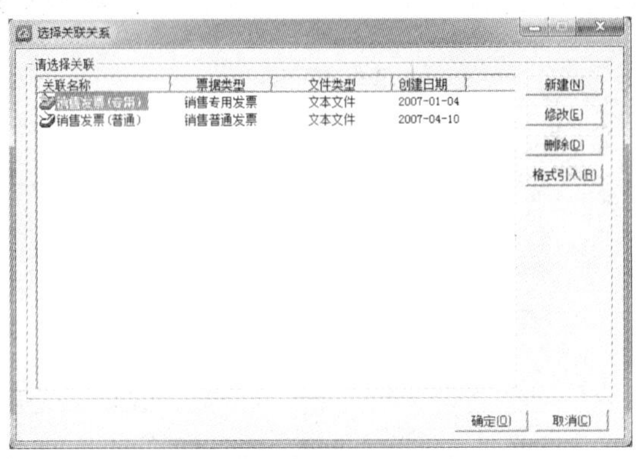

图 6-12　选择关联关系

选中已有的关联关系，单击“确定”按钮，弹出“引出发票到文本文件”，如图 6-13所示。

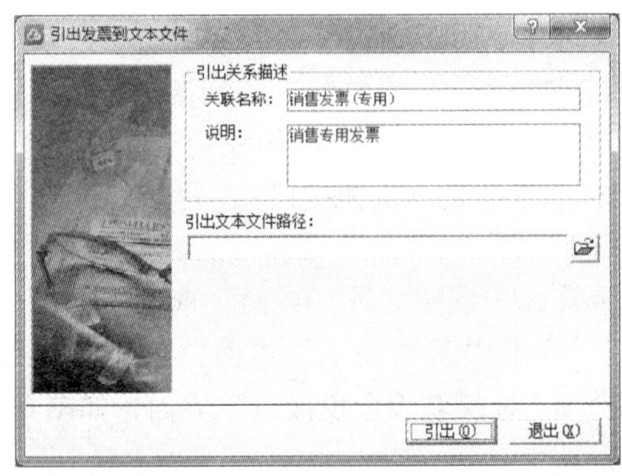

图 6-13　引出发票到文本文件

单击“引出文本文件路径”文本框右边的“浏览”按钮，选择文件存放路径并设置文件名后，单击“引出”按钮，设置过滤条件，单击“确定”按钮后引出文本文件格式的发票。

2) 数据交换工具—数据交换平台

金蝶 KIS 提供了统一的数据交换平台，该平台可以支持金蝶 KIS 系统与异构系统的数据交换，数据交换平台将利用金蝶 KIS 定义的标准 schema 模版来支持各类异构数据同金蝶 KIS 系统的交互。

数据交换平台的基本功能是完成金蝶 KIS 与各类数据的交换要求，实现按照预定义规则将配置好的数据在金蝶 KIS 账套间进行交互，实现各类数据在保证业务规则的前提下引入、引出。

在如图 6-9 所示“金蝶 KIS 系统工具”界面，选中“数据交换工具—数据交换接口”，单击“打开”按钮，弹出“系统登录”界面，输入具有操作权限的用户名及密码，选取相应账套后，进入“数据交换平台”界面，如图 6-14 所示。系统支持基础资料交换、固定资产卡片引入引出、现金/银行存款日记账引入引出三大类数据类型的交换。

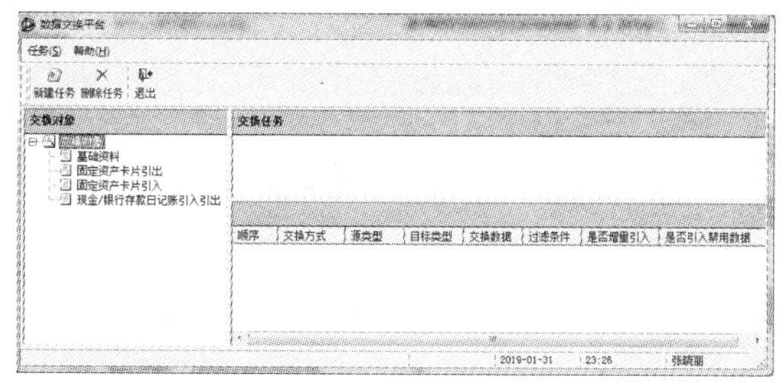

图 6-14　数据交换平台

选中交换对象，单击工具栏“新建任务”或菜单“任务—新建任务”，弹出相应数据交换向导，按照提示进行设置即可。

3）辅助工具—金蝶 KIS 云 · 专业版升级工具

在如图 6-9 所示“金蝶 KIS 系统工具”界面，选中“辅助工具—金蝶 KIS 云 · 专业版升级工具”，单击“打开”按钮，进入“金蝶 KIS 云标准版（迷你版）专升级业版工具”界面，如图 6-15 所示。

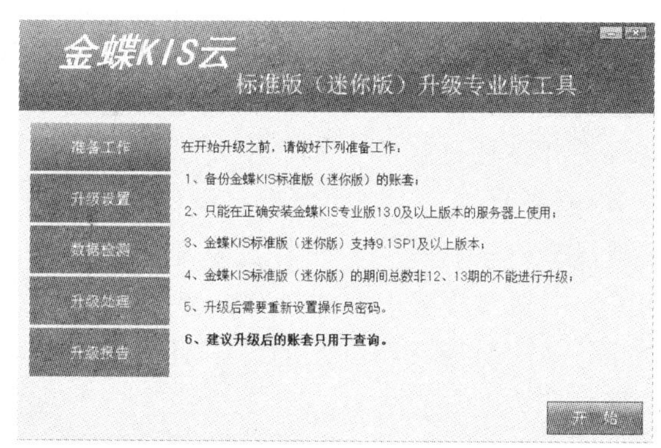

图 6-15　金蝶 KIS 云标准版（迷你版）专升级业版工具

单击“开始”按钮，进入“升级向导”界面，一步一步地进行相应设置后，即可执行升级程序。

这个工具只能在专业版的服务器端使用，主要用于 KIS 标准财务系列的升级使用，这个工具可以将 KIS 标准财务系列的账套数据迁移到 KIS 云 · 专业版的新账套中，并直接使用。该工具只支持 KIS 标准版、迷你版账套的升级。

4）系统工具—网络控制工具

为最大限度保证网络并发控制和数据的一致性，金蝶 KIS 系统提供了强大的网络控制，采用了微软事务处理技术，有针对性地设置了账套备份、年度独占、月份独占、一般互斥等网络控制功能。正常情况下，网络并发控制是由程序自动进行，可以通过网络控制看到正在执行的任务。

在如图 6-9 所示“金蝶 KIS 系统工具”界面，选中“系统工具—网络控制工具”，单击“打开”按钮，弹出“系统登录”界面，输入具有操作权限的用户名及密码，选取相应账套后，或在金蝶 KIS 主界面，单击菜单“系统—网络控制工具”，进入“网络控制”界面，如图 6-16 所示。

图 6-16 网络控制

(1) 查询网络功能执行

在“网络控制”界面，可以浏览当前系统中有哪些用户，使用哪些功能，什么时候开始启用系统等内容。

(2) 清除网络任务

如果任务启动时间很长，那极有可能是发生意外事件，未能释放此网络任务，这会限制其他用户使用相关互斥任务，所以需要手动清除该任务。可使用“清除当前任务”功能来执行清除网络任务。

为保证网络环境中多用户并发操作时财务数据的安全性，金蝶软件提供了网络控制功能。但如果用户出现异常中断、死机等原因，可能造成操作记录未完全清除，会导致其他用户不能执行互斥功能，如发现不能过账、结账时，请检查此处。

5) 套打工具

为了满足用户对业务单据和报表输出格式的特定需要，金蝶 KIS 云专业版除提供通常的打印功能外，还特别提供了“业务套打”和“财务套打”工具，支持由用户自定义打印格式和输出内容，并在凭证、固定资产卡片、主要单据和报表上提供套打功能。用户可先使用“业务/财务套打”工具，对套打模板的格式进行设计，系统也提供了大量遵循业界规范的预设套打模板，用户可在此基础上进行修改。设计好套打模板后，就可以在各系统相关序时簿或报表上，选择对应套打模板，在需要时进行套打。

另外，在凭证、会计分录序时簿、明细账的“工具”菜单下增加“金蝶标准套打设置”功能，主要是选择打印方案和设置页边距。

2. 模块自定义

在金蝶 KIS 系统主界面，单击菜单“系统—模块自定义”，弹出“模块自定义”界面，如图 6-17 所示。用户可自行定义自己的操作界面，隐藏不需要的功能模块，仅显示用户平时经常使用且关联密切的功能模块。

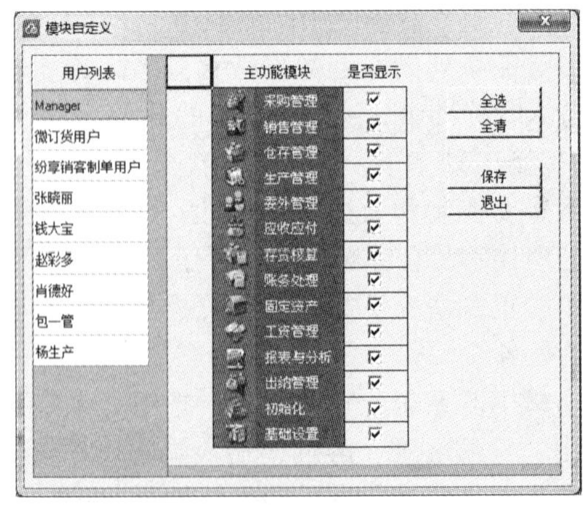

图 6-17 模块自定义

界面左侧是用户列表，可以针对每个用户订制不同的显示界面，如采购人员只显示采购管理模块，销售人员只显示销售管理模块。此处支持一次选择多个用户进行相同界面的订制，使用“Shift”键或“Ctrl”键加鼠标组合选择，或用鼠标拖曳选择均可。

界面中央是对应模块的勾选控制，选定对应模块，则该用户登录系统后只能看到设置的模块。

界面右侧是相关功能按钮，其中财务包、业务包和仓存包是为方便购买整包产品的用户而进行的快捷键设置。“保存”按钮用于对现有设置进行存储，保存后退出时系统提示需重新登录，登录后设置自动生效。

3. 应用服务

应用服务包括系统管理应用服务管理、Web 端 KIS 云应用、移动端移动轻应用。应用服务管理提供应用商城，企业可根据自行需要添加删除应用服务，并自动手动启动及关闭服务。

1）添加服务

在“系统管理”界面，单击“应用服务—添加服务”，进入应用商城。在应用商城“排行”或“分类”中，如图 6-18 所示，选择需要添加的服务，单击“添加”按钮即可将服务添加到本地。

图 6-18　应用商城

2）应用相关操作

应用服务如图 6-19 所示。

图 6-19 应用服务

（1）启动服务网络。只有启动服务网络，才可以使用 Web 端的云应用、移动端的移动应用。

（2）检测服务网络。单击“检测服务网络”按钮，系统会先检查是否启动应用网络。如果未启动应用网络，提示先启动该网络，然后检测网络通道状态，系统会弹出当前网络状态的提示信息。

（3）启动、关闭服务。在本地“应用服务”列表界面，若按钮显示为“已启动”则服务已启动，若按钮显示为“已关闭”则服务已停止。（注：已添加的服务必须为启动状态，Web 端的 KIS 云应用、移动端的轻应用才能正常使用）通过单击右方的下拉按钮，可以选择进行状态切换。

（4）更新服务。如果应用有更新，按钮会变成更新状态，单击后，可以更新应用到最新版本，看到该提示后，建议都进行更新操作。

（5）删除服务。单击服务右方的下拉按钮，选择“删除”按钮即可将服务从本地列表中删除。

4. 系统用户管理

在“系统管理”主界面，单击“用户管理”，可以查看系统管理员信息。

如果企业的管理员需要变更，可以在“系统管理”主界面，单击“用户管理—更换管理员”，根据提示向导，录入新管理员的相关信息，即可完成管理员更换。

更换管理员时，系统管理必须为在线连网状态。

5. 私有云服务

私有云服务集成在 KIS 产品端系统管理中。用户只需安装服务器，无须安装客户端，客户端通过直连模式连接或云模式连接两种方式进行远程连接，远程访问服务器进行软件的操作使用即可。

在“系统管理”主界面，单击“私有云服务”，进入“私有云服务”标签页，如图 6-20 所示。系统提供了控制台、直连模式使用、云模式使用、用户端下载地址以及强制刷新和检测更新。

图 6-20　私有云服务

（1）控制台：由许可信息、云应用、服务器地址与 IP 三部分组成。

（2）启动云模式：开启外网连接模式。

（3）强制刷新：重启私有云服务。

（4）检查更新：用于更新私有云服务服务器端至最新版。

（5）直连模式使用服务器 IP：局域网内 KIS 私有云服务用户端登录使用的地址，同时也支持广域网 IP、域名、计算机名等登录使用。

（6）云模式使用服务器 IP：外网 KIS 私有云服务用户端登录使用的地址。

（7）用户端下载地址：点击下载最新版私有云服务的用户端。

使用私有云服务的云模式，系统管理必须能正常连接互联网。

6.3.2　用友畅捷通 T6 的维护

1. 升级 SQL Server 数据

用友畅捷通 T6 提供对以前版本数据的升级操作，以保证客户数据的一致性和可追溯性。对于软件以前的 SQL 数据，可以使用此功能一次将数据升级到最新版。

（1）以“系统管理员”身份登录系统管理，单击菜单“系统—升级 SQL Server 数据”，弹出“升级 SQL Server 数据库”对话框，如图 6-21 所示。

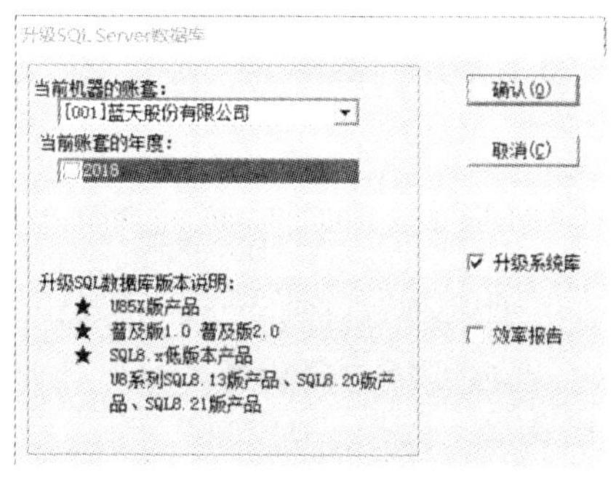

图 6-21　升级 SQL Server 数据库

（2）选择需要升级的账套和该账套的年度账，单击“确认”按钮。

（3）系统弹出“是否确认升级”窗口，单击“是”按钮进行升级确认。

（4）系统开始升级，升级成功后系统弹出“确认”对话框，单击“确认”完成升级。

2. 升级 Access 数据

如果使用的是 8. 12Access 版本，也可以进行升级数据。

以“系统管理员”身份登录系统管理，单击菜单“系统—升级 Access 数据”，弹出“登录”对话框，如图 6-22 所示。

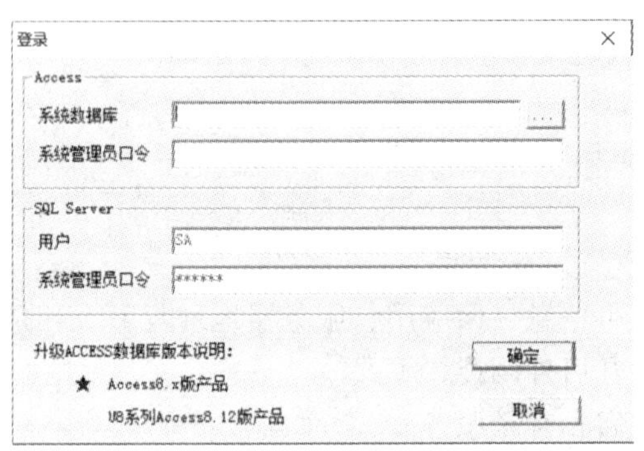

图 6-22　登录

在“Access”下的“系统数据库”处选择系统数据库（Ufsystem.mdb）所在路径和系统管理员口令（一般为空）。

在“SQL Server”下输入用户和系统管理员口令。

单击“确认”按钮，系统会提示相应的操作，依照实际应用情况依次确认完成升级。

3. 设置备份计划

用户可以通过系统管理中的“设置备份计划”功能，由客户设置自动备份计划，系统管理根据这些设置定期进行自动备份处理，以增强系统数据的安全性。

以“系统管理员”身份注册进入“系统管理”，单击菜单“系统—设置备份计划”，弹出“备份计划设置”对话框，如图 6-23 所示。

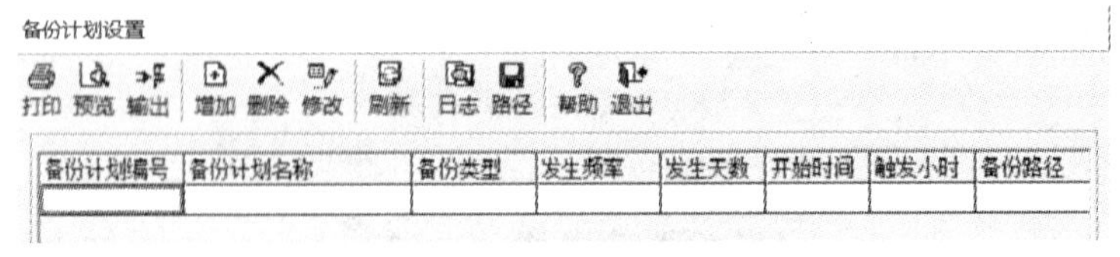

图 6-23　备份计划设置

单击“增加”按钮，弹出“增加备份计划”窗口，输入计划编号、计划名称，选择输入备份类型和发生频率，选择系统数据的备份路径和要备份的账套或年度账，如图 6-24 所示。单击“增加”按钮，保存设置。

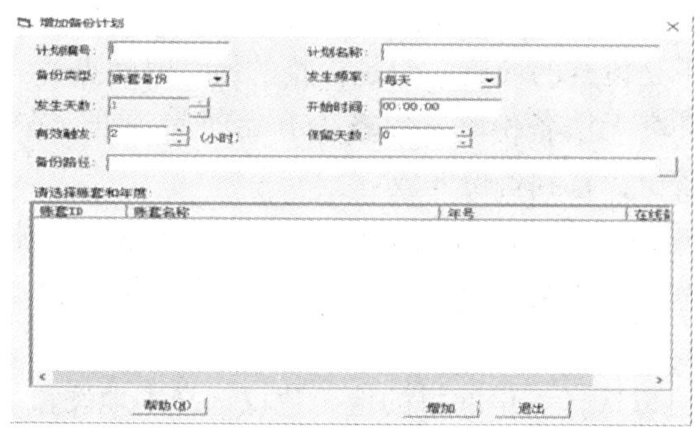

图 6-24　增加备份计划

（1）计划编号：系统可以同时设置多个不同条件组合的计划，系统编号是这些计划的标识号，最大长度可以为 12 个字符长度。

（2）计划名称：可以对备份计划进行标称，最大长度 40 个字符。

（3）备份类型：以“系统管理员”身份注册进入系统管理备份计划的可以进行选择，分为账套备份和年度备份；以“账套主管”身份注册进入系统管理备份计划的，只能进行“年度备份”。

①账套备份：当选择账套备份时，系统自动将系统中已经存在的账套显示出来，用户选择需要备份的账套号。

已经设置了备份计划，且该计划正在启用的账套不能再次被选择；选择账套备份时，一次可以选择多个账套号，且必须保证有一个账套号，可以随时修改选择的账套号。

②年度备份：当选择年度账备份时系统自动将系统表中已经存在的年度账显示出来，用户可以选择需要备份的年度账。

已经设置了备份计划且该计划正在启用的年度账不能再次被选择；选择年度账备份时，一次可以选择多个账套的年度账且必须保证有一个账套的年度账，可以随时修改选择的年度账。

（4）发生频率：系统提供“每天”“每周”“每月”的选择，即用户可以设置备份的周期。

（5）发生天数：只能在每天、每周、每月中选择一项。系统根据发生频率，确认执行备份计划的确切天数。

①每天：选择“每天”为周期的设置，系统不允许选择发生天数。

②每周：选择“每周”为周期的设置，系统允许选择的天数为“1～7”之间的数字，分别代表从星期日到星期六。

③每月：选择“每月”为周期的设置，系统运行选择的天数为 1～31 之间的数字，如果其中某月的时间日期不足设置的天数，系统则按最后一天进行备份。如设置为 30，但在 2 月份时不足 30 天时，系统会在 2 月份的最后一天进行备份。

发生频率和发生天数组合确认备份的时间。如选择每周的第 5 天进行备份，就在发生频率中选择“每周”，在“发生天数”选择 6 即可。

（6）开始时间：是指在知道的发生频率中的发生天数内的什么时间开始进行备份。如选择每周的第 5 天 00：00：00 时进行备份，就在发生频率中选择“每周”，在“发生天数”选择 6，在开始时间选择 00：00：00 即可。

（7）有效触发：是指在备份开始到某个时间点内，每隔一定时间进行一次触发检查，直到成功。此处不是检查的周期，而是检查的最终时间点。

如因网络或数据冲突无法备份时，以备份开始时间为准，在有效触发小时的范围内，系统可反复重新备份，直到备份完成。

（8）保留天数：是指系统可以自动删除时限之外的备份数据，当数值为 0 时系统认为永不删除备份。例如：设置为 100，则系统以机器时间为准，将前 100 天的备份数据自动删除。

（9）备份路径：可以选择备份的目的地，建议选择本地硬盘。

4. 安全策略

以“系统管理员”身份登录“系统管理”，单击单击菜单“系统—安全策略”，弹出“安全策略”界面，供用户设置与安全策略有关的内容，如图 6-25 所示。

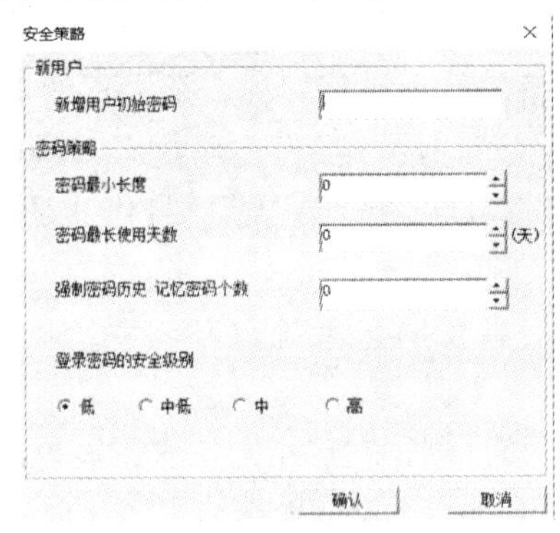

图 6-25　**安全策略**

5. 清除单据锁定

用户在使用过程中，由于不可预见的原因可能会造成单据锁定，此时单据的正常操作将不能使用，在“系统管理”中用“清除单据锁定”功能，将恢复正常功能的使用。

以“系统管理员”身份注册进入“系统管理”，单击菜单“视图—清除单据锁定”即可。

6. 清除异常任务

系统除了提供手动进行异常任务的清除之外，还提供了增强自动处理异常任务的能力，不用每次必须由系统管理员登录系统管理后手工清除。用户在使用过程中，可在软件服务管理器中设置服务端异常和服务端失效的时间，提高使用中的安全性和高效性。

如果用户服务端超过异常限制时间未工作或由于不可预见的原因非法退出某系统，则视此为异常任务，在“系统管理”界面显示“运行状态异常”，系统会在到达服务端失效时间时，自动清除异常任务。在等待时间内，用户也可单击菜单“视图—清除异常任务”，自行清除异常任务。

6.3.3　浪潮 PS 管理软件的维护

维护工具是系统管理员进入日常维护经常要用到的一个子系统，其主要功能有：

新增系统操作员；为系统操作员分配操作权限，包括功能权限、数据权限和时间权限；进行日常的数据备份和数据恢复；完成操作日志的管理。

1. 用户管理

1）新增加系统操作员

（1）单击“开始—程序—浪潮 ERP-PS 管理软件—维护工具”，以“账套管理员”身份登录，进入“维护工具”界面，如图 6-26 所示。

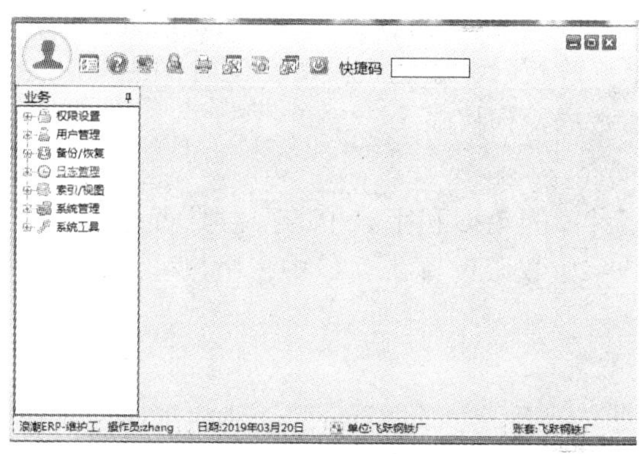

图 6-26　维护工具

（2）单击菜单“用户管理—用户注册注销”，进入“用户注册注销”界面，如图6-27所示。

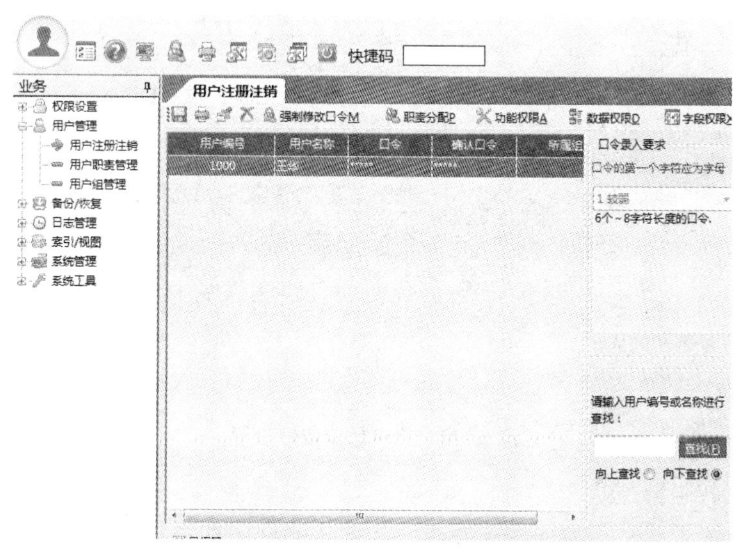

图 6-27　用户注册注销

（3）单击“注册新用户”快捷按钮后，窗口中新增加一条空白记录，输入系统操作员的用户编号、姓名与口令，单击“保存”按钮。

2）分配权限

（1）权限类型

①功能权限

允许系统操作员可以从事哪些工作（完成哪些功能），因为在各子系统中，功能实际上主要是对应具体的菜单项，因此分配功能权限实际上就是控制系统操作员能使用系统中的哪些菜单项。当以某一系统操作员进入某子系统中去，可能会发现系统中的有些菜单是虚的，不允许使用，原因是因为所使用的这个系统操作员没有拥有相应的功能权限。

②数据权限

分配数据权限时，一方面分配允许对哪些数据进行操作，这些数据有科目、报表、部门、工资项目等；另一方面还要分配允许对这些数据进行什么样的操作，如是否对这些数据有查询权限、修改权限、删除权限等。同时，还可以控制系统操作员是对哪一个会计年度的数据有数据操作权限。

③字段权限

字段权限可以确定具体的单据和字典中的字段是否进行权限控制。进行权限控制的字段会出现在“用户字段权限设置”窗口中，用户可以在用户字段权限功能中进行细化。

（2）功能权限分配

在“用户注册注销”界面，选择想要分配功能权限的系统操作员，单击“功能权限”快捷按钮，进入“设置用户功能权限”窗口，勾选授权的子系统并保存。如图 6-28所示。

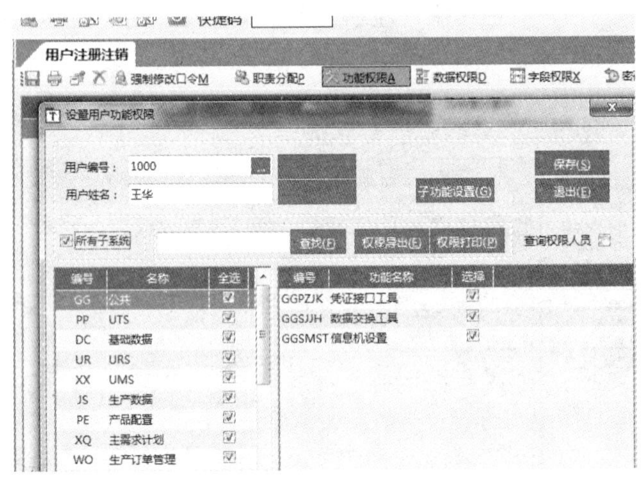

图 6-28　用户功能权限设置

（3）数据权限分配

在“用户注册注销”界面，选择想要分配功能权限的系统操作员，单击“数据权限”快捷按钮，进入“设置用户数据权限”窗口，如图 6-29 所示。勾选各子系统所对应的“数据项目”并保存。比如，选择子系统“总账管理”，“数据项目”窗口会自动匹配子系统“总账管理”的“数据项目”；如选择“数据项目”中的“科目权限”，则右边窗口自动匹配“科目权限”的具体科目数据，可对科目进行制单、删除、修改、查询等具体数据权限的分配。

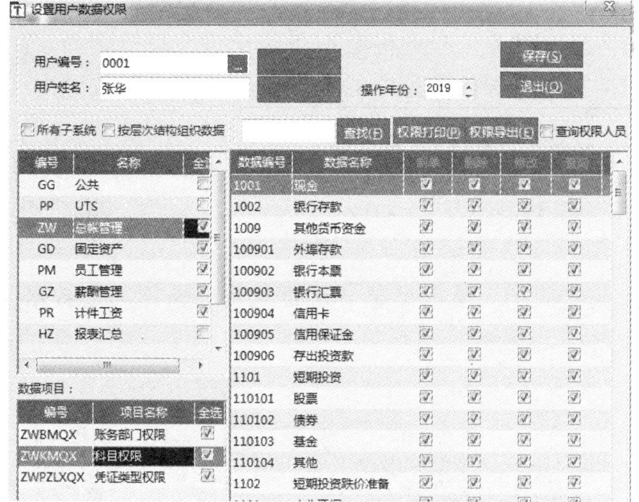

图 6-29 用户数据权限设置

3）删除系统操作员

在“用户注册注销”界面，选择想要删除的系统操作员，单击菜单“编辑—注销”后，即可删除一个系统操作员。

删除一个系统操作员不会影响系统中的任何数据，但是最好不要轻易删除一个系统操作员，以免带来一些不可预知的问题。

2. 数据处理

1）备份当前数据/恢复当前数据

（1）备份

在“维护工具”界面中，单击菜单“数据处理—备份当前数据”，进入“备份当前数据”界面，如图 6-30 所示。

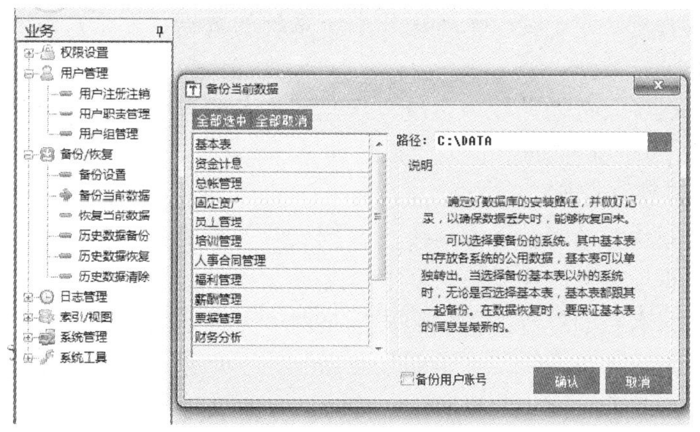

图 6-30 备份当前数据

①选择要备份的子系统，蓝色表示选中。

②为备份出来的数据，指定存放路径。

在“路径”后面输入或选择一个路径，用来存放备份数据。无论是从某一台客户机上备份服务器上财务账套中的数据，还是在某一台单机上备份本机上单机财务账套中的数据，都可以将当前财务账套中的数据备份出来，存放到指定路径中去。可以输入网络路径，即把指定当前财务账套中的数据备份出来，存放到由网络路径指定的其他机器的硬盘上去。

执行备份当前数据后，会在备份路径（如 D：\ cwdata \ ）下形成名为“cur+系统日期+账套编号”的一个子目录。

（2）恢复

在“维护工具”界面中，单击菜单“数据处理—恢复当前数据”，进入“恢复当前数据”界面，如图 6-31 所示。

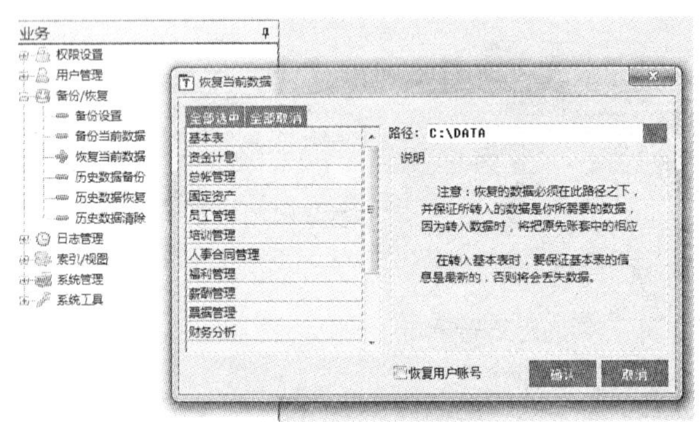

图 6-31　恢复当前数据

①指定要从哪个路径下恢复数据。

恢复的数据必须在指定的路径下存在，并保证所恢复的数据是你所需要的数据，因为恢复数据时，将把当前账套中现有的数据覆盖掉。

②选择要恢复数据的子系统，蓝色表示选中。

也可以只恢复备份数据中的一部分子系统的数据，如备份数据中包含账务处理、报表管理、工资管理、固定资产管理这几个子系统的数据，那么在恢复时，可以只恢复账务处理子系统的数据。

在子系统列表中没有辅助管理系统，这是因为备份账务处理系统的数据时，同时也备份辅助管理子系统的数据，恢复也是这样。

2）历史数据备份或恢复

软件中各子系统年结时，将本年度的数据转存为历史数据以备查询使用。只要物理空间允许，数据库中可以存放任意多年的数据。

当数据库中没有空间存放太多的历史数据时，可以通过历史数据清理将某年度的历史数据从当前数据库中清除。在清理历史数据时，如果该年度的数据没有备份，须通过历史数据备份功能将该年度数据做一备份，保存好。

如果有查询历史数据的需要，而该年度的数据又不在当前数据库中，则需要利用历史数据恢复功能将该年度数据恢复到当前数据库中，然后进行查询。

3. 系统的启用

系统管理员建立账套后，在维护工具中增加操作员，并为此操作员分配系统启用的权限。只有拥有系统启用权限的用户才能进行系统启用。启用后，各系统才能登录。

在系统控制台，单击“基础—设置—系统启用”，进入“系统启用”窗口，如图 6-32所示。

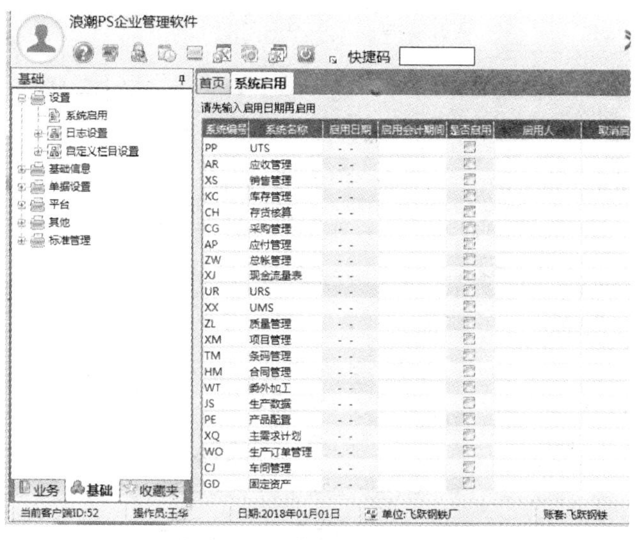

图 6-32　系统启用

4. 编码结构定义

其主要是定义各种分级编码的编码结构。编码级次和各级编码长度的设置将决定用户单位如何编制基础数据的编号，进而构成用户分级核算、统计和管理的基础。

在系统控制台，单击“基础—基础信息—编码结构定义”，进入“编码结构定义”窗口，遵循各项目的编码限制规则要求，输入或修改各级编码长度，如图 6-33 所示。

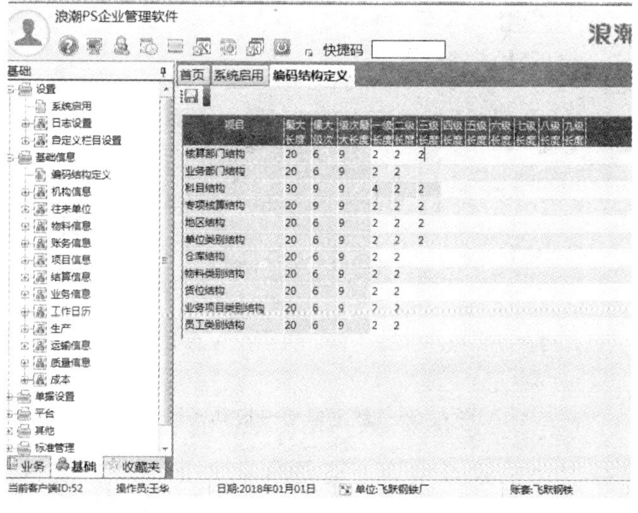

图 6-33　编码结构定义

6.3.4 管家婆财贸双全ⅡTop+的维护

1. 账套维护

1）备份账套

（1）手动备份

在如图 4-6 所示服务器端的账套管理界面，选中需要备份的账套:“账套管理—手动备份”，进入“数据备份”对话框，如图 6-34 所示。选择“备份文件路径”，输入“备份文件名”，单击“备份”按钮，系统开始备份，完成后，提示“备份成功，请确定退出”。

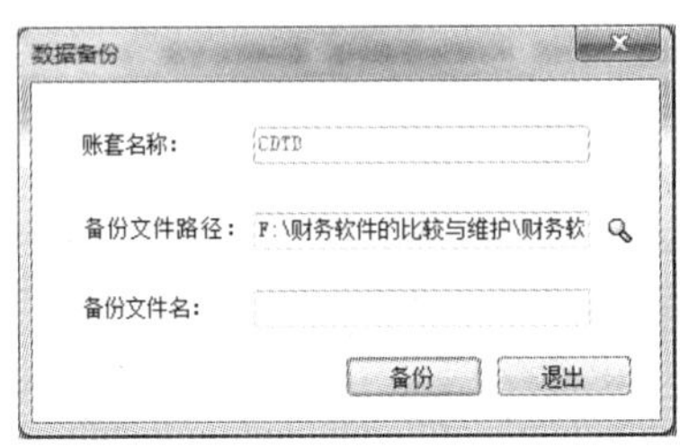

图 6-34 数据备份—手动备份

（2）自动备份

菜单操作执行“账套管理—自动备份”，进入“自动备份”对话框，如图 6-35 所示，可以对一个账套或多个账套设置不同的备份计划，以方便用户进行数据备份。设置备份文件路径、备份开始时间、备份时间间隔，同时还可以设置备份的自动删除时间点，用户可以将几天前的备份文件设置为删除，以节省磁盘空间。

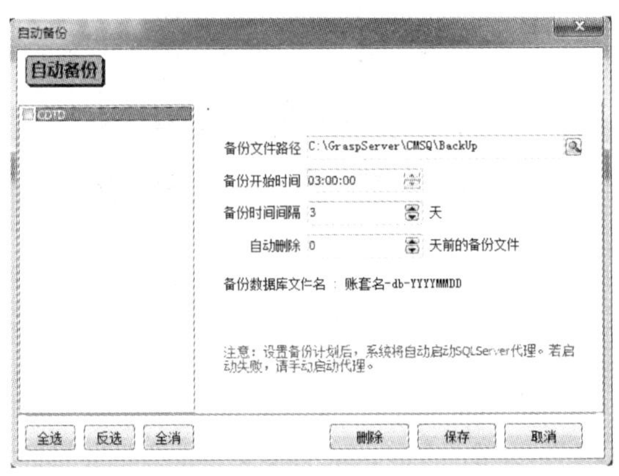

图 6-35 数据备份—自动备份

备份文件默认存放在服务器端管家婆财贸双全ⅡTop+安装目录下，如：C：\ GraspServer\ CMSQ \ BackUp，文件名称是“数据库名+系统登录日期@系统退出时间”，如：CDTD2018-09-30@21-47-35-11。

系统一天只能自动备份一次且只在第一次退出系统时进行。

2）数据恢复

执行“账套管理—数据恢复”，进入“数据恢复”对话框，如图 6-36 所示，可以对所选账套执行数据恢复的操作，执行后，所选账套的数据将会被备份数据覆盖。

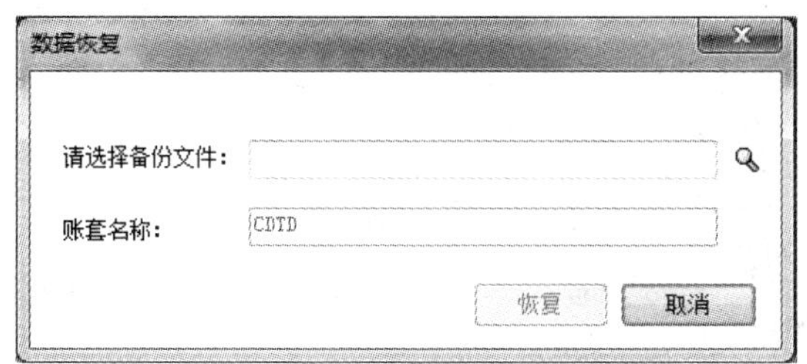

图 6-36 数据恢复

3）引入账套

将一个备份数据引入一个新账套中。

执行“账套管理—引入账套”，进入“引入账套”对话框，如图 6-37 所示，选择备份数据文件，输入新账套名称，选择账套路径，单击“确定”即可。

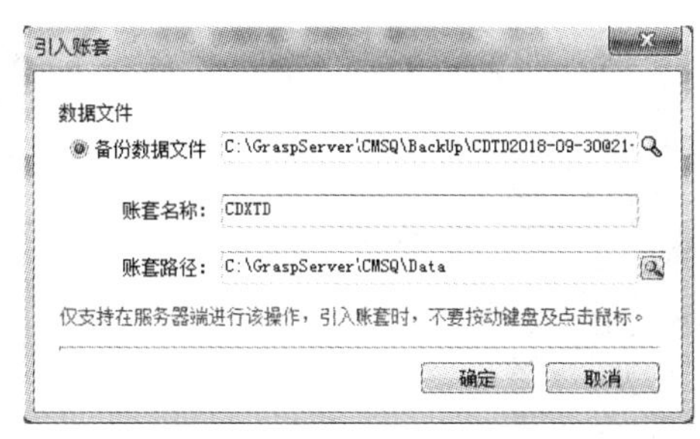

图 6-37 引入账套

4）隐藏账套/显示账套

用户在进行系统登录、不希望有些账套在登录界面中显示时，可以使用本功能。

选中需要隐藏的账套，单击“隐藏账套”按钮后，则该账套的“安全状态”显示为“隐藏”。若要恢复该账套的“安全状态”为“正常”，则单击“显示账套”按钮即可。

5）系统重建

批量清除不需要的数据。它将所有单据和明细账清除，只保留基础资料和期初数据。

如果用户只希望通过系统重建修改期初数据，而不希望清除单据，则可按以下步骤进行操作：

（1）备份数据。

（2）执行“业务报表—流水账—时间段流水账”，选中所有单据，单击“复制”按钮，将所有单据复制下来，保存到草稿库中。（在第④步操作中，不选择“清除草稿库”。注意：估价入库单、调价单、采购费用分配单等不能复制为草稿）

（3）执行“文件—账套维护—系统重建”，进入“系统重建”对话框，如图 6-38、图 6-39 所示，仔细确认系统重建的相关提示，按要求操作。

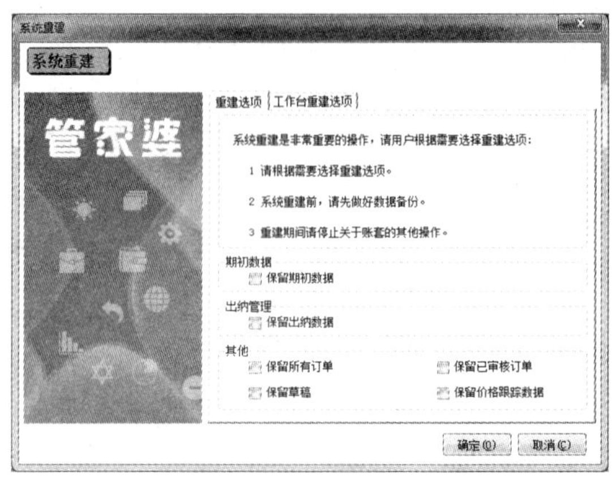

图 6-38　系统重建—重建选项

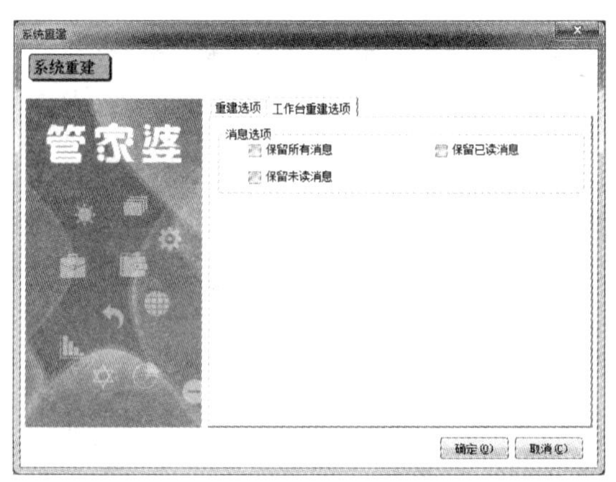

图 6-39　系统重建—工作台重建选项

（4）选择重建选项，包括是否保留期初数据、是否保留出纳数据、是否保留草稿（选中此项）、是否保留已审核订单等。（如果选择保留，则系统不清除相关的数据）选择完毕，单击“确定”按钮。

（5）系统重建成功后，清除未保留数据，回到期初未开账状态，调整数据。

（6）期初结账。

（7）在“业务报表-草稿查询”中，将草稿过账，这样，系统重建前的单据就恢复到系统中了。如有必要，可以先将草稿进行一些修改，再过账。过账时，可以选择多张单据批量过账。

6）账套修复

当系统进行升级后，有可能原账套连接的数据库版本不正确，通过账套修复，可进行数据库的升级，以便能正常使用原账套。

执行“文件—账套维护—账套修复”，进入“账套修复”界面，如图 6-40 所示。

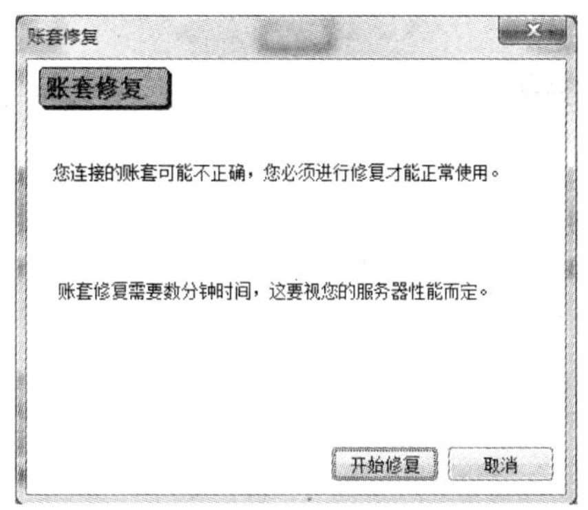

图 6-40 账套修复

单击“开始修复”按钮，系统将对账套进行修复，并以进度条显示修复进度，完成时系统提示“账套修复成功”。

7）升级补丁

有时由于系统版本升级或修复软件的 bug，需要根据提供的补丁，对账套进行升级。该模块提供在本地升级补丁的功能。

执行“文件—账套维护—升级补丁”，进入“升级补丁”界面，如图 6-41 所示。

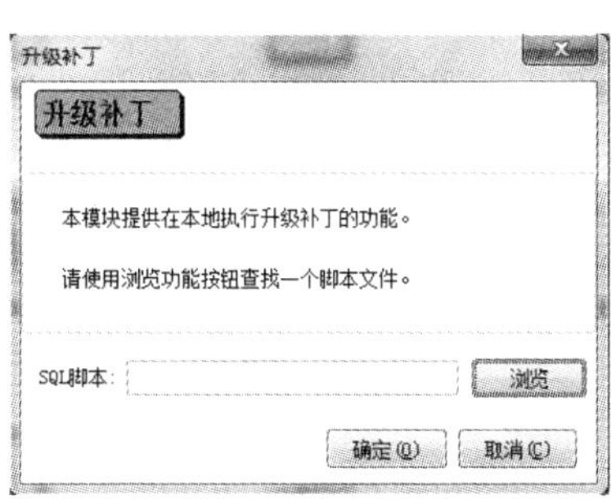

图 6-41 升级补丁

单击“浏览”按钮，选择要升级的脚本文件，文件扩展名为 Sql；单击“确定”按钮，根据系统提示进行升级确认，确认后系统会进行升级操作，成功后提示“执行完毕”。

2. 年结存

一个会计年度结束之后，既可以进行年结存操作，也可以不做年结存而使用多年账方式，用户可以根据自身情况自主选择。

做年结存时，将之前会计期间的经营数据及明细清零，上一年的期末值转为新一年的期初值。

年结存将结存所有的账本数据，将现在的结存值作为新一年的期初值，并清除本年的经营明细。

（1）菜单操作：文件—年结存，进入“数据检查”对话框，如图 6-42 所示。

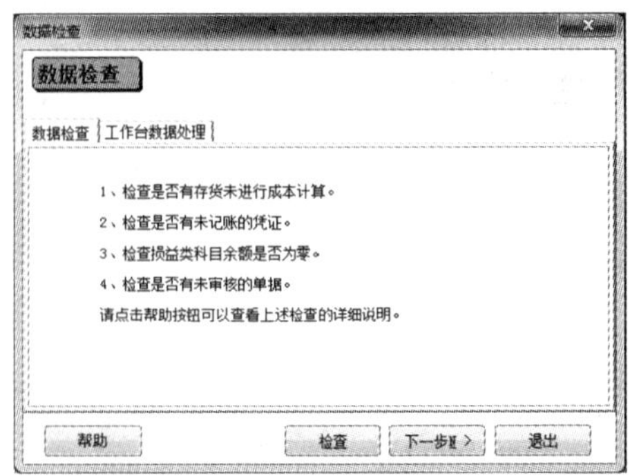

图 6-42　年结存—数据检查

（2）单击“检查”按钮，系统将对是否有存货未进行成本计算、未记账凭证、损益类科目余额清零、未审核单据情况逐一进行检查，通过项后面将以“√”显示。

（3）单击“下一步”按钮，进入“数据备份”对话框，如图 6-43 所示，输入备份文件名称。

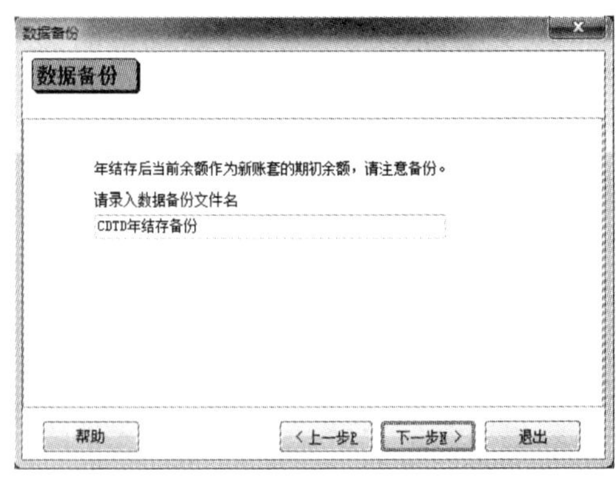

图 6-43　年结存—数据备份

（4）单击“下一步”按钮，系统将进行数据备份，备份完成后，系统提示备份成功，并给出备份文件名称和路径。

（5）单击“确定”按钮，进入“年结存”界面，如图 6-44 所示。

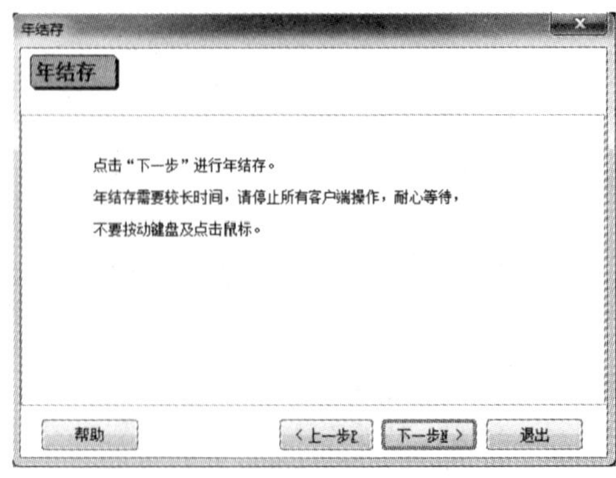

图 6-44　年结存—年结存

（6）单击“下一步”按钮，进行年结存，进入“创建账套”界面，如图 6-45 所示。

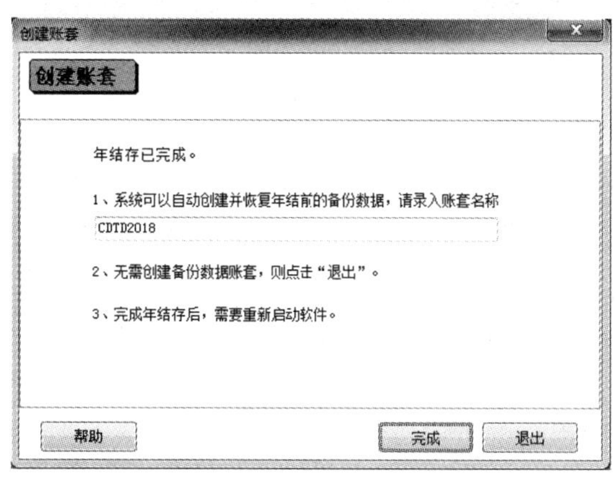

图 6-45　年结存—创建账套

（7）输入年结存前的备份账套名称，单击“完成”按钮，系统提示数据已恢复到账套中，再单击“确定”按钮，完成年结存退出系统。重新启动系统，就可进入新年度的账套。

使用多年账方式时将不需要进行年结存操作，只需要进行进销存期末结账及账务期末结账。使用多年账后，业务报表查询及财务报表查询将可以查询多个年度的数据。

3. 业务单据导出、导入

1）业务单据导出

将系统中与存货相关的单据以文本格式导出，形成文件，可以在其他账套中将导出的单据再导入。

（1）执行“文件—导入导出—业务单据导出”，在弹出的查询条件对话框中输入查询条件，如图 6-46 所示。

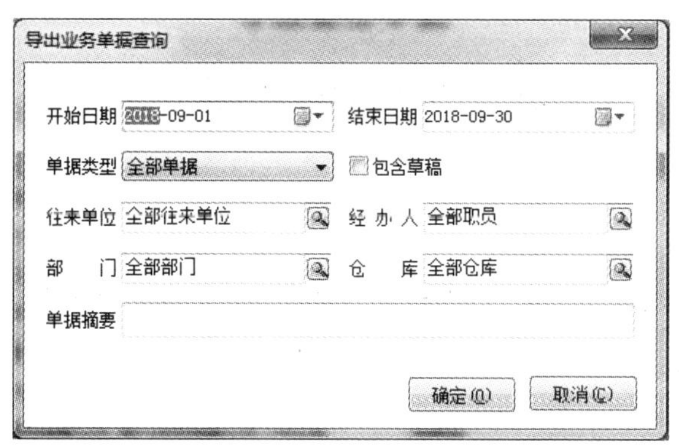

图 6-46　导出业务单据查询

（2）单击“确定”按钮，进入“导出业务单据”界面，如图 6-47 所示。

图 6-47　导出业务单据

在每行单据前的“选择”栏上单击，选中需要导出的单据。也可以单击“全部”按钮，选中所有的单据。

（3）单击“导出”按钮，系统提示输入导出文件的保存路径及文件名，默认路径为安装目录，默认文件名为“exportdata”，用户可以自行修改。

（4）导出完成后，系统提示数据导出成功及导出单据数量。

2）业务单据导入

用于导入从其他账套导出的单据数据。

（1）“文件—导入导出—业务单据导入”，进入“导入业务单据”界面。

（2）单击“打开文件”按钮，选择导入的文件后，返回“导入业务单据”界面，此时已有相关数据信息，如图 6-48 所示。

导入业务单据

行号	字段1	字段2	字段3	字段4	字段5	字段6	字段7	字段8	字段9	字段10	字段11	字段12	字段13	字段14	字段15	字段16	字段17	字段18	字
1	[illegible]	[illegible]			[illegible]	[illegible]	[illegible]	[illegible]	[illegible]	[illegible]	[illegible]	[illegible]	[illegible]			[illegible]		[illegible]	
1	P1		0006	绘图铅笔	-5	1.35	-6.75	1	1.35	-6.75	16	1.566	-1.08	JD-2018-09					
2	P	销售单			0020001	凡百货销售公	00006	黄销售	2号仓库	002	018-09-12-0	2018-09-12	货【红色签			全部存货		003	销
2	P1		0004	红色签字笔	-100	2.5	-250	1	2.5	-250	16	2.9	-40	SD-2018-09					
2	P1		0005	黑色签字笔	-200	2.5	-500	1	2.5	-500	16	2.9	-80	SD-2018-09					
2	P1		0006	绘图铅笔	-100	1.5	-150	1	1.5	-150	16	1.74	-24	SD-2018-09					
2	P1		0007	自动铅笔	-50	3	-150	1	3	-150	16	3.48	-24	SD-2018-09					
2	P1		0008	回形针	-100	3.5	-350	1	3.5	-350	16	4.06	-56	SD-2018-09					
2	P1		0009	长尾夹	-250	5	-1250	1	5	-1250	16	5.8	-200	SD-2018-09					
2	P1		0010	凭证装订机	-2	400	-800	1	400	-800	16	464	-128	SD-2018-09					
2	P1		0011	防伪验钞机	-1	1500	-1500	1	1500	-1500	16	1740	-240	SD-2018-09					
2	P1		0012	电子教鞭	-30	40	-1200	1	40	-1200	16	46.4	-192	SD-2018-09					
2	P1		0013	考勤机	-2	850	-1700	1	850	-1700	16	986	-272	SD-2018-09					

当前账套：CDTD　操作员：文主管　业务期间：2018年09月　会计期间：2018年09月　登录日期：2018年09月30日　消息　意见反馈　在线帮助

图 6-48　导入业务单据—数据

（3）单击“导入业务单据”按钮，系统开始进行数据检查，如无误则进行导入业务单据。导入业务数据成功后，系统提示数据写入完成以及引入记录数，导入的业务单据可以在“草稿查询”中查看。

如果在数据检查时发生错误，如导入单据中的基础资料与目前软件中的不相符，系统以黄色显示错误的数据内容，双击黄色单元格，可以在现有的基础资料中进行选择替换，替换后，重新单击“导入业务单据”按钮，直至没有错误信息，成功导入数据为止。

4. 凭证导出、导入

凭证导出、导入用于将任我行公司的其他产品（如管家婆财务版、管家婆辉煌版、千方百剂医药管理系统等）生成的凭证导入本系统中，也可将凭证导出其他财务软件中。

凭证导出、导入也可以用于解决报表汇总问题，如分公司独立进行核算、总公司需要看到汇总的财务报表时，就可以将分公司的财务凭证导入总公司的账套中，进行数据汇总。

1）导出凭证

（1）执行：“文件—导入导出—导出凭证”，进入“凭证导出”界面，选择导出凭证的日期范围，如图 6-49 所示。

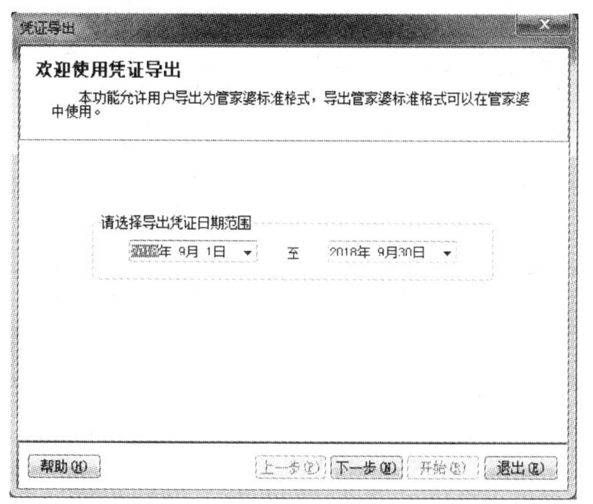

图 6-49　凭证导出—选择导出凭证日期范围

（2）单击“下一步”，进入“设置科目对应关系”界面，选择导出凭证的辅助信息及科目对应关系，如图 6-50 所示。

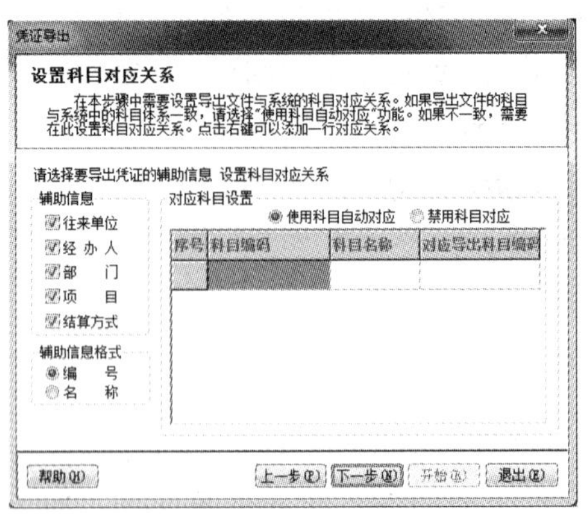

图 6-50 凭证导出—设置科目对应关系

(3) 单击“下一步”，进入“导入导出检查”界面，如图 6-51 所示，单击“开始”按钮，系统开始将凭证导出。

状态	制单日期	凭证类别	凭证号	附件张数	摘要	科目编码	借方
已导出	2018-09-03	付	1	1	【库存现金】	112301	100(
已导出	2018-09-03	付	1	1	【库存现金】	1001	0
已导出	2018-09-05	付	2	1	【建行存款】	112301	500(
已导出	2018-09-05	付	2	1	【建行存款】	100201	0
已导出	2018-09-09	付	3	1	【建行存款】	112301	4621
已导出	2018-09-09	付	3	1	【建行存款】	100201	0

图 6-51 凭证导出—导入导出检查

(4) 完成导出后，系统提示“数据文件成功导出”，导出文件保存的路径和文件名默认是：“C：\ GraspServer \ CMSQ \ 标准接口（2018-09-30_ 15-17-42-145）. TXT”。

2）导入凭证

(1) 执行“文件—导入导出—导入凭证”，进入“凭证导入”界面，如图 6-52 所示，单击“查找”按钮，选择导入的文件。

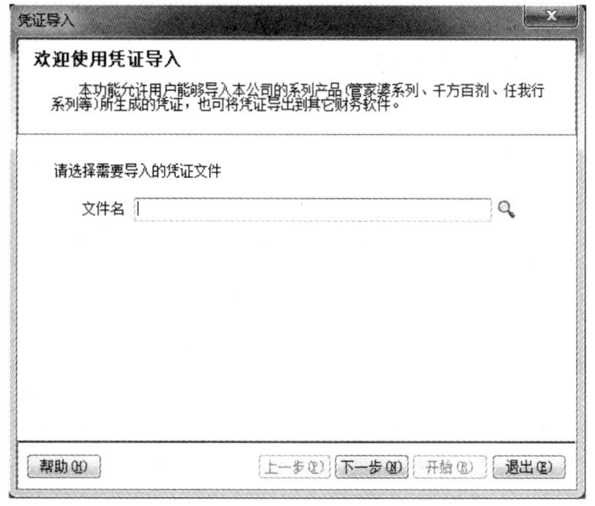

图 6-52　凭证导入—选择导入凭证文件

（2）单击“下一步”，进入“设置科目对应关系”界面，如图 6-53 所示，选择是否使用科目对应。

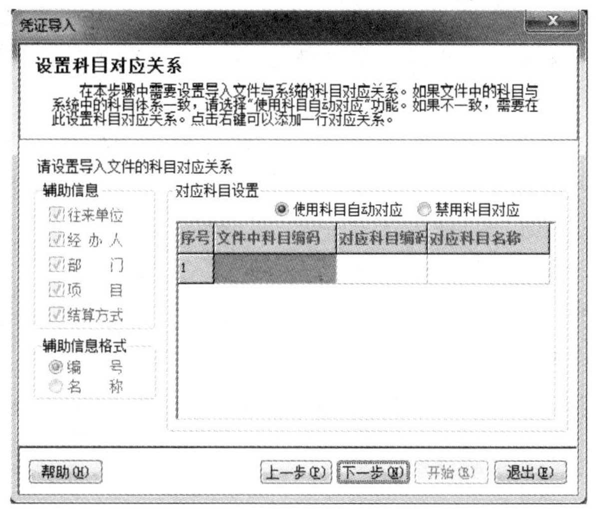

图 6-53　凭证导入—设置科目对应关系

（3）单击“下一步”，进入“导入文件凭证正确校验”界面，如图 6-54 所示。单击“数据检查”按钮，系统开始进行数据检查，如无误则系统提示“数据检查成功！可以运行导入”，单击“确定”后，单据列表的“状态”栏显示“通过检查”。

图 6-54 凭证导入—导入文件凭证正确校验

（4）单击“开始”，进行凭证导入，完成时系统提示“有××张凭证被导入成功”。成功导入的凭证可以通过“总账—凭证查找”进行查询。

如果在数据检查时发生错误，如导入凭证中的信息与目前系统中的信息不相符，系统将以黄色显示错误的数据内容，双击黄色单元格，可以在现有的基础资料中进行选择替换，替换后，重新单击“数据检查”，直至全部通过。

如果在修改错误信息时，选中了“单个修改”，则只修改所选择单元格的内容；否则，将修改所有相同错误信息的单元格中的内容。

5. 航天金穗数据导出

将销售单导出为 txt 文档，此文档可以导入航天金穗软件中。

（1）执行“文件—导入导出—航天金穗数据导出”，系统提示选择日期范围，“确定”后，进入“导出到航天金穗”界面，如图 6-55 所示。

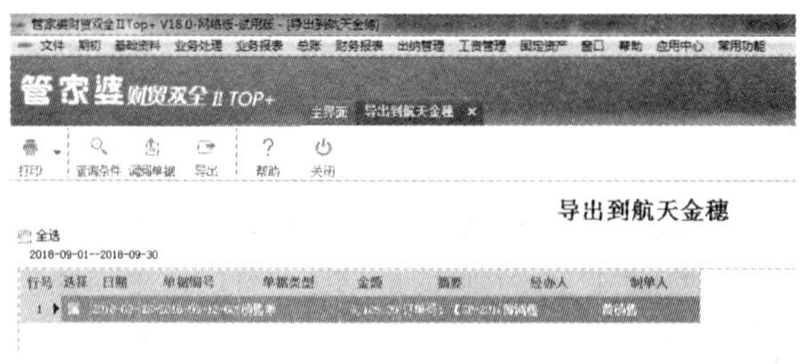

图 6-55 导出到航天金穗

（2）选中单据（按住 Shift 键选择多张单据），单击“导出”按钮，系统将数据导出，导出的文档保存在安装根目录下，文件格式为 txt。

调阅单据：选中一张单据，单击此按钮，可以把单据调出来查看。

查询条件：可以选择查询单据的日期范围。

使用此功能前，必须将客户资料中的地址、电话、税号、开户银行、开户行账户填写完整，否则不能导出。

6.3.5 金算盘 eERP-B 的维护

1. 账套升级

通过金算盘软件系统自带的账套升级程序升级到最新版。

（1）单击“开始—程序—金算盘软件—金算盘软件 eERP—金算盘账套升级系统”，或者双击桌面上的金算盘企业管理软件“金算盘账套升级系统”快捷方式图标，进入如图 6-56 所示的“金算盘账套升级系统”对话框。

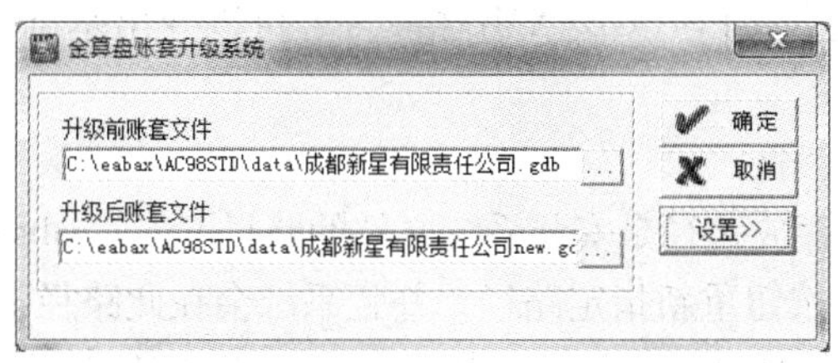

图 6-56 金算盘账套升级系统

（2）选择升级前账套文件，输入升级后账套文件，单击“确定”按钮，系统将自动进行账套升级。

（3）单击“设置”按钮，进入“设置”对话框，如图 6-57 所示，可对升级账套的相关参数进行设置。如果要升级为新会计准则账套，还可以选择先进先出法的转换方法。

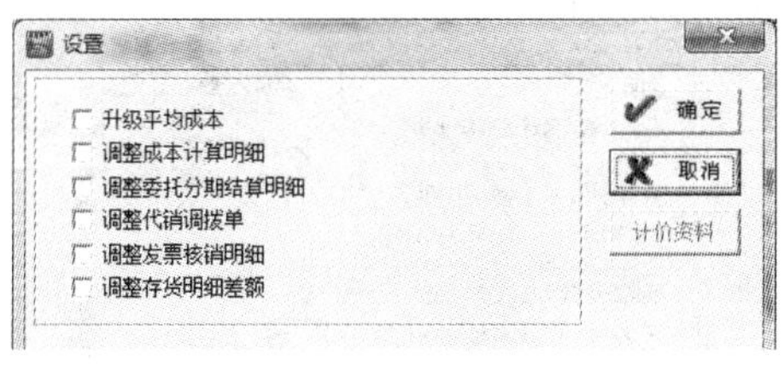

图 6-57 金算盘账套升级系统—设置

2. 数据导出和自动导入

1）数据导出

单击主菜单“文件—数据导出”，系统将弹出如图 6-58 所示的“数据导出”窗口。

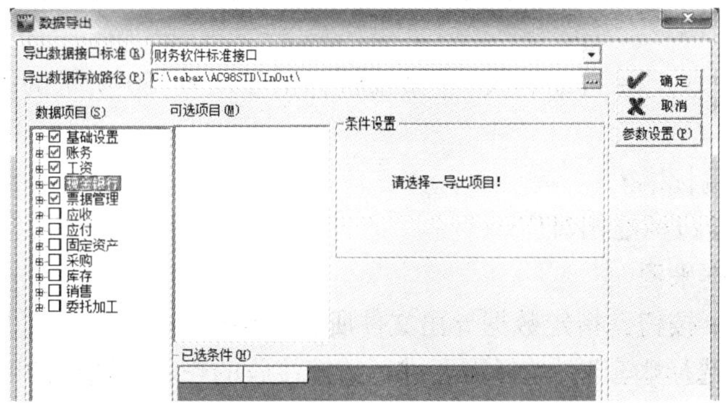

图 6-58 数据导出

（1）导出数据接口标准。

系统提供四种接口标准供用户选择。

①财务软件标准接口，可以导出整个系统的数据项目。

②防伪税控制标准接口，可以导出基础设置、采购和销售数据，并且可指定金额是否含税。

③会计核算软件数据接口（GB-文本格式），可以导出基础设置、财务数据和会计报表。

④会计核算软件数据接口（GB-XML 格式），可以导出基础设置、财务数据和会计报表。

（2）导出数据存放路径。

系统默认导出数据存放路径是安装系统文件的路径 C：\ eabax \ AC98STD \ InOut \ ，用户可以单击“参照”按钮重新指定路径，并且系统会在此路径下新建以账套名称的前 4 个字符开头的再接系统年月日的新目录，如成都新星 20180128，用于存放导出的数据。

（3）数据项目。

数据项目是用于指定导出数据所要包括的项目，单击选中。

（4）单击“参数设置”按钮，进入“参数设置”对话框，如图 6-59 所示，显示系统的安装路径及相关配置说明。

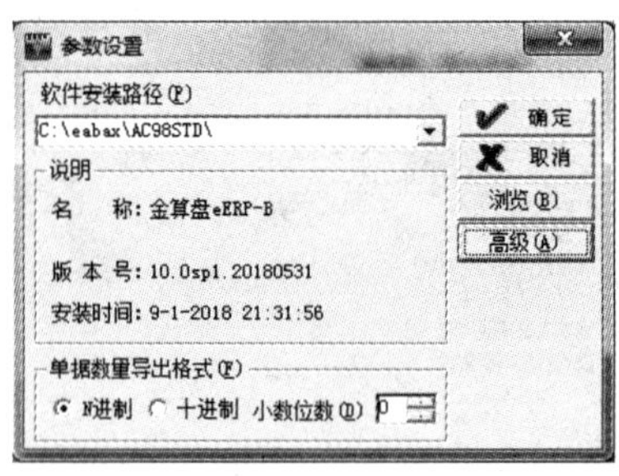

图 6-59　数据导出—参数设置

浏览：可以查看配置文件（ACCOUNT. INI）的存放路径。

高级：可以设置单据导出数量格式，包括采用的数制和小数位。

（5）单击“确定”按钮，系统将按用户的设置要求自动进行数据导出。

2）自动导入

单击主菜单“文件—自动导入”，系统将弹出如图 6-60 所示的“自动导入数据”窗口。

（1）数据传输标准。

与导出数据接口标准相对应。

（2）导入数据来源。

单击“参照”按钮，指定数据导出文件所在的路径。

（3）单击“选择账套”，选择需要进行数据接收的账套，选定的账套将在数据接收账套文本框中显示。

（4）在“本次接收的数据项目”中，列示可选数据项目，如果选择，则在“已选数据项目”中作为接收导入的数据项目。

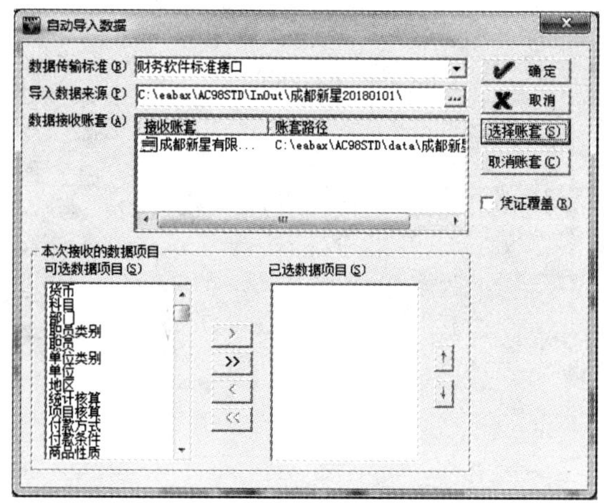

图 6-60　自动导入数据

（5）如果选择“凭证覆盖”，则导入的数据将覆盖对应的凭证，否则将不覆盖对应的凭证。

（6）单击“确定”按钮，系统将自动进行数据导入。

参考文献

［1］王小云，侯伟强，李丽芳．财务软件应用技术（金蝶 ERP-KIS）［M］．北京：清华大学出版社，2007．

［2］金蝶软件（中国）有限公司，龚中华，何亮．初级会计电算化应用教程（金蝶 KIS 专业版）［M］．北京：人民邮电出版社，2009．

［3］朝日科技．管家婆目标实用教程［M］．成都：电子科技大学出版社，2005．

［4］任我行公司培训部．管家婆财务软件（辉煌版）企业应用案例［M］．北京：人民邮电出版社，2006．

［5］陈庄，杨立星，刘永梅，等．ERP 原理与应用教程［M］．北京：电子工业出版社，2005．

［6］快乐电脑一点通编委会．电脑维护与优化［M］．北京：清华大学出版社，2008．

［7］汪刚，马云铭．用友畅捷通 ERP 应用教程（T6 财务通）［M］．北京：中央广播电视大学出版社，2010．

［8］孙莲香，林燕飞．用友管理软件应用教程（普及型 ERP-T6 财务篇）［M］．北京：清华大学出版社，2010．

［9］王春海，薄鹏．Windows Server 2008 R2 系统管理实战［M］．北京：清华大学出版社，2012．

［10］明日科技．SQL Server 从入门到精通［M］．北京：清华大学出版社，2012．